NOUVELLE ÉDITION

1re STMG

W0360072

Sciences de gestion et numérique

VERSION DÉTACHABLE

Farid Abdat
Professeur d'économie et gestion au lycée Jean Jaurès, Montreuil

Andrée Ali
Professeure d'économie et gestion au lycée Émile Dubois, Paris

Nassima Bencheikh
Professeure d'économie et gestion au lycée Émile Dubois, Paris

Ahmed Chamakh
Professeur d'économie et gestion au lycée de Cachan, Cachan

Isabelle Cordeau
Professeure d'économie et gestion au lycée Émile Dubois, Paris

Mustapha Daoudi
Professeur d'économie et gestion au lycée Françoise Combes, Montpellier

Hamid El Mestari
Professeur d'économie et gestion au lycée Jacques Brel, La Courneuve

Abdelbassat Hamdaoui
Professeur d'économie et gestion au lycée Émile Dubois, Paris

Sébastien Irankhah
Professeur d'économie et gestion au lycée Robert Schuman, Charenton-le-Pont

Sylvie Weibel
Professeure d'économie et gestion au lycée Robespierre, Arras

+Numérique

4 ESCAPE GAMES

Pour réviser tout le programme !

Avec la collaboration de

Augustin Madécourt (Escape Games)
Professeur d'économie-gestion au lycée Olympe de Gouges, Noisy-le-Sec, Académie de Créteil

DELAGRAVE

MODE D'EMPLOI

DÉCOUVRIR

- Le rappel de la question et des notions du programme
- La présentation de l'organisation filée dans le chapitre
- Une vidéo interactive pour questionner le sujet
- Des questions pour réfléchir à la problématique du chapitre

OBSERVER

- Des documents riches et variés avec un questionnement détaillé, pour découvrir et comprendre les notions du programme
- Les définitions des notions et des termes techniques à connaître
- Une question bilan à la fin de chaque partie pour récapituler les notions étudiées

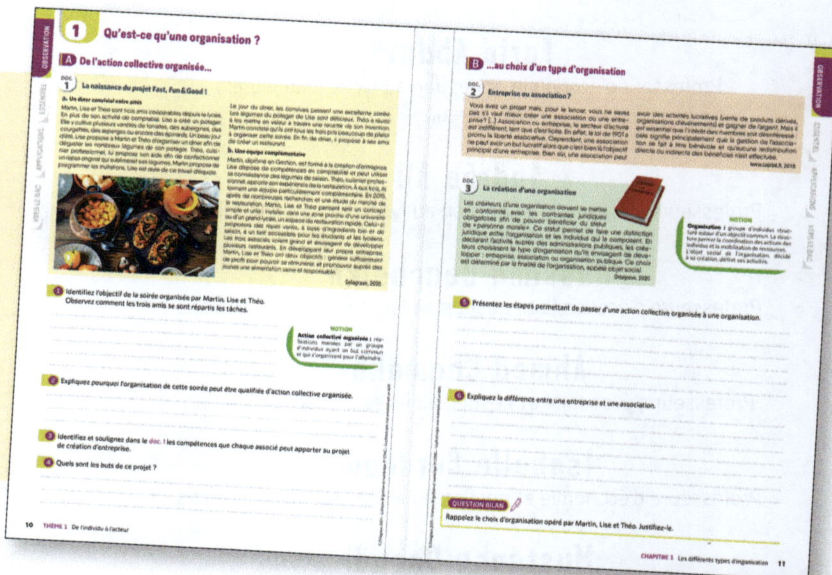

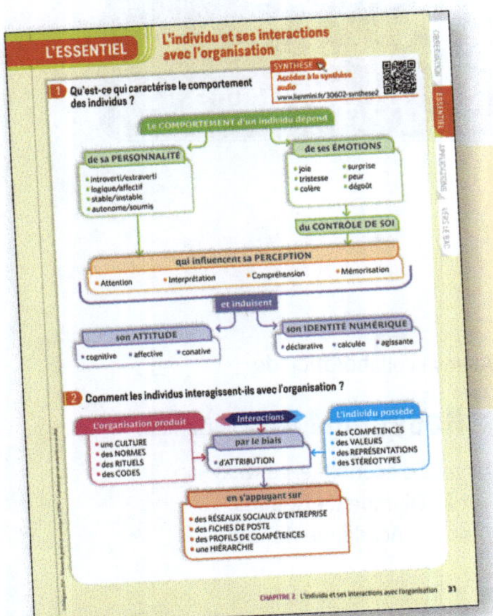

RETENIR

- La synthèse sous forme de schéma, pour faciliter la mémorisation des connaissances
- Un lien vers la synthèse en version audio (mp3) pour réviser le cours autrement

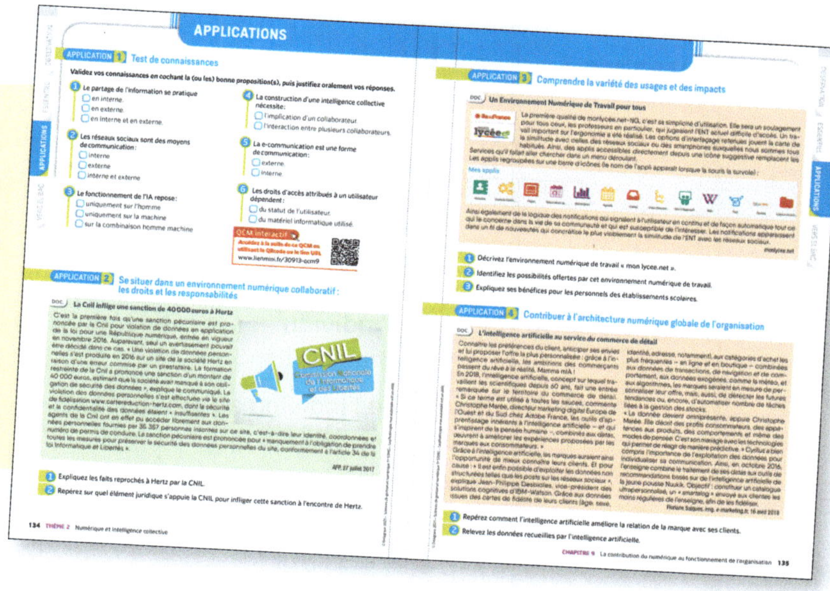

APPLIQUER

- Un test pour vérifier ses connaissances
- Un lien vers la version numérique du test
- Des entraînements qui répondent aux capacités du programme pour tester les acquis
- Des activités variées (TICE, oral, travail de groupe, rédaction) pour travailler toutes les compétences

SE PRÉPARER À L'EXAMEN

S'entraîner à l'épreuve écrite de Terminale au baccalauréat

- Un sujet construit sur le modèle de l'épreuve pour s'exercer à la fin de chaque question de gestion

Acquérir une méthodologie

- 6 fiches outils conçues sous forme de tutoriels pour mobiliser les savoir-faire

Réussir l'épreuve de Première au baccalauréat

- Une méthodologie pour guider pas à pas dans la réalisation de l'étude de gestion et sa présentation le jour de l'oral
- 5 étapes chacune structurée autour d'une fiche méthode et d'un exemple appliqué

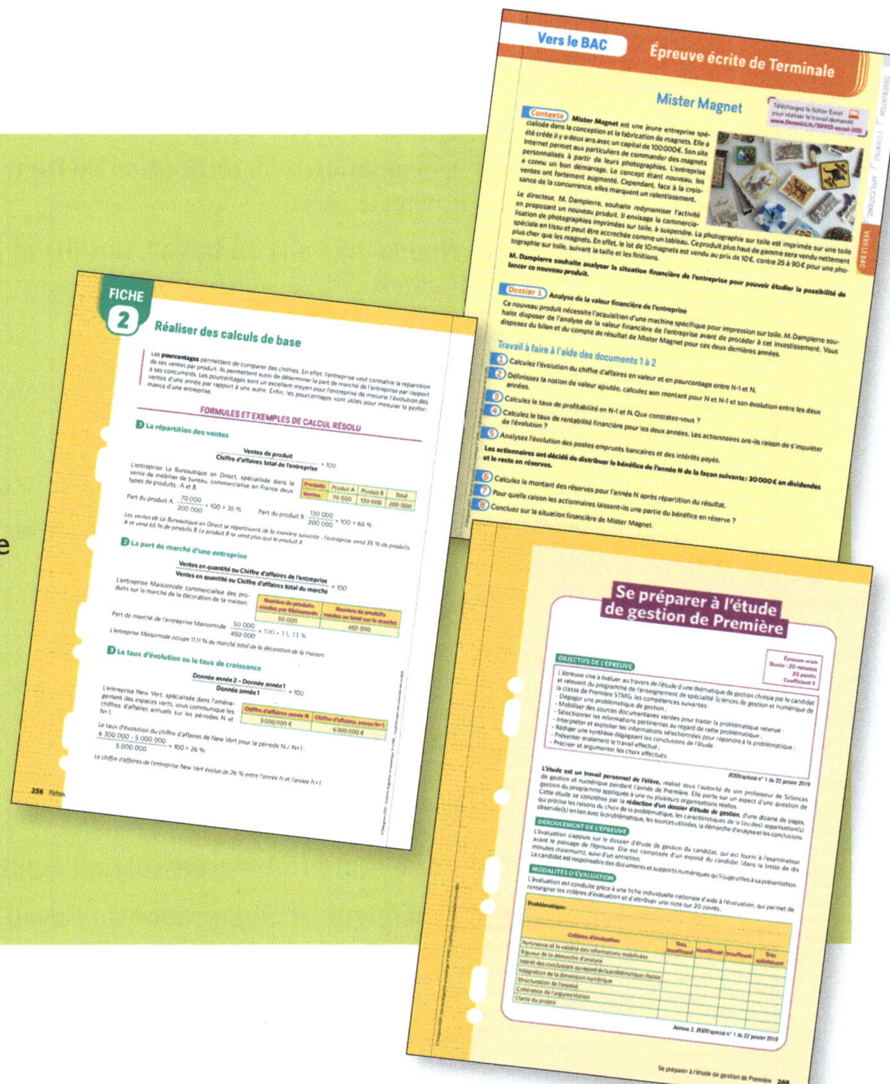

ISBN : 978-2-206-30913-2

Delagrave Éditions, 5 allée de la 2e D.B. - 75015 PARIS
www.editions-delagrave.fr

SOMMAIRE

LES RESSOURCES NUMÉRIQUES

EN ACCÈS GRATUIT POUR TOUS

1 Des vidéos interactives

1'09

Types d'organisation
www.lienmini.fr/30913-bio

✔ En ouverture de chapitre, des vidéos interactives aux questions intégrées

2 Des tests auto-corrigés

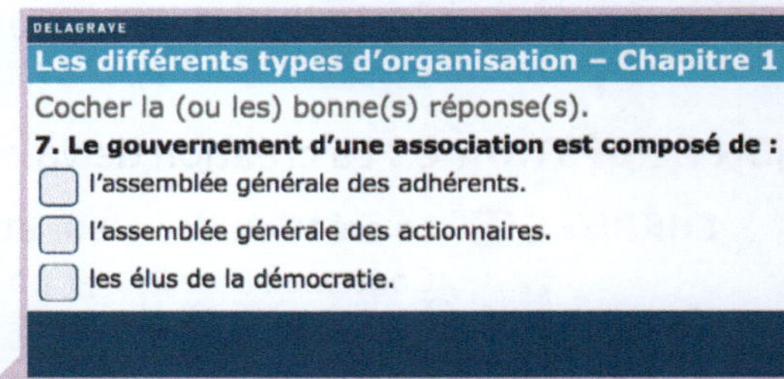
DELAGRAVE

Les différents types d'organisation – Chapitre 1

Cocher la (ou les) bonne(s) réponse(s).

7. Le gouvernement d'une association est composé de :

- ☐ l'assemblée générale des adhérents.
- ☐ l'assemblée générale des actionnaires.
- ☐ les élus de la démocratie.

✔ Des QCM interactifs pour évaluer ses connaissances en fin de chapitre

www.lienmini.fr/30913-qcm1

3 Des synthèses audio

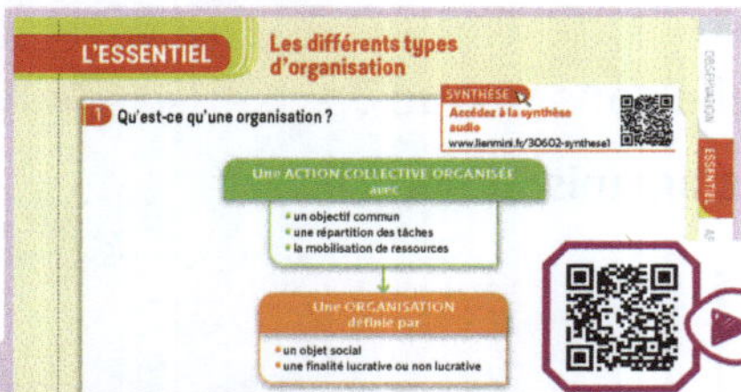

www.lienmini.fr/30602-synthese1

✔ Pour retenir l'essentiel, le podcast du cours à écouter

En +

✔ 4 **escape games** (voir pages 7-8)

✔ Des **Fichiers élèves** pour réaliser les activités numériques.

✔ Des **vidéos** pour découvrir ou approfondir les notions.

COMMENT ACCÉDER À CES RESSOURCES ?

- Depuis une tablette ou un smartphone en scannant le qr-code.
- Depuis un ordinateur en saisissant le lien mini indiqué dans le manuel.
- Directement dans le manuel numérique.

Sommaire des vidéos

ESCAPE GAMES

4 *escape games* clés en mains pour réviser tout le programme de SDGN !

- 1 escape game = 1 thème du programme
- 4 jeux aux univers différents
- À réaliser seul ou en équipe

De l'individu à l'acteur

Thème 1

Mission 50'

Trahi(e) par tes associés qui souhaitent détourner l'argent de l'entreprise que vous avez créée, car elle commence à dégager d'importants profits, tu as été séquestré(e) par deux d'entre eux dans une pièce secrète de l'usine. Tu as 50 minutes pour en sortir !

ESCAPE game

LANCER LE JEU

www.lienmini.fr/30913EG1

Numérique et intelligence collective

Thème 2

Mission 50'

Ton entreprise traverse une crise sans précédent et tes collègues et toi devez vous y adapter en intégrant le tout numérique. Afin de relever ce défi, vous devez mobiliser toutes les équipes de l'entreprise pour qu'elles adhèrent au projet. Pas si simple !

ESCAPE game

LANCER LE JEU

www.lienmini.fr/30913EG2

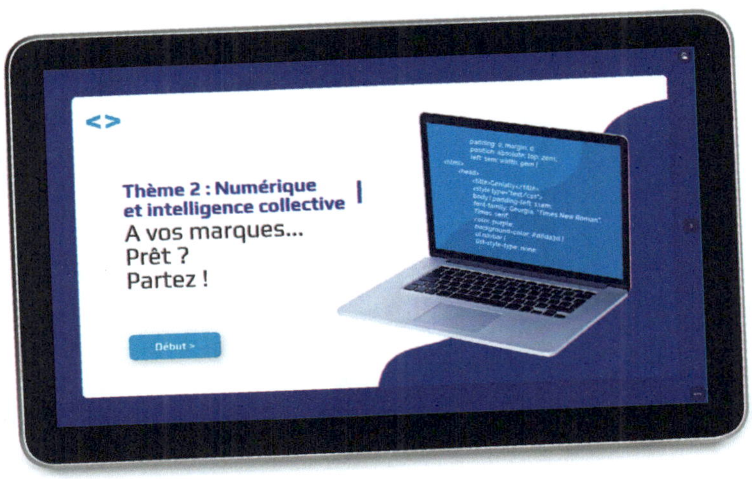

Création de valeur et performance

Thème 3

Mission 25'

La fin du deuxième trimestre approche et ton ambition est grande : générer du bénéfice, avec un objectif de 100 000 euros !

En tant que dirigeant(e) de l'entreprise, c'est à toi de tout faire pour y parvenir.

ESCAPE game

LANCER LE JEU

www.lienmini.fr/30913EG3

Temps et risque

Thème 4

Mission 35'

Tu es employé(e) par une organisation internationale dont la mission est de réduire le réchauffement climatique avant qu'il ne soit trop tard.

Des décisions à prendre selon un temps lié au risque de la fonte des neiges : attention à ne pas te noyer !

ESCAPE game

LANCER LE JEU

www.lienmini.fr/30913EG4

QUESTION DE GESTION 1 Comment définir les différents types d'organisation ?

Chapitre 1

Les différents types d'organisation

NOTIONS

- Action collective organisée.
- Gouvernement des organisations.
- Mode de contrôle des dirigeants.
- Buts de l'organisation.
- Structure de propriété.

CAPACITÉS

- Expliquer comment s'effectue le passage de l'action collective organisée à l'organisation.
- Distinguer les différents types d'organisation ainsi que leurs buts respectifs.
- Identifier les différents types de gouvernement des organisations.
- Appréhender les enjeux des différents modes de contrôle des dirigeants, notamment à travers l'analyse de la structure de propriété.

DÉCOUVRIR LE CONTEXTE

Fondée en 2016 par trois jeunes entrepreneurs, Fast, Fun & Good ! est une entreprise spécialisée dans la restauration rapide à base de produits bio et de produits frais de saison. Elle propose des menus variés tels que des plats chauds cuisinés, des sandwiches ou encore des salades composées. Fast, Fun & Good ! cible une clientèle jeune à la recherche de repas rapides et peu coûteux, permettant de varier son alimentation et de consommer des produits frais de qualité.

VIDÉO INTERACTIVE POUR COMMENCER
Le poids de l'agriculture biologique en France 01'09"
www.lienmini.fr/30913-bio

FAST FUN & GOOD

FICHE D'IDENTITÉ

- **Type d'organisation :** organisation à but lucratif
- **Activité :** restauration rapide bio et responsable
- **Champ d'activité :** régional, local
- **Forme juridique :** société par action simplifiée (SAS)
- **Effectifs (2019) :** 20 salariés
- **CA annuel HT (2019) :** 900 000 €

1. Quelle est l'originalité du concept Fast, Fun & Good ! ?
2. Expliquez le succès de Fast, Fun & Good ! auprès des jeunes.

1 Qu'est-ce qu'une organisation ?

A De l'action collective organisée...

DOC. 1 **La naissance du projet Fast, Fun & Good !**

a. Un diner convivial entre amis

Martin, Lise et Théo sont trois amis inséparables depuis le lycée. En plus de son activité de comptable, Lise a créé un potager. Elle y cultive plusieurs variétés de tomates, des aubergines, des courgettes, des asperges ou encore des épinards. Un beau jour d'été, Lise propose à Martin et Théo d'organiser un diner afin de déguster les nombreux légumes de son potager. Théo, cuisinier professionnel, lui propose son aide afin de confectionner un repas original qui sublimerait ses légumes. Martin propose de programmer les invitations. Lise est ravie de ce travail d'équipe.

Le jour du diner, les convives passent une excellente soirée. Les légumes du potager de Lise sont délicieux, Théo a réussi à les mettre en valeur à travers une recette de son invention. Martin constate qu'ils ont tous les trois pris beaucoup de plaisir à organiser cette soirée. En fin de diner, il propose à ses amis de créer un restaurant.

b. Une équipe complémentaire

Martin, diplômé en Gestion, est formé à la création d'entreprise. Lise dispose de compétences en comptabilité et peut utiliser sa connaissance des légumes de saison. Théo, cuisinier professionnel, apporte son expérience de la restauration. À eux trois, ils forment une équipe particulièrement complémentaire. En 2015, après de nombreuses recherches et une étude du marché de la restauration, Martin, Lise et Théo pensent tenir un concept simple et utile : installer, dans une zone proche d'une université ou d'un grand lycée, un espace de restauration rapide. Celui-ci proposera des repas variés, à base d'ingrédients bio et de saison, à un tarif accessible pour les étudiants et les lycéens. Les trois associés voient grand et envisagent de développer plusieurs restaurants. En développant leur propre entreprise, Martin, Lise et Théo ont deux objectifs : générer suffisamment de profit pour pouvoir se rémunérer, et promouvoir auprès des jeunes une alimentation saine et responsable.

Delagrave, 2020

1 Identifiez l'objectif de la soirée organisée par Martin, Lise et Théo. Observez comment les trois amis se sont répartis les tâches.

....

....

....

....

....

NOTION

Action collective organisée : réalisations menées par un groupe d'individus ayant un but commun et qui s'organisent pour l'atteindre.

2 Expliquez pourquoi l'organisation de cette soirée peut être qualifiée d'action collective organisée.

....

....

....

3 Identifiez et soulignez dans le doc. 1 les compétences que chaque associé peut apporter au projet de création d'entreprise.

4 Quels sont les buts de ce projet ?

....

....

....

B ...au choix d'un type d'organisation

DOC. 2 Entreprise ou association ?

Vous avez un projet mais, pour le lancer, vous ne savez pas s'il vaut mieux créer une association ou une entreprise ? [...] Association ou entreprise, le secteur d'activité est indifférent, tant que c'est licite. En effet, la loi de 1901 a promu la liberté associative. Cependant, une association ne peut avoir un but lucratif alors que c'est bien là l'objectif principal d'une entreprise. Bien sûr, une association peut avoir des activités lucratives (vente de produits dérivés, organisations d'événements) et gagner de l'argent. Mais il est essentiel que l'intérêt des membres soit désintéressé : cela signifie principalement que la gestion de l'association se fait à titre bénévole et qu'aucune redistribution directe ou indirecte des bénéfices n'est effectuée.

www.capital.fr, 2018

DOC. 3 La création d'une organisation

Les créateurs d'une organisation doivent se mettre en conformité avec les contraintes juridiques obligatoires afin de pouvoir bénéficier du statut de « personne morale ». Ce statut permet de faire une distinction juridique entre l'organisation et les individus qui la composent. En déclarant l'activité auprès des administrations publiques, les créateurs choisissent le type d'organisation qu'ils envisagent de développer : entreprise, association ou organisation publique. Ce choix est déterminé par la finalité de l'organisation, appelé objet social.

Delagrave, 2020

NOTION

Organisation : groupe d'individus structuré autour d'un objectif commun. La structure permet la coordination des actions des individus et la mobilisation de ressources. L'objet social de l'organisation, décidé à sa création, définit ses activités.

5 Présentez les étapes permettant de passer d'une action collective organisée à une organisation.

....
....
....
....
....
....

6 Expliquez la différence entre une entreprise et une association.

....
....
....
....
....
....
....

QUESTION BILAN

Rappelez le choix d'organisation opéré par Martin, Lise et Théo. Justifiez-le.

2 Quels sont les différents types d'organisation ?

A Entreprise, association et organisation publique

DOC. 4 L'ouverture du premier restaurant Fast, Fun & Good !

En janvier 2016, Martin, Lise et Théo immatriculent[1] officiellement leur société auprès du centre de formalités des entreprises. Son nom : « Fast, Fun & Good ! ». Quatre mois plus tard, après avoir réuni les ressources financières nécessaires, les trois associés ouvrent leur premier restaurant en plein cœur d'un quartier étudiant, et embauchent trois salariés. Le restaurant propose une carte variable en fonction des produits de saison. L'objectif de l'entreprise est de proposer des produits frais et locaux, de préférence issus de l'agriculture biologique. Au menu, sur place ou à emporter, des plats chauds, des sandwiches ou encore des salades composées. Le service est rapide et les tarifs des menus sont compris entre 4 et 12 €. Pour chaque menu vendu, le restaurant réalise un bénéfice d'au moins 25 % du prix de vente Ainsi, pour un menu vendu 10 €, le restaurant réalisera un bénéfice de 2,50 €.

Delagrave, 2020

1. Immatriculation d'une entreprise : déclaration de création auprès du centre de formalités des entreprises, qui crée un numéro (siret) pour chaque société créée.

DOC. 5 Le développement de l'entreprise Fast, Fun & Good !

Depuis l'ouverture du premier restaurant en 2016, l'entreprise a grandi. Les trois associés ont ouvert trois autres restaurants et l'entreprise emploie aujourd'hui 20 personnes à plein temps. D'après Martin, dirigeant et cofondateur de l'entreprise, les résultats sont très prometteurs : « en 2020, à la suite de l'ouverture en début d'année de notre 4e restaurant, le chiffres d'affaires a atteint 900 000 €, ce qui représente une augmentation de 25 % en un an ! » « L'activité commence à être rentable » explique Lise : « en 2020, nous avons réalisé un bénéfice net de 95 000 €. Nous continuerons d'ouvrir de nouveaux restaurants à l'avenir. »

Ces bons résultats s'expliquent notamment par le positionnement stratégique de Fast, Fun & Good ! En proposant systématiquement des produits bio et de saison, l'entreprise se positionne sur un concept plein d'avenir : la consommation responsable. En plus de rechercher la performance économique, Fast, Fun & Good ! a également pour objectif de contribuer à l'évolution des modes de consommation en prenant en compte les enjeux sociaux et environnementaux. La consommation responsable implique de mieux manger, de façon plus équilibrée, mais aussi de moins gaspiller, de moins polluer et de contribuer au développement des circuits économiques locaux.

L'entreprise Fast, Fun & Good ! envisage de se rapprocher de l'association **Bio Consom'Acteurs**, qui promeut la consommation de produits issus de l'agriculture biologique et locale. Ce partenariat leur permettrait de diversifier leurs fournisseurs, locaux et labélisés bio, et de promouvoir la communication de l'association dans ses restaurants afin de changer les habitudes et d'orienter la (jeune) clientèle vers une consommation plus responsable.

Delagrave, 2020

NOTION

Buts de l'organisation : les organisations à but lucratif (**les entreprises**) ont pour finalité de réaliser un profit (exemples : les entreprises commerciales ou industrielles). Les organisations à but non lucratif (**les associations**) permettent la mise en commun de compétences et d'activités mais ne distribuent pas de bénéfice (exemples : les ONG, les fondations, les syndicats...). Les **organisations publiques** proposent des biens et des services visant l'intérêt général, sans but lucratif (exemples : les établissements administrés par l'État ou les collectivités territoriales).

7 Indiquez le but de l'organisation Fast, Fun & Good !

....

8 Indiquez le montant du bénéfice (profit) réalisé en 2020 par l'entreprise Fast, Fun & Good !

....

9 Est-ce le seul but de cette organisation ?

....

....

....

DOC. 6 L'association Bio Consom'Acteurs

Créée en 2004 [...], Bio Consom'Acteurs informe, sensibilise et mobilise les consommateurs sur l'importance de leurs choix de consommation. En faisant la promotion d'une agriculture bio, locale, de saison et équitable, Bio Consom'Acteurs a pour mission la préservation de l'environnement, la protection de la santé et la promotion des modes de consommation responsable, sobres en ressources, respectueux de l'humain et des écosystèmes.

Bio Consom'Acteurs agit pour une consommation bio accessible à tous en informant et en sensibilisant un large public, en intervenant dans des classes, sur des stands ou lors d'événements.

bioconsomacteurs.org, 2019

DOC. 7 Extrait de la loi du 1er Juillet 1901 sur les assocations en France

Article premier – L'association est la convention par laquelle deux ou plusieurs personnes mettent en commun d'une façon permanente leurs connaissances ou leur activité dans un but autre que de partager des bénéfices. Elle est régie, quant à sa validité, par des principes généraux du droit applicables aux contrats et obligations.

association.gouv, 2020

10 Indiquez le but de l'organisation Bio Consom'Acteurs et expliquez pourquoi cette mission ne peut pas être réalisée par une entreprise.

....

....

....

....

....

11 Le partenariat entre l'entreprise Fast, Fun & Good ! et l'association Bio Consom'Acteurs est-il favorable aux deux organisations ?

....

....

....

....

La cible de l'entreprise Fast, Fun & Good ! se compose essentiellement de lycéens et d'étudiants. L'entreprise est ainsi en concurrence avec les fast-foods des alentours, mais aussi avec les cantines des lycées et des universités, qui sont des services publics gérés par les régions.

DOC. 8 Service public local : la restauration scolaire

L'amélioration de la qualité et de la variété des menus dans les cantines scolaires est devenue une préoccupation majeure des collectivités publiques[1]. Face aux contraintes de plus en plus fortes en matière de sécurité, d'hygiène et d'équilibre nutritionnel, les collectivités locales sont amenées à réfléchir à de nouvelles modalités d'organisation et de gestion de ce service public. C'est la collectivité de rattachement qui, par délibération, fixera à la fois la définition des prestations offertes et les tarifs de chacune des prestations. Plus de 6 millions d'élèves déjeunent à la cantine et près d'un milliard de repas sont servis tous les ans dans les établissements scolaire. Outre la recrudescence de sa fréquentation, le service de la restauration scolaire a connu ces dernières années des évolutions importantes.

lagazettedescommunes.com

1. Collectivités publiques : organisations publiques, distinctes de l'État. Elles sont dirigées par des élus locaux. Elles ne possèdent que des compétences administratives.

DOC. 9 La Région, quelles compétences ?

Les compétences exclusives des régions :

- la gestion des transports publics ;
- la construction, l'entretien et le fonctionnement des lycées ;
- la formation professionnelle, l'apprentissage et l'alternance ;
- le développement économique, l'innovation ;
- l'aménagement du territoire et l'environnement, le tourisme ;
- l'agriculture ;
- le sport et la culture.

Chaque Région est dirigée par un Conseil régional ou assemblée régionale.

RÉGIONS DE FRANCE

D'après regions-france.org, 2020

12 Identifiez les principaux concurrents de l'entreprise Fast, Fun & Good ! Quels types d'organisation représentent-ils ?

....

....

13 Identifiez le gestionnaire des cantines scolaires.

....

....

14 Expliquez les buts de ces dernières organisations.

....

....

....

B Structure de propriété et gouvernement de l'organisation

DOC. 10 De nouveaux investisseurs

Les actionnaires de Fast, Fun & Good ! en 2020

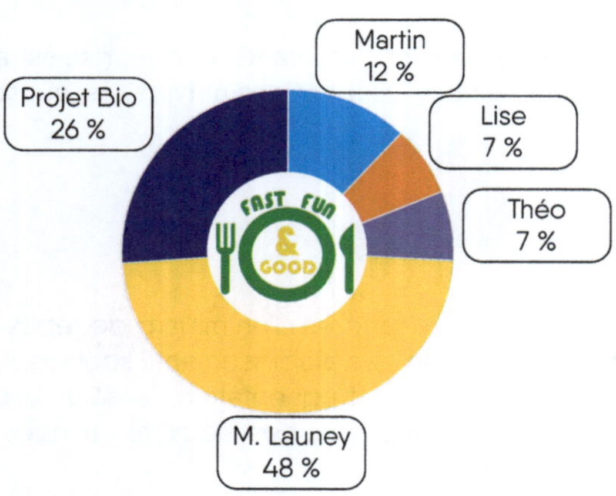

L'activité de l'entreprise Fast, Fun & Good ! a réellement pris son envol lors de l'ouverture simultanée du deuxième et du troisième restaurant en 2018. Ces lourds investissements ont été rendus possibles grâce à l'apport de ressources financières par de nouveaux investisseurs. En effet, fin 2017, les trois cofondateurs, Martin, Lise et Théo ont décidé de lever des fonds[1] pour financer l'ouverture de nouveaux restaurants.

Monsieur Launey, déjà propriétaire de plusieurs chaînes de restaurants, a investi dans leur projet et apporté toute son expérience aux jeunes entrepreneurs. L'entreprise Projet Bio, un fonds d'investissement[2] spécialisé dans l'agroalimentaire bio s'est joint au projet.

La première assemblée générale[3] avec les nouveaux actionnaires a permis d'établir l'organisation de la direction de l'entreprise : Martin a été nommé « président directeur général », Lise et Théo ont chacun été nommés « directeur général adjoint ».

Delagrave, 2020

1. Lever des fonds : rassembler des ressources financières supplémentaires pour développer l'activité de l'entreprise.
2. Fonds d'investissement : organisme qui détient collectivement des actifs financiers.
3. Assemblée générale : rassemblement des propriétaires de l'organisation pour s'informer et prendre des décisions pour l'activité.

15 Analysez la structure de propriété de l'entreprise Fast, Fun & Good ! en 2020 (doc. 10).

....

....

....

....

NOTION

Structure de propriété : elle est déterminée par la répartition du capital entre les propriétaires de l'organisation (exemples : le(s) fondateur(s), les actionnaires, les associés).

16 Identifiez la première décision prise par l'assemblée générale des actionnaires.

....

....

DOC. 11 La composition de l'association Bio Consom'Acteurs

L'Assemblée générale de l'association est composée de : [...]

Membres adhérents : [...] consommateurs qui soutiennent l'association par le versement d'une cotisation dont le montant est approuvé par l'Assemblée générale. [...]

Organisations locales affiliées : [...] personnes morales agréées par l'Assemblée générale. Les organisations locales affiliées versent une cotisation.

Membres partenaires : [...] toute personne qui soutient les projets de l'association par tous moyens (avis, conseil, partenariat, promotion, don, mécénat de compétences,...) [...] et qui est agréée (par l'Assemblée générale).

Membres d'honneur : [...] les personnalités qui se sont distinguées en apportant leur contribution morale, intellectuelle ou financière au service des buts poursuivis par l'association [...]. La qualité de membre d'honneur est attribuée par le Conseil d'administration.

Extrait des statuts de l'association Bio Consom'Acteurs établis en 2015, bioconsomacteurs.org, 2020

DOC. 12 Les différents types de gouvernement d'organisation

Dans la plupart des organisations, le pouvoir de direction est exercé de façon collégiale par un ensemble d'individus qui prennent les décisions et contrôlent leur mise en œuvre. Au sein d'une entreprise, le pouvoir est détenu par les propriétaires de la société, aussi appelé actionnaires. Chaque actionnaire détient ainsi des parts du capital social, appelées aussi « actions », de tailles variables, définissant une hiérarchie entre les différents actionnaires de l'entreprise. Afin de prendre les principales décisions stratégiques de façon collégiales, les actionnaires se réunissent de façon régulière en assemblée générale.
Dans les associations, le pouvoir est détenu par l'ensemble des adhérents de l'association. Ils se réunissent régulièrement en assemblée générale pour prendre les principales décisions. Enfin, dans les organisations publiques, le pouvoir est détenu par les élus de la démocratie, représentant la population. Ils organisent les services de l'État et nomment les principaux dirigeants d'organisations publiques.

Delagrave, 2020

NOTION

Gouvernement de l'organisation : chaque organisation définit ses modes de décision, d'administration et de contrôle. Les règles de fonctionnement d'une entreprise sont définies par l'assemblée générale des actionnaires ou le conseil d'administration, celui d'une association par l'assemblée générale des adhérents.

17 Identifiez, à l'aide des documents 11 et 12, le type de gouvernement correspondant à chacune des organisations évoquées et complétez le tableau suivant :

	Fast, Fun & Good !	Bio Consom'Acteurs
Type d'organisation	....	....
Type de gouvernement	....	....

18 Indiquez comment se compose le gouvernement des organisations publiques.

....

....

C Le contrôle des dirigeants

DOC. 13 Les relations se tendent entre Monsieur Launey et les trois dirigeants fondateurs

Malgré des résultats très satisfaisants ces dernières années, l'entreprise Fast, Fun & Good ! ne verse pas encore de dividendes[1] à ses actionnaires. La direction de l'entreprise préfère en effet réinvestir cet argent dans le développement de l'activité. Monsieur Launey, principal actionnaire de l'entreprise Fast, Fun & Good ! reproche aux trois associés fondateurs qui dirigent la société d'oublier les intérêts des actionnaires, qui attendent un minimum de rentabilité pour leur investissement. Si la situation n'évolue pas, il menace de proposer, lors de la prochaine assemblée générale des actionnaires, la composition d'une nouvelle équipe dirigeante.

Delagrave, 2020

1. Dividende : somme versée aux différents propriétaires de l'entreprise (actionnaires), calculée sur le bénéfice généré par l'activité.

19 Rappelez le rôle de Martin, Lise et Théo, les trois dirigeants de l'entreprise Fast, Fun & Good !

....

....

20 Que reproche Monsieur Launey, actionnaire principal de l'entreprise, aux trois dirigeants ?

....

....

....

21 Expliquez comment les actionnaires contrôlent la gestion des dirigeants de l'entreprise Fast, Fun & Good !

....

....

....

DOC. 14 L'assemblée générale des adhérents de l'association Bio Consom'Acteurs

Chères adhérentes, chers adhérents,
Nous avons l'honneur de vous convoquer en Assemblée générale le 18 juin 2016 de 10 h 00 à 12 h 00 [...] à l'effet de délibérer sur l'ordre du jour suivant :
- présentation des comptes de l'exercice clos le 31 décembre 2015 ;
- approbation du rapport d'activité et des comptes annuels de l'exercice clos le 31 décembre 2015 ;
- affectation du résultat ;
- élection et révocation des administrateurs ;
- questions diverses.

bioconsomacteurs.org, 2019

NOTION

Contrôle des dirigeants : le gouvernement de l'organisation prévoit les modalités de nomination des dirigeants et le contrôle de leur gestion.

22 Expliquez comment les adhérents de Bio Consom'Acteurs peuvent contrôler les actions des dirigeants de l'association.

....

....

QUESTION BILAN

Comparez le gouvernement de l'entreprise Fast, Fun & Good ! et celui de l'association Bio Consom'Acteurs.

Les différents types d'organisation

SYNTHÈSE
Accédez à la synthèse audio
www.lienmini.fr/30602-synthese1

1 Qu'est-ce qu'une organisation ?

Une ACTION COLLECTIVE ORGANISÉE avec

- un objectif commun
- une répartition des tâches
- la mobilisation de ressources

↓

Une ORGANISATION définie par

- un objet social
- une finalité lucrative ou non lucrative

2 Quels sont les différents types d'organisation ?

Les entreprises → **à but lucratif**

- génèrent du profit pour les actionnaires (propriétaires)
- ont des responsabilités sociales et/ou environnementales

Les associations → **à but non lucratif**

- leur objet social ne peut pas être la réalisation de profits
- elles proposent des services à ses adhérents et/ou à l'ensemble de la population

Les organisations publiques → **à but non lucratif**

- gèrent les biens publics
- offrent des services publics dans le but de satisfaire l'intérêt général

Elles sont gouvernées par

- Les actionnaires (propriétaires)
- Les adhérents
- Les élus de la République

Qui désignent et contrôlent les dirigeants par

- l'assemblée générale des actionnaires et le conseil d'administration
- l'assemblée générale des adhérents
- Les élections (démocratie)

APPLICATIONS

APPLICATION 1 Test de connaissances

Validez vos connaissances en cochant la (ou les) bonne(s) proposition(s), puis justifiez oralement vos réponses.

1 L'objet social d'une organisation :
- ☐ représente l'ensemble de ce qu'elle possède.
- ☐ définit sa finalité.
- ☐ est un objet essentiel à son existence.

2 Laquelle de ces propositions ne relève pas d'un type d'organisation ?
- ☐ une entreprise.
- ☐ une association.
- ☐ une famille.
- ☐ une mairie.

3 La finalité lucrative c'est :
- ☐ la recherche de l'intérêt général.
- ☐ l'amélioration du salaire des employés.
- ☐ la recherche de profit d'une entreprise.

4 Une association est une organisation :
- ☐ à but lucratif.
- ☐ à but non lucratif.

5 Une organisation publique a pour objectif :
- ☐ de satisfaire l'intérêt général.
- ☐ de vendre des produits marchands.
- ☐ de faire du profit.

6 Un actionnaire est un :
- ☐ salarié de l'entreprise.
- ☐ partenaire de l'entreprise.
- ☐ propriétaire de l'entreprise.

7 Le gouvernement d'une association est composé de :
- ☐ l'assemblée générale des adhérents.
- ☐ l'assemblée générale des actionnaires.
- ☐ les élus de la démocratie.

8 Les dirigeants d'une entreprise sont contrôlés par :
- ☐ les clients.
- ☐ les salariés.
- ☐ l'assemblée générale des actionnaires.

QCM interactif
Accédez au QCM en utilisant le QRcode ou le lien URL
www.lienmini.fr/30913-qcm1

APPLICATION 2 Distinguer les différents types d'organisation ainsi que leur but principal

Complétez le tableau en indiquant pour chaque situation le type d'organisation correspondant et son but.

	Type d'organisation			But principal de l'organisation		
Situation	**Entreprise**	**Association**	**Organisation publique**	**But lucratif**	**But non lucratif**	**Service public**
a. Une boulangerie vend du pain à un client.	....	....	....	....	....	....
b. Le Secours Populaire Français agit contre la pauvreté et l'exclusion.	....	....	....	....	....	....
c. Le parc d'attraction Disneyland-Paris accueille chaque année des millions de visiteurs.	....	....	....	....	....	....
d. Le lycée public Jules Ferry propose des cours de chinois LV3.	....	....	....	....	....	....
e. Une patrouille de police surveille les rues la nuit.	....	....	....	....	....	....

APPLICATION 3 Identifier les différents buts d'une organisation

À partir de la vidéo :

1. Identifiez le type d'organisation et le but principal de l'organisation Paulette à Bicyclette.
2. Présentez les autres buts de l'organisation Paulette à Bicyclette.
3. Indiquez les moyens mis en œuvre par l'organisation pour atteindre ces buts.

VIDÉO + 2'00"
Paulette à Bicyclette
www.lienmini.fr/30913-applic1-3

APPLICATION 4 Comprendre le fonctionnement du gouvernement d'une entreprise au regard de sa structure de propriété

1. Indiquez le type d'organisation et le but principal de l'organisation Protect24.
2. Expliquez ce qu'est un actionnaire.
3. Représentez par un graphique la structure de propriété de l'entreprise.
4. Expliquez pourquoi, dans l'entreprise, aucune décision ne peut être prise sans l'accord de Mme Navas.

DOC. Protect24

Protect24 est une entreprise française spécialisée dans les services de gardiennage et de surveillance. Elle dispose de plusieurs équipes de vigiles prêt à intervenir pour surveiller, entre autres, des résidences ou des entreprises. Fondée en 1995 par M. Belot, Protect24 emploie aujourd'hui 350 salariés et intervient partout en France.

Pour développer son entreprise, M. Belot a fait appel à des investisseurs qui ont apportés de nombreux capitaux. Le fondateur n'est plus aujourd'hui l'unique propriétaire de l'entreprise, qui comptait en 2018 cinq autres actionnaires. M. Belot, PDG de Protect24, possède encore 15 % des parts de l'entreprise. Suite à des investissements massifs, Mme Navas est aujourd'hui la principale actionnaire de l'entreprise et détient 55 % du capital. Les 30 % restants sont répartis entre la banque BFE (10 %), M. Aziz (15 %) et la société Sogico (5 %).

Delagrave, 2020

APPLICATIONS

APPLICATION 5 Identifier le type de gouvernement de chaque type d'organisation

Reliez chaque organisation aux éléments qui conviennent.

Organisation	Type d'organisation	Type de gouvernement
Apple •		
Renault •	• Association •	• Assemblée générale des actionnaires
Les Restaurant du cœur •		
Carrefour •	• Organisation publique •	• Assemblée générale des adhérents
Le lycée •		
Médecins sans frontières •	• Entreprise •	• Élus de la démocratie
Les hôpitaux publics •		
Société Générale •		

APPLICATION 6 Mettre en évidence les mécanismes de contrôle des dirigeants

1. Indiquez le but de l'organisation CPWH.
2. Expliquez le principe du conseil d'administration. Présentez les raisons qui poussent les propriétaires de l'organisation à se réunir.
3. Expliquez comment les propriétaires de CPWH contrôlent les actions des dirigeants de l'organisation.

DOC. **Changement de directeur général chez CPWH**

L'entreprise française CPWH est spécialisée dans la conception de composants informatiques industriels à destination des fabricants automobiles. Créée en 2007, l'entreprise a connu une croissance rapide et régulière durant plusieurs années consécutives. Cependant, suite au départ de nombreux clients importants, l'entreprise déplore d'importantes pertes sur les deux dernières années. Les erreurs de gestion du directeur général M. Bernardoni semblent en être les principales raisons.
Face à cette situation d'urgence, les dix actionnaires de l'entreprise ont décidés de se réunir en assemblée générale extraordinaire afin de prendre des décisions. La première fut la révocation de M. Bernardoni et la nomination de M. Diarra en tant que nouveau directeur général. La deuxième décision fut la mise en place d'un système de contrôle des résultats commerciaux et financiers de l'entreprise ainsi que la diffusion de rapports trimestriels à destination des actionnaires.

Delagrave, 2020

QUESTION DE GESTION 2 Comment un individu devient-il acteur dans une organisation ?

Chapitre 2

L'individu et ses interactions avec l'organisation

NOTIONS

- Individu : personnalité, émotion, perception, attitude, contrôle de soi, comportement, compétences, identité numérique.
- Interactions individu-organisation : cultures, normes, codes, rituels, attribution, représentations, stéréotypes, réseaux sociaux d'entreprise, fiche de poste, profils de compétences, hiérarchie.

CAPACITÉS

- Caractériser les comportements individuels au sein des groupes.
- Identifier les bonnes pratiques de gestion de l'identité numérique
- Repérer ce qui, dans les relations, relève de la culture et des valeurs de l'organisation.

DÉCOUVRIR LE CONTEXTE

Airbnb, créé en 2008 et actif aujourd'hui dans 191 pays, est un géant de la location d'hébergement de courte durée. La plateforme, dont l'objet est de mettre en relation des personnes recherchant un hébergement local et celles susceptibles de leur louer leur logement, a profondément transformé les usages touristiques. Airbnb joue un rôle majeur dans l'économie collaborative où l'on met en avant la rencontre entre les individus. « Être au bureau comme à la maison », ce *leitmotiv* au cœur de sa culture d'entreprise influe sur son fonctionnement et oriente les attentes mutuelles entre l'organisation et ses membres.

VIDÉO INTERACTIVE POUR COMMENCER
Airbnb a révolutionné l'industrie touristique 1'38"
www.lienmini.fr/30913-bnb

airbnb

FICHE D'IDENTITÉ

- **Type d'organisation :** entreprise privée à but lucratif
- **Activité :** plateforme communautaire payante de location et de réservation de logements de particuliers
- **Champ d'activité :** international
- **Forme juridique (France) :** SARL unipersonnelle
- **Effectifs (France 2019) :** 33 salariés
- **CA annuel HT (France 2019) :** 12,64 millions d'€
- **CA monde HT (2019) :** 4,8 milliards de $

1. Quel est le secteur d'activité de Airbnb ?
2. Citez une valeur promue par l'entreprise.
3. Quelle est la place de l'individu dans l'organisation Airbnb ?

1 Qu'est-ce qui caractérise le comportement des individus ?

A Personnalité, émotion et perception

DOC. 1 La création de Airbnb

En 2008, Brian Chesky et Joe Gebbia, colocataires, ont l'idée, pour payer leur loyer, de louer des matelas pneumatiques aux participants de la conférence sur le *design* qui se tient à San Francisco. Bientôt rejoints par l'ingénieur informatique Nathan Blecharczyk [...], ils vont imaginer ce qui va devenir le plus grand site d'hébergement entre particuliers du monde. [...] Innovations techniques (système de paiement, outils pour alimenter le trafic du site), créativité pour trouver les fonds manquants, aptitude à se renouveler et à incarner les valeurs d'une génération née avec Internet et avide de voyages moins chers, plus humains, plus personnalisés... [...] L'entreprise défend l'idéal d'un monde où chacun doit avoir le droit d'ouvrir sa porte à des inconnus et de mettre son logement à leur disposition en étant ou non présent pendant le séjour, pour leur offrir ainsi une manière de voyager personnalisée et unique.

Ségolène Barbé, leparisien.fr, 12 janvier 2018

1 Identifiez les principaux traits de personnalité des trois fondateurs de Airbnb. Justifiez votre réponse.

....

....

....

....

NOTION

Personnalité : ensemble des comportements et des attitudes qui caractérisent un individu. Quatre grands types de personnalité sont communément admis : 1. introverti ou extraverti ; 2. logique ou affectif ; 3. stable ou instable ; 4. autonome ou soumis.

2 Expliquez en quoi les personnalités des fondateurs nous renseignent sur l'entreprise qu'ils ont fondée.

....

....

....

DOC. 2 Quelques réactions émotionnelles des fondateurs de Airbnb

Extrait a. « Plus de 6 millions de logements sont référencés sur la plateforme Airbnb : cela représente près de 150 millions de personnes utilisatrices en 2019 », constate Joe Gebbia (airbnb.fr/trust)

Extrait b. Devant les résultats obtenus : 12 376 salariés dans le monde et un bénéfice de 200 millions de dollars en 2019, ce jeune milliardaire [Joe Gebbia] avoue son étonnement : « Cela dépasse nos rêves les plus fous ! »

Extrait c. « Je souhaite dire aux personnes qui quittent Airbnb que je suis profondément navré de cette situation. Sachez que vous n'en êtes en rien responsables. Le monde aura toujours besoin des qualités que vous avez apportées à Airbnb et de votre talent. C'est vous qui avez fait le succès de Airbnb. Je tiens à vous remercier, du fond du cœur, pour tout ce que vous avez fait pour Airbnb. » (Brian Chesky, message envoyé aux salariés lors des licenciements liés à la crise sanitaire de 2020, https.fr.media7.ma).

Revue de presse, extraits, 2020

3 Complétez le tableau ci-dessous en indiquant, pour chacun des extraits, l'émotion éprouvée par la personne et le comportement qu'elle peut induire.

Extrait	Émotions ressenties	Comportements associés
a.	....	....
b.	....	....
c.	....	....

DOC. 3 Quelques évaluations de Airbnb par des salariés

• Informations disponibles sur l'entreprise Airbnb

Le salaire annuel moyen estimé, base et bonus compris, chez Airbnb est de 139 680 dollars US, soit 67 dollars de l'heure, tandis que le salaire médian est de 139 064 dollars, soit 66 dollars de l'heure. Chez Airbnb, le poste le mieux rémunéré est celui de directeur de l'ingénierie avec 242 383 dollars par an et le plus bas est celui de *community manager* avec 50 000 dollars par an.

• Classements attribués par des employés de Airbnb

Pensez-vous que vous êtes payé équitablement ?	62 % Oui
Votre entreprise offre-t-elle des primes annuelles ?	18 % Oui
Êtes-vous satisfait de vos avantages ?	80 % Oui
Les avantages de votre entreprise contribuent-ils à rester dans cette entreprise ?	68 % Oui

comparably.com/companies/airbnb, 2020

NOTIONS

Émotion : réaction déclenchée par un événement qui affecte un individu. Sept émotions sont couramment recensées : la joie, la tristesse, la colère, la peur, le dégoût, la surprise et le mépris.

Perception : ce que l'individu perçoit dans son environnement par les cinq sens. La perception est un processus qui mobilise l'attention (pour sélectionner les informations), l'interprétation (pour les confronter à ce qui est connu), la compréhension (pour leur donner un sens) et la mémorisation (pour les conserver).

4 Précisez les phases du processus de perception d'un salarié de Airbnb lors des classements qu'il attribue (doc. 3).

Extrait	Phase du processus de perception	Justifications
Pensez-vous que vous êtes payé équitablement ? 62 % Oui	....	....
Votre entreprise offre-t-elle des primes annuelles ? 18 % Oui	....	....
Êtes-vous satisfait de vos avantages ? 80 % Oui	....	....
Les avantages de votre entreprise contribuent-ils à rester dans cette entreprise ? 68 % Oui	....	....

B Attitude, comportement, identité numérique

DOC. 4 La découverte de l'étendue des services de Airbnb

Ysiha, franco-japonaise de 20 ans, dans sa dernière année d'études d'ingénierie en développement informatique, reçoit ses cousins japonais. Elle veut leur faire découvrir Paris et recherche un logement pour les accueillir. Au gré de ses recherches sur Internet (blogs, réseaux sociaux) et en explorant le site Airbnb, elle découvre la politique de recrutement de l'entreprise. Alors qu'elle doit justement trouver un stage de fin d'études afin de valider son diplôme, elle décide de postuler sur le site d'Airbnb. Pour cela elle complète la fiche signalique de renseignements (nom, prénom, adresse postale, pays, date de naissance, numéro de téléphone, adresse e-mail) sur le site d'Airbnb, puis son profil professionnel (CV, lettre de motivation, développement d'expériences, lettre de recommandation). Un mois plus tard, Ysiha est contactée et, après plusieurs entretiens, se voit proposer un stage de 12 semaines.

Afin de s'intégrer rapidement au sein du service Ingénierie, elle a fait des recherches documentaires poussées : fiche d'identité de l'entreprise, chiffre d'affaires réalisé (français et mondial), services proposés aux utilisateurs, modalités de recrutement, charte éthique, etc. Tout cela lui permet d'avoir un *a priori* positif sur l'entreprise Airbnb.

Le premier jour dans l'entreprise, elle ne sait pas si c'est le responsable du service qui va la présenter à l'équipe, ou si elle doit le faire elle-même. Afin de bien se préparer et de ne pas commettre d'impairs, Ysiha décide de prendre rendez-vous avec une amie spécialisée dans le coaching professionnel. Lors de cet entretien, elles évoquent l'importance du paralangage, de la communication non verbale dans la première impression faite aux autres.

Delagrave, 2020

5 Illustrez par des exemples tirés du texte (doc. 4) les trois composantes de l'attitude d'Ysiha lorsqu'elle commence son stage chez Airbnb.

Composante de l'attitude	Éléments de réponse
Cognitive	
Affective	
Conative	

NOTIONS

Attitude : disposition d'un individu à l'égard d'une situation ou d'une personne. Elle est influencée par ses idées (composante cognitive), ses affects (composante affective) et détermine son comportement (composante conative).

Comportement : actions d'un individu, observables dans une situation donnée.

6 Présentez le comportement d'Ysiha dans chacune de ces situations :

Situations	Comportement d'Ysiha
a. Elle est présentée à l'équipe par son responsable.	
b. Elle se présente elle-même à l'équipe.	

7 Précisez le type d'identité numérique pour chacune des situations suivantes :

Situations	Type d'IDN	Entité concernée (individu/organisation)
a. Pseudo d'Yshia	....	....
b. Présentation de la charte éthique d'Airbnb	....	....
c. Consultation de différents sites, réseaux sociaux, blogs	....	....
d. Chiffre d'affaires réalisé	....	....
e. Vérification du curriculum vitae, de l'état civil, de l'adresse d'Yshia	....	....
f. Descriptif des modalités de recrutement	....	....
g. Fiche d'identité de l'entreprise	....	....
h. Services proposés aux utilisateurs du site Airbnb	....	....

DOC. 5

Oser exprimer ses émotions au travail

Comment communiquer vos émotions de façon à la fois appropriée, respectueuse des autres et percutante au travail ? C'est un défi pour beaucoup d'entre nous parce que nous avons rarement appris à le faire. Souvent, soit nous préférons nous taire et ravaler nos émotions parce que nous ne savons pas comment les exprimer ou par peur de sembler vulnérables ; soit nous attendons que la cocotte-minute soit sur le point d'exploser.

Il est beaucoup plus sain d'apprendre à les exprimer posément, calmement, avant d'imploser. **Il s'agit à la fois de trouver les bons mots et le bon moment.** Apprendre à exprimer une émotion de façon appropriée, c'est apprendre à la nommer, à la verbaliser et à l'exprimer de façon posée afin de résoudre un problème ou un conflit, de demander de l'aide, de désamorcer une situation... **Exprimer ses émotions ne veut pas dire les imposer aux autres.** Il faut instaurer une **écoute mutuelle.** Soyez attentifs à la façon de réagir de vos collègues, à leurs propres besoins, engagez le dialogue.

Certains environnements de travail rendent également l'expression de ses émotions particulièrement difficile : peu d'empathie, peu d'écoute, de la malveillance... Dans ce cas, il est d'autant plus important de ne pas vous interdire de le faire, sous peine de finir comme une cocotte-minute, mais aussi de trouver une façon appropriée de les partager et d'apprendre à faire le tri entre ce que vous souhaitez afficher ou non.

psychologies.com, 25 mai 2020

NOTIONS

Identité numérique (IDN) : ensemble des traces qu'un individu ou une organisation laissent sur Internet. Ces traces peuvent être publiées (nom, photographies, commentaires, etc.) ou cachées (cookies, etc.). Lorsque l'individu fournit des informations, l'IDN est « **déclarative** » ; lorsque les informations sont analysées par les sites qui collectent les données, l'IDN est « **calculée** » ; l'ensemble des données numériques générées lors d'une navigation sur le Web correspond à l'IDN « **agissante** ».

Contrôle de soi : capacité à agir en maîtrisant ses émotions.

8 Présentez les « bonnes pratiques » de communication permettant le contrôle de ses émotions au travail.

....

....

9 Expliquez à Yshia, en cinq ou six lignes, pourquoi il est important de savoir garder le contrôle de soi dans le cadre professionnel.

....

QUESTION BILAN

Rédigez un mémo d'une dizaine de lignes à l'attention de Brian Chesky présentant les principales caractéristiques du comportement de ses collaborateurs.

2 Comment les individus interagissent-ils avec l'organisation ?

A Cultures, normes, codes, rituels

DOC. 6 Airbnb : l'« expérience employé »

Airbnb développe les compétences internes afin de répondre aux besoins futurs. L'entreprise propose l'« Explorers Programm » : les collaborateurs peuvent découvrir un nouveau poste, souvent d'un département transversal, pendant trois mois dans n'importe quel bureau dans le monde. Airbnb s'est construit sur l'aspiration au voyage, l'échange et le multiculturalisme. C'est aussi cela que l'entreprise distille dans son organisation en encourageant la collaboration, la transversalité et le « vivre ensemble ».

Promouvant l'initiative et l'esprit entrepreneurial, Airbnb préfère des petites équipes. Flexibilité, agilité et proximité sont les maîtres-mots. [...] Fondée autour de la notion d'hospitalité, l'entreprise met un point d'honneur à l'appliquer dans ses bureaux. Les locaux sont à l'image des collaborateurs, qui sont largement impliqués dans leur conception.

[...] Airbnb a été élu « Best Place to work » par ses employés (sur glassdoor.fr) en 2016. En 2017, l'entreprise est au 11e rang du classement *Linkedin Top Companies*. Avant-gardiste, Airbnb propose ainsi une expérience cohérente à ses employés, à l'image de l'offre qu'elle propose à ses clients.

clustree.com, mars 2018

DOC. 7 Airbnb : une entreprise vue de l'intérieur

Dans ses locaux près de l'Opéra, l'équipe parisienne de Airbnb fonctionne à la mode californienne. Pas de bureau attitré pour les salariés, mais des espaces variés et colorés où il est possible de travailler debout, assis... ou avachi. Il y a quand même une règle immuable : le « *power meeting* » du lundi matin. Chaque début de semaine, l'ensemble des collaborateurs converge docilement, ordinateur portable sous le bras, vers l'immense cuisine mansardée du loft pour trente minutes de briefing. Debout entre la longue table et le bar, dont la décoration s'inspire d'un cottage mis en location par des hôtes anglais sur la plateforme, chaque salarié présente ses deux objectifs de la semaine. À peine la réunion terminée, Emmanuel Marill regroupe ses *functional leaders* en petit comité dans la pièce dite « chalet ». Celle-ci est une réplique, à la couleur de la moquette près, du lodge bordant le lac Tahoe de Danielle et Jonathan, un couple de Californiens. Assis face à la fausse cheminée, Florent Sciberras, le responsable de la division hébergement, fait le point sur le partenariat noué avec Century 21 en juin 2018.

Julie Krassovsky, capital.fr, 25 janvier 2019

10 Présentez la culture d'entreprise de Airbnb.

....

....

....

....

....

....

....

NOTIONS

Codes : ensemble de signes utilisés par une communauté. Par exemple le vocabulaire, l'habillement... Ils évoluent avec les pratiques et les usages.

Cultures : ensemble des connaissances partagées par un groupe.

Normes : règles qui s'appliquent à l'ensemble d'un groupe ou d'une société. Elles sont fondées sur des valeurs communes.

Rituels : ensemble de règles et d'habitudes, basées sur des traditions culturelles et des conventions sociales.

11 Indiquez par une croix si les situations présentées relèvent d'un rituel, d'un code ou d'une norme propres à l'entreprise Airbnb. Justifiez votre réponse.

Situations	Rituel	Code	Norme	Justification
L'équipe parisienne de Airbnb fonctionne à la mode californienne.	....	....	....	....
« *Power meeting* » du lundi matin.	....	....	....	....
Aménagement intérieur des locaux (pour ressembler aux biens loués sur le site).	....	....	....	....

B Représentations, stéréotypes, attribution

DOC. 8 Création d'entreprise : halte aux idées reçues !

L'entrepreneuriat véhicule beaucoup de clichés et préjugés.

1. Il faut une idée géniale. L'innovation peut être un nouveau procédé de fabrication, un nouvel usage, une nouvelle façon de vendre, une nouvelle tarification. Dans notre vie quotidienne, beaucoup d'entreprises reproduisent ce qui existe déjà en l'adaptant au goût du jour.

2. Créer une entreprise, c'est créer une start-up. L'entrepreneuriat revêt des formes multiples, y compris en dehors de l'entreprise, comme dans une association. Mieux vaut parfois s'investir dans une **filière traditionnelle** que de s'engouffrer dans les nouvelles technologies, où le risque d'échec est élevé.

3. Lancer une entreprise est compliqué. Bien sûr, les formalités administratives sont nécessaires pour créer son entreprise, mais cela ne doit pas vous empêcher de vous lancer. Dans le parcours de l'entrepreneuriat, il y a d'autres étapes – aspects commerciaux, financiers, techniques – à surmonter pour réussir.

4. Il faut plusieurs années d'expérience professionnelle avant de se lancer. Mark Zuckerberg crée Facebook a 19 ans, Daniel Marhely, âgé de 23 ans cofonde Deezer, et Céline Lazorthes lance Leetchi.com à 26 ans. En France, 24 % des créateurs d'entreprise ont moins de 30 ans, et 8 % moins de 25 ans.

5. On peut démarrer avec peu d'argent. Une petite majorité (53 %) de créateurs d'entreprise se lance en réalité avec moins de 2 000 €. Et 64 % ont réuni moins de 4 000 € pour financer leurs premiers pas. Les outils numériques ont permis une réduction du coût de lancement d'une activité. Pour voir plus grand, le financement peut s'opérer de manière simplifiée en levant des fonds auprès de particuliers via une plateforme de *crowdfunding*.

6. Un entrepreneur doit réussir à tout prix. L'aventure entrepreneuriale comporte une part de risque, même s'il est nécessaire d'établir des prévisions pour laisser le moins de place possible au hasard.

7. Il faut un super diplôme pour se lancer. Beaucoup de dirigeants ont créé des entreprises florissantes sans faire de brillantes études. Toutefois, si l'esprit d'initiative est une qualité essentielle pour se lancer, il est prudent d'acquérir d'autres connaissances.

8. Un entrepreneur gagne beaucoup d'argent. À leurs débuts, beaucoup de créateurs ne se versent pas de salaire et investissent les bénéfices dans leur entreprise.

9. Un entrepreneur n'a de comptes à rendre à personne. Certes le chef d'entreprise individuel n'a pas de supérieur hiérarchique, puisqu'il est son propre patron. Mais il a des comptes à rendre à ses clients, à ses fournisseurs, à son banquier et à ses salariés.

10. Ce sont surtout les hommes qui créent des entreprises. Quelque 40 % des entreprises individuelles sont créées par des femmes. Ce n'est pas la parité parfaite, mais cette part augmente. Si certains secteurs restent à forte domination masculine, tels que la construction (98 %) ou les transports (94 %), les femmes remportent la palme de la création dans les domaines de la santé et de l'action sociale (73 %) et des services aux particuliers (67 %).

Étienne Gless, letudiant.fr, 9 janvier 2018

12 Soulignez dans le texte (doc. 8) les stéréotypes attribués à la création d'entreprise.

13 Déduisez-en les stéréotypes attribués aux cofondateurs de Airbnb.

....

....

....

....

....

....

NOTIONS

Attribution : un individu interprète un comportement (le sien ou celui des autres) selon le contexte et en étant influencé par ses propres représentations.

Représentation : perception, connaissance qu'un individu construit par ses expériences.

Stéréotypes : opinions, croyances qu'un individu attribue à quelque chose ou à quelqu'un. Lorsqu'elles donnent lieu à un jugement, elles deviennent des préjugés et peuvent discriminer quelqu'un.

14 Présentez l'image de l'entreprise Airbnb d'après vos attributions et représentations personnelles.

....

....

....

....

....

C Collaborer et se situer dans l'organisation

DOC. 9 Les enjeux des réseaux sociaux d'entreprise (RSE)

Les enjeux des RSE pour votre entreprise sont :

– D'apporter **une cohésion** au sein des équipes : le RSE permet de créer une vraie communauté soudée de salariés. [...]

– De décloisonner les différents services : l'objectif est d'apporter **une vision globale des activités de l'entreprise** aux salariés.

– D'unifier les outils de collaboration de l'entreprise : vos salariés doivent avoir accès aux bases de données, aux messageries ou encore à l'agenda des activités. [...]

– D'optimiser l'accès à l'information et son partage : [...] le RSE permet de diffuser une information interne, rapidement et clairement à tout le monde en même temps.

– D'apporter une dimension participative : comparé à un intranet classique, le RSE va vous permettre de poster des avis, commentaires sujets ou questions et les rendre visibles aux yeux de tous.

– Si vous n'installez pas un RSE dans votre établissement, le risque serait de retarder l'émergence d'une nouvelle culture de partage.

ruche-pollen.com, novembre 2020

DOC. 10 Slack lance un outil pour mettre fin aux e-mails entre entreprises

Slack promet depuis des années de réduire, voire d'éliminer, le flot d'e-mails professionnels. Avec Slack Connect, la firme américaine cherche à se positionner comme une plateforme de communication interentreprises, capable de remplacer les courriels, et qui permet de collaborer en temps réel et de façon plus sécurisée avec les entreprises externes, clients, et autres partenaires.

Au-delà de la communication traditionnelle, l'outil pourra être utilisé pour des processus automatisés, comme la gestion des chaînes d'approvisionnement ou le partage de nouvelles importantes. Slack Connect pourra par exemple analyser les agendas de toutes les entreprises via les diverses applications utilisées, et proposer ensuite des créneaux de réunion dans lesquels tout le monde sera disponible.

Selon Slack, plus de 41 000 clients, dont Airbnb, Autodesk et Box, utilisaient déjà sa nouvelle solution le 24 juin, jour du lancement.

ictjournal.ch, 25 juin 2020

NOTION

Réseaux sociaux d'entreprise (RSE ou ESN, *Enterprise Social Network*, en anglais) : système de communication numérique accessible aux employés d'une organisation et/ou à ses partenaires (fournisseurs, clients, distributeurs...).

15 Présentez le RSE choisi par Airbnb, en complétant le tableau suivant :

Nom et fonctionnalités du RSE	Intérêt(s)

16 Justifiez le choix fait par Airbnb d'utiliser un RSE.

DOC. 11 Une offre d'emploi pour Airbnb

Intitulé du poste	Conseiller clientèle.
Secteur d'activité	Internet, e-commerce. Restauration, hôtellerie, tourisme.
Contexte	• Vous parlez anglais ? Vous cherchez un emploi en CDI à l'étranger ? Rejoignez-nous ! Nous recherchons des personnes dynamiques pour assister les hôtes et les voyageurs de Airbnb. Vous les guiderez dans leur utilisation de ce service par téléphone, courriels et discussion en ligne. • Nous avons plusieurs postes à pourvoir dans nos bureaux en Irlande. C'est une opportunité unique de travailler à l'étranger, dans un environnement multiculturel, en français et en anglais !
Mission	• Vous assurerez un service client de haute qualité en échangeant directement avec des hôtes et des voyageurs Airbnb par téléphone, courriel et discussion en ligne. Vous leur porterez assistance quelque soit le problème rencontré : utilisation du site, modalités de réservation, arrivées et départs, etc. Vous échangerez en direct avec des clients francophones du monde entier. • Intégré au sein d'une équipe internationale, vous utiliserez l'anglais pour travailler avec vos coéquipiers. Vous participerez à l'amélioration continue de nos services en renseignant précisément les détails de chaque appel et en partageant vos découvertes.
Profil recherché	• Vous maîtrisez le français et l'anglais, à l'écrit comme à l'oral. • Une expérience en relation client, tourisme ou vente sera appréciée (mais pas obligatoire). • Vous êtes empathique, posé(e) et très organisé(e). • Vous avez l'esprit d'équipe et un vrai sens du service client.
Rémunération	Selon profil.
Avantage	Nous proposons un « *Relocation Package* » pour faciliter votre installation à l'étranger.
Expérience	De 2 à 5 ans.
Type de contrat	CDI.

17 Montrez que l'offre d'emploi publiée par Airbnb s'appuie sur la structure d'une fiche de poste.
Pour cela, soulignez les éléments de l'offre.

18 Expliquez l'intérêt pour Airbnb de publier cette annonce sur un site dédié à la recherche d'emploi.

....

....

....

....

....

....

....

....

NOTIONS

Compétences : ensemble des savoirs (connaissances), savoir-faire (habiletés techniques, expérience) et savoir-être (attitude et comportements).

Profils de compétences : listes détaillés des compétences nécessaires pour un poste.

Fiche de poste : document qui décrit précisément tous les aspects d'un poste dans une organisation : missions à effectuer, place dans la hiérarchie, lieu, compétences nécessaires, formation.

19 Complétez le tableau ci-dessous en présentant les compétences (savoirs, savoir-faire, savoir être) nécessaires à un(e) candidat(e) souhaitant répondre à l'offre d'emploi de conseiller clientèle de Airbnb.

	Savoirs	Savoir-faire	Savoir-être
Compétences			

DOC. 12 **Extrait de l'organigramme d'Airbnb**

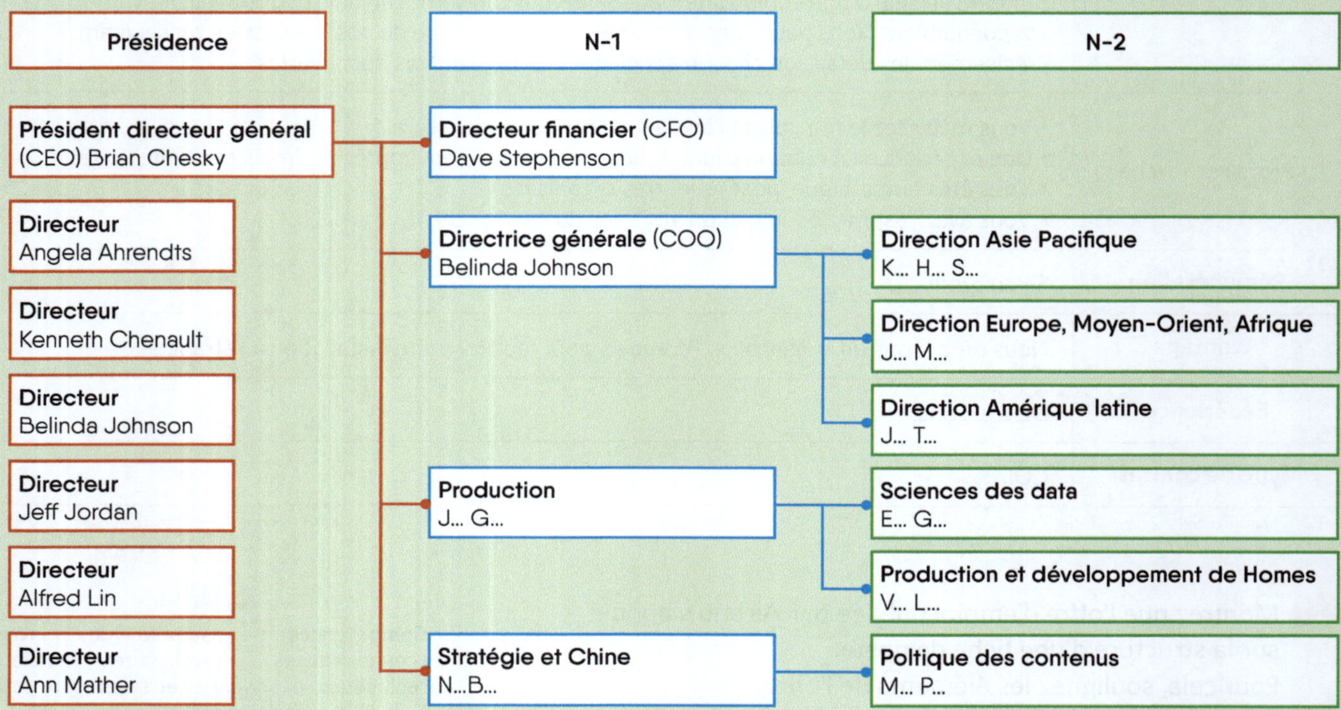

D'après theofficialboard.fr/organigramme/airbnb, 2020

20 Nommez le supérieur hiérarchique (N+1) de Belinda Johnson et ses subordonnés (N-1).

....

....

....

NOTION

Hiérarchie : les membres d'une organisation sont subordonnés les uns aux autres. Chaque échelon correspond à un degré de pouvoir, de responsabilité, de compétence, supérieur à celui de l'échelon immédiatement inférieur.

QUESTION BILAN

Relevez les éléments que vous devez prendre en compte en tant que collaborateur si vous souhaitez interagir avec les autres membres de l'entreprise Airbnb.

L'individu et ses interactions avec l'organisation

SYNTHÈSE
Accédez à la synthèse audio
www.lienmini.fr/30602-synthese2

1 Qu'est-ce qui caractérise le comportement des individus ?

Le COMPORTEMENT d'un individu dépend

de sa PERSONNALITÉ
- introverti/extraverti
- logique/affectif
- stable/instable
- autonome/soumis

de ses ÉMOTIONS
- joie
- tristesse
- colère
- surprise
- peur
- dégoût

du CONTRÔLE DE SOI

qui influencent sa PERCEPTION
- Attention
- Interprétation
- Compréhension
- Mémorisation

et induisent

son ATTITUDE
- cognitive
- affective
- conative

son IDENTITÉ NUMÉRIQUE
- déclarative
- calculée
- agissante

2 Comment les individus interagissent-ils avec l'organisation ?

L'organisation produit
- une CULTURE
- des NORMES
- des RITUELS
- des CODES

Interactions

par le biais
- d'ATTRIBUTION

L'individu possède
- des COMPÉTENCES
- des VALEURS
- des REPRÉSENTATIONS
- des STÉRÉOTYPES

en s'appuyant sur
- des RÉSEAUX SOCIAUX D'ENTREPRISE
- des FICHES DE POSTE
- des PROFILS DE COMPÉTENCES
- une HIÉRARCHIE

APPLICATIONS

APPLICATION 1 Tester ses connaissances

Validez vos connaissances en cochant la (ou les) bonne(s) propositon(s). Justifiez oralement vos réponses.

1 Le comportement d'un individu dépend :
- ☐ de sa perception.
- ☐ de sa personnalité et de ses émotions.
- ☐ uniquement de sa personnalité.

2 En entreprise, il est recommandé pour un salarié ou un dirigeant :
- ☐ de ne pas exprimer ses émotions.
- ☐ de maîtriser ses émotions.
- ☐ de laisser libre court à ses émotions.

3 L'identité numérique d'un individu :
- ☐ ne peut pas être modifiée.
- ☐ dépend uniquement de ses actions.
- ☐ est constamment mise à jour.

4 La culture d'entreprise est :
- ☐ la même dans toutes les entreprises d'un secteur d'activité.
- ☐ l'ensemble des préjugés véhiculés dans l'entreprise.
- ☐ l'ensemble des connaissances partagées par les salariés d'une entreprise.

QCM interactif
Accédez au QCM en utilisant le QRcode ou le lien url
www.lienmini.fr/30913-qcm2

5 Les normes et les codes :
- ☐ n'existent pas en entreprise.
- ☐ s'appliquent à l'ensemble des individus d'une organisation.
- ☐ s'observent en dehors de l'entreprise.

6 Une fiche de poste est un document :
- ☐ qui résume les principales missions à effectuer par un salarié.
- ☐ qui présente tous les aspects relatifs au poste de travail.
- ☐ qui liste les compétences nécessaires pour remplir une fonction.

7 Une compétence est :
- ☐ une capacité ou une habileté maîtrisée dans un domaine précis.
- ☐ un ensemble de capacités (savoir, savoir-faire, savoir-être) nécessaires pour exercer une activité dans un poste de travail.
- ☐ une performance.

8 Un réseau social d'entreprise est :
- ☐ une plateforme numérique fermée.
- ☐ un espace numérique de communication.
- ☐ une communauté formée par les membres d'une entreprise.

APPLICATION 2 Caractériser les comportements individuels au sein des groupes

Vous êtes employé(e) dans une enseigne spécialisée dans la vente de jouets. Votre directeur de magasin vous convoque à une journée de formation sur le thème : « la gestion de la relation client et la satisfaction du client. » Le formateur propose aux participants un jeu de rôle à réaliser dans chacune des situations suivantes (doc.).

1 **Préparez le jeu de rôle pour les participant(e)s.**
Chaque participant(e) reçoit la description de son rôle (doc.) et ne connaît pas celui des autres. Aidé(e) par un groupe d'élèves, il/elle :

a. identifiera les étapes à mettre en place ;

b. préparera par écrit le scénario de l'employé(e) en déterminant/envisageant l'attitude, les émotions et le contrôle de soi qui seront « joués » lors de la situation.

2 **Mettez en œuvre le jeu de rôle.**
Il durera jusqu'à ce qu'une solution soit trouvée, ou pas. Si le jeu ne parvient pas à démarrer, l'enseignant(e) ou un(e) élève prendra le rôle de directeur pour animer la réunion.

3 Faites le bilan du jeu de rôle.

Les élèves observateurs analyseront le jeu de rôle qui vient d'avoir lieu et en résumeront l'issue en répondant aux points suivants :

a. Qui, parmi les employé(e)s, a atteint son but (satisfaire le client) ?

b. Quels traits de leur personnalité les employé(e)s ayant atteint leur but ont-ils utilisés ?

c. Quel est/sera le(s) sentiment(s) des employés ayant échoué dans la satisfaction de la clientèle ?

d. Y avait-il d'autre(s) solution(s) possible(s) ?

e. Quelles concessions ont dû être faites pour satisfaire le client ?

f. Présentez dans un courriel destiné à votre directeur le bilan de chacun de ces jeux de rôles.

DOC. **Quatre situations de gestion de la relation client**

1. L'un de vos clients demande à être remboursé, mais la politique de l'enseigne ne vous permet pas de le faire.

2. Une famille ayant un garçon et une fille souhaite acquérir un jeu de construction. Leurs critères sont le prix (pas plus de 100 €), un coffret unique adapté à la fratrie et un financement à crédit. Cependant, leur choix se porte sur un coffret au prix de 300 €.

3. Vous recevez la réclamation d'un client très mécontent des conseils d'un de vos collaborateurs. Il demande le remboursement du produit acheté, mais aussi un geste commercial et une sanction à l'encontre de votre collaborateur, sous peine de diffuser des informations négatives sur le magasin.

4. Un client de votre magasin vous demande des renseignements sur des jeux de société récemment parus. Vous ne connaissez pas ces nouveaux produits ni leur prix.

APPLICATION 3 Repérer ce qui relève de la culture et des valeurs de l'organisation

La lutte contre le gaspillage alimentaire engage votre responsabilité de citoyen. Vous souhaitez vous engager dans une action collective et l'association Récup&Gamelles a retenu votre attention.

1 Identifiez la culture et les valeurs de l'association Récup&Gamelles à l'aide des documents 1 et 2 et de vos recherches personnelles.

2 Préparez un document de synthèse résumant vos traits de personnalité et présentant votre attitude vis-à-vis de l'association Récup&Gamelles.

3 Relevez dans la vidéo (doc. 1) les compétences nécessaires pour animer un atelier dégustation de Récup&Gamelles.

4 Qu'en déduisez-vous sur l'adéquation entre vos compétences et vos valeurs et la culture de l'association Récup&Gamelles ?

DOC. 1 **L'association Récup&Gamelles**

VIDÉO + 1'38''
Une animation de l'association lyonnaise Récup&Gamelles
www.lienmini.fr/30913-appliC2-4

DOC. 2 **La campagne de collecte 2020 de Récup&Gamelles sur la plateforme Helloasso**

Cette année, nous avons sauvé près de 5 tonnes d'aliments, nous avons animé plus de 120 ateliers et événements, nous avons préparé près de 40 buffets, ce qui nous a permis de rencontrer et de sensibiliser plus de 12 000 personnes ! [...]

L'association cherche à développer et structurer ses activités. Pour ce faire, elle souhaite augmenter son indépendance, notamment financière, grâce à l'engagement et l'énergie citoyenne. Cette collecte participera donc à la construction de nouveaux projets porteurs de sens, dans la lignée des actions innovantes déjà engagées, comme les Buffets Solidaires, les Ateliers « Je fais mes bocaux » ou les Formations Ambassadeurs·drices.

1er palier à 5 000 € : achat d'un nouveau véhicule pour remplacer notre super Kangoo, qui a rendu l'âme en fin d'année.

2e palier à 10 000 € : développement de l'activité d'accompagnement de projets (dont étudiants).

helloasso.com, 2020

APPLICATIONS

APPLICATION 4 Identifier les bonnes pratiques de gestion de l'identité numérique

Vous souhaitez créer une association locale ayant pour objet d'aider les jeunes à gérer leur e-réputation. Vous avez été retenu(e) pour présenter le projet lors d'une session spéciale de votre conseil départemental. Vous préparez vos arguments afin de réussir votre intervention orale.

1. Justifiez l'intérêt de l'objet de votre association. Pour cela :
   a. Définissez ce qu'est le cyber-harcèlement à l'aide du document et de vos recherches personnelles.
   b. Précisez qui sont les victimes de cyber-harcèlement.
2. Présentez ce qu'est l'identité numérique d'un individu et expliquez pourquoi il est nécessaire de la maîtriser.
3. Identifiez les mesures à prendre lorsqu'une personne est victime de cyber-harcèlement.
4. Créez un support de sensibilisation au cyber-harcèlement destiné à des collégiens. Ce support peut être une vidéo, un tutoriel, une infographie, un diaporama, un quizz interactif, etc.
5. Préparez un diaporama à projeter lors votre intervention orale pour le conseil départemental.
6. Contrôlez votre e-réputation en effectuant une recherche sur Internet avec pour mots clés vos noms et prénoms. Veillez à utiliser la fonction de navigation privée de votre moteur de recherche.

DOC. Deux tiers des 20-24 ans ont déjà été victimes de cyber-violence

Insultes sur Twitter, photographies intimes publiées sur Facebook, menaces reçues par SMS, usurpation d'identité..., le cyber-harcèlement touche aujourd'hui de plus en plus d'internautes, et pas seulement des adolescents.

Selon un sondage exclusif OpinionWay réalisé auprès du panel #MoiJeune de *20 Minutes*[1], plus de la moitié des 18-30 ans (soit 53 %) ont déjà subi au moins une situation de cyber-violence sur les réseaux sociaux. Un chiffre qui grimpe à 63 % chez les jeunes âgés de 20 à 24 ans, soit près de deux tiers d'entre eux.

« C'est un résultat qui doit nous interpeller, et qui montre surtout que la violence en ligne s'est complètement banalisée », explique Nathalie Dupin, sociologue spécialisée dans les pratiques d'Internet et le cyber-harcèlement. « La cyber-violence est devenue aujourd'hui quelque chose d'ordinaire, elle est finalement rentrée dans les usages, dans les mœurs », confirme Justine Atlan, directrice de l'association e-Enfance, en charge de la plateforme nationale d'accueil téléphonique Net Écoute destinée aux victimes de cyber-harcèlement.

Facebook est la plateforme la plus citée comme lieu de harcèlement (81 %), suivi de Messenger (16 %), Twitter (15 %) et Snapchat (8 %). « Facebook est plébiscité par les jeunes, c'est le réseau social qui agrège le plus d'utilisateurs, c'est donc tout à fait normal qu'il soit ainsi sur-représenté. Autre tendance notable, plus d'un tiers des personnes qui se disent « victimes » ont avoué avoir déjà fait subir au moins une situation de cyber-violence à d'autres personnes (35 %). « Sur le Net, on peut très rapidement basculer d'un statut à l'autre, simplement en likant un commentaire insultant ou en partageant une photographie compromettante », explique Justine Atlan. « C'est malheureusement souvent quand on est victime qu'on prend conscience du mal qu'on a pu faire », fait également remarquer Nathalie Dupin.

Par la suite, seulement 14 % des personnes « victimes » indiquent avoir changé leur manière d'utiliser les réseaux sociaux. « Ça fait mal sur le coup et après, on passe à autre chose », explique l'un des sondés. Parmi eux, 25 % ne savent pas que le cyber-harcèlement est puni par la loi, ce qui explique peut-être pourquoi seulement 4 % ont porté plainte. Pour la directrice de l'association e-Enfance, c'est un constat très inquiétant. « Il faudrait davantage communiquer, pas seulement auprès des adolescents, et surtout expliquer que les réseaux sociaux ne sont pas une zone de non-droit. »

20minutes.fr, 20 janvier 2019

1. Étude #MOIJEUNE réalisée en ligne du 11 au 16 janvier 2019 par OpinionWay pour *20 Minutes* auprès d'un échantillon représentatif de 808 jeunes âgés de 18 à 30 ans (méthode des quotas).

QUESTION DE GESTION 2 — Comment un individu devient-il acteur dans une organisation ?

Chapitre 3

De l'individu au groupe dans l'organisation

NOTIONS

- Interactions individu/groupe : caractéristiques des groupes, identité et statut dans les groupes, référence et appartenance aux groupes.
- Phénomènes relationnels : relations formelles et informelles, argumentation et influence, relation d'autorité, leadership, motivations/incitations.

CAPACITÉS

- Caractériser les comportements individuels au sein des groupes.
- Décrire, caractériser et analyser les situations de communication à partir de leurs composantes et des phénomènes relationnels qu'elles contribuent à développer.

DÉCOUVRIR LE CONTEXTE

Disneyland Paris est un complexe touristique et urbain de 22,30 km^2 situé en grande partie sur la commune de Chessy (Seine-et-Marne), à 32 kilomètres à l'est de Paris. Le complexe touristique comprend deux parcs à thèmes – le parc Disneyland et le parc Walt Disney Studios – ainsi que des hôtels et un golf. Cette organisation, qui regroupe 15 000 salariés, les *Cast Members [salariés des parcs Disney]*, s'emploie à favoriser la cohésion entre ses membres et leur épanouissement.

VIDÉO INTERACTIVE — POUR COMMENCER
La culture d'entreprise chez Club Med 3'07''
www.lienmini.fr/30913-disney

DISNEYLAND PARIS — FICHE D'IDENTITÉ

- **Type d'organisation :** organisation à but lucratif
- **Activité :** loisirs, tourisme, restauration
- **Champ d'activité :** national et international
- **Forme juridique :** société anonyme (SA)
- **Effectif 2019 :** 16 000
- **CA annuel HT 2019 :** 1,76 million d'€

1. Quelles peuvent être les motivations d'un individu à vouloir intégrer cette organisation ?
2. Quel est l'intérêt pour l'organisation de favoriser la cohésion entre ses membres ?

1 Comment définir et caractériser le groupe ?

A Un groupe, des individus

DOC. 1 Les *Cast Members*, la communauté des collaborateurs Disney

Le terme *Cast Member* désigne l'ensemble des personnes travaillant pour les parcs Disney à travers le monde. Il signifie « membre de la troupe », car ils font tous partie du spectacle vivant qui a lieu chaque jour dans nos *Resorts*[1].

À Disneyland Paris, ils forment une équipe d'environ 15 000 personnes, réunie sur un seul site et soudée par des valeurs communes. La richesse de leurs cultures et de leurs personnalités sont une des clés de l'excellence et de la créativité qui contribuent à rendre l'expérience des visiteurs inoubliable. [...] Unis par un état d'esprit unique – solidarité, partage, esprit d'équipe, diversité, enthousiasme – ils s'engagent chaque jour à faire rêver nos visiteurs. Ils sont le cœur de l'expérience Disneyland® Paris. Ils forment une communauté cosmopolite.

careers.disneylandparis.com, 2017

1. *Resort* : complexe de loisirs doté d'un ensemble hôtelier.

DOC. 2 L'Université Disney, de la culture d'entreprise au leadership

L'Université Disney se concentre sur trois grands thèmes : la transmission de la culture, des valeurs et de l'héritage Disney.

À son arrivée, chaque nouveau collaborateur passe une journée à l'Université Disney, en formation en salle et sur le terrain, pour découvrir l'histoire et les valeurs de la société Disney depuis sa création.

[...]. Quant à la culture Disney, nous avons des formations un peu plus expertes comme « *Walt Disney and You* » qui permet de partager l'héritage de Walt Disney [...]. Par exemple : l'innovation, la prise de risques, le droit à l'erreur, la capacité à rebondir...

Nous savons ce qu'attendent les nouvelles générations : le travail en équipe, la collaboration, moins de management directif, plus en participation, de la co-construction et de l'engagement.

Nous bâtissons notre offre et nos techniques de formation sur ce principe [...]. Aujourd'hui nous sommes beaucoup plus en méthode active, sur des travaux de groupe, des *serious games*, des jeux de rôles, des mises en situation.

Extraits d'un entretien avec Bruno Fournet, directeur *Leadership & Talent Solutions* à Disneyland Paris, blog.educpros.fr, 9 mai 2019

NOTION

Groupe : ensemble d'individus possédant des caractéristiques propres, qui collaborent et poursuivent un objectif commun. Les membres du groupe partagent des valeurs communes.

1. Montrez que la communauté des *Cast Members* constitue un ensemble d'individus unis par un objectif commun.

2. Identifiez les valeurs de l'organisation Disney et précisez les modalités de leur diffusion au groupe.

DOC. 3 Un spectacle de danse à Disneyland Paris

DÉFINITIONS

Groupe restreint : groupe composé d'individus ayant des relations directes et personnelles et participant à une activité commune.

Groupe formel : groupe résultant d'une structuration. Ses membres sont désignés par l'organisation, leurs fonctions sont définies et les règles sont établies à l'avance.

Groupe informel : groupe spontané, créé par des individus en fonction de leurs affinités.

3 Caractérisez les groupes formés par les danseurs et les comédiens sur le parc Disney (doc. 1 et 3)

....

....

....

....

DOC. 4 Des jeux sérieux pour partager les codes et faire adhérer aux enjeux de l'entreprise

Les jeux sérieux utilisent les procédures ludiques du jeu pour atteindre un objectif. Ils sont de plus en plus utilisés dans les formations et pour renforcer la cohésion des groupes en entreprise. Les jeux sérieux suscitent l'adhésion et la motivation des acteurs. Ils facilitent les prises de décision grâce à la collaboration des joueurs.

Un bon jeu sérieux intègre toutes les composantes relatives au défi collectif : un challenge, le partage, le contact et la comparaison.

Le jeu sérieux favorise le partage de codes et d'une culture commune, tout en laissant la place à la créativité individuelle et à la diversité. Son objectif est de susciter chez chaque joueur engagement et implication. Avec la « gamification », les collaborateurs renforcent leur identité sociale.

Chez Disneyland Paris, les jeux sérieux sont utilisés lors de l'intégration des *Cast Members* et pour l'apprentissage des différents rôles qu'ils incarneront dans le parc.

Delagrave, 2020

DOC. 5 Une offre d'emploi pour le parc Disneyland Paris

Votre mission de vendeur(euse) boutique.

En tant que vendeur ou vendeuse, vous êtes au cœur de la magie Disney ! Dans une des 63 boutiques du *Resort*, et sous la responsabilité de votre chef d'équipe, vous assurez la bonne tenue des rayons et conseillez les visiteurs venus du monde entier.

Votre objectif ? Leur permettre de trouver les produits qu'ils cherchent ou qui leur font plaisir et leur offrir une expérience unique, au-delà du shopping. Pour ces missions, vous capitalisez sur votre réactivité, votre goût du travail en équipe et votre excellent relationnel.

careers.disneylandparis.com

4 Montrez que l'utilisation des jeux sérieux peut favoriser la cohésion et la construction de l'identité sociale d'un *Cast Member* (doc. 2 et 4).

....

....

....

....

....

....

....

....

NOTIONS

Statut : position occupée par une personne dans un groupe social. À chaque statut sont assignés des rôles.

Identité sociale : reconnaissance par les autres de la place occupée par un individu au sein du groupe. Cette place se définit par le statut, le partage des codes et des rituels communs au groupe.

Rôle : ensemble de comportements attendus d'un individu et jugés appropriés par l'organisation.

5 Identifiez les différents statuts des *Cast Members* dans une boutique Disney (doc. 5) et précisez leurs rôles.

....

....

....

....

6 Expliquez en quoi la personnalité d'un individu peut contribuer à l'atteinte des objectifs du groupe (doc. 4 et 5).

....

....

....

....

DOC. 6 **Dans les coulisses des spectacles de Disneyland Paris**

Le PCCR (pour *Park Central Control Room*), c'est un peu la régie centrale du parc Disneyland, d'où les équipes contrôlent l'audio des parades, les annonces et une partie des lumières.

L'équipe se compose de dix opérateurs, techniciens et programmeurs, répartis sur les deux parcs, pour opérer les activités journalières et programmer les différents spectacles et bandes sonores. Ils sont supervisés par un régisseur.

Les équipes arrivent sur site 1 heure avant l'ouverture de chaque parc, pour faire la vérification complète des systèmes audio et des programmes informatiques. Ils passent notamment en revue les différentes pistes sonores gérées automatiquement, comme les musiques des différents *lands* mais aussi les annonces du parc.

Les spectacles rythment la suite de la journée. [...] Pour préparer une journée comme Halloween, il faut ainsi deux semaines de répétitions et de réglages sonores et lumineux sur la route de la parade avec toutes les équipes de danseurs et de comédiens.

androland.com, 16 septembre 2019

7 Montrez comment la collaboration entre les équipes peut favoriser la réussite d'un objectif commun.

....

....

....

....

B Référence et appartenance au groupe

DOC. 7 Les Disney VoluntEARS[1]

Le programme « Disney VoluntEARS » est hérité du programme créé en Californie en 1983 : la « Disneyland Action Team » qui répondait aux souhaits des *Cast Members* de se mobiliser pour la communauté.

Initialement nommé « Club bénévole » à Disneyland Paris, c'est en 2005 que l'ensemble des bénévoles Disney à travers le monde a choisi d'unifier son action et changé de nom pour devenir « Les Disney VoluntEARS ».

1. Disney VoluntEARS : club composé de *Cast Members* qui participent bénévolement aux actions des organisations caritatives.

DOC. 8 Disneyland Paris met à l'honneur l'engagement de ses salariés bénévoles

En juin 2017, Julien, [*Cast Member*] et serveur au Annette's Diner, a été nommé « Disney VoluntEar de l'année ». Arrivé à Disneyland Paris il y a un peu plus de deux ans, il a rapidement pris part aux événements du service Action citoyenne, et a démontré une grande polyvalence dans ses missions : de l'accompagnement des enfants dans les parcs à la gestion logistique des événements.

radiodisneyclub.fr/disneyland-paris-disney-voluntears, 2017

NOTIONS

Groupe d'appartenance : groupe auquel appartient l'individu et au sein duquel il collabore pour atteindre les objectifs communs, ce qui l'amène à s'identifier au groupe.

Groupe de référence : groupe pris comme modèle par l'individu, dont il adopte les comportements, les normes et les valeurs. Il n'en fait pas nécessairement partie.

8 Quels sont les groupes d'appartenance de Julien (doc. 7 et 8) ? Distinguez leur fonction.

....

....

....

9 Indiquez comment l'organisation contribue au sentiment d'appartenance de Raphaël (doc. 9).

....

....

....

....

DOC. 9 Raphaël, *Cast Member* à Disneyland Paris

Disneyland Paris Bons Plans Quand as-tu commencé à travailler à Disneyland Paris ?

Raphaël J'ai débuté mon expérience dans le parc parisien le 18 mars 2017, sous contrat à durée indéterminée. [...]

DLPBP As-tu toujours rêvé de travailler dans le parc parisien ?

Raphaël J'ai envie de dire oui, et ce depuis que je suis tout petit. Je m'en souviens encore comme si c'était hier. J'avais à peine 7 ans et je suis venu à Disneyland Paris durant la saison Halloween. [...] J'ai eu comme une sorte de déclic, et à présent je suis *Cast Member* ! [...]

DLPBP Comment t'es-tu retrouvé *Guest Flow*[1] dans le parc Disneyland ?

Raphaël Ma présence dans l'équipe *Guest Flow* du parc Disneyland provient sûrement du fait que j'en ai parlé durant ma session de recrutement. Lorsque nous passons l'entretien d'embauche, nous devons évoquer les métiers que nous souhaitons pratiquer dans le parc, et j'ai mentionné *Guest Flow*. [...] J'ai expliqué que j'appréciais ce que faisaient les *Cast Members* de cette équipe. [...]

DLPBP Grâce à tes danses, ton dynamisme et ta générosité à faire vivre la magie, tu es devenu très connu sur les réseaux sociaux et par bon nombre de visiteurs ! [...] Que pensent tes collègues de toi ?

Raphaël J'ai de la chance d'avoir des collègues qui apprécient ce que je fais dans le parc parisien. [...] Je sais que j'ai également la chance d'avoir un encadrement qui apprécie ce que je réalise et qui me soutient. L'ensemble de ces éléments me fait aimer encore plus mon métier de *Cast Member*.

disneylandparisbonsplans.com, 5 février 2019

1. *Guest Flow* : *Cast Member* chargé d'informer les visiteurs sur les activités du parc et d'assurer la sécurité lors des spectacles et des parades.

QUESTION BILAN

Montrez comment la référence et l'appartenance au groupe favorisent la performance individuelle.

2 Quels sont les phénomènes relationnels au sein du groupe ?

A Relations formelles et relations informelles dans le groupe

DOC. 10 La première journée de *Cast Member* de Johan

9 h 00 : Johan vient d'être recruté en tant que *Cast Member*. Il va travailler à l'Auberge de Cendrillon. Denis, son supérieur hiérarchique, est le manager du restaurant. Il l'accompagne pour une visite du restaurant, lui présente les membres de l'équipe et lui donne les consignes.

10 h 30 : Johan se rend en salle de pause. Devant la machine à café, il fait la connaissance d'Antoine et d'Héléna, qui occupent respectivement les postes de commis de cuisine et de serveuse au restaurant. Ils lui transmettent quelques astuces pour organiser ses journées sur le parc.

11 h à 15 h : pour son premier jour au restaurant, Denis a donné consigne à Johan d'occuper le poste de salle, c'est-à-dire de débarrasser les tables, nettoyer la salle, vider les poubelles... Cela permet à Johan de bien assimiler les temps forts de la journée et d'être en contact avec les *guests* (clients visiteurs du parc).

15 h 00 à 16 h : c'est l'heure de la pause déjeuner. Antoine propose à Johan de les accompagner, Héléna et lui, pour déjeuner dans un des nombreux snacks du parc. Ils en profitent pour faire plus ample connaissance, échanger sur les premières impressions de Johan et sur leurs parcours respectifs...

17 h 45 : bref entretien avec Denis qui recueille les premières impressions de Johan, le rassure et lui transmet son planning.

18 h 00 : fin de la première journée de Johan.

Delagrave, 2020

NOTIONS

Relations formelles : formalisées et codifiées, elles sont organisées et contrôlées. Elles suivent souvent les liens établis par la structure hiérarchique.

Relations informelles : spontanées et basées sur des liens personnels, souvent amicaux, qui se créent en fonction des affinités, elles utilisent des canaux non officiels.

10 Complétez le tableau suivant en identifiant le type de relation (formelle ou informelle) et la finalité de cette relation. Justifiez vos réponses.

Relations	Entre Denis et Johan	Entre Johan, Antoine et Héléna
Type de relation	....	....
Finalité de cette relation	....	....

11 Indiquez si ces situations relèvent de relations formelles ou informelles entre salariés. Justifiez vos réponses.

a. Échanges dans la cuisine d'un restaurant du parc entre les serveurs et le chef de cuisine	....
b. Réunion hebdomadaire des vendeurs d'un *Disney Store*.	....
c. Dîner organisé entre quelques membres de la troupe de comédiens	....
d. Répétition d'une chorégraphie par un groupe de danseurs en vue d'une parade.	....

DOC. 11 **Travailler à Disneyland Paris : les avis des salariés**

Les salariés développent une vie sociale, informelle et virtuelle, sur les réseaux sociaux et donnent leur avis facilement sur tous les sujets, et notamment sur leur entreprise.
Ces interactions entre les salariés internautes créent des phénomènes relationnels « hors les murs » qui échappent au contrôle de l'entreprise. Généralement positifs, ces avis peuvent cependant être négatifs et porter préjudice à l'image de l'entreprise en tant qu'acteur économique et employeur.
De plus, les sites de notation d'entreprise (Glassdoor, Indeed...) permettent aux salariés d'évaluer publiquement leur employeur selon plusieurs critères.
Une entreprise doit mesurer l'impact de ces avis sur sa réputation et apprendre à contrôler sa e-réputation.

Delagrave, 2020

12 Montrez que les relations informelles sur les réseaux sociaux peuvent contribuer à la réussite du groupe ou remettre en cause sa cohésion.

....
....
....
....
....
....
....

B Leadership et phénomènes d'influence dans le groupe

DOC. 12 **Réunion d'équipe au restaurant de l'Auberge de Cendrillon**

Denis, le manager du restaurant a réuni l'équipe des quatre serveurs : Johan, Brahim, Héléna et Boris (chef de salle), ainsi qu'Antoine, le premier commis de cuisine. Denis souhaite faire le point sur l'activité du restaurant.

Denis J'ai reçu le bilan de l'enquête qualité de la direction générale sur l'activité restauration. Il indique que nos services en salle ne sont pas de qualité. Certains clients se sont plaints. Je voudrai en discuter avec l'équipe.

Brahim (*étonné*) Certains se sont plaints ?

Denis Comme vous le savez, notre objectif est de prendre soin de nos *guests*, de leur montrer qu'ils sont importants.

Brahim C'est exact. Mais est-il possible de savoir ce que nous reprochent nos clients précisément ?

Denis Ils nous reprochent une attente en salle de plus de 30 minutes à une heure, notamment lors des vacances de printemps. C'est un vrai problème.

Johan (*déçu*) Ah, Je comprends bien que cela pose un problème à nos clients.

Brahim En effet Denis, certains jours nous avons été débordés par l'afflux de clients ; c'était dû à un manque d'effectif. D'ailleurs je vous l'avais signalé.

Antoine (*le premier commis de cuisine*) Je confirme ce que dit Brahim, cela a été aussi très difficile en cuisine.

Héléna Cela s'explique aussi par l'arrivée de Johan qui travaillait plus lentement, car il venait d'intégrer l'équipe...

Johan (*très agacé*) Tes propos sont inacceptables ! Mes services en salle ont été bien plus rapides que les tiens Héléna, il me semble !

Antoine (*tendu*) Je trouve tes propos très déplacés Héléna. Ce n'est pas l'esprit de notre équipe !

Denis Allons, ce n'est pas la question. Je ne pense pas qu'il faille chercher un responsable. Il faut réfléchir ensemble à des solutions.

Boris Je propose par exemple que l'équipe soit renforcée en période de petites vacances scolaires par exemple.

Héléna Oui, mais un équipier de plus, cela posera un problème de planning de présence. J'ai un statut d'étudiante et cela réduirait mes choix de créneaux de présence.

Brahim Mais Héléna, tu n'es pas la seule à avoir des contraintes personnelles ! La proposition de renforcer l'équipe est urgente. Nous pourrons ensuite nous concerter pour tenir compte des contraintes de chacun.

Denis J'entends bien votre demande. Mais le budget recrutement pour l'activité restauration est très limité cette saison. Ce sera difficile.

Brahim (*agacé*) Dans un mois, nous serons de nouveau en période de vacances scolaires, et le problème se reposera. Je suggère de proposer qu'un collègue du restaurant *Bistrot Chez Rémy* vienne renforcer notre équipe. La fréquentation est moins forte chez eux, et certains serveurs sont inoccupés pendant les services.

Tous les membres approuvent

Johan (*enthousiaste*) Bonne idée, ce serait l'idéal. Je les apprécie bien. Nous échangeons beaucoup avec cette équipe sur les réseaux sociaux des *Casts Members*.

Denis C'est en effet une solution. Je présenterai ce projet à la Direction des ressources humaines. Nous aurons une réponse sous huitaine.

Brahim En attendant mes amis, il est raisonnable de se concerter sur le nouveau planning. Qu'en pensez-vous ? Il n'y aura plus qu'à le faire valider par vous, Denis, en cas d'accord de la Direction, n'est-ce pas ?

Denis C'est tout à fait cela. Dans l'immédiat, je vous invite à rejoindre vos postes pour la mise en place du jour. Merci à tous pour cette collaboration réussie !

Delagrave, 2020

NOTION

Argumentation : discours destiné à convaincre. Les principaux types d'arguments sont :
- l'argument d'autorité, qui s'appuie sur une référence à une autorité ou une règle officielle ;
- l'argument de cadrage, qui dévalorise ou met en lumière volontairement certains éléments lors d'une démonstration ;
- l'argument d'analogie, qui met en comparaison une situation actuelle et une antériorité reconnue ;
- l'argument de communauté, qui s'appuie sur des avis ou opinions partagés par le plus grand nombre.

13 À partir du doc. 12, caractérisez les types d'arguments, donnez des exemples et indiquez les ressorts d'influence utilisés par les différents acteurs.

Types d'arguments	Acteurs et exemples	Types d'influence

NOTION

Influence : action exercée par une personne sur une autre. Elle peut faire appel au raisonnement logique, en utilisant des arguments étayés ; au sentiment d'appartenance, en invoquant les valeurs et les normes propres au groupe ; aux sentiments ou aux émotions de l'autre.

14 Analysez la situation doc. 12 et répondez aux questions.

a. Quel est l'objectif de ce groupe ? Tous les membres y adhèrent-ils ?

b. La taille du groupe est-elle favorable à la cohésion de l'équipe ? Justifiez.

c. Qui occupe un rôle de leader de droit ? de fait ? Avec quel type de leadership (autorisation, participatif, laisser-faire) ?

NOTIONS

Leadership : capacité d'entraîner et d'influencer les membres d'un groupe. On distingue principalement le leader de droit, dont l'**autorité** est imposée et résulte du pouvoir conféré par sa position dans l'organigramme, et le leader de fait, dont l'autorité est personnelle et naturelle.

Il existe différents styles de leadership : le leadership autoritaire, dans lequel la prise de décision est effectuée par le leader, les membres du groupe appliquant les ordres ; le leadership participatif, quand la prise de décision est collective ; le « laisser faire », quand la prise de décision est réalisée par les subordonnés, sans cadrage.

d. Les membres du groupe sont-ils influencés par les opinions des leaders ? Justifiez.

e. Quels sont les comportements qui vous ont paru favorables et défavorables à la cohésion du groupe ?

f. Comment la décision a-elle été prise (unanimité, majorité, autorité) ?

g. De quelles façons les acteurs expriment-ils leur sentiment d'appartenance ?

QUESTION BILAN

Montrez que l'individu peut influencer le groupe et inversement, en vous appuyant sur les exemples précédents

3 Quels rôles jouent la motivation et les incitations au sein du groupe ?

DOC. 13 Le *Cast Recognition Day* à Disneyland Paris

La magie à Disneyland Paris existe grâce à l'implication de 15 000 *Cast Members* passionnés qui travaillent sans relâche pour donner vie aux histoires et à l'héritage de Walt Disney à travers 500 métiers. Pour leur faire honneur, Disneyland Paris a organisé l'événement « Cast Recognition Day » : une journée qui vise à reconnaître les talents et l'excellence de leur service mais aussi à informer les *Cast Members* sur les différents programmes de reconnaissance de l'entreprise.

Ces cérémonies visent à récompenser l'engagement et l'implication des *Cast Members*.

Delagrave, 2020

DOC. 14 Le programme *Disney Aspire*

Depuis 2018, Disney a décidé d'innover dans la façon d'envisager la formation continue avec son programme *Disney Aspire*.

Le but du programme ? Permettre à tous les employés qui le souhaitent de suivre un cursus de formation pour renforcer leurs compétences [...]. Les employés ont accès à des formations diversifiées n'ayant rien à voir avec leur poste actuel, et sur des sujets très divers. Cela n'est pourtant pas suivi d'une obligation de rester chez Disney après l'obtention d'un diplôme ou certificat. [...]

Parmi les employés de Disney, déjà plus de 40 % se sont inscrits au programme. [...]

Lorsqu'on interroge les candidats aux postes à pourvoir chez Disney sur leur motivation, l'existence du programme de formation est l'un des facteurs cités. Les candidats considèrent que l'entreprise accorde de l'importance à ses employés et à leurs désirs d'atteindre leurs rêves, mêmes si ceux-ci ne sont pas en lien avec l'entreprise.

Aurélien Leleux, changethework.com, novembre 2019

DOC. 15 La politique de rémunération de Disneyland Paris

La rémunération varie en fonction du poste, du profil et de la taille de l'équipe de chaque collaborateur(rice).

Ainsi, les *Cast Members* qui encadrent une équipe peuvent recevoir de 5 % à 10 % (pour les chefs d'équipe) et 25 % (pour les managers et senior managers) de leur rémunération annuelle en bonus. [...] Quel que soit leur poste, en plus de leur salaire, les *Cast Members* bénéficient d'une prime de 13ᵉ mois. Des primes conventionnelles sont également attribuées selon leur activité (par exemple prime de nuit, prime d'astreinte...).

Disneyland® Paris propose un système d'épargne à ses *Cast Members* grâce à deux dispositifs, le PEE (Plan d'épargne d'entreprise) et le PERCO (plan d'épargne pour la retraite collectif). Selon les sommes versées, les salariés peuvent bénéficier d'un abondement de 1000 € maximum par an de l'entreprise.

careers.disneylandparis.com/fr, octobre 2020

15 Présentez et caractérisez les mécanismes d'incitations mis en œuvre par Disneyland Paris pour motiver les salariés.

....

....

....

....

....

....

....

NOTION

Motivation : ensemble des conditions qui incitent un individu à agir et à atteindre des buts précis. Elle se construit dans l'interaction entre l'individu et le contexte. Parmi les incitations on peut distinguer :
- **les incitations monétaires**, comme la rémunération ;
- **les incitations non monétaires**, comme le cadre de travail, les responsabilités, l'autonomie, la reconnaissance, l'évolution de carrière, la formation, la participation aux groupes de projets, etc.

L'ESSENTIEL

De l'individu au groupe dans l'organisation

SYNTHÈSE
Accédez à la synthèse audio
www.lienmini.fr/30602-synthese3

1 Comment définir et caractériser le groupe ?

Le GROUPE
- est un ensemble d'individus en interaction, unis par un objectif commun
- se caractérise par : sa taille, sa nature, sa durée
- partage une culture, des valeurs et des normes communes

L'individu dans le groupe
- est défini par son IDENTITÉ : personnelle et sociale (STATUT, RÔLE et fonction)
- peut faire partie d'un groupe (APPARTENANCE)
- peut s'identifier aux valeurs d'un groupe : groupe de RÉFÉRENCE.

2 Quels sont les phénomènes relationnels au sein du groupe ?

Les interactions se créent lors de relations

FORMELLES | INFORMELLES | D'AUTORITÉ

qui mettent en œuvre

des stratégies d'influence s'exerçant :

avec des ARGUMENTS

La relation d'**autorité** est exercée par des leaders qui mettent en œuvre :
- un style de **LEADERSHIP** (autoritaire, participatif, laisser faire)
- des mécanismes d'**incitations** pour favoriser la **MOTIVATION**

OBSERVATION | ESSENTIEL | APPLICATIONS | VERS LE BAC

APPLICATIONS

APPLICATION 1 Test de connaissances

Validez vos connaissances en cochant la (ou les) bonne(s) propositions, puis justifiez oralement vos réponses.

1. Le groupe se caractérise par :
   - ☐ la présence de deux individus ou plus.
   - ☐ des interactions entre les personnes.
   - ☐ sa durabilité.
2. Une relation informelle :
   - ☐ est librement déterminée par les acteurs.
   - ☐ a une durée permanente.
   - ☐ existe uniquement entre des individus de même niveau hiérarchique.
   - ☐ peut permettre la collaboration à des fins professionnelles.
3. L'identité sociale d'un individu est définie par :
   - ☐ le partage des valeurs du groupe.
   - ☐ la reconnaissance de sa place au sein du groupe.
   - ☐ le niveau des revenus individuels.
4. Un leadership participatif :
   - ☐ impose les décisions au groupe.
   - ☐ prend en compte les avis formulés au sein du groupe.
   - ☐ invite chacun à décider sans prendre position.
5. La motivation est favorisée par :
   - ☐ la taille de l'entreprise.
   - ☐ les actions de formation des salariés.
   - ☐ le style de direction.

QCM interactif
Accédez au QCM en utilisant le QRcode ou le lien URL
www.lienmini.fr/30913-qcm3

APPLICATION 2 Caractériser les comportements indviduels au sein des groupes

Caractérisez les trois situations proposées en complétant le tableau suivant.

	Types de groupe	Statuts des membres	Groupes d'appartenance	Groupes de référence
 Réunion du service commercial dans une PME de 10 personnes.	....	....	....	....
 Intervention d'un chef d'entreprise dans une classe de Terminale STMG de 28 élèves.	....	....	....	....
 Match de volley-ball.	....	....	....	....

APPLICATION 3 Repérer et caractériser les phénomènes relationnels

1. Identifiez les finalités d'un RSE.
2. Indiquez les bonnes pratiques du RSE.
3. Précisez comment le RSE peut accélérer les relations informelles au sein de l'organisation.

DOC. 1 Qu'est-ce qu'un réseau social d'entreprise ?

VIDÉO + 3'05"
Le RSE pour les nuls !
www.lienmini.fr/30913-rse

DOC. 2 Les objectifs du réseau social d'entreprise

Delagrave, 2020

DOC. 3 Les réseaux sociaux d'entreprise accélèrent-ils les relations informelles ?

Un réseau social d'entreprise est un système de communication accessible localement et à distance (par exemple en télétravail) à l'aide d'applications digitales. C'est un espace dédié aux échanges entre les membres d'une organisation. Il peut être ouvert aux partenaires de l'entreprise (fournisseurs, clients, distributeurs…).

Les fonctionnalités d'un réseau social d'entreprise se rapprochent de celles des réseaux sociaux privés : messagerie, posts, forum, tchat collaboratif, etc. Les collaborateurs d'un RSE doivent créer un profil personnel. Ils peuvent être associés à la gestion collective d'un projet : organiser un événement pour un groupe, partager des fichiers, échanger par messagerie instantanée, parfois en dehors des liens hiérarchiques.

Le réseau social d'entreprise est un espace collaboratif et d'échanges qui facilite la coopération, la cohésion et l'échange d'expériences au sein de l'entreprise. Il favorise le développement de l'intelligence collective par la transmission des connaissances et de la culture de l'entreprise.

Cependant, le réseau social d'entreprise comporte certains risques : l'accès à des informations confidentielle de l'entreprise ; le manque de protection des données personnelles des employés ; des productions non organisées ou contrôlées par la direction de l'entreprise.

Delagrave, 2020

APPLICATIONS

APPLICATION 4 Repérer les ressorts d'influence

Pour chaque situation, repérez les phénomènes d'influence utilisés en mettant une croix dans la colonne appropriée.

	Logique	Appel à l'affectif	Sentiment d'appartenance
a. Un dirigeant aux employés du service après-vente : « En raison des absences pour congés de deux collègues, nous sommes contraints de revoir l'organisation des tâches au sein de l'atelier. »	....	....	....
b. Un commercial à un client : « Ce tarif est spécialement étudié pour vous. Vous faites partie de nos clients les plus appréciés. »	....	....	....
c. Un dirigeant aux commerciaux : « votre engagement a porté ses fruits. Nous sommes devenus leaders sur le marché. »	....	....	....
d. Une cheffe d'entreprise à son collaborateur : « Nous avons le dossier d'un client très important à terminer pour demain. Vous serait-il possible de rester un peu plus tard ce soir ? Vous rendrez un grand service à l'entreprise. »	....	....	....
e. Dans une usine de production, le chef d'équipe à ses subordonnés : « la cohésion du groupe est importante. Sans elle, nous sommes moins performants et l'ambiance de travail est moins bonne, il faut avoir l'esprit d'équipe. »	....	....	....
f. Lors d'une réunion d'organisation d'un séminaire d'intégration un chef de service indique aux participants : « Je vous écoute pour les idées d'activités. »	....	....	....

QUESTION DE GESTION 2 — Comment un individu devient-il acteur dans une organisation ?

Chapitre 4

La communication dans l'organisation

NOTIONS

- Communication interpersonnelle
- Aptitude à gérer les conflits

CAPACITÉS

- Décrire, caractériser et analyser les situations de communication à partir de leurs composantes et des phénomènes relationnels qu'elles contribuent à développer.

DÉCOUVRIR LE CONTEXTE

Brochard, entreprise spécialisée dans la fabrication et la distribution de produits alimentaires surgelés possède des ateliers de production et plus de 300 points de vente dans toute la France. Au sein de ses magasins, les vendeurs sont polyvalents. Ils assurent les tâches de contrôle de la livraison, de nettoyage et de réassort des bacs, d'accueil et de renseignement des clients. Proposer des produits de grande qualité en respectant la chaîne du froid, impliquer, motiver les collaborateurs, accompagner les clients sont les valeurs fortes portées par l'entreprise Brochard.

Quelle communication cette organisation, qui compte plus de 2 000 collaborateurs, doit-elle mettre en œuvre, en interne, pour atteindre ses objectifs ?

VIDÉO INTERACTIVE POUR COMMENCER
Réunion, vous avez dit réunion ? 02'11''
www.lienmini.fr/30913-reunion

Brochard

FICHE D'IDENTITÉ

- **Type d'organisation :** organisation à but lucratif
- **Activité :** fabrication et distribution de produits surgelés
- **Champ d'activité :** national
- **Forme juridique :** société anonyme
- **Effectifs (2019) :** 2 065
- **CA annuel HT (2019) :** 5 millions d'€

1. Caractérisez l'organisation Brochard (type, activité, effectifs).
2. Citez quelques situations de communication dans lesquelles les vendeurs de Brochard sont impliqués.

1 Comment décrire une situation de communication interpersonnelle ?

A Repérer les composantes de la communication

DOC. 1 Le schéma de communication entre deux acteurs

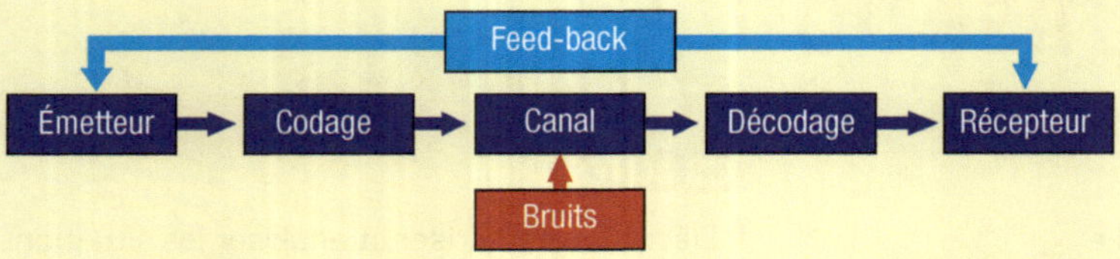

– **Contexte :** environnement dans lequel se déroule l'échange.
– **Message :** information transmise.
– **Acteurs :** émetteur (transmet un message) et récepteur (reçoit le message).
– **Codage :** mode de transition du message (mots, gestes, postures, intonation des voix).
– **Canal :** média par lequel est véhiculée l'information (voix, téléphone, écrit, image).
– **Bruit :** événement ou élément pouvant nuire au bon déroulement de la communication (environnement bruyant, incompréhension, déformation du message, indisponibilité d'un acteur, langue non maîtrisée par un acteur).
– ***Feed-back* (rétroaction) :** retour à l'information d'origine pour vérifier la compréhension du message.

Delagrave, 2020

NOTION

Communication interpersonnelle : échange d'informations entre deux acteurs ayant chacun un objectif propre. Chaque acteur est, à tour de rôle, l'émetteur et/ou le récepteur dans une relation interactive. La communication peut être verbale et/ou non verbale.

DOC. 2 Chaque journée, un véritable défi pour l'organisation Brochard

• **Situation 1 – Lundi, 7 h 00 :** Thierry, récemment embauché, est chargé de vérifier la livraison du jour provenant de l'atelier de production. Il doit contrôler avec le livreur qu'elle comporte bien toutes les références commandées pour le magasin. Il réalise un pointage à partir du listing des commandes. Le livreur est pressé mais prend le temps d'aider Thierry qui a des difficultés à comprendre certains codes nécessaires au contrôle des articles réceptionnés.

• **Situation 2 – Lundi, 8 h 20 :** aujourd'hui, Anne, planifiée en accueil caisse, est absente pour raison de santé. Quelques minutes avant l'ouverture prévue à 9 h 00, la responsable du magasin s'entretient en urgence avec Jérôme, chargé cette semaine du nettoyage et du réassort des livraisons en bacs. Après discussion, Jérôme accepte de s'occuper de la caisse mais demande confirmation à sa responsable que son planning du lendemain sera de nouveau conforme aux tâches qui lui reviennent. Elle accepte.

• **Situation 3 : – Lundi, 17 h 00 :** à la caisse de Jérôme, une cliente âgée veut des informations sur la composition d'un produit surgelé afin de s'assurer qu'il est compatible avec son régime alimentaire. Elle a des problèmes d'audition et Jérôme doit prendre le temps de répéter les informations malgré la file d'attente. La cliente quitte le magasin rassurée.

Delagrave, 2020

1 À l'aide du doc. 1, repérez les composantes de chaque situation de communication du doc. 2, puis complétez le tableau.

Composantes	Situation 1	Situation 2	Situation 3
Contexte			
Acteurs			
Message			
Canal			
Objectif			
Bruits			

B Caractériser une situation de communication interpersonnelle

DOC. 3 La communication verbale

Anne, récemment embauchée dans l'un des points de vente Brochard, est chargée ce jour de la mise en bacs de produits. Un couple de clients lui demande des renseignements.

La Cliente Bonjour Mademoiselle, nous sommes à la recherche de produits cuisinés pour organiser une fête entre amis. Pourriez-vous nous guider dans nos choix ?

Anne Salut, je suis nouvelle en magasin, je vais essayer de vous aider, mais franchement, je débarque un peu dans les plats cuisinés vous savez.

La Cliente Ah, je comprends cela. Nous recherchons des apéritifs variés, et un assortiment de petits plats légers, mais goûteux. Vous ai-je bien résumé nos besoins ?

Anne Ouh là ! Je vois. Bon, je sais que nos mini-pizzas sont vraiment au top, mais au niveau de la quantité de gras, ça ne va pas être ça, je pense.

La Cliente Oui, les mini-pizzas, c'est une idée intéressante. Nous avons cependant une préférence pour les plats à base de légumes… Avez-vous d'autres suggestions à nous faire ?

Anne Ça y est, je sais ce qu'il vous faudrait ! Nous avons reçu ce matin même des mini-tartes aux légumes super bonnes ! C'est mon pote Thierry qui les a rangées. Suivez-moi, je vous montre ça.

La Cliente C'est parfait ! Merci beaucoup Mademoiselle pour votre aide et bon courage pour votre apprentissage.

Delagrave, 2020

2 Identifiez les différents registres de langage utilisés par les acteurs de cette situation de communication.

……………………………………………………………………

……………………………………………………………………

3 Indiquez si l'objectif de la communication est atteint pour chaque acteur.

……………………………………………………………………

……………………………………………………………………

……………………………………………………………………

DÉFINITION

Communication verbale : communication transmise par la voix. Elle utilise un langage compréhensible par les acteurs. La communication verbale se caractérise par le ton, le débit et le registre de langage adapté à l'interlocuteur.

DOC. 4 La communication non verbale

Une cliente régulière vient de terminer ses courses. Elle constate en vérifiant son relevé de caisse de nombreuses erreurs. Certains articles sont scannés deux fois. Elle est excédée. Jérôme, à l'accueil caisse, doit la rassurer puis recompter les articles du panier.

Delagrave, 2019

DÉFINITION

Communication non verbale (ou paralangage) : ensemble des éléments d'information non transmis par la voix, mais qui sont interviennent dans une situation de communication : la posture du corps, la gestuelle, les mouvements (mains, bras, tête, etc.), les mimiques ou les mouvements du visage (haussement de sourcils, grimace…), le regard.

4 Décrivez les éléments non verbaux permettant de caractériser la situation de communication dans le doc. 4.

……………………………………………………………………

……………………………………………………………………

……………………………………………………………………

5 Montrez que la communication non verbale peut renforcer le contenu du message verbal.

……………………………………………………………………

……………………………………………………………………

QUESTION BILAN

Expliquez pourquoi une communication efficace facilite la relation entre les acteurs de l'organisation.

2 Comment analyser une situation de communication ?

A Analyser les techniques et les méthodes de la communication interpersonnelle

DOC. 5 L'entretien d'évaluation d'Anne en fin de période d'essai

Sylvie, la responsable du magasin, convoque Anne à son entretien d'évaluation.

Anne est inquiète car elle n'est pas certaine d'avoir eu une attitude toujours professionnelle et en adéquation avec les valeurs de l'organisation.

Sylvie Bonjour Anne, asseyez-vous, je vous en prie.

Anne Bonjour Sylvie, merci.

Sylvie L'objectif de cette rencontre est de faire le bilan de votre période d'essai au sein de notre magasin.

Anne Oui, je l'ai bien noté. J'espère vous avoir convaincue de ma volonté de bien faire.

Sylvie Je dois d'abord vous informer que les tâches que nous vous avons confiées ont globalement été réalisées de façon satisfaisante.

Anne Oh, je suis soulagée de le savoir !

Sylvie Toutefois, comme vous le savez, l'accueil de nos clients est notre priorité et j'ai pu noter quelques manquements dans ce domaine...

Anne Ah ! Pouvez-vous me donner des exemples ? Je voudrais vraiment m'améliorer sur ce point et...

Sylvie Laissez-moi poursuivre. Ce qui doit être amélioré, c'est votre niveau de langage. Vous êtes jeune, et je peux comprendre que le langage familier facilite vos relations avec vos collègues. Cependant, vous devez l'adapter aux clients et utiliser un registre de langue plus professionnel.

Anne Je comprends bien cela. C'est vrai, j'ai tendance à m'exprimer de la même manière quel que soit mon interlocuteur. Je suis désolée pour ce manquement. Mais je tiens à vous dire que j'ai vraiment à cœur d'aider les clients qui me sollicitent sans leur manquer de respect.

Sylvie Je n'en doute pas. Cependant, certains clients peuvent être fortement dérangés par un langage familier. Dans l'entreprise, nous sommes très exigeants sur ce point.

Anne Entendu, je ferai des efforts pour m'améliorer. De plus, j'ai appris qu'il existe une formation en communication et relation client. Je m'engage à la suivre si mon embauche est définitive.

Sylvie Si je comprends bien, vous êtes prête à effectuer une formation accélérée afin de parfaire votre communication, c'est bien cela ?

Anne Tout à fait ! Je suis très motivée car ce travail me plaît énormément.

Sylvie Bien, je transmets mon rapport à la DRH et vous serez informée sur la suite de votre contrat. Mais je pense que ce sera plutôt favorable.

Anne Oh, vraiment merci ! Je suis si heureuse !

Sylvie (*se levant*) Attendons la confirmation. Vous serez rapidement informée. Au revoir Anne.

Anne Merci encore Sylvie, et au revoir !

Delagrave, 2020

6 Indiquez les enjeux de la communication pour chaque acteur du dialogue et précisez les stratégies utilisées.

....

....

....

....

....

....

....

....

7 Soulignez en bleu dans le texte les éléments qui indiquent l'empathie, et encadrez ceux qui relèvent de l'écoute active.

8 Démontrez que les techniques et les méthodes utilisées au cours de ce dialogue ont contribué à l'efficacité de la relation de communication.

....

DÉFINITIONS

Les enjeux de la communication : dans une situation de communication, l'enjeu pour un acteur (ce qu'il peut gagner ou perdre) est :
- **informatif :** transmission d'une information ;
- **identitaire :** défendre son identité, donner une image positive ;
- **d'influence :** agir sur l'autre pour changer ses idées ou ses agissements ;
- **relationnel :** création ou consolidation d'une relation.

Stratégies de communication : choix des options à mettre en œuvre pour atteindre des objectifs de communication.
- **La coopération** permet de rechercher le consensus.
- **La résistance ou l'opposition,** le fait d'être réfractaire au dialogue, de s'entêter sur ses positions a pour but de ne pas céder.
- **L'évitement :** fuir le dialogue peut éviter le conflit.
- **L'influence** consiste à faire changer l'opinion ou le comportement de son interlocuteur.

Écoute active : attitude compréhensive qui traduit la volonté de faciliter la communication avec l'interlocuteur. Elle s'accompagne de **techniques verbales** telles que la reformulation ou le questionnement.

Empathie : capacité d'une personne à ressentir les sentiments et les émotions d'une autre personne.

B Le contexte de la communication

DOC. 6 **Pause-café entre collègues de longue date**

DOC. 7 **Réunion de bilan des ventes du magasin**

DOC. 8 **Réunion à distance**

DÉFINITIONS

Cadre spatio-temporel : lieu et moment où se déroule une communication.

Proxémie : distance physique entre les acteurs d'une communication interpersonnelle. La sphère intime (15 à 45 cm) caractérise les rapports familiaux ; la sphère personnelle (45 cm à 1,2 m) caractérise les échanges amicaux ; la sphère sociale (1,2 m à 3,5 m) concerne les relations professionnelles.

9 Indiquez dans quelle sphère et quel cadre spatial se déroulent les situations des doc. 6 et 7.

....

10 Montrez que le cadre spatial et la proxémie peuvent favoriser la compréhension du message.

....

QUESTION BILAN

Indiquez comment le contexte d'une situation de communication peut favoriser ou entraver les relations entre les acteurs de l'organisation.

3 Quelle communication pour gérer les conflits ?

DOC. 9 Un conflit entre collègues

La formation d'Anne terminée, la direction décide de l'engager en CDI.

Anne est chargée du réassort des bacs en magasin. Depuis quelque temps, elle prolonge sa pause car elle a une douleur au dos. À plusieurs reprises, Jérôme a dû interrompre son travail en caisse pour la remplacer. Il est excédé.

Jérôme Anne, ton manque de sérieux commence vraiment à bien faire ! Te rends-tu compte que tu prolonges systématiquement tes pauses de 10 mn, c'est vraiment n'importe quoi !

Anne Ce n'est pas tout à fait exact. J'ai pris un peu de temps seulement deux fois en quinze jours, je ne vois pas en quoi cela te dérange !

Jérôme Mais tu es inconsciente ! À cause de tes retards, les bacs ne sont pas approvisionnés à temps. Je te signale que je suis souvent obligé d'abandonner ma caisse et de faire patienter les clients ! C'est inadmissible.

Anne Oui mais tout le monde sait que j'ai un peu mal au dos en ce moment, c'est passager.

Jérôme (Haussant le ton) Oui mais à cause de tes manquements, il m'arrive de faire des erreurs de caisse. Et moi aussi ces allers retours me fatiguent. Parles-en à la Direction ou prends un arrêt maladie. Ce n'est pas mon problème !

Anne Pas question de m'arrêter, tu sais bien que ma situation financière est compliquée, et…

Jérôme (Lui coupant la parole, très en colère, levant les deux mains) Ah non ! Stop ! Avec toi c'est la même rengaine depuis des mois. Seuls tes petits intérêts comptent. Je vais en parler de suite à Sylvie, c'est à elle de trancher. Plus question d'accepter de faire des tâches en plus, moi aussi j'ai des petits soucis au genou et je fais mon travail correctement.

Deux jours après, Anne et Jérôme sont convoqués dans le bureau de Sylvie, la directrice du magasin.

Sylvie Jérôme m'a informée du différend entre vous, Anne. Puis-je en savoir plus ?

Anne Je reconnais que certains jours, je suis revenue de ma pause avec un peu de retard et que Jérôme ait pu être gêné dans ses tâches en caisse avec les clients.

Sylvie En effet, vous avez provoqué une désorganisation certaine. Vous savez que l'accueil client est très important pour l'entreprise. Et vous comprenez le mécontentement de votre collègue, je suppose ?

Anne Oui. Tout à fait, et d'ailleurs, je tiens à te présenter mes excuses Jérôme.

Sylvie Quelles sont les raisons de vos retards ?

Anne Je souffre de douleurs musculaires depuis quelque temps et cela provoque une forte fatigue.

Sylvie Je vois. Je comprends aussi que Jérôme soit très gêné dans son travail. Anne, vos douleurs sont-elles liées aux mouvements effectués lors de vos tâches en magasin ?

Anne Je n'en suis pas certaine, mais il est vrai que la douleur est plus forte quand je manipule les cartons en réserve.

Sylvie Il faudra certainement consulter le médecin du travail pour l'examen de la situation de votre poste de travail. En attendant, je vous affecte en caisse. Les mouvements sont moins accentués. Jérôme êtes-vous d'accord pour une modification temporaire des plannings ?

Jérôme (*Maussade*) Oui, temporairement seulement. Je ne voudrai pas effectuer le service en stocks et en rayon toute la semaine. C'est assez fatigant pour moi aussi.

Sylvie Jérome, j'ai entendu votre demande. Je réfléchis aussi à une solution d'assouplissement de votre service en parallèle. Je vous tiens informés tous les deux.

Delagrave, 2020

DOC. 10 Gérer les conflits au travail

- identifier le conflit ;
- rechercher et comprendre la source du désaccord ;
- privilégier la communication orale pour permettre aux acteurs de s'exprimer ;
- permettre aux personnes concernées de s'exprimer sur ce qu'elles vivent, écouter leur point de vue et sentiments ;
- reconnaitre et respecter les différences et les valeurs des acteurs ;
- faire respecter les règles de l'organisation ;
- rechercher une zone de compromis pour sortir de la confrontation ;
- encourager une culture de confiance et de collaboration pour anticiper les conflits.

https://www.cnfce.com, 2019

NOTION

Conflit : opposition entre des personnes lorsque leurs sentiments ou leurs intérêts sont en contradiction. Lorsque cette opposition n'est pas prise en compte, elle peut évoluer vers un rapport de force.

11 Caractérisez la nature du conflit entre Anne et Jérôme et identifiez ses causes.

....

....

12 Quelle méthode est utilisée par Sylvie pour résoudre le conflit ?

....

....

La communication dans l'organisation

SYNTHÈSE
Accédez à la synthèse audio
www.lienmini.fr/30602-synthese4

1 Comment décrire une situation de communication interpersonnelle ?

On peut décrire une situation de COMMUNICATION par

- **ses composantes**
  - Message
  - Émetteur
  - Récepteur
  - Canal
- **ses caractéristiques**
  - **Verbales** : Registre de langage familier, courant, soutenu
  - **Non verbales (Paraverbales ou paralangage)** : Gestes, postures, attitudes, regards, etc.

2 Comment analyser une situation de communication ?

On peut analyser une situation de communication par l'observation

- **des techniques et méthodes utilisées**
  - - Empathie
    - Écoute active
  - - Enjeux de la communication (informatif, identitaire, influence, relationnel)
    - Stratégies de communication (coopération, résistance, évitement, influence)
- **du contexte**
  - Spatial et temporel
  - Proxémie (distance intime, personnelle, sociale et publique)

3 Quelle communication pour gérer les conflits ?

Les CONFLITS peuvent être

- *d'identité*
- *d'autorité ou de pouvoir*
- *d'intérêt*
- *d'opinion*

Et peuvent être résolus par

- la négociation
- la médiation
- l'arbitrage
- le recours hiérarchique

APPLICATIONS

APPLICATION 1 Test de connaissances

Validez vos connaissances en cochant la (ou les) bonne(s) propositions, puis justifiez oralement vos réponses.

1. La communication interpersonnelle est :
   - ☐ la communication entre deux personnes, qui sont en interaction et qui exercent une influence l'une sur l'autre.
   - ☐ un ensemble d'individus unis par un dénominateur commun.
   - ☐ un monologue improvisé.

2. Les enjeux d'un acteur peuvent être : *(Plusieurs réponses possibles)*
   - ☐ financiers.
   - ☐ personnels.
   - ☐ territoriaux.

3. L'écoute active c'est :
   - ☐ influencer pour dominer.
   - ☐ défendre ses positions.
   - ☐ faciliter la prise de parole de son interlocuteur et prendre en compte ses arguments.

4. La stratégie de communication peut être : *(Plusieurs réponses possibles)*
   - ☐ d'influencer son interlocuteur pour le convaincre.
   - ☐ de coopérer pour trouver une solution.
   - ☐ de modifier le contexte de la communication.

5. L'empathie signifie :
   - ☐ comprendre ce que son interlocuteur ressent, se mettre à sa place, sans porter de jugement de valeur.
   - ☐ avoir un trouble de la personnalité.
   - ☐ permettre de régler des difficultés auditives.

QCM interactif
Accédez au QCM en utilisant le QRcode ou le lien URL.
www.lienmini.fr/30913-qcm4

APPLICATION 2 Analyser une situation de communication interpersonnelle

Claire est chargée d'accueil au sein de la société Locagel, spécialisée dans la location de véhicules réfrigérants à des professionnels. Il est 9 heures, elle vient de s'installer à son poste de travail. Un client se présente à l'accueil.

Analysez la situation de communication interpersonnelle exposée dans le document en vous appuyant sur la grille suivante (à recopier).

Acteurs	
Message	
Canal	
Objectifs	
Contexte spatial et temporel	
Techniques utilisées	
Registres de langage utilisés	
Éléments non verbaux	
Type de conflit	
Mode de résolution du conflit	

DOC. **Dialogue entre Claire, chargée d'accueil, et un client**

Le Client (*Visage fermé, ton sec*) Bonjour Mademoiselle, j'attends l'ouverture de l'agence depuis une heure. Le véhicule que j'ai loué a un problème. C'est vraiment inadmissible !

Claire (*Se levant et tendant la main au client*) Bonjour Monsieur. Je suis navrée que vous ayez attendu, l'accueil ne démarre qu'à 9 heures. Je vous prie de vous asseoir. En quoi puis-je vous aider ?

Le Client (*Refusant le siège*) Ah, mais je n'ai pas de temps à perdre ma petite dame, je veux une solution illico !

Claire Dans ce cas, indiquez-moi le nom de votre société ou remettez-moi votre contrat si vous l'avez. Nous allons regarder ensemble.

Le Client (*Tendant son contrat d'un geste brusque*) Le véhicule que vous m'avez livré hier est complètement déglingué. Le système de réfrigération fonctionne au ralenti ! Vous vous rendez compte !

Claire En effet, je vois tout à fait le problème et je comprends bien votre mécontentement Monsieur. Je vous prie de nous excuser. Il est important que le système réfrigérant soit fiable pour nos clients. Je ne m'explique pas ce qui s'est passé pour cette camionnette. Avez-vous perdu tout ou partie de vos produits ?

Le Client (*Haussant le ton*) Heureusement que non ! J'ai réagi de suite, mais trouvez-moi une solution rapidement.

Claire (*Ton calme*) : Nous sommes désolés pour ce problème. J'appelle tout de suite notre responsable du parc pour qu'il règle la question. Êtes-vous d'accord pour un remplacement du véhicule avec les mêmes capacités ?

Le Client J'accepte ! Mais à une condition : il me faut un véhicule neuf ou très récent, sinon j'annule simplement ce contrat de location et vous devrez me dédommager pour le temps perdu !

Claire Rassurez-vous, j'ai bien compris votre demande. Je vous demande de patienter quelques minutes, le temps pour moi de prévenir mon collègue, que l'on prépare votre nouveau véhicule et les papiers nécessaires. En attendant, puis-je vous proposer une boisson chaude ?

Le Client (*Plus calme*) Oui, bien volontiers.

Claire (*Souriante, quelques minutes plus tard*) Monsieur, nous vous proposons un véhicule de remplacement. Il est neuf et vient d'être contrôlé complètement par notre mécanicien. Au nom de la société, je vous présente encore toutes nos excuses. Notre commercial étudie aussi une proposition de réduction commerciale en guise de dédommagement.

Le Client (*Détendu*) Ah, ça ç'est chouette de votre part. Ça roule. Merci.

Delagrave, 2020

APPLICATION 3 Caractériser les enjeux et les stratégies des acteurs dans une situation de communication

La Société Carry and Eat est spécialisée dans la restauration rapide. Elle propose également un service de livraison de repas via une application mobile, destiné aux salariés des bureaux environnants. L'entreprise emploie dix salariés et dispose d'un réseau de partenaires pour les livraisons. Guillaume est le gérant.
Paul et Catherine sont collègues ; de même niveau hiérarchique, ils sont chacun responsable d'une équipe et en charge de la gestion des plannings du personnel interne et des partenaires de livraison. Ils doivent ensemble analyser l'activité de livraison des concurrents et présenter une synthèse à Guillaume.

DOC. **Réunion de travail entre collègues**

Catherine (*Visage fermé*) Bien entendu Paul, j'espère que tu peux fournir des éléments concrets et efficaces. Je ne tiens pas à saboter mon image auprès de Guillaume à cause de toi.

Paul (*Regard fuyant, hésitant*) J'ai fait de mon mieux, c'est important pour moi aussi que nous trouvions tous les deux des éléments communs et pertinents à présenter à la direction.

Catherine Donc, tu prétends avoir des chiffres intéressants de nombreux concurrents, j'aimerai bien voir cela.

Paul Heu... Ce n'est pas tout à fait ce que j'ai indiqué à Guillaume, mais je suis sûr que l'on remettra du bon travail avec nos deux contributions.

Catherine (*Haussant les sourcils*) Si tu le dis ! Puis-je voir tes chiffres ? J'espère que tu les as contrôlés !

Paul Eh bien, les voilà. Comme tu pourras le constater, j'ai aussi réalisé des graphiques comparatifs, tu semblais apprécier cette présentation lors de notre dernier entretien.

Catherine (*Tendant nerveusement son dossier*) Ouais. De mon côté, j'ai fait une étude sur huit concurrents. C'est un peu léger ce que tu as fait non ? Je ne vois pas pourquoi tu limites l'étude à quatre concurrents. Je crois qu'il faut que tu complètes en urgence ton dossier, Guillaume va être furieux de ton travail.

Paul Je te rappelle que Guillaume souhaitait que l'on se limite seulement à notre zone de chalandise[1]. Or sur cette zone il n'y a que quatre concurrents. Et puis, je voudrais te dire que je suis assez gêné par le ton de notre discussion. Je pense que l'on pourrait échanger dans le calme.

Catherine (*Se levant brusquement*) C'est toujours la même chose avec toi. On ne peut pas échanger sans que tu te sentes agressé, c'est pénible. Puisque « Monsieur » se sent bousculé, je crois qu'il vaut mieux reporter cet entretien. Allez, salut !

Delagrave, 2020

1. Zone de chalandise : zone d'où provient la majorité de la clientèle d'une entreprise.

APPLICATIONS

1 Indiquez les enjeux de chaque acteur.

2 Caractérisez la stratégie de communication utilisée à chaque étape du dialogue par les acteurs, en les illustrant par un exemple.

Stratégies	Acteurs concernés ; exemples
Influence	....
Coopération	....
Coopération	....
Influence	....
Alignement	....
Coopération	....
Évitement	....

3 Identifiez les éléments de paralangage présents dans cet échange et indiquez en quoi ils renforcent le sens des messages échangés.

APPLICATION 4 Repérer les styles de gestion de conflits

DOC. Quelles attitudes pour gérer et résoudre un conflit ?

Les conflits et les désaccords sont fréquents au travail et mettent en lumière les comportements dominants des acteurs dans leurs interactions au sein de l'organisation. Gérer un conflit au travail, c'est accepter de rechercher des solutions pour l'individu et le groupe. Non gérés, les conflits et tensions peuvent nuire aux relations de confiance et au respect de chacun.

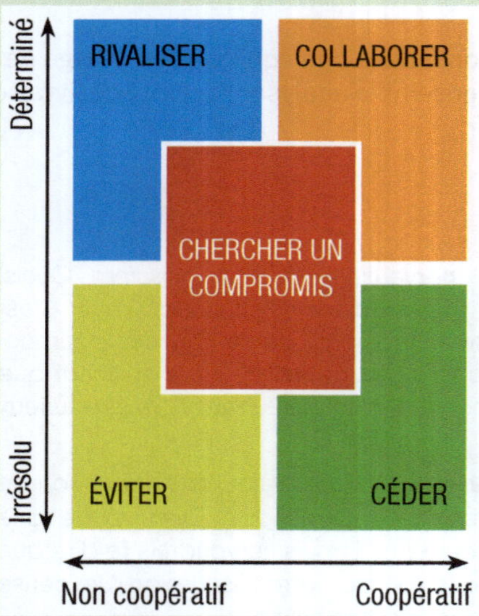

Un manager doit être à l'écoute de son équipe pour comprendre ce qui pousse les individus à se confronter. Il doit prendre en compte les intérêts personnels de chacun pour les valoriser et faire valoir leur demande.

La méthode **Nicolas-Kilmann** évalue **le comportement de l'individu en situation de conflit** et les choix qu'il effectue, entre la détermination à satisfaire ses propres besoins et la coopération pour satisfaire les aspirations des autres. Elle les regroupe en cinq catégories d'action :

Éviter : le conflit n'est pas résolu et la confrontation est évitée ou retardée.

Céder-Accommoder : l'une des parties cède sur ses propres aspirations au bénéfice de l'autre. Le conflit peut rester latent.

Chercher un compromis : une solution immédiate est recherchée, répondant même de manière partielle aux besoins de chacun. Il n'y a ni perdant, ni gagnant.

Rivaliser : les exigences sont maintenues et chacun protège ses intérêts. L'issue peut être trouvée si une partie cède ou si la hiérarchie intervient. Sinon il peut y avoir escalade dans le conflit.

Collaborer : rechercher ensemble une solution qui réponde exactement aux exigences de chacun. Dans cette solution, tous les acteurs sont satisfaits.

Delagrave, 2020

1 Expliquez l'intérêt de développer l'aptitude à gérer un conflit dans une organisation.

2 Précisez l'intérêt de la méthode Nicolas-Kilmann pour analyser les comportements lors des conflits.

3 Montrez en quoi que cette méthode peut permettre à l'organisation de réguler la communication entre les individus.

Épreuve écrite de Terminale

DHL International Express France

Contexte Le groupe **DHL** est le leader mondial de la logistique et du transport. Basée en Allemagne, l'entreprise est active dans plus de 220 pays et emploie environ 380 000 employés. Portée par le développement du e-commerce, l'entreprise DHL est devenue numéro un du secteur du transport express en 2007.

À cette date, le groupe DHL a implanté un siège en France : **DHL International Express France**. Le siège de la SAS est situé au Bourget (93) et l'entreprise se déploie sur 54 sites sur le territoire français. Son champ d'activité est international et elle compte un effectif de 2 461 salariés en 2019.

En 2019, DHL International Express France a réalisé un chiffre d'affaires de 523,313 millions d'euros. Première entreprise de transport express international en France, elle s'est vue décerner la certification « Great Place To Work® », du palmarès des 25 entreprises où il fait bon travailler en France.

Cette récompense traduit l'engagement de DHL Express France en faveur de ses 2 461 collaborateurs.

Aujourd'hui, son PDG s'interroge sur l'efficacité des actions menées en faveur de l'intégration des collaborateurs, du développement de leurs compétences et de leur motivation.

Travail à faire à l'aide des documents 1 à 5

1. Expliquez sur quoi reposent la culture et les valeurs de l'entreprise DHL, et comment elle les diffuse.
2. Indiquez les éléments qui favorisent le sentiment d'appartenance à l'organisation DHL.
3. Montrez les moyens utilisés par DHL pour développer les compétences des salariés.
4. Repérez en les qualifiant les principales incitations mises en œuvre par l'entreprise pour motiver ses collaborateurs.
5. Concluez en montrant comment les choix de management peuvent être déterminants dans la motivation des salariés.

DOC. 1 L'intégration, un facteur de diffusion des valeurs de l'entreprise

« Bienvenu à bord » ! Il ne s'agit pas de l'annonce d'un pilote d'avion, mais du message adressé par la direction de DHL Express à ses recrues. L'entreprise de transport et logistique [...] a mis sur pied une stratégie d'« onboarding ». Elle cherche ainsi à soigner l'accueil des collaborateurs pour ensuite mieux les embarquer dans l'aventure de l'entreprise. [...]

À peine l'employé a-t-il accepté de rejoindre l'entreprise que déjà, avant même son premier jour, son parcours d'intégration commence. La sonnette tinte : un livreur de DHL Express est là pour lui remettre sa « Welcome Box », la boîte de bienvenue offerte à chaque nouveau collaborateur.

« Cette boîte présente l'intérêt de faire débuter, bien en amont, l'intégration du collaborateur », déclare Philippe Prétat, PDG de DHL Express France [...]. L'écran LCD joue le titre emblématique « You've got the Love » de Florence + The Machine. Ce morceau introduit une vidéo de présentation de l'histoire et des valeurs du groupe d'une dizaine de minutes.

Antoine Favier, « DHL Express : une "Welcome Box" pour chouchouter les recrues », lesechos.fr, 18 sept. 2019

DOC. 2 Une culture d'entreprise basée sur l'échange et la communication

La communication collaborateur-manager est largement encouragée, qu'elle soit informelle ou formelle. Les collaborateurs disposent de nombreux outils et de temps d'échange pour communiquer avec leurs managers. Sur un mode plus formel, la pratique du feed-back est favorisée ainsi que la mise en place d'entretiens annuels, d'entretiens professionnels ou encore de rendez-vous en tête à tête.

Pour s'adresser à leurs responsables, poser des questions, obtenir des informations, les collaborateurs disposent également de canaux dédiés, comme les « Performance Dialogues », « Straight to the top », ou les séances de questions/réponses lors des Townhalls (prise de parole de la direction) organisés sur les sites. [...]

Autre point important en matière de qualité de vie au travail : sur certains sites les employés de DHL Express ont accès à des séances de massage [...]. Une salle de sport est aussi à leur disposition.

« DHL Express dans le palmarès Best Workplaces® France 2019 », Communiqué de Presse, Le Bourget, 3 avril 2019, dhlexpress.fr

DOC. 3 Développer les compétences par des formations

Chaque nouveau collaborateur recruté par DHL Express bénéficie du programme de formation « Certifié Spécialiste de l'International ».

Cette formation complète et de haut niveau porte sur le métier, la stratégie de l'entreprise, le développement de la performance individuelle et collective. Comme tous les collaborateurs DHL Express du monde, les 2 400 collaborateurs français ont ainsi tous les outils en mains pour développer leurs compétences et accompagner la croissance de l'entreprise.

Un budget de plus de 4 % de la masse salariale est consacré chaque année à la formation.

DHL Express offre de véritables perspectives d'évolution et développe des programmes de mobilité interne spécifiques.

« DHL Express dans le Palmarès Best Workplaces® France 2019 », storizborn.com, 3 avril 2019

DOC. 4 L'engagement des collaborateurs récompensé

Tout au long de leur carrière, les collaborateurs DHL Express bénéficient d'un programme de reconnaissance complet, permettant de valoriser leurs performances, leur sens du client et leur engagement dans la réussite de l'entreprise : les « Long Service Awards », « Les Employés du Trimestre et de l'Année », le « Sales Champion Club », les « Thank You Weeks / e-cards »...

« DHL Express dans le Palmarès Best Workplaces® France 2019 », storizborn.com, 3 avril 2019

DOC. 5 Un management de proximité pour motiver les collaborateurs

Philippe Prétat, PDG de DHL Express France, témoigne : « Chez DHL Express, notre stratégie est basée sur la motivation de nos collaborateurs car nous sommes pleinement conscients de son influence sur la satisfaction et la fidélité de nos clients qui sont les clés de notre réussite ».

« DHL Express dans le Palmarès Best Workplaces® France 2019 », storizborn.com, 3 avril 2019

QUESTION DE GESTION 3 — Comment concilier gestion efficace des ressources humaines et coût du travail ?

Chapitre 5

La contribution de l'activité humaine à la création de valeur dans l'organisation

NOTIONS

- Activité de travail : conditions de travail, compétences et qualification.

CAPACITÉS

- Distinguer l'approche par la qualification de l'approche par la compétence.
- Établir un lien entre les conditions de travail et le comportement des membres de l'organisation.

DÉCOUVRIR LE CONTEXTE

DÉFINITION

B to B : de l'anglais « *Business to Business* ». Ensemble des activités d'une organisation visant une clientèle d'entreprises.

La société **Newpost** est l'un des principaux groupes médias offrant ses services à une clientèle d'entreprises (*B to B*) en France. La société travaille dans les domaines d'activités variés (édition, événements, salons, sites Internet). Elle emploie actuellement 260 collaborateurs, mais sa croissance nécessite de faire évoluer son processus de recrutement et de gestion du personnel.

Dans un premier temps, Newpost doit recruter des personnes dont les compétences correspondent à ses besoins. Dans un second temps, elle doit mettre en œuvre de bonnes conditions de travail pour les salariés.

VIDÉO INTERACTIVE — POUR COMMENCER
Le bien-être au travail 2'24"
www.lienmini.fr/30913-bien-etre

NEW POST

FICHE D'IDENTITÉ

- **Type d'organisation :** organisation à but lucratif
- **Activité :** services médias en *B to B*
- **Champ d'activité :** national et international
- **Forme juridique :** société anonyme (SA)
- **Effectifs (2019) :** 260
- **CA annuel HT (2019) :** 3 millions d'€

1. Citez des exemples de critères sur lesquels les entreprises s'appuient pour recruter.
2. Citez des besoins ou attentes des salariés vis-à-vis de l'entreprise.

1 Comment distinguer les qualifications et les compétences ?

L'essor de la société Newpost nécessite l'embauche d'un chef de projet marketing. La direction décide de publier une offre d'emploi.

DOC. 1 Offre d'emploi de chef de projet marketing

NEW POST

Avec 260 collaborateurs et 3 millions d'€ de chiffre d'affaires, NEWPOST est l'un des principaux groupes medias *B to B* en France.

Nous recrutons un **chef de projet[1] marketing H/F**

Vous aurez en charge d'organiser, de planifier et de mettre en œuvre les projets Web qui vous seront confiés.

Poste basé à Creil (60)

Expérimenté(e) en gestion de projets Web, vous maîtrisez toutes les étapes d'un projet : l'analyse et la synthèse des besoins, la gestion de la conception et la rédaction des spécifications fonctionnelles, le suivi de la production Web.
Vous êtes animé(e) par le rôle de coordination avec les différents intervenants internes (créatifs, développeurs, intégrateurs, SEO[2], commerciaux, etc.) et externes. Garant du contenu du site et du développement de l'audience, vous mettrez à profit votre proactivité et votre culture de la performance pour mener à bien tous vos sujets : newsletters, référencement naturel, référencement payant, gestion de la base de données, marketing visiteurs...

Issu(e) d'un bac + 4/5 (école de commerce), vous bénéficiez d'une expérience de 2 à 3 ans chez un acteur de l'Internet type e-commerce, de préférence dans le secteur médias et édition ou dans une agence Web.
Vous avez une bonne capacité d'écoute, d'analyse et de synthèse.
Vous bénéficiez d'un bon esprit d'équipe et d'un bon relationnel.

Merci d'adresser votre curriculum vitae et lettre de motivation sous la référence ED/YV/CPM, par e-mail à :
recrutement@Newpost.fr
ou à l'adresse suivante :
Newpost – Service Recrutement
10, place George-Pompidou
60 100 CREIL

1. Il est chargé de mener un projet et de contrôler son bon déroulement. Il dirige ou anime une équipe pendant la durée des projets dont il a la charge.
2. *Search Engine Optimization.* Il est chargé du référencement d'un site, d'une page Web ou d'une application.

Delagrave, 2020

1 À l'aide de la définition, identifiez dans le doc. 1 les éléments de qualification d'un chef de projet marketing pour Newpost.

....

....

....

....

....

NOTION

Qualification : savoirs et savoir-faire acquis par un individu dans le cadre de sa formation initiale et lors de ses expériences professionnelles.

DOC. 2

La fiche de poste

La fiche de poste est un outil de communication décrivant les éléments fondamentaux d'une situation professionnelle. En tenant compte de l'environnement de travail et des missions confiées aux salariés, le poste tel qu'il est tenu par ce dernier est décrit dans la fiche de poste.

journaldunet.fr, 2020

NOTION

Compétences : ce sont l'ensemble des savoirs, c'est-à-dire les connaissances générales et professionnelles matérialisées par un diplôme, des savoir-faire, c'est-à-dire les aptitudes professionnelles, et des savoir-être, c'est-à-dire les aptitudes comportementales et relationnelles.

DOC. 3

Les compétences

Vos savoirs. Vos savoirs sont les connaissances théoriques que vous avez acquises pendant votre parcours scolaire et lors de vos différentes expériences professionnelles.

Vos savoir-faire. Vos savoir-faire sont vos connaissances pratiques, la maîtrise que vous avez d'un poste, d'un marché ou d'un produit spécifique. En clair, il s'agit de votre aptitude à travailler avec des méthodes, des outils ou des logiciels liés à votre activité professionnelle.

Vos savoir-être professionnels. Vos savoir-être professionnels représentent un ensemble de manières d'agir et de capacités relationnelles utiles pour interagir dans votre contexte professionnel.

Les savoir-être professionnels sont devenus aujourd'hui très importantes pour les recruteurs, et leur prise en compte s'est généralisée dans toutes les étapes du recrutement. On peut citer : la capacité d'adaptation, le sens de l'organisation, la capacité à travailler en équipe…

Il est donc primordial pour vous de les identifier et de les valoriser dans votre candidature.

pole-emploi.fr, 2020

2 Citez les trois familles de compétences évoquées dans le doc. 2.

....

....

....

....

3 Repérez dans le doc. 1 les compétences demandées pour le poste de chef de projet marketing chez Newpost.

....

....

....

....

4 Distinguez ce qui relève des qualifications et ce qui relève des compétences dans la gestion d'une carrière.

....

....

....

....

....

....

....

Après la diffusion de l'offre d'emploi, la société Newpost a reçu un nombre important de candidatures. Après une première sélection des *curriculum vitae*, le responsable du service marketing a transmis ses choix au responsable des ressources humaines. Deux candidatures ont été retenues.

DOC. 4 *Curriculum vitae* 1

Pierre Jules
45, rue Guy Môquet
92240 MALAKOFF
06 78 29 79 54
contact@pierre-jules.fr

FORMATIONS

2016-2017 Master II Marketing & TIC | Spécialité Relation Client
2015-2016 Master I Management des Organisations | Spécialité Marketing
2014-2015 Licence Management Informatique et Commercial | Spécialité Relation Client
2012-2014 BTS Informatique de Gestion | Spécialité Administration de Réseaux

EXPÉRIENCES PROFESSIONNELLES

> Stages

2017 (6 mois) Chef de Projet Web Marketing Min&max,
26 rue du Chemin vert, 75 011 Paris
2016 (4 mois) Chargé de Web Marketing Netiva,
21 rue des Trente, 35 000 Rennes
2015 (4 mois) Community Manager CCI 22,
1 rue du Miroir du temps, 22 100 Quévert
2015 (2 mois) Gestion de Projet Marketing Armorezo,
2 rond-point du puits, 29 600 Saint-Martin
2014 (3 mois) Gestion de Parc Informatique
Lycée Chateaubriand, 136 bd de Vitré, 35 000 Rennes
2013 (3 mois) Gestion de Projet Informatique,
BWW, 20 rue de la Chalotais, 35 000 Rennes

> Réalisations professionnelles

2015-2017 Gestion de Projet e-commerce
Agrumes de Méditerranée,
chemin des Landes, 49 125 Tiercé
Depuis 2015 Création et Gestion de Sites
Projets indépendants

Delagrave, 2020

5 Complétez le tableau ci-dessous en indiquant pour chaque *curriculum vitae* les compétences et qualifications.

	Savoirs	Savoir-faire	Savoir-être
Doc. 4			
Doc. 5			

DOC. 5 ***Curriculum vitae 2***

Michaël NHAN DERVOIS
26 ans
11, rue des Laitières, 94300 Vincennes
06 24 40 50 85
m.nhan@gmail.com
www.mhan.fr

EXPÉRIENCES PROFESSIONNELLES

Depuis 2015 **Chef de projet** à CVFM, agence de référencement.
CDI : Réalisation des propositions et réunions commerciales, formation et encadrement d'une équipe, gestion et pilotage de projets de référencement naturel et payant.
Clients : Atlas For Men, Banque Accord, Castorama, Groupe Le Duff, Natixis, OneStopPlus/Castaluna, Oxbow, Webdistrib.

2014 **Assistant chef de projet** à CVFM, agence de référencement.
Stage de quatre mois suivi d'un contrat de professionnalisation d'un an : audits, cahiers des charges et bilans en SEO ; création, optimisation et analyses du ROI en SEA.
Clients : Alliance Piscines, Dunod, Mutuelle Générale de Paris, Palais des Thés, Que Choisir.

2013 **Assistant chef de projet** à B[3]D, agence de Web Marketing.
Stage de trois mois : préparation de jeux-concours online et de campagnes publicitaires online ; réalisation de cahiers des charges et de benchmarks.
Clients : AGF, DBV-Technologies, Pschent, Tetra.

FORMATION

2013 HETIC (Hautes Études des Technologies de l'Information et de la Communication).
Bac + 5, diplôme de niveau I reconnu par l'État, Paris.

2010 DUT STID (Statistiques et Traitement Informatique des Données).
Bac + 2, IUT 2 de Grenoble.

2008 Baccalauréat Économique et Social (ES), spécialité mathématiques.
Lycée Berthollet d'Annecy.

Delagrave, 2020

6 Que remarquez-vous concernant l'identification des savoir-être des deux candidats à partir de leur CV ? Déduisez l'étape suivante du recrutement.

....

....

....

....

7 Selon vous, quel candidat présente le plus de compétences et qualifications attendues par Newpost ?

....

....

....

QUESTION BILAN

Montrez comment sont prises en compte les compétences et les qualifications dans le processus de recrutement.

2 Comment valoriser le facteur humain dans l'organisation ?

A Les conditions de travail

En parallèle de sa politique de recrutement, le comité social et économique (CSE) de l'entreprise Newpost effectue une étude sur les conditions de travail des salariés de l'entreprise.

DÉFINITION

Comité social et économique (CSE) : institution représentative du personnel dans une entreprise de plus de 11 salariés. Il participe activement à l'amélioration des conditions de travail (salaires, application du Code du travail et des conventions collectives). Il contribue à promouvoir la santé et la sécurité des travailleurs.

DOC. 6 Les conditions de travail : définition

Les conditions de travail désignent les conditions dans lesquelles le travail est effectué.

On peut distinguer 4 facteurs de conditions de travail :

1. Les facteurs physiques : ils sont liés aux conditions physiques, matérielles et techniques dans lesquelles se déroule le travail (exemple : durée du temps de travail, ergonomie des postes de travail, aménagement des postes.

2. Les facteurs organisationnels : ils dépendent des choix organisationnels de l'entreprise (horaires de travail, planning…).

3. Les facteurs sociaux : ils dépendent des relations sociales des salariés de l'entreprise entre eux ou avec la direction.

4. Les facteurs psychologiques : ils dépendent des situations professionnelles qui affectent la santé psychologique des salariés (stress dû à une surcharge de travail, délai à respecter trop court…).

Les conditions de travail : enjeux

Les conditions de travail influencent fortement la santé et la motivation des hommes au travail ainsi que leurs performances professionnelles et leur qualité de vie. Leur amélioration constitue un avantage social mais également économique.

creg.ac-versailles.fr, 2020

8 À l'aide du doc. 6, précisez les conditions de travail d'un chef de projet marketing en illustrant chaque facteur par des exemples.

Facteurs	Exemples
…………	…………
…………	…………
…………	…………
…………	…………

9 Pour quelles raisons Newpost doit-elle fournir de bonnes conditions de travail à ses salariés ? Justifiez.

…………

…………

B Les motivations des salariés

DOC. 7 La hiérarchie des besoins selon Maslow[1]

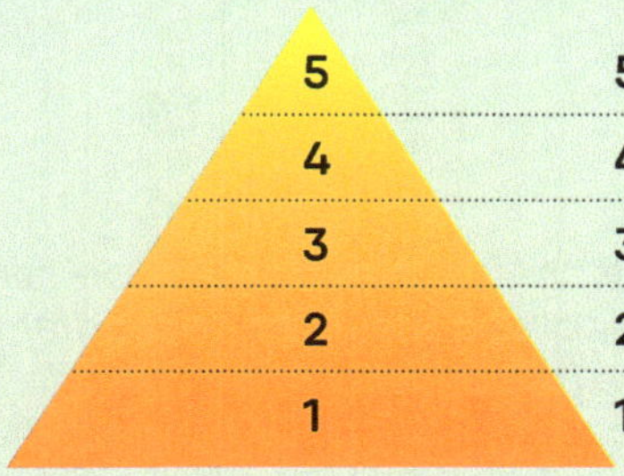

5. Besoins d'**accomplissement** personnel : « se réaliser »
4. Besoins d'**estime** de soi : reconnaissance sociale
3. Besoins **sociaux** : appartenir à un groupe
2. Besoins de **sécurité** dans les conditions de travail, de l'emploi
1. Besoins **physiologiques** : boire, manger, se loger...

1. Théorie élaborée par le psychologue américain Abraham Maslow aux États-Unis dans les années 1940.

DOC. 8 La motivation et l'implication des salariés

La motivation des salariés est devenue une préoccupation centrale dans le management des entreprises et des organisations en général. En effet, les enquêtes menées auprès des salariés ont montré que la motivation au travail a un effet sur la qualité du travail et sur l'efficacité des salariés.

Qu'est-ce que la motivation ? Être motivé, c'est avoir un objectif, faire un effort pour l'atteindre et persévérer jusqu'à ce que l'objectif soit atteint.

Quels sont les facteurs de motivation des salariés ? Abraham Maslow considère que la motivation est fondée sur la satisfaction de besoins hiérarchisés. D'après la pyramide des besoins, les individus tentent de satisfaire leurs besoins les uns après les autres. Pour motiver un salarié, il faut donc satisfaire ses besoins primaires mais également ses besoins supérieurs, en lui confiant par exemple des responsabilités.

sabbar.fr, 2020

10 Pourquoi Maslow pense-t-il à la performance des salariés en termes de « besoins à satisfaire » ?

....

....

....

11 Donnez un exemple de besoin primaire et un exemple de besoin supérieur selon Maslow, pour un salarié. Citez un moyen de les satisfaire.

....

....

....

....

12 Indiquez quels besoins le chef de projet marketing de Newpost doit satisfaire pour rester motiver au travail.

....

....

....

C Le bien-être des salariés

Chez Newpost, tout est fait pour permettre aux salariés de rester concentrés sur leur travail sans avoir à se préoccuper des problèmes du quotidien.

DOC. 9 Newpost aux petits soins pour ses salariés

Un ensemble de services gratuit est mis à la disposition du personnel de la garde d'enfants, au garagiste, au pressing, à la salle de sport en passant par une conciergerie qui gère toutes les démarches administratives comme les demandes de pièces d'identités ou passeport. *Le but affiché par Newpost est de faire gagner du temps à ses collaborateurs et de faciliter la conciliation avec leur vie personnelle.*

Delagrave, 2020

13 Comment Newpost contribue-elle au bien-être de ses salariés ?

....

....

14 Commentez la phrase en italique à la fin du doc. 9.

....

....

Certains cadres de l'entreprise Newpost organisent, à l'initiative de leur direction, un rendez-vous sportif : le « match de foot du vendredi midi ». L'objectif est de favoriser le bien-être des salariés.

DOC. 10 Sport et travail : deux alliés source de productivité !

De plus en plus d'entreprises déploient de nouveaux moyens pour introduire le sport dans le quotidien de leurs salariés. Alors effet de mode ou réel intérêt ?

La pratique du sport en entreprise : vecteur de qualité de vie au travail

En France, la loi du 8 août 2016 et le décret du 27 décembre 2017 obligent l'employeur à veiller à la santé de ses salariés ; une obligation qui ne concerne pas directement la pratique du sport. Pourtant, il apparaît que ce qui est bon pour les salariés et aussi bon pour la performance de l'entreprise :

– la pratique du sport en entreprise peut améliorer la santé mentale des salariés en augmentant le goût de vivre, en limitant le stress, l'anxiété et la dépression légère mais aussi en accroissant l'estime de soi et l'équilibre psychologique et émotionnel (INSERM 2008) ;

– le sport sert d'exutoire aux tensions et frustrations ;

– le taux d'absentéisme chez les personnes ayant une pratique sportive régulière est considérablement plus faible que chez les salariés sédentaires. La Fédération Française du Sport d'Entreprise a aussi démontré qu'ils avaient en général moins d'accidents du travail et moins d'arrêts maladies que les salariés sans activité sportive ;

– la pratique régulière du sport augmente de 6 à 9 % la productivité d'un individu ;

– l'activité physique permet aussi de limiter l'apparition et le développement des troubles musculo-squelettiques.

Le sport et le management ont des enjeux tout à fait similaires : ils partagent des valeurs communes. C'est pourquoi les managers organisent souvent des séminaires annuels sportifs : l'objectif est de renforcer la cohésion d'équipe, le mental, la performance et la combativité. Une initiative qui permet aussi de faire tomber les barrières hiérarchique et découvrir ses collaborateurs sous un nouveau jour !

En outre, les entreprises proposant des initiatives sportives (...) ont une image plus moderne et dynamique que les autres. Elles génèrent aussi un fort sentiment d'appartenance et développent considérablement la Qualité de Vie au Travail.

Aurélie Methion, *Service aux entreprises pour la santé au travail*, sestidf.fr, 5 septembre 2017

15 En quoi les mesures mises en place chez Newpost sont-elles efficaces ?

....

....

DOC. 11 **Une expérience négative**

Sophie D., nouvellement recrutée par Newpost, nous raconte son bonheur d'être dans une société qui prend en compte le bien-être au travail de ses salariés. En effet, lors de sa dernière expérience en tant que chargée d'affaires dans une SSII, Sophie nous déclare qu'elle était au bord de la rupture. Son supérieur lui demandait de travailler sur un nouveau dossier, alors qu'elle se sentait déjà débordée par ses dossiers en cours. À tel point qu'elle était obligée d'emporter du travail chez elle. D'ailleurs, sa fille de 8 ans commençait à se plaindre de ne plus la voir le soir et de ne plus pouvoir faire de sorties le week-end. « J'avais l'impression de ne plus avoir de plaisir à travailler. J'étais toujours dans l'urgence, dit-elle. Mais comme j'étais bien payée et que j'approchais de la quarantaine, je me sentais coincée. »

Delagrave, 2020

16 Décrivez les conditions de travail de Sophie D. dans sa dernière expérience professionnelle.

....

....

....

17 Identifiez les conséquences de cette situation sur le travail de Sophie D. et sur l'entreprise.

....

....

....

....

....

....

Le service des ressources humaines de Newpost publie dans le journal de l'entreprise les résultats d'une enquête sur les transports en commun auprès de 5 242 salariés d'Île-de-France, région d'implantation du site de l'entreprise et d'habitation de ses salariés.
L'objectif de cette enquête était d'évaluer les désagréments ressentis par les salariés au cours des trajets domicile travail, puis leurs conséquences, tant sur leur vie professionnelle et privée que sur leur santé.

DOC. 12 Enquête sur les transports en commun

Les salariés franciliens consacrent en moyenne deux heures par jour à leurs trajets domicile-travail, aller et retour. On comprend donc aisément que les résultats intéressent vivement Newpost dans sa stratégie de mise en place de conditions de travail optimales.
Ainsi, pour 60 % des salariés interrogés, les trajets domicile travail sont source de désagréments. Parmi eux, 54 % considèrent que cela a des conséquences sur leur vie professionnelle ; 57 % sur leur vie privée et 55 % sur leur santé. Cela se traduit en premier lieu par de la fatigue (47,3 %), du stress (25,7 %) et la dégradation de leur humeur (12,9 %).
Les temps de transport peuvent-ils pousser les salariés à changer de travail ? 10 % d'entre eux affirment avoir été contraints de le faire au cours des cinq dernières années.

Delagrave, 2020

18 Recensez les impacts des transports en commun sur la vie professionnelle des Franciliens.

....

....

19 Recensez les raisons qui poussent les salariés à ne pas changer de travail malgré des temps de transport élevés.

....

....

....

....

QUESTION BILAN

Après avoir expliqué la notion de conditions de travail, détaillez ses effets sur la motivation des salariés et leur bien-être.

L'ESSENTIEL La contribution de l'activité humaine à la création de valeur dans l'organisation

SYNTHÈSE

Accédez à la synthèse audio
www.lienmini.fr/30602-synthese5

1 Comment distinguer les qualifications et les compétences ?

La reconnaissance du facteur humain est mise en valeur grâce à deux approches

la QUALIFICATION désigne :

- le niveau de formation attesté par un diplôme ;
- l'expérience professionnelle acquise.

la COMPÉTENCE rassemble trois types de savoirs :

- savoirs théoriques ou connaissances ;
- savoir-faire ou expériences ;
- savoir-être ou comportements.

2 Comment valoriser le facteur humain dans l'organisation ?

L'entreprise et les dirigeants ont replacé les salariés au centre de l'organisation grâce à

une MEILLEURE GESTION DE LA MOTIVATION des salariés dont dépend la performance d'une entreprise.

l'AMÉLIORATION des conditions de travail qui recouvrent :

- l'organisation du travail ;
- les conditions physiques et psychologiques des salariés (stress, nuisances, contraintes technologiques, démotivation…) ;
- l'environnement social et familial (transport, logement).

APPLICATIONS

APPLICATION 1 Test de connaissances

Validez vos connaissances en cochant la (les) bonne(s) proposition(s) puis justifiez oralement vos réponses.

1. Les conditions de travail ont une influence sur la motivation des salariés.
   - ☐ Vrai.
   - ☐ Faux.

2. Les connaissances professionnelles d'un candidat peuvent se mesurer par :
   - ☐ son savoir-être.
   - ☐ son savoir-faire.
   - ☐ son savoir.

3. Offrir de bonnes conditions de travail aux salariés permet de :
   - ☐ les motiver.
   - ☐ les licencier plus facilement.
   - ☐ renforcer leur fidélité à l'entreprise.

4. Les conditions de travail dépendent de facteurs :
   - ☐ organisationnels.
   - ☐ psychologiques.
   - ☐ politiques.

5. Les compétences d'un individu relèvent de :
   - ☐ ses diplômes.
   - ☐ ses expériences.
   - ☐ sa formation initiale.

QCM interactif
Accédez au QCM en utilisant le QRcode ou le lien url
www.lienmini.fr/30913-qcm5

APPLICATION 2 Distinguer l'approche par la qualification de l'approche par la compétence

1. De quelle organisation émane cette annonce ? Caractérisez-la.
2. Classez les compétences attendues en distinguant : savoirs, savoir-faire et savoir-être.

DOC. La Région Île-de-France recrute

îledeFrance

Le Pôle Lycées recherche pour la direction de l'administration et de la gestion des établissements, service fonctionnement et analyse budgétaire :

Un gestionnaire budgétaire et comptable Homme/Femme

Vos missions
– Analyser les budgets des lycées et vérifier si les orientations régionales sont suivies à travers l'affectation des dotations de fonctionnement attribuées.
– Analyser les résultats des comptes financiers.
– Etre référent des établissements en charge.
– Appui technique au pôle chargé de la DGFL (dotation globale de fonctionnement des lycées) et des dotations versées aux établissements.
– Assurer l'harmonisation des fichiers informatisés et agréger les données de ces fichiers.

Votre profil
– Bac +2 en gestion / comptabilité ou expérience équivalente.
– Bonnes expériences en analyses financières et comptables.
– Bonnes expériences en gestion des bases de données informatiques.
– Pratique du cadre budgétaire et comptable des EPLE M9.6 souhaitée.
– Excellente maîtrise des outils informatiques (Microsoft Excel).
– Aisance orale et écrite.
– Goût pour le travail en équipe et autonomie.
– Réactivité, capacité d'analyse, sens du respect des délais.
– Qualités relationnelles.

Delagrave, 2020

APPLICATION 3 Distinguer l'approche par la qualification de l'approche par la compétence

1. Présentez les trois méthodes de recrutement évoquées dans le document.
2. Précisez si ces entreprises privilégient plutôt les compétences ou plutôt les qualifications lors du recrutement.
3. Expliquez les avantages et les inconvénients de ces méthodes de recrutement, pour les entreprises, d'une part, pour les candidats, d'autre part.

DOC. Les nouveaux modes de recrutement

Ringard l'entretien d'embauche ? Sans doute à en croire la hausse du recours à des méthodes atypiques pour recruter les jeunes talents en entreprises.
Voici trois méthodes basées sur le jeu.
Ils ont parcouru 14 km en binôme, partagé un vélo, repoussé leurs limites à deux. Pourtant ils ne se connaissaient pas il y a quelques heures. Thierry Roger est directeur de recrutement chez Élior France, Florian Devaux, étudiant à l'Institut des Mines Télécom, veut un stage dans son entreprise. Quoi de mieux qu'une course en forêt pour mieux se connaître ? Pour recruter les jeunes talents des écoles d'ingénieurs, plus d'une centaine de managers ont tombé la veste lors d'une course à deux. À se demander s'il n'est pas plus difficile de recruter que de chercher un job.
Autre méthode de recrutement atypique : la séance de ciné avant un *job dating*. Dans la salle, 250 femmes ingénieures et presque autant de recruteurs. À l'issue du film, ici *Terminator, dark fate*, les candidates passent de table en table pour se présenter. Objectif : se servir du film pour entamer la conversation, détendre l'atmosphère et mieux cerner la personnalité de la candidate.
Enfin, le jeu en mode *escape game* avec un seul ticket pour le job. Un hôtel recrute un réceptionniste, six candidats ont fait le déplacement. Pendant 40 minutes, ils doivent résoudre des énigmes, des puzzles, ouvrir des coffres. Les recruteurs scrutent leurs résultats mais aussi la manière dont ils le font. Et louent l'esprit d'initiative de tel candidat « sans écraser ces camarades et en restant à l'écoute des conseils et des consignes ». À l'issue de ce jeu, il se verra remettre un passe pour le job de réceptionniste, sous les applaudissements de ses concurrents. Et sans même avoir passé d'entretien d'embauche. Depuis 2018, des jeux de recrutement se multiplient dans les entreprises.

Ici.fr, 10 novembre 2019

APPLICATION 4 Établir un lien entre les conditions de travail et le comportement des membres de l'organisation

1. Expliquez le phénomène de présentéisme. Distinguez-le de l'absentéisme.
2. Expliquez en quoi ce phénomène est source de dégradation des conditions de travail.
3. Quelles sont les conséquences de ce présentéisme sur l'efficacité des salariés ?

DOC. Le présentéisme, le mal français

Le terme « présentéisme », [...] c'est le fait de rester sur son lieu de travail bien que son état physique ou psychique empêche d'atteindre un **niveau satisfaisant de productivité**. [...]

Bien plus connu, l'**absentéisme** est souvent la conséquence d'un présentéisme devenu difficile à supporter. Mais alors que le premier est couvert par le régime social, le second représente des pertes directes pour les entreprises. D'après plusieurs études citées dans le reportage de Lisa Beaujour réalisé par France Info, il leur coûterait chaque année plus de 14 milliards d'euros. Dans l'Hexagone, on a tendance à mesurer la valeur du travail au nombre d'heures effectuées. Mais cela est-il réellement une bonne approche ? [...] Le présentéisme se répand au sein de nos bureaux comme un virus. Tout le monde en est conscient, mais personne ne semble vouloir y remédier. **Besoin de compétitivité**, pression du N+1, peur de perdre son emploi, peu importe les raisons, chacun préfère regarder de l'autre côté en attendant que le temps passe. Alors les salariés se conforment à la norme imposée. Ils font des **horaires à rallonge** et s'avèrent moins efficaces. Ils s'épuisent, se démotivent, dépriment et pour finir, frisent le *burn-out*. 62 % d'entre eux viennent travailler malades au risque de contaminer leurs collègues. Et même dans ces cas extrêmes, on pratique la politique de l'autruche. [...]

La tendance est alarmante, car le **surinvestissement au travail** est une forme de souffrance qu'il est considéré comme « normal » de supporter. Le présentéisme ne cesse de gagner du terrain et il devient urgent d'y mettre un terme. Pourtant, il est bien difficile de pointer du doigt des responsables tant le phénomène est général. Mais les dirigeants et autres chefs de service sont les premiers à pouvoir changer les choses, à devoir montrer le bon exemple. Encore faut-il le vouloir !

https://blog.nextdoor.fr/, 8 juin 2017

APPLICATIONS

APPLICATION 5 Établir un lien entre les conditions de travail et les comportements des membres de l'organisation

1. Présentez l'entreprise Favi et ses actions en faveur du développement.
2. Précisez les principes sur lesquels se fonde le management de cette entreprise.
3. Indiquez les avantages de ce type d'organisation du travail pour les salariés d'une part, pour l'entreprise d'autre part.

DOC. 1 Favi France et le *Lean Management*

La méthode de management de Favi consiste à mettre chaque entité de la société sur un même pied d'égalité. Chaque individu possède une place importante au sein de l'unité, peu importe son titre, ses aptitudes ainsi que ses atouts. Tous les collaborateurs au sein de Favi sont autonomes et œuvrent ensemble dans l'unique but d'enrichir la notoriété et le capital de l'entreprise.

Chaque salarié est pleinement responsable de la bonne satisfaction du demandeur sans avoir besoin des directives d'un contrôleur ou de toute autre entité supérieure. De plus, les ouvriers s'organisent entre eux pour les alternances, les heures de travail, les congés et toute autre condition de travail qui, dans le système de management traditionnel, est organisé par une autre branche administrative. Les travailleurs se regroupent en plusieurs petits ateliers pour accomplir une tâche précise. [...]

Malgré la grande liberté des salariés dans le système de management Favi, quelques principes sont cependant nécessaires pour éviter le désordre.

– **C'est celui qui fait qui sait :** le dirigeant doit prendre conscience des expériences et des compétences de chaque ouvrier à son poste. En effet, ceux-ci sont les mieux placés pour connaître l'utilisation et les avantages de chaque machine ainsi que les performances des différentes installations industrielles. [...] Le management de Favi aidera ainsi chaque employé à être plus heureux dans son travail et à être plus motivé à donner le meilleur de lui-même.

– **L'homme est bon:** malgré le fait que chaque salarié décide de ses congés, de son salaire et d'autres détails, chaque ouvrier est plus respectueux envers son prochain puisque chacun est traité de la même manière. En ce sens, en cas d'absence dans une équipe, c'est à cette dernière de se débrouiller pour achever à temps la mission. [...] Bref, toutes les solutions de collaborations, qui ont une influence positive au sein de l'entreprise, peuvent être appliquées par les ouvriers.

– **Écoute du client :** c'est ce principe qui anime tous les ateliers dans le management de Favi. En effet, l'entente et l'organisation sont facilement atteintes lorsque toute l'équipe a pour unique objectif de combler les besoins du client.

leansixsigmafrance.com, 30 juillet 2018

DOC. 2 Page d'accueil du site Internet de l'entreprise Favi France

QUESTION DE GESTION 3 — Comment concilier gestion efficace des ressources humaines et coût du travail ?

Chapitre 6

L'évaluation et la rétribution de l'activité humaine dans l'organisation

NOTIONS

- Évaluation et rétribution de l'activité humaine dans les organisations : tableaux de bord, indicateurs d'activité et de productivité, rémunération et coût du travail.

CAPACITÉS

- Mesurer l'activité du travail à l'aide d'indicateurs pertinents.
- Évaluer le coût global du travail avec les charges.
- Évaluer la productivité du travail.

Téléchargez le fichier Excel pour réaliser les travaux demandés **www.lienmini.fr/30913-excel06**

DÉCOUVRIR LE CONTEXTE

La société **Arbus** travaille dans le secteur de l'industrie du jouet. Spécialisée dans la tournerie-tabletterie, elle fabrique des jouets en bois éducatifs. Implantée dans le Jura, elle emploie 50 ouvriers diplômés d'un CAP. Très spécialisés et rares sur le marché, ces professionnels sont difficiles à recruter. De plus, leur formation dans l'entreprise est longue et coûteuse. La société est aujourd'hui confrontée à quelques difficultés, et ses dirigeants se pose la question de l'opportunité de réduire ses ressources humaines pour améliorer sa situation financière.

VIDÉO INTERACTIVE — POUR COMMENCER
Responsable Marketing enseigne chez Nestlé 3'01"
www.lienmini.fr/30913-rh

FICHE D'IDENTITÉ

- **Type d'organisation :** entreprise privée à but lucratif
- **Activité :** fabrication et vente de jouets
- **Champ d'activité :** national et international
- **Forme juridique :** Société à responsabilité limitée (SARL)
- **Effectifs (2019) :** 50 salariés
- **CA annuel HT (2019) :** 3,6 millions d'€

1. Trouvez un argument qui justifierait le maintien de tous les ouvriers qualifiés.
2. Proposez un argument en faveur d'une réduction des effectifs.

1 Comment mesurer l'activité de travail dans l'organisation ?

A Les indicateurs quantitatifs

La direction organise une réunion pour analyser la situation de l'entreprise et décider des orientations à prendre. Le directeur commercial, le directeur financier et le directeur de la production sont présents. Ce dernier explique que les ouvriers de l'entreprise ont un savoir-faire, fruit d'un long apprentissage, et donc difficile à remplacer. En outre, la plupart des ouvriers sont dans l'entreprise depuis de nombreuses années, et connaissent parfaitement le processus de fabrication complexe des produits. C'est sur ce savoir-faire unique qu'est fondée la réputation de l'entreprise. Il considère donc que les ouvriers sont une ressource indispensable à l'entreprise.

DOC. 1 Indicateurs d'activités des ouvriers pour le dernier mois

	Nombre de produits fabriqués	Nombre de produits mis au rebut	Nombre de produits retournés par les clients	Nombre d'heures travaillées
Ouvrier 1	48	2	1	151,67
Ouvrier 2	42	1	0	151,67
Ouvrier 3	39	0	0	151,67
Ouvrier 4	45	1	1	151,67
Ouvrier 5	49	2	1	151,67

Delagrave, 2020

1 Expliquez pourquoi le directeur de la production considère que les ouvriers sont une ressource pour l'entreprise.

....

....

....

DÉFINITION

Ressource : moyens dont dispose une organisation pour atteindre ses objectifs.

2 Citez les indicateurs utilisés pour mesurer l'activité des ouvriers.

....

....

3 Citez les indicateurs utilisés pour mesurer la qualité du travail effectué.

....

4 Montrez que les affirmations du directeur de la production se vérifient par les indicateurs d'activités.

....

....

....

....

Le directeur commercial souhaite, quant à lui, mettre en avant les performances de ses vendeurs en présentant les données suivantes.

DOC. 2 **Indicateurs d'activité des membres de l'équipe commerciale pour le dernier mois**

	Chiffres d'affaires[1] réalisé	Objectifs de ventes	% de réalisation des objectifs
Commercial 1	82 000 €	75 000 €	....
Commercial 2	65 000 €	70 000 €	....
Commercial 3	75 000 €	70 000 €	....
Commercial 4	69 000 €	60 000 €	....

1. Chiffre d'affaires : total des ventes encaissées.

Delagrave, 2020

5 Précisez les indicateurs à mettre en relation pour évaluer l'activité de chaque membre de l'équipe commerciale.

....

....

....

6 Déduisez-en la formule de calcul du pourcentage de réalisation des objectifs pour chacun et complétez le tableau.

....

....

7 Indiquez le commercial le plus performant. Justifiez votre réponse.

....

....

8 Recherchez d'autres indicateurs qui pourraient être pertinents pour évaluer l'activité des membres de l'équipe commerciale.

....

....

9 Montrez que chaque membre de l'équipe commerciale est une ressource pour l'entreprise.

....

....

....

B Les indicateurs de productivité

Le directeur financier, en réponse aux arguments du directeur de la production et du directeur commercial, souhaite présenter une analyse de la productivité du travail des salariés.

DOC. 3 **Données annuelles concernant l'activité des équipes de production et commerciales**

	Équipe de production			Équipe commerciale		
	N	**N+1**	**N+2**	**N**	**N+1**	**N+2**
Nombre de produits vendus				17 100	14 340	14 250
Nombre de produits fabriqués	16 450	14 520	14 100			
Effectifs	30	28	25	4	4	4
Nombre d'heures travaillées	57 600	39 200	30 000	7 680	7 680	7 680

10 Calculez la productivité par tête et la productivité horaire de chaque équipe pour les trois années et complétez le tableau.

	Équipe de production			Équipe commerciale		
	N	**N+1**	**N+2**	**N**	**N+1**	**N+2**
Productivité par salarié	....	17 100	....	....	....	....
Productivité horaire	....	....	....	....	....	....

NOTIONS

Productivité du travail : mesure de l'efficacité dans l'utilisation de la quantité de travail pour produire. Elle se calcule par le rapport entre la quantité ou la valeur de la production et la quantité de travail pour la réaliser.

Productivité par tête : quantité de travail rapporté à l'effectif.

Productivité horaire : quantité de travail rapporté au nombre d'heures travaillées.

11 Commentez les résultats obtenus.

....

....

....

....

....

C Les tableaux de bord

Le dirigeant d'Arbus veut regrouper tous les indicateurs relatifs à l'activité de ses salariés dans un document unique : le tableau de bord.

DOC. 4 Pilotage d'entreprise et digital : passez du rétroviseur au GPS

Le tableau de bord est un outil qui s'apparente à un budget de votre entreprise, grâce auquel vous pouvez suivre et analyser les résultats des actions de votre entreprise. Il vous aide ainsi dans vos décisions et vous permet d'optimiser le pilotage de votre entreprise, notamment en anticipant les éventuelles difficultés financières.

Concrètement, ces indicateurs servent à mesurer l'atteinte des objectifs que l'entreprise s'est fixés et pour lesquels elle a mis en place un plan d'actions. Ils font ressortir les écarts entre les prévisions et les réalisations, permettent d'identifier les causes et de définir les mesures correctives nécessaires. Ainsi ils donnent des indications claires pour évaluer l'efficacité des stratégies déployées par l'entreprise à moyen terme (le long terme est traité par le tableau de bord stratégique et le court terme par le tableau de bord opérationnel). Il est utilisé par toutes les entreprises quelle que soit leur taille.

Attention ! Un tableau de bord véritablement performant nécessite la mise à jour régulière (quasiment en temps réel) des informations !

	Existant (compte de résultat ou bilan)	**Prévisions** (objectifs fixés)	**Réalisations** (performance réelle)	**Écarts** (entre prévisions et réalisations)	**Explication** (cause des écarts et mesures correctives)
Indicateur 1					
Indicateur 2					
Indicateur 3					

go-numerique.fr/tableau-de-bord, 2019

NOTION

Tableau de bord : il regroupe les indicateurs chiffrés relatifs à l'activité de l'organisation (ventes, entrées et sorties de stock, commandes, réclamations, trésorerie...), mis à jour et consultable en permanence par la direction. C'est un outil d'aide à la décision.

12 Expliquez l'utilité d'un tableau de bord pour suivre l'activité d'une entreprise.

....

....

....

13 Quel est selon vous l'avantage d'un tableau de bord numérique par rapport un tableau de bord en format papier ?

....

....

14 Complétez les colonnes 1 et 5 du tableau suivant en proposant des indicateurs relatifs au suivi de l'activité des salariés.

Indicateurs	**Prévisions** (objectifs fixés)	**Réalisations** (performance réelle)	**Écarts** (entre prévisions et réalisations)	**Explication** (cause des écarts et mesures correctives)
....				....
....				....

QUESTION BILAN

Rédigez quelques lignes dans lesquelles vous expliquerez comment est mesurée l'activité humaine dans l'organisation.

OBSERVATION ESSENTIEL APPLICATIONS VERS LE BAC

2 Comment évaluer le coût global du travail pour l'organisation ?

A La rémunération des salariés

Hassan Bouazzi est un salarié de l'entreprise Arbus depuis 2017. Il effectue 35 heures hebdomadaires rémunérées 10,15 € brut de l'heure. Au cours du mois de septembre, Il a effectué des heures supplémentaires et a bénéficié d'une prime.

DOC. 5 Extraits du bulletin de paie de Hassan Bouazzi

Hassan Bouazzi
25, rue de la Crête
39100 Dole

BULLETIN DE PAIE n° xxxxx
Société Arbus
25, rue de la Crête
39100 Dole

Période du 01/09/N au 30/09/N
Nombre d'heures légal : 151,67
Nombre d'heures supplémentaires effectuées : 7

Éléments du salaire brut	Taux horaire[1]	Montant (€)
Salaire de base	10,15	1 539,45
Heures supplémentaires (7 heures)	12,54	87,78
Prime		250,00
SALAIRE BRUT		**1 877,23**

1. Prix d'une heure travaillée.

Nature des cotisations	Base	Cotisations patronales		Cotisations salariales	
		Taux (%)	Montant	Taux (%)	Montant
Sécurité sociale	1 877,23	32,50 %	610,09	15,00 %	281,58
Assurance chômage	1 877,23	4,00 %	75,09	2,50 %	46,93
Retraite complémentaire	1 877,23	4,50 %	84,48	3,00 %	56,32
TOTAL COTISATIONS		**41,00 %**	**769,66**	**20,50 %**	**384,83**
Net à payer avant impôt sur le revenu					1 492,4
Impôt sur le revenu payé à la source (taux personnalisé 5 %)					74,62
SALAIRE NET À PAYER					**1 417,78**

Conservez ce bulletin de paie sans limitation de durée.

Delagrave, 2020

15 Lisez le doc. 5 et indiquez la composition du salaire brut d'Hassan.

....

DOC. 6 Que sont les charges sociales sur le salaire ?

Les charges sociales sur salaire représentent des cotisations prélevées sur le salaire brut, afin d'assurer au salarié une protection contre les risques de maladie, l'invalidité, le chômage, et la maternité. Elles permettent également de cotiser pour la retraite. Il existe, en matière de cotisations sociales, une part patronale et une part salariale.

- **Les charges salariales**, ou cotisations salariales sont déduites du salaire brut de l'employé (salaire net = salaire brut – cotisations salariales), et se décompose en trois parties : Sécurité sociale, assurance chômage et retraite complémentaire ;
- **Les charges patronales**, ou cotisations patronales sont à la charge de l'entreprise et s'ajoutent au salaire brut. Elles sont généralement plus élevées que les charges salariales.

Le salarié ne peut voir de manière détaillée que les charges salariales sur sa fiche de paie, les charges patronales n'apparaissant que de manière synthétique sur ce document.

l-expert-comptable.com, février 2019

DÉFINITIONS

Cotisations patronales : cotisations calculées sur le salaire brut et versées par l'entreprise aux organismes sociaux. Il s'agit d'une charge pour l'entreprise.

Charges : dépenses consommées par l'entreprise dans le cadre de son activité.

NOTION

Coût du travail : ensemble des charges qui ont pour origine la rémunération du travail par l'entreprise.

DOC. 7 **Majoration des heures supplémentaires**

Les heures supplémentaires sont les heures de travail effectuées au-delà de la limite fixée par la loi, à savoir 35 heures hebdomadaires, ou 1 607 heures annuelles dans le cadre de l'annualisation du temps de travail.

Le taux légal de majoration des heures supplémentaires s'applique comme suit : majoration de 25 % du salaire horaire à partir de la 36ᵉ heure jusqu'à la 43ᵉ heure ; majoration de 50 % du salaire dès la 44ᵉ heure.

l-expert-comptable.com, février 2019

16 Expliquez pourquoi une heure supplémentaire est mieux payée qu'une heure normale. Donnez la formule de calcul du salaire horaire pour les heures supplémentaires.

....

....

....

17 Déterminez comment est calculé le salaire net à payer. Précisez ce qu'il représente pour Hassan.

....

....

....

18 Calculez le montant des cotisations versées aux organismes sociaux.

....

....

19 Calculez le coût du travail d'Hassan pour l'entreprise pour le mois de septembre.

....

....

NOTION

Rémunération : ensemble des rémunérations que les employeurs versent à leurs salariés en paiement du travail accompli : salaires et traitements bruts, en espèces et en nature, et cotisations sociales à la charge des employeurs.

Le directeur financier veut rappeler à la direction le lien entre la productivité et le coût du travail.

VIDÉO 4'30"
La productivité du travail, la comprendre et la calculer
www.lienmini.fr/30602-productivite

DOC. 8 **La productivité au sein d'une entreprise**

En matière de sciences économiques, la productivité constitue le rapport entre la production réalisée (de biens ou de services) et les moyens mis en œuvre pour sa réalisation. Ainsi, elle permet de mesurer l'efficacité de ces moyens. Une augmentation du chiffre d'affaires générée par une augmentation plus importante encore des moyens de production constituera une baisse de la productivité. Au contraire, une augmentation de la productivité pourra trouver sa source dans **une baisse des coûts**, même si le chiffre d'affaires ne varie pas.

l-expert-comptable.com/, février 2019

DOC. 9 **Évolution du chiffre d'affaires et de la masse salariale**

Année	N	N+1	N+2
Chiffre d'affaires	3 000 000 €	2 900 000 €	2 800 000 €
Masse salariale	1 200 000 €	1 100 000 €	900 000 €

Delagrave, 2020

20 À partir du doc. 8 calculez l'évolution du chiffre d'affaires et de la masse salariale en utilisant le taux d'évolution. Puis calculez la productivité globale du travail pour chacune des années ainsi que son taux d'évolution.

DÉFINITION

Taux d'évolution : valeur d'arrivée – valeur de départ / valeur de départ.

Année	N	N+1	N+2
Chiffre d'affaires		....	....
Masse salariale		....	....

21 Observez le lien entre l'évolution de la productivité, celle du chiffre d'affaires et de la masse salariale.

....

....

....

NOTIONS

Masse salariale : somme des salaires que paie une entreprise. La masse salariale comptable intègre les cotisations patronales aux salaires bruts.

Productivité globale du travail : rapport entre le chiffre d'affaires réalisé et le coût du travail pour une organisation.

B Les autres composantes du coût global du travail

Dans le but d'améliorer la productivité, la société Arbus a modifié l'organisation horaire du travail en 3 × 8. Les salariés n'ont pas été consultés lors de la mise en place de ce nouveau projet.

DOC. 10 Nouvelle organisation du travail chez Arbus

Cette nouvelle organisation du travail ne permet pas à la majorité des salariés de lier vie familiale et vie professionnelle. Le travail de nuit a provoqué des troubles du sommeil chez certains. L'entreprise a comptabilisé au cours de l'année N un total de 10 000 heures d'absence pour un temps de travail théorique de 91 320 heures. Sur la période, dix salariés ont démissionné.
Le DRH a évalué le coût mensuel de l'absentéisme à 750 € par salarié.

Delagrave, 2020

DÉFINITIONS

Les 3 × 8 : organisation du travail dans laquelle les salariés travaillent par roulement de 8 heures consécutives, en 3 équipes sur un même poste, afin d'assurer un fonctionnement continu sur les 24 heures d'une journée.

Taux d'absentéisme : heures d'absence sur une période / Temps de travail théorique.

Taux de rotation : nombre de départ / Effectif global.

22 Calculez le taux d'absentéisme et le taux de rotation de la société Arbus pour l'année N sachant que l'effectif total est de 50 salariés.

....

....

23 Expliquez en quoi une augmentation du taux d'absentéisme et du taux de rotation entraîne une hausse du coût du travail pour l'entreprise.

....

....

....

....

24 Calculez le coût de l'absentéisme pour la société Arbus pour l'année N.

....

Stéphane, salarié de la société Arbus, est tombé malade à la suite de la modification de l'organisation horaire du travail en 3 × 8. Il souffre de troubles du sommeil. Après 15 ans d'ancienneté, Stéphane dit ressentir une énorme pression au travail. Il estime que sa charge de travail a doublé depuis ses débuts dans la société. Il se sent harcelé par ses managers. Il décide d'attaquer en justice la société Arbus.

DOC. 11 Extrait du jugement du Conseil de Prud'hommes

JUGEMENT n° 401 du 8 février N
M. Stéphane Y c/ société ARBUS SARL
Sur le moyen unique :
Vu l'article L. 212-2 du Code du travail ;
[...]

DÉCISION
Le Conseil de Prud'hommes, après en avoir délibéré conformément à la loi, statuant en premier ressort, par jugement contradictoire, mis à disposition publiquement,
Condamne la société ARBUS à verser une indemnité pour harcèlement moral de 20 000 €, ainsi que 5 000 € de dédommagement pour ses dépenses de santé et 700 € d'indemnités diverses.

Delagrave, 2020

25 Identifiez les conséquences de la nouvelle organisation du travail sur la vie personnelle et professionnelle de Stéphane.

....

....

....

26 Évaluez le coût du dédommagement que la société Arbus a dû verser au salarié pour le préjudice.

....

....

....

27 D'après vous, l'entreprise a-t-elle subi d'autres coûts induits par cette nouvelle organisation du travail en 3 × 8 ? Lesquels ?

....

....

....

Suite à cette décision de justice, les salariés ont décidé d'entamer un mouvement de grève durant 23 jours.

DOC. 12 Les revendications des salariés

Les revendications des salariés d'Arbus étaient les suivantes :
- fin de l'organisation du travail en 3 × 8 ;
- réduction de la charge de travail ;
- augmentation des salaires ;
- changement de management.

Un accord a été signé pour mettre fin au conflit, mais le préjudice de cette grève est estimé à plusieurs milliers d'euros.

Delagrave, 2020

28 Indiquez les éléments qui ont été pris en compte pour évaluer le préjudice de ce mouvement de grève.

....

....

29 Expliquez pourquoi cet accord va entraîner une augmentation du coût du travail mais aussi de la productivité.

....

....

....

Dans le but de renouer le dialogue avec son personnel mais également d'être plus performante, la société Arbus propose une série d'actions.

DOC. 13

Des actions entreprises par Arbus

Arbus décide de moderniser ses équipements par l'achat de machines de découpe laser à commande numérique. Ces investissements nécessite de former le personnel à leur utilisation. Ils permettront également de travailler avec un maximum de confort, de sécurité et d'efficacité.

Delagrave, 2020

30 Indiquez en quoi ces décisions vont permettre de renouer le dialogue avec le personnel.

....

....

....

31 Expliquez pourquoi ces décisions vont entraîner une augmentation du coût du travail pour l'entreprise.

....

....

....

32 Expliquez en quoi ces décisions vont entraîner une diminution du coût du travail pour l'entreprise.

....

....

....

QUESTION BILAN

Rédigez quelques lignes dans lesquelles vous expliquerez les différents éléments entrant dans le coût global du travail pour l'organisation.

L'ESSENTIEL

L'évaluation et la rétribution de l'activité humaine dans l'organisation

SYNTHÈSE

Accédez à la synthèse audio
www.lienmini.fr/30602-synthese6

1 Comment mesurer l'activité de travail dans l'organisation?

L'activité de travail se mesure avec des indicateurs

- **physiques** (nombre de produits)
- **horaires** (nombre d'heures)
- **monétaires** (chiffre d'affaires)

La PRODUCTIVITÉ du travail mesure l'efficacité dans l'utilisation de la quantité de travail pour produire

$$\frac{\text{Quantité ou valeur de la production}}{\text{Quantité de travail pour la réaliser}}$$

$$\frac{\text{Chiffre d'affaires}}{\text{Masse salariale}}$$

Le TABLEAU DE BORD regroupe les indicateurs les plus pertinents de l'activité de travail

2 Comment évaluer le coût global du travail pour l'organisation ?

La RÉMUNÉRATION d'un salarié se compose de

Salaire brut + Primes + heures supplémentaires + Cotisations patronales = Coût du travail

Les autres composantes du COÛT DU TRAVAIL sont

- Coût de formation
- Absentéisme
- Taux de rotation du personnel
- Grève
- Actions judiciaires

OBSERVATION ESSENTIEL APPLICATIONS VERS LE BAC

APPLICATIONS

APPLICATION 1 Test de connaissances

Validez vos connaissances en cochant la (ou les) bonne(s) proposition(s), puis justifiez oralement vos réponses.

1. Parmi les éléments suivants, lesquels sont des indicateurs de productivité du travail ?
   - ☐ la productivité horaire.
   - ☐ l'absentéisme.
   - ☐ le chiffre d'affaires.
   - ☐ la production par salarié.

2. Le taux d'absentéisme est un indicateur :
   - ☐ de gestion.
   - ☐ de qualité.
   - ☐ de ressources humaines.

3. La rémunération que perçoit le salarié à la fin du mois correspond :
   - ☐ au salaire brut.
   - ☐ aux cotisations salariales et patronales.
   - ☐ au salaire net à payer.

4. Le coût du travail pour l'employeur est égal à :
   - ☐ salaire brut + cotisations salariales.
   - ☐ salaire brut + cotisations patronales.
   - ☐ salaires brut - cotisations patronales.

QCM interactif
Accédez au QCM en utilisant le QRcode ou le lien URL.
www.lienmini.fr/30913-qcm6

APPLICATION 2 Identifier le coût de la rémunération dans la fabrication d'un produit

1. Calculez le coût de fabrication des capsules de bouteille.
2. Calculez le nombre d'heures nécessaires pour fabriquer les 1 000 pièces supplémentaires, sachant que chaque salarié travaille en moyenne 144 heures par mois.
3. Calculez le coût de fabrication des capsules pour chaque hypothèse.
4. Quelle est la meilleure solution pour l'entreprise ? Justifiez votre réponse.

DOC. Heures supplémentaires ou embauche ?

Une entreprise industrielle fabrique des capsules. Le coût des matières utilisées est de 3 € par capsule auxquels s'ajoutent d'autres charges pour une valeur totale de 500 €. Deux ouvriers travaillent chacun sur un poste ; leur salaire mensuel net est de 2 000 € auxquels s'ajoutent 60 % de charges sociales. Chaque poste de travail produit mensuellement 1 500 capsules et génère un coût de 1 000 € par mois. L'entreprise souhaite produire 1 000 capsules supplémentaires. Elle doit choisir entre les deux solutions suivantes :

- **hypothèse 1 :** avoir recours aux heures supplémentaires. Le coût des heures réalisées serait supérieur de 25 % au coût des heures normales. Le coût du poste reste le même ;
- **hypothèse 2 :** ouvrir un poste supplémentaire. Le coût de ce poste reste équivalent à la structure initiale.

Le montant des autres charges reste le même pour les deux hypothèses.

Delagrave, 2020

APPLICATION 3 Analyser le coût de la rémunération à partir du bulletin de paie

La société Bulle a engagé comme serveuse Mme Lola Stern pour un salaire brut mensuel de 2300€. Au mois d'octobre, elle a bénéficié d'une prime de performance de 560€.
Voici son bulletin de paie.

1. Complétez le bulletin de paie de Mme Lola Stern.
2. Calculez le coût du travail pour la société Bulle.

DOC.

BULLETIN DE PAIE

Société BULLE 5, place Georges Pompidou 92300 LEVALLOIS-PERRET Établissement : établissement principal SIRET : 43 850 780 790 APE : 350Z URSSAF : 931512678571001000	Période de Paie : du 1/10/20N au 31/10/20N Paiement : par virement le 02/11/20N Plafond du mois : 3 428,00 €
Code Salarié : S12 Emploi : serveuse Qualification : Échelon : 1 Coefficient : 50	Mme STERN LOLA Appartement 315 10, allée Gambetta 92110 Clichy

Convention collective : restauration

Libellé	Base	Taux horaire salarial	Montant	Taux Patronal	Mt. PAT.
SALAIRE DE BASE	151,67 €	....	....		
Prime			....		
SALAIRE BRUT			....		
SÉCURITE SOCIALE	....	15,50 %	....	31,00 %	....
ASSEDIC	....	5,00 %	....	4,00 %	....
RETRAITE	....	4,50 %	....	4,50 %	....
TOTAL RETENUES			715,00 €		1 129,70 €
Remboursement Pass Navigo	75,20 €	50,00 %	....		
NET À PAYER avant impôt sur le revenu			2 182,60 €		
Impôt sur le revenu prélevé à la source (taux personnalisé 6 %)		6 %	....		
NET À PAYER après impôt			....		

Dans votre intérêt, conservez ce bulletin sans limitation de durée.

Delagrave, 2020

APPLICATIONS

APPLICATION 4 Évaluer le coût du travail

L'entreprise kard est spécialisée dans la commercialisation de meubles distribués en boutique. Le service comptable vous communique les éléments sur lesquels sont élaborées les rémunérations des commerciaux.

1 Complétez le document 2 à l'aide d'un tableur.

2 Déterminez les formules de calcul des cellules grisées.

DOC. 1 Chiffre d'affaires des commerciaux

Nom	CA
Lebron	18 000 €
Trichet	49 000 €
Duroc	36 000 €

Delagrave, 2020

DOC. 2 Tableau de calcul des rémunérations

	A	B	C	D
1		Lebron	Allen	Wade
2	Ancienneté	2	14	4
3	Nombre d'enfants	0	3	1
4	Chiffre d'affaires			
5	Salaire de base			
6	Commissions			
7	Prime d'enfants			
8	Salaire brut			

Delagrave, 2020

DOC. 3 Règles de calcul de la rémunération

Composantes de la rémunération	Règles de gestion
Salaire de base	Ancienneté inférieure à 5 ans : 2 000 € Ancienneté supérieure ou égale à 5 ans : 2 500 €
Commissions	CA inférieur à 20 000 €, 2 % du CA CA supérieur ou égal à 20 000 €, 3 % du CA
Primes enfants	50 € par enfant

Delagrave, 2020

QUESTION DE GESTION 3 — Comment concilier gestion efficace des ressources humaines et coût du travail ?

Chapitre 7

Nouveaux liens de travail, conflits et consensus dans l'organisation

NOTIONS

- Nouveaux liens de travail : contractualisation, auto-entrepreneuriat.
- Conflits et consensus au sein de l'organisation.

CAPACITÉ

- Établir un lien entre les conditions de travail et le comportement des membres de l'organisation.

DÉCOUVRIR LE CONTEXTE

Fondée à Londres en 2013 par Will Shu et Greg Orlowski, **Deliveroo** est une plateforme numérique qui propose un service de livraison rapide de repas. Elle met en relation les clients, les restaurateurs et les coursiers à partir de son site Internet et d'une application sur smartphone.
Aujourd'hui présente dans douze pays, Deliveroo a vu son chiffre d'affaires bondir de plus de 650 % depuis sa création. Les restaurants qui lui font confiance peuvent générer jusqu'à 30 % de chiffre d'affaires supplémentaire.
En France, la plateforme travaille avec près de 6 000 restaurants et 10 000 coursiers indépendants. Ces derniers doivent être équipés d'un vélo et d'un smartphone, et Deliveroo les rémunère en tant qu'auto-entrepreneur pour chaque mission effectuée.

VIDÉO INTERACTIVE — POUR COMMENCER
Deliveroo – Vos restaurants préférés. Toujours bien livrés 01'09"
www.lienmini.fr/30913-deliveroo

FICHE D'IDENTITÉ

- **Type d'organisation :** entreprise privée à but lucratif
- **Activité :** plateforme de livraison de repas
- **Champ d'activité :** national et international
- **Forme juridique (France) :** SAS
- **Capital social :** 41 millions d'€
- **Effectifs (France 2019) :** 100 à 199 salariés
- **CA HT (France 2019) :** 162,08 millions d'€

1. Décrivez succinctement l'activité de Deliveroo France.
2. Expliquez l'intérêt de la collaboration avec Deliveroo pour les coursiers.

1 Quels sont les nouveaux liens de travail ?

A La contractualisation des relations de travail

DOC. 1 Devenir coursier Deliveroo

Deliveroo a très vite pris une place importante dans les services de coursiers à vélo en France. En effet, depuis son arrivée en 2015, l'entreprise ne cesse d'ouvrir de nouvelles antennes sur tout le territoire. Le recrutement chez Deliveroo est quasi permanent et il est assez simple de devenir livreur Deliveroo en respectant les étapes ci-dessous :

- être micro-entrepreneur ou posséder une entreprise ;
- posséder un smartphone et un vélo ;
- avoir le kit parfait du coursier à vélo ;
- faire réparer son vélo chez Cyclofix (10 % de réduction avec le code **DEVENIRCOURSIER10**) ;
- s'inscrire sur le site de Deliveroo.

Rejoindre **notre groupe Facebook** pour échanger avec d'autres coursiers.

Rejoindre **notre groupe Slack** si vous faites plus de 18 heures/semaine pour parler avec des pros.

Comparer Deliveroo avec Uber Eats, Stuart, Frichti, Nestor et You2You à l'aide de notre **tableau comparatif** (rémunérations, bonus, villes, etc...)

coursierjob.com/entreprises, 2019

1 Précisez les conditions de recrutement chez Deliveroo.

NOTION

Contrat : accord de volonté entre des parties. Il prévoit des droits et des obligations que chacune d'elles s'engage à respecter.

2 Expliquez en quoi la relation entre Deliveroo et les livreurs est contractuelle.

3 Montrez l'intérêt pour les coursiers de Deliveroo d'utiliser les réseaux sociaux.

....

....

DOC. 2 Nouvelles formes de travail et impact sur les ressources humaines

Selon Denis Pennel, expert reconnu du marché du travail, la guerre de l'indépendance au travail a commencé. « Nous nous trouvons à un moment charnière qui pourrait déboucher sur une substitution de l'emploi par le travail. »

Le plein emploi est mort, vive le plein travail !

D'un côté, l'emploi est caractérisé par « un poste, un salaire, un lien de subordination, la notion de carrière ». De l'autre, le travail se base sur « un métier, des honoraires, une relation de confiance, la réalisation de soi ».

Rejet du lien de subordination

À l'origine de la perte d'attractivité du salariat et de son emblème, le CDI, on trouve le « déclin de l'entreprise verticale » ainsi qu'une fatigue « de la hiérarchie ainsi que du travail à horaire fixe » selon Denis Penel.

Une tendance particulièrement sensible chez les plus jeunes, mais pas seulement puisque « de nombreux actifs aspirent à davantage d'épanouissement individuel au travail. Ils remettent en cause le lien de subordination et la légitimité d'un supérieur hiérarchique habilité à ordonner/contrôler/sanctionner », toujours selon cet expert. [...]

Vers une entreprise étendue

Si le salariat est en voie de disparition, par quoi le remplacer ? « On assiste à un renouveau du travail indépendant et une attractivité croissante de l'entrepreneuriat, de l'artisanat, avec, comme moteur le goût du travail bien fait », affirme Denis Pennel. [...]

Ce qu'il peut dire, en revanche, c'est que cette nouvelle approche du travail aura un impact sur les ressources humaines. « Le DRH de demain sera à la tête d'une équipe éclatée constituée d'une main-d'œuvre aux statuts très divers, dans une entreprise étendue. »

Une mission qui s'annonce complexe car il faudra également batailler ferme pour attirer et fidéliser les meilleurs... À l'ère de la « marque employeur » et de « l'expérience candidat », l'entreprise devient, elle aussi, objet de consommation.

Christina Gierse, focusrh.com, 13 septembre 2018

4 Différenciez la notion d'emploi de celle de travail.

....

....

....

....

....

....

5 Montrez en quoi le salariat semble moins attractif aujourd'hui.

....

....

....

....

....

....

....

....

B L'auto-entrepreunariat

DOC. 3 Témoignage d'un auto-entrepreneur étudiant

La France a enregistré un nombre record de création d'entreprises en 2018 grâce à un bond de 28 % des micro-entreprises[1]. Derrière ce chiffre se cache souvent une réalité contrastée. Des revenus souvent modestes et un statut contesté.

« L'entreprise m'intéresse, ça fait une première expérience. »
Louis Mertz, 18 ans, étudiant, Strasbourg

« Je suis une double licence, en mathématiques et économie. J'ai créé ma micro-entreprise en septembre 2018, au moment d'entrer à la fac pour pouvoir devenir coursier à vélo. Je fais ça le week-end pour Deliveroo. Cinq heures, entre 11 h 30 et 15 h, et cinq heures entre 18 h 00 et 23 h 00, même si c'est rare que je fasse deux « shifts » [courses] dans la même journée. Ça me rapporte entre 20 et 25 € de l'heure et le dimanche soir, et une quinzaine d'euros le samedi, soit 600 € par mois. Mes parents financent mes études, alors c'est vraiment un plus. J'ai un ami qui travaille chez McDo : il a des horaires fixes, doit négocier avec son patron pour s'absenter en période d'examen. Moi je travaille quand bon me semble. Je ne pense pas qu'on puisse en faire un métier, mais pour des étudiants ou des personnes entre deux boulots, c'est l'idéal. Et puis l'entreprenariat m'intéresse, alors ça me fait une première expérience.

Élise Barthet, lemonde.fr, 30 janvier 2019

1. Micro-entreprise : entreprise individuelle dont le régime fiscal remplace celui de l'auto-entreprise depuis le 1er janvier 2016.

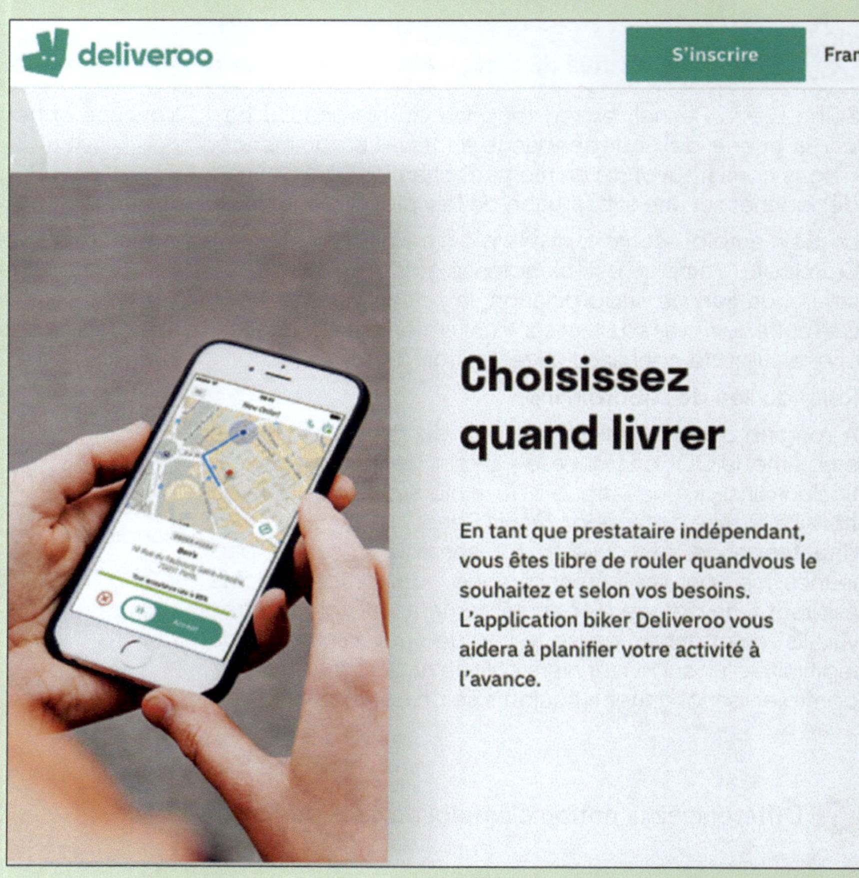

deliveroo.fr

6 Décrivez les conditions de travail de Louis.

....

....

....

....

....

NOTION

Auto-entrepreneuriat : régime juridique créé en janvier 2009, qui permet aux individus d'exercer une activité commerciale, artisanale ou libérale, à titre principal ou complémentaire. Le régime fiscal est celui de la micro-entreprise qui permet d'exercer en franchise de TVA.

7 Différenciez son statut de celui de son ami chez Mc Donald's.

....

....

....

....

8 Expliquez les avantages que retire Louis de ce statut.

....

....

DOC. 4 Auto-entrepreneur, un statut pour entreprendre en toute simplicité

Auto entrepreneur
Un service des Urssaf

L'auto-entreprise est une entreprise individuelle qui relève du régime fiscal de la micro-entreprise et du régime micro-social pour le paiement des cotisations et contributions sociales. Ce régime simplifié a été créé pour faciliter les démarches de création et de gestion de votre activité, tout en vous permettant de bénéficier d'une protection sociale dédiée et d'autres avantages :

- des formalités administratives simplifiées ;
- un mode de calcul et de paiement simplifié de vos cotisations sociales, ainsi que de l'impôt sur le revenu. [...]
- une protection sociale (couverture maladie, retraite, etc.) ;
- un droit à la formation professionnelle.

L'auto-entrepreneur peut exercer en tant qu'artisan, commerçant ou profession libérale, et ce, à titre principal (exclusivement auto-entrepreneur) ou complémentaire (en parallèle d'un statut de salarié, retraité, étudiant...).

Pour bénéficier du régime de la micro-entreprise, votre chiffre d'affaires annuel ne doit pas dépasser, pour une année civile complète, les plafonds suivants :

- 176 200 € pour une activité de vente de marchandises. [...]
- 72 600 € pour les prestations de services. [...]

Toute personne physique peut, sous condition, devenir auto-entrepreneur.

autoentrepreneur.urssaf.fr, 2020

9 Définissez le régime de micro-entrepreneur ou d'auto-entrepreneur.

10 Décrivez les conditions d'obtention de ce statut pour une personne physique.

11 Présentez les avantages et les limites du statut d'auto-entrepreneur.

Avantages	Limites

QUESTION BILAN

Expliquez en quoi le statut d'auto-entrepreneur est intéressant, et présentez les formalités à accomplir pour l'exercer.

2 Comment se résolvent les nouvelles formes de conflit au sein de l'organisation ?

A De nouvelles formes de conflit

DOC. 5 Un conflit né de la modification des conditions de travail

Alissa, étudiante en géographie, est auto-entrepreneure. Elle a signé un contrat de prestation de service[1] avec Deliveroo Lyon depuis deux ans. Elle aime son emploi, est indépendante et choisit ses horaires. Elle perçoit une rémunération d'environ 2 000 € pour 35 h de travail. Elle est payée à l'heure à raison de 7,5 €, et 2 à 4 € supplémentaires par course.

En Juillet 2018, ces conditions sont modifiées par un avenant[2] apporté à son contrat par Deliveroo, qu'elle reçoit par mail. Dorénavant, elle sera payée à la course, à raison de 5 €. Pendant les pics d'activité le midi et le soir, elle peut effectuer jusqu'à 4 courses par heure, mais le temps d'attente entre deux courses ne lui est pas payé. Elle perd ainsi environ 30 % de son chiffre d'affaires. Insatisfaite de ses nouvelles conditions de travail, elle décide de rejoindre l'appel à la manifestation lancée sur Facebook par les autres coursier de Deliveroo, à Lyon, le 11 Août 2018. Ils souhaitent s'unir pour protester contre leurs nouvelles conditions de travail et demandent à leurs clients de ne pas commander de plats durant toute cette journée.

Delagrave, 2020

1. Contrat de prestation de service : appelé aussi contrat d'entreprise. Une personne s'oblige par contrat à exécuter pour l'autre partie un travail déterminé, de façon indépendante.

2. Avenant : acte juridique par lequel on modifie un contrat.

12 Décrivez les modifications des conditions de travail d'Alissa et leurs conséquences.

....

....

....

....

....

NOTION

Conflit : opposition entre des personnes lorsque leurs sentiments ou leurs intérêts sont en contradiction. Lorsque cette opposition n'est pas prise en compte, elle peut évoluer vers un rapport de force.

13 Expliquez en quoi cela impacte le comportement d'Alissa dans l'organisation Deliveroo.

....

....

....

....

14 Montrez en quoi la forme de ce conflit est nouvelle.

....

....

....

....

DOC. 6 **Le défi de la négociation collective entre les indépendants et les plateformes**

Comment mettre en place des espaces de dialogue entre les indépendants et les plateformes, entre les indépendants et les entreprises ? Ces espaces sont nécessaires pour créer les conditions de la confiance, pour garantir la responsabilité sociale, et pour réussir les transformations dans les entreprises. On peut d'ailleurs saluer à ce titre le début de dialogue amorcé entre la plateforme Marcel Cab et l'UNSA-VTC[1]. Il n'y aura pas de transformations des entreprises réussies sans un dialogue durable avec les indépendants. [...] La question de l'équilibre dans le dialogue commercial est aussi posée, on le voit avec les travailleurs indépendants qui travaillent avec des plateformes et sont parfois victimes de déconnexions brutales ou de baisses du prix des prestations importantes sans dialogue. Sans dialogue, c'est l'assurance de conflits récurrents dans les secteurs concernés.

Extrait du blog de Laurent Granguillaume[2] dans le conflit opposant les chauffeurs VTC et UBER) huffingtonpost.fr, 22 décembre 2016

1. Marcel Cab : service de chauffeur privé. UNSA-VTC : syndicat de chauffeurs VTC.

2. Médiateur : personne physique qui intervient pour faciliter une communication ou rétablir une relation.

15 Expliquez en quoi le dialogue est nécessaire entre des travailleurs indépendants et les plateformes.

....

....

....

....

....

B Le consensus, mode de dépassement du conflit dans l'organisation

DOC. 7 **Une rencontre gagnante**

La manifestation des coursiers à vélo a eu un fort impact médiatique et a terni l'image de l'entreprise Deliveroo à Lyon. Cette dernière a accepté d'entamer des négociations avec des représentants élus des « bikers » [livreurs à vélo] afin trouver une solution à ce conflit. Alissa est la porte-parole des livreurs dans la discussion avec M. Enguin, le directeur de l'unité de Lyon[1].
(Ils se rencontrent dans une salle de réunion. M. Enguin est assis en face d'Alissa qui a derrière elle 4 coursiers à vélo, représentants élus comme elle)

Alissa M. Enguin, bonjour. J'aimerai rappeler que je m'exprime ici au nom de mes camarades « bikers » qui m'ont élue représentante. Nous avons bien pris note des nouvelles conditions de prestation que vous nous avez envoyées par mail le 18 juillet 2018.
Sachez que nous rencontrons pour la majorité d'entre nous des difficultés financières importantes. Nous avons perdu entre 30 et 50 % de notre chiffre d'affaires. Votre nouveau contrat de prestation n'est pas tenable. Nous devons payer des charges à l'Ursaff, sans compter l'entretien de notre vélo et le paiement de notre abonnement téléphonique. Nous attendons une réponse à nos inquiétudes. Que nous proposez-vous M. Enguin ?

M. Enguin Je vous comprends. Votre inquiétude est légitime. Sachez cependant que je n'ai pas compris votre volonté de manifester votre mécontentement alors que Deliveroo était dans une volonté de dialogue avec chacun de ses coursiers. Vous aviez le choix d'accepter ou non ces nouvelles conditions.

Alissa Vous savez bien que ce choix n'est pas réel. Si nous souhaitons avoir des courses et travailler avec vous, nous avons tout intérêt à continuer notre collaboration. Nous souhaitons revenir aux anciennes conditions de prestation.

M. Enguin C'est impossible. Le marché de la livraison à domicile est très concurrentiel et nos concurrents ont baissé leurs prix. Cela nous a amené à revoir nos conditions de course. Nous pourrions peut-être nous entendre sur le paiement du temps d'attente entre deux livraisons dans les périodes creuses. C'est ce qui pose surtout problème. Qu'en pensez-vous ?

Alissa Que proposez-vous ?

M. Enguin Le temps d'attente serait rémunéré à hauteur de 6 €.

Alissa C'est beaucoup trop bas. Nous étions avant à 7,5 € de l'heure avec un complément par course entre 2 et 4 €. Vos conditions restent insuffisantes. Nous vous proposons de faire payer le temps d'attente 10 € de l'heure.

M. Enguin Impossible. Écoutez, 9 € de l'heure le temps d'attente sera ma dernière proposition, avec un paiement à la course de 5 € pendant les périodes d'activité. Nous ne pouvons pas faire plus.

Alissa Votre proposition semble intéressante. Vous économisez sur vos charges et nous ne sommes pas perdants sur le temps d'attente dans les périodes creuses. Nous allons en discuter avec mes camarades. Une réponse dans deux jours vous conviendrait ?

M. Enguin C'est entendu.

(Ils se serrent la main)

Delagrave, 2020

1. Dialogue fictif créé pour l'exercice pédagogique.

OBSERVATION ESSENTIEL APPLICATIONS VRES LE BAC

16 Expliquez les raisons des modification des conditions de prestation par Deliveroo.

....

....

....

DÉFINITION

Consensus : accord obtenu par le consentement de toutes les parties concernées. On parle aussi de compromis.

17 Caractérisez l'échange entre M. Enguin et Alissa en ce qui concerne la question de l'heure d'attente pendant la période creuse.

....

....

....

....

....

18 Expliquez pourquoi l'accord trouvé est satisfaisant pour les deux parties.

....

....

....

DOC. 8 **Les outils de gestion des conflits**

Il existe trois modes de résolution des conflits.

La négociation : c'est un processus par lequel une ou plusieurs personnes tentent d'atténuer ou d'éliminer un conflit qui les oppose. Le but est de parvenir à un compromis, à un consensus. Les participants doivent être prêts à faire des concessions pour déboucher sur une solution gagnante pour les deux parties.

La médiation : les parties font appel à un tiers pour essayer de trouver une solution. Le rôle du médiateur est de leur faire prendre conscience de leurs intérêts communs. Les parties en conflit décident d'adopter ou non la solution proposée.

L'arbitrage : c'est une procédure de règlement d'un conflit. L'arbitre peut être une personne, un pouvoir, nommé par les parties pour trancher le différent. Il entend les parties. Il rend une sentence [décision] argumentée qui doit être acceptée par les parties. En cas de contestation de la décision, le tribunal de grande instance (TGI) est habilité à faire exécuter la décision.

Delagrave, 2020

19 Caractérisez le mode de résolution du conflit utilisé entre Deliveroo Lyon et ses coursiers.

....

....

....

QUESTION BILAN

Expliquez l'importance du consensus dans le cadre des relations entre les coursiers, auto-entrepreneurs, et l'entreprise Deliveroo pour laquelle ils travaillent.

L'ESSENTIEL

Nouveaux liens de travail, conflits et consensus dans l'organisation

SYNTHÈSE
Accédez à la synthèse audio
www.lienmini.fr/30602-synthese7

1 Quels sont les nouveaux liens de travail ?

L'évolution de la CONTRACTUALISATION des liens de travail se traduit par :

- De nouvelles formes de travail, sans lien de subordination
- De nouveaux contrats de prestation de travail

L'AUTO-ENTREPRENEURIAT

est une forme de travail indépendant, avec un régime simplifié de déclaration et de versement de cotisations sociales, proportionnelles au chiffre d'affaires réalisé. Celui-ci est plafonné.

2 Comment se résolvent les nouvelles formes de conflit au sein de l'organisation ?

De nouvelles formes de CONFLIT apparaissent avec ces nouvelles formes de travail

- Conditions de rémunération modifiées par l'organisation sans l'accord de l'auto-entrepreneur
- Arrêt du travail et utilisation des réseaux sociaux pour mobiliser et s'unir

Le CONSENSUS est un mode de résolution des conflits qui s'obtient par la négociation

- compromis
- relation de collaboration et de confiance
- accord favorable à toutes les parties

APPLICATIONS

APPLICATION 1 Test de connaissances

Validez vos connaissances en cochant la (ou les) bonne(s) proposition(s), puis justifiez oralement vos réponses.

1 Le salariat est moins attractif que le travail indépendant :
- ☐ en raison de la rémunération.
- ☐ en raison du choix des horaires.
- ☐ en raison du lien de subordination.

2 Le travailleur indépendant (plusieurs réponses possibles) :
- ☐ est libre de choisir ses horaires.
- ☐ est salarié d'une entreprise.
- ☐ possède ses moyens de production.

3 L'auto-entrepreneur déclare son activité :
- ☐ à la mairie de sa ville.
- ☐ au tribunal de commerce.
- ☐ à l'Urssaf.

4 Le conflit naît en raison (plusieurs réponses possibles) :
- ☐ d'une concertation entre l'auto-entrepreneur et l'organisation sur ses conditions de travail.
- ☐ d'une modification des conditions de rémunération sans l'accord du travailleur indépendant.
- ☐ d'un arrêt concerté du travail.

5 Le consensus est :
- ☐ un accord où l'une des parties peut ne pas être satisfaite. Elle n'a pas le choix.
- ☐ un accord imposé sans négociation.
- ☐ un accord gagnant / gagnant qui met fin à un conflit.

QCM interactif
Accédez au QCM en utilisant le QRcode ou le lien URL.
www.lienmini.fr/30913-qcm7

APPLICATION 2 Caractériser le lien de travail

Qualifiez le lien de travail dans chacune des situations proposées. Justifiez votre réponse.

Situations	Qualifications	Justifications
• **Cas 1 :** Anne est enseignante dans un collège, et fonctionnaire de l'État. Elle fabrique également des bijoux qu'elle vend dans les boutiques de son quartier.	....	....
• **Cas 2 :** Anissa est paysagiste. Elle travaille en CDI pour une entreprise spécialisée dans la conception de jardin.	....	....
• **Cas 3 :** Manuel est retraité du bâtiment. En complément de sa pension de retraite, il réalise à son compte des travaux de peinture dans des hôtels et des salons de coiffure.	....	....
• **Cas 4 :** François fabrique des escaliers dans sa micro-entreprise depuis trois ans. Il réalise un chiffre d'affaires de 45 000 €. Il se verse une rémunération d'environ 2 000 € par mois, une fois ses cotisations sociales déduites.	....	....

APPLICATION 3 Évaluer les nouveaux liens de travail

1. Indiquez le régime majoritairement choisi pour la création d'entreprise en 2019. Précisez l'évolution entre 2018 et 2019.
2. Décrivez succinctement le profil d'un auto-entrepreneur en 2018.
3. Comparez les revenus moyens trimestriels par secteur de l'auto-entrepreneur.

DOC. Le statut d'auto-entrepreneur en chiffres

a. Part des auto-entreprises dans la création d'entreprise en France en 2019

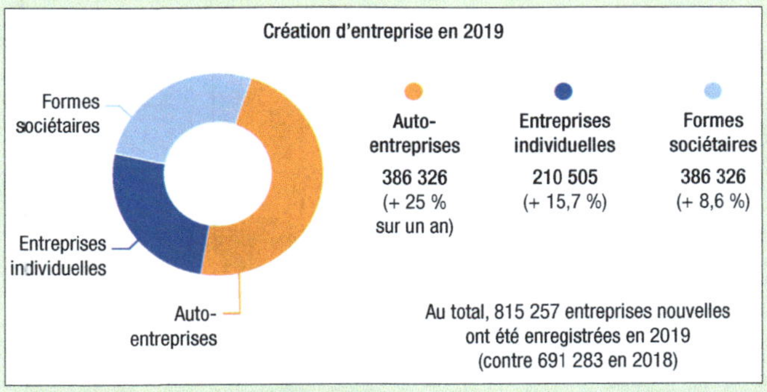

b. Le profil des auto-entrepreneurs en 2018

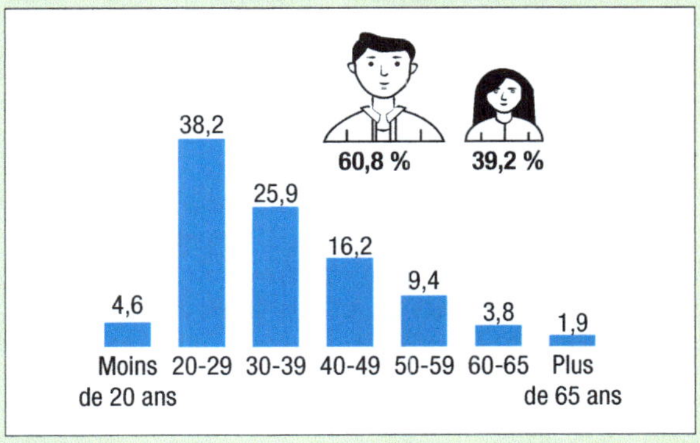

c. Revenu moyen trimestriel par secteur en 2018 (en euros)

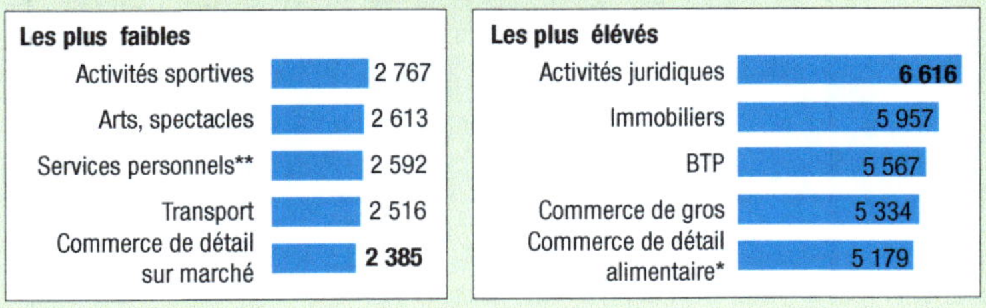

*Hors métiers de bouche
**Hors coiffure et soins du corps

Sources : *Le Monde*/ACOSS-URSSAF et union-auto-entrepreneurs.com.
Elise Barthet, Le nombre d'autoentrepreneurs explose, leurs comptes en banque moins, lemonde.fr, 30 janvier 2019

APPLICATION 4 Caractériser les liens contractuels de travail

1. Expliquez la décision de la Cour de cassation.
2. Listez les éléments qui permettent de justifier cette décision.

DOC. Le statut d'indépendant d'un chauffeur Uber est « fictif », selon la Cour de cassation

La Cour de cassation a confirmé, mercredi 4 mars, la « requalification [...] en contrat de travail » du lien unissant l'entreprise Uber et un chauffeur, assurant que son statut d'indépendant n'est « que fictif », en raison du « lien de subordination » qui les unit. [...]

La plus haute juridiction française a jugé que le chauffeur « qui a recours à l'application Uber ne se constitue pas sa propre clientèle, ne fixe pas librement ses tarifs et ne détermine pas les conditions d'exécution de sa prestation de transport ». Pour la Cour de cassation, la possibilité de se déconnecter de la plateforme sans pénalité « n'entre pas en compte dans la caractérisation du lien de subordination ».

L'arrêt liste de nombreux éléments qui ne recouvrent pas les critères du travail indépendant : un itinéraire imposé au chauffeur, une destination inconnue, « révélant ainsi qu'il ne peut choisir librement la course qui lui convient », la possibilité pour Uber de déconnecter le chauffeur à partir de trois refus de course... Le conducteur, juge la Cour de cassation, « participe à un service organisé de transport dont la société Uber définit unilatéralement les conditions d'exercice ».

La plus haute juridiction française confirme que le lien entre un conducteur et l'entreprise est bien un « contrat de travail », lemonde.fr, 4 mars 2020

APPLICATION 5 Établir un lien entre les conditions de travail et les conflits dans l'organisation

1. Citez les revendications des coursiers des plateformes de livraison de repas comme Deliveroo, UberEat ou Glovo.
2. Décrivez le mode d'organisation des coursiers livreurs pour leurs manifestations.
3. Expliquez en quoi consiste la situation de « salariat déguisé ».

DOC. Deliveroo, UberEats, Glovo… En grève, les coursiers dénoncent leur statut précaire

Tarification minimale horaire, bonus de pénibilité, activité garantie… Ce sont les revendications des coursiers à vélo de plateformes de livraison de repas, comme Deliveroo ou UberEats.

Les coursiers à vélo dénoncent la précarisation de leur statut. En grève depuis dimanche soir, ils appellent les clients à ne pas commander jusqu'au 15 juillet – soit jusqu'à la finale de la Coupe du monde.

« Si nous sacrifions une des semaines les plus rentables de l'année (celle des derniers matchs de la Coupe du monde), c'est parce qu'il est devenu urgent de nous unir entre livreurs, afin de dépasser l'extrême individualisation qu'imposent nos conditions de travail », indique dans un communiqué de presse, relayé sur Twitter, Clap (Collectif des livreurs autonomes parisiens).

À l'initiative de ce mouvement, des livreurs de plusieurs plateformes de livraisons de repas : UberEats, Deliveroo, Stuart, Glovo et Foodora. Le collectif réclame une « tarification minimum horaire garantie » par leur contrat, « la prise en compte de la pénibilité de travail via différents bonus (pluie, week-end, nuit…) », ainsi que des « plages de travail et une activité garanties ». Et de regretter :

« Depuis plusieurs mois, nous avons vu nos rémunérations diminuer et les distances de livraison augmenter. » « L'attribution de commandes » ou de « places sur le planning s'avèrent de plus en plus incertaine » du fait du recrutement de nouveaux livreurs.

Les coursiers se voient imposer le statut d'auto-entrepreneurs par les plateformes. Ils ne peuvent donc pas prétendre à un salaire minimum, à des congés payés et moins encore à des arrêts maladie. En mars dernier, Deliveroo avait néanmoins surpris ses coursiers en leur offrant la possibilité de souscrire gratuitement à une assurance auprès d'Axa pour les couvrir en cas de dommage sur un tiers.

Ces entreprises de l'économie dite « collaborative », comme Uber ou Glovo, sont accusées de créer une nouvelle forme de précarité. Celles-ci répliquent en martelant que leur modèle vise à assurer un « complément de revenu » à ses livreurs, et non un « salaire ».

Si les plateformes imposent le statut d'auto-entrepreneur, certaines d'entres elles exigent en retour des conditions de travail strictes et impératives : port obligatoire d'une tenue à l'image de l'entreprise, possession de son propre vélo, interdiction de travailler pour une plateforme concurrente sur le même créneau horaire… Autant de conditions imposées qui donnent corps aux accusations de salariat déguisé.

Anaïs Cherif, latribune.fr, 9 juillet 2018

Harmonie mutuelle

Contexte Le groupe **Harmonie mutuelle** est né en 2012 du rapprochement de cinq mutuelles. Société mutualiste, à but non lucratif, elle propose des contrats d'assurance en complémentaire de santé, prévention, prévoyance et épargne. Sa clientèle, diversifiée, est constituée de particuliers, d'agents de la fonction publique, de professionnels indépendants et d'entreprises. En 2019, elle assure 4,6 millions de personnes et 60 000 entreprises et compte 4 881 collaborateurs.

Harmonie mutuelle partage des valeurs fortes avec ses adhérents : solidarité, accès à une complémentaire santé sans exclusion liée à l'âge ou à l'état de santé, indépendance et responsabilité partagée. Dans le cadre de sa responsabilité sociétale, l'entreprise a défini un référentiel RSE (responsabilité sociale de l'entreprise) qui s'articule autour de quatre piliers : l'accès à la santé et au bien-être pour tous ; le dialogue et l'innovation ; les femmes et les hommes au cœur de l'intelligence collective ; le lien entre santé et environnement dans l'économie solidaire et sociale.

Aujourd'hui la direction du groupe s'interroge : comment concilier une gestion responsable des ressources humaines et la maîtrise des coûts du travail ?

Dossier 1 **La qualité de vie au travail**

La direction d'Harmonie mutuelle a défini une politique de ressources humaines qui s'appuie sur sa responsabilité sociale. Elle souhaite s'engager dans une démarche de qualité de vie au travail.

Travail à faire à l'aide des documents 1 et 2

1. Retrouvez dans l'interview de Catherine Touvray des solutions possibles pour améliorer la qualité de vie au travail.
2. Montrez en quoi la participation à la course du semi-marathon de Paris contribue à la qualité de vie au travail chez Harmonie mutuelle.
3. Expliquez l'intérêt de la mise en place d'une démarche de qualité de vie au travail pour l'entreprise et pour le salarié.

DOC. 1 La qualité de vie au travail en pratique chez Harmonie mutuelle

« Chez Harmonie mutuelle, on court le semi-marathon. » Parmi les 40 000 coureurs qui ont pris part cette année au semi-marathon de Paris organisé par Harmonie mutuelle se trouvaient 200 salariés du groupe. Coureur à ses heures, installé à Orléans, Thomas Coutanceau, directeur des ressources humaines, a relevé le défi avec une quinzaine de collègues. Deux fois par semaine, le manager de 37 ans emmenait son équipe sur les bords le Loire. « Nous nous sommes entraînés pendant deux mois. J'ai fait la connaissance des collègues avec lesquels je n'ai pas beaucoup de liens d'habitudes. » [...] Dans l'équipe, certains n'avaient jamais couru. Le jour J, le groupe est resté soudé. « Nos maillots aux couleurs de l'entreprise nous servaient de repère dans le parcours. Cela a créé un esprit d'équipe autour de nos valeurs, du sport et de la santé. Pour une entreprise comme la nôtre, c'est plutôt important. »

Julie Krassovsky, « Soyez sport avec vos collègues », *Management* n° 274, 18 avril 2019

DOC. 2 Le bien-être au travail selon Catherine Touvrey, directrice générale d'Harmonie mutuelle

Pour la directrice générale, la qualité de vie au travail est un élément essentiel de prévention.

L. G. Quelle est votre définition de la qualité de vie au travail ?
C. T. Une bonne qualité de vie au travail passe avant tout par la liberté de faire les choses autrement. Il faut pouvoir se dire « J'ai le droit de changer quelque chose. » Quand on ne peut rien changer, c'est qu'il y un problème. C'est le signe qu'on ne prend pas en compte la personne au-delà du salarié. Il faut reconnaître la personne comme un tout, pas comme quelqu'un qui durant huit heures par jour au boulot, oublierait qui il est. Et ce d'autant plus que la porosité entre toutes les sphères est de plus en plus importante. On ne s'étonne pas que le travail nous suive à la maison… mais on fait comme si nos soucis personnels restaient à la porte du bureau !
L. G. La question du bien-être au travail a supplanté le problème du stress. Comment expliquez ce retournement ?
C. T. Il s'agit d'une évolution positive. Parce que le stress s'est accru et qu'il est de plus en plus désagréable d'y penser, on a éprouvé le besoin d'inverser les choses. Mais peut-être parce qu'on est passé du constat d'un problème à la recherche de solution.
L. G. Quelle solution justement ?
C. T. L'équilibre passe avant tout par la flexibilité : le travail nomade ou le télétravail, la souplesse dans les horaires… Sans aller jusqu'aux horaires à la carte, il faut avoir un peu de liberté. Pouvoir opter pour un temps partiel, par exemple. On le voit bien dans certains centres d'appel : selon qu'il y a plus ou moins d'autonomie dans les plannings, les absences sont plus ou moins nombreuses. Prendre deux heures pour m'absenter si j'en ai besoin, voilà qui change la vie. Il faut encourager l'autonomie, que les salariés aient leur mot à dire en matière d'organisation.

Interview de Catherine Touvray par Lomig Guillo in « Il faut que chaque salarié ait son mot à dire », *Management* n° 274, 18 avril 2019

Dossier 2 La rémunération des salariés aussi importante que la qualité de vie au travail

La direction souhaite associer la démarche de qualité de vie au travail à une politique de rémunération attractive.

Travail à faire à l'aide des documents 3 et 4

4. Démontrez que la qualité de vie au travail chez Harmonie mutuelle est associée au salaire des collaborateurs.
5. Calculez le coût total mensuel du poste (salaire brut + avantages + charges patronales) de conseiller commercial pour l'employeur Harmonie mutuelle.
6. Montrez que la politique de ressources humaines à Harmonie mutuelle est attractive pour des futurs collaborateurs.

DOC. 3 La qualité de vie au travail aussi importante que le salaire ?

La 16e semaine de la qualité de vie au travail a débuté hier, le 17 juin. À cette occasion, Interface, une entreprise de revêtement de sol professionnel, publie une étude sur « la qualité de vie au travail et la performance ». Menée par l'institut de sondage Toluna, elle a été réalisée en ligne auprès d'un échantillon de 1 050 Français âgés de 18 à 55 ans. Il en ressort que la qualité de vie au travail et le salaire vont de pair. Pour 73 % des personnes interrogées, la qualité de vie au travail est aussi importante que le salaire. Une proportion de 13 % va même jusqu'à affirmer que le bien-être au travail est plus important que le salaire, contre 14 % qui jugent la rémunération prioritaire.

Antoine Favier, « La qualité de vie au travail, c'est aussi important que le salaire ! » lesechos.fr, 19 juin 2019

DOC. 4 La rémunération pour un poste de conseiller commercial chez Harmonie mutuelle

Hugo Alagna est conseiller commercial à Harmonie. Il y travaille depuis 3 ans à temps plein. Son salaire brut est 26 240 € / an en 2020. Il est associé au chiffre d'affaires (CA) réalisé qui constitue son salaire variable à hauteur de 10 %. Il a réalisé 23 000 € de CA cette année. Son employeur finance à hauteur de 50 % ses tickets restaurants d'un montant de 19 € du lundi au vendredi ainsi que son abonnement transport de 75,20 € par mois. Harmonie mutuelle paye des charges patronales à hauteur de 42 %.

Dans le cadre d'un accord de qualité de vie au travail signé en 2019, Hugo Alagne peut choisir ses horaires de travail, ce qui lui permet d'aller chercher sa fille à la crèche. Il décide aussi de l'organisation de son travail avec l'accord de son manager, Malika Benyamin. Il dispose enfin de deux jours de télétravail sur cinq. Il est plutôt satisfait de ses conditions de travail qui lui permettent de concilier sa vie professionnelle et privée.

Delagrave, 2020

QUESTION DE GESTION 4 — En quoi les technologies transforment-elles l'information en ressource ?

Chapitre 8

Le traitement de l'information par les technologies numériques

NOTIONS

- Donnée, information et connaissance.
- Données à caractère personnel.
- Mégadonnées (*big data*), données ouvertes (*open data*).
- Rôles, accessibilité et valeur de l'information.
- Système d'information (SI).

CAPACITÉS

- Repérer l'origine d'une information et les étapes de sa transformation (de la donnée à l'information, de l'information à la connaissance et à sa transmission).
- Distinguer les données à caractère personnel et les contraintes de leur utilisation.
- Manipuler des données ouvertes pour créer de l'information.

DÉCOUVRIR LE CONTEXTE

CozyAir, créée en 2017, est la première entreprise à proposer un service connecté de mesure de la qualité de l'air intérieur, dédié aux professionnels. La solution proposée par CozyAir permet de bénéficier, en temps réel, d'un suivi précis des teneurs en polluants d'une pièce. Le diagnostic de cet outil de mesure, qui utilise sept micro-capteurs indépendants, permet d'envisager des plans d'action. Soucieux du développement économique et commercial de leur entreprise, les dirigeants s'interrogent sur l'efficacité des outils de leur système d'information et la manière dont ils doivent les faire évoluer.

VIDÉO INTERACTIVE — POUR COMMENCER
CozyAir, une start up pour la qualité de l'air 3'27''
www.lienmini.fr/30913-cozyA

COZY AIR

FICHE D'IDENTITÉ

- **Type d'organisation :** entreprise privée à but lucratif
- **Activité :** conception et distribution de produits dans le domaine de la santé et l'environnement, et toutes les prestations de services associées à ces activités
- **Champ d'activité :** local et régional
- **Forme juridique :** société par action simplifiée (SAS)
- **Effectifs (2020) :** 4 salariés, 2 dirigeants
- **Capital social HT (2020) :** 14 037 €. Levée de fonds auprès d'investisseurs privés régionaux (Hauts-de-France) : 850 000 €.

1. Identifiez les types de données collectées par CozyAir.
2. Comment l'entreprise CozyAir traite-t-elle les données qu'elle collecte ?

1 Comment les données sont-elles transformées en informations ?

DOC. 1 Éléments de présentation de CozyAir

Élements	Données	Informations	Connaissances
a. Capital social de CozyAir : 14 037 €.			
b. 311 mentions « j'aime » sur facebook.			
c. CozyAir - Entreprise (SAS).			
d. Photographies de l'équipe CozyAir dans le dossier de presse du site Internet (cozyair.fr) ou sur le compte facebook de l'entreprise (facebook.com/CozyAirOfficiel/).			
e. À sa création, CozyAir compte comme client principal une entreprise fabricant des kits de protection pour imprimantes 3D.			
f. Photographie présentant CozyAir parmi les 42 startup de la *Startup Valley* dans le magasine *L'Usine digitale* (usine-digitale.fr).			

1 Distinguez, pour chaque élément présenté dans le doc. 1, ce qui est donnée brute, une information ou une connaissance, et placez une croix dans la bonne colonne du tableau.

2 Indiquez s'il s'agit de donnée brute, d'information ou de connaissance dans chacune de ces présentations du code postal de CozyAir.

59 491 → 59 491 = code postal → Villeneuve-d'Ascq = métropole lilloise

....

NOTIONS

Donnée : élément brut, qui n'a pas encore été transformé par les technologies numériques.

Information : renseignement mis à disposition d'un public. (Voir aussi p. 212)

Connaissance : information comprise, c'est-à-dire assimilée et utilisée, qui permet d'aboutir à une action.

DOC. 2 Relevé périodique sur 20 jours, dans une école

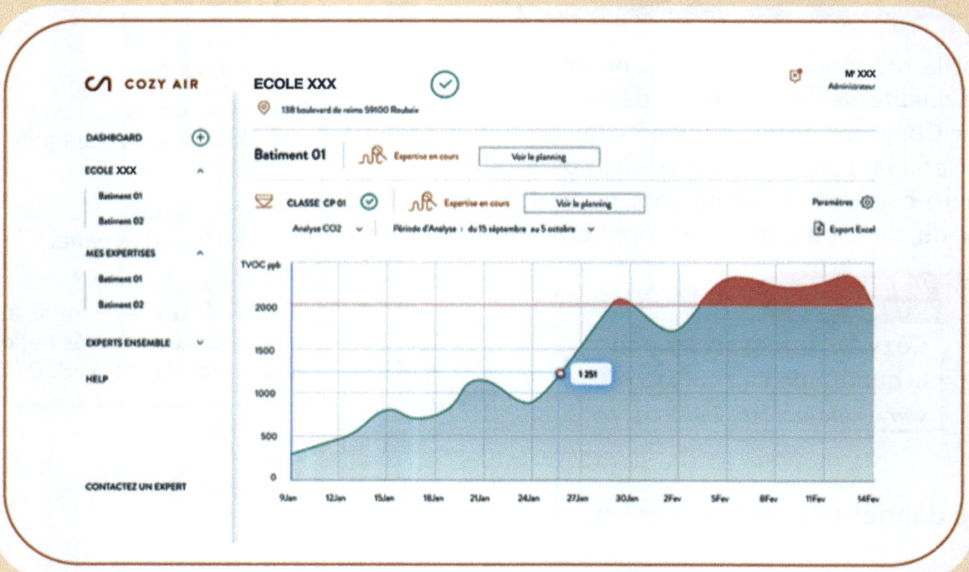

NOTRE APPLICATION COZYAIR
Disponible sur smartphone, tablette et ordinateur, notre application vous offre un suivi des mesures quotidiennes de la qualité de votre air.

Extrait de la fiche client publiée à titre d'exemple, www.cozyair.fr, 2019

DOC. 3 Rendre anonyme les données personnelles… pour alléger les contraintes

L'« anonymisation » a tout d'une solution miracle pour s'affranchir des contraintes du Règlement général pour la protection des données (RGPD[1]). Cette technique permet de transformer les données personnelles pour qu'elles ne se réfèrent plus à une personne réelle. « C'est un aller sans retour. Une fois la donnée anonymisée, il est impossible de remonter à la personne », tranche Hakim Loumi, spécialiste des bases de données Oracle. Les entreprises y voient un moyen imparable de se conformer au RGPD, sans pour autant avoir à prendre toutes les précautions qu'il impose.

Il existe différentes techniques d'anonymisation. Certaines s'appuient sur l'appauvrissement des données, d'autres sur l'effacement pur et simple d'une information.

Si les principes de l'anonymisation apparaissent simples, sa mise en œuvre exige de la rigueur. Ce traitement doit être mené intelligemment afin de s'assurer que la donnée anonymisée reste utile malgré la perte d'information irréversible subie. Si la donnée a été masquée ou modifiée en partie, elle doit toujours être cohérente dans sa structure avec la donnée d'origine pour être exploitée. Pour privilégier l'exploitabilité des données, la pseudonymisation est une alternative. Elle consiste à remplacer l'identifiant des données par un pseudonyme, un fichier séparé conservant les couples identifiant/pseudonyme. L'intérêt est celui d'un chiffrement faible : en cas de perte ou de vol, les données ne sont pas exploitables par un tiers. En revanche, en l'absence d'anonymisation irréversible, la donnée pseudonymisée reste soumise au RGPD. « Cela permet de traiter des données dont l'exigence de confidentialité est plus faible tout en leur garantissant un bon niveau de protection », estime Benoît Grunemwald, le directeur des opérations pour Eset France, un éditeur de solutions de cybersécurité.

usinenouvelle.com, 5 avril 2018

1. **RGPD (Règlement général pour la protection des données personnelles) :** règlement de l'Union européenne sur la protection des données personnelles. Il s'applique à toutes les entreprises, organismes publics et associations, membres ou non membres de l'UE, qui collectent des données à caractère personnel sur les résidents européens.

NOTIONS

Données à caractère personnel : informations servant à l'identification d'un individu (nom, photographie, empreinte, adresses, numéro de téléphone ou de Sécurité sociale, adresse IP, identifiant de connexion, enregistrement vocal, etc.). En France, la CNIL (Commission nationale de l'informatique et des libertés) veille à la protection des données personnelles.

Mégadonnées (*big data*) : ensemble des données numériques produites par l'utilisation des nouvelles technologies. Elles représentent un volume gigantesque.

Données ouvertes (*open data*) : données mises à disposition de tous dans un objectif de transparence ou pour permettre leur libre utilisation.

3 Identifiez le type de données présentées dans le doc. 2, en complétant le tableau ci-dessous :

Données à caractère personnel	Mégadonnées	Données ouvertes
…………	…………	…………
…………	…………	…………
…………	…………	…………
…………	…………	…………
…………	…………	…………

4 Identifiez les techniques permettant de protéger les données personnelles tout en les utilisant.

…………………………………………………………
…………………………………………………………
…………………………………………………………
…………………………………………………………
…………………………………………………………
…………………………………………………………

QUESTION BILAN

Proposez des solutions concrètes à CozyAir pour que toutes les données collectées soient exploitables et deviennent des informations, dans le respect de la réglementation pour la protection des données personnelles.

2 Comment les informations deviennent-elles des ressources pour l'organisation ?

A La nature et la transmission de l'information

DOC. 4 L'outil de mesure de CozyAir

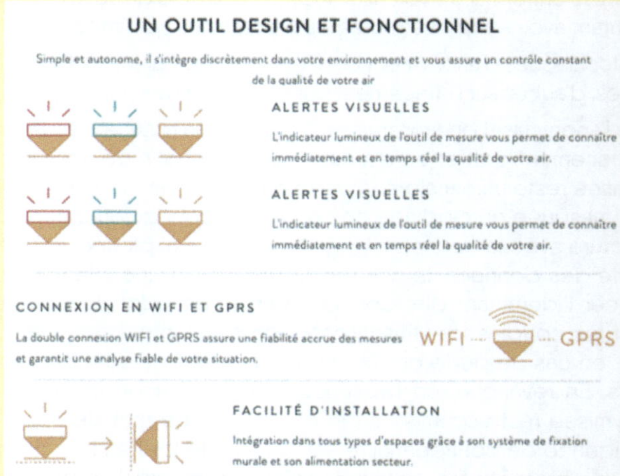

www.cozyair.fr

« La tendance actuelle des objets connectés est de les rendre actifs en temps réel. Nous sommes partis de rien et c'est assez valorisant de proposer un produit pour lequel nous avons tout développé, en lien avec les acteurs régionaux », selon Lamia Mialet présidente de CozyAir.

jinnove.com, 9 février 2017

DOC. 5 L'évolution de la réglementation

L'obligation de mesure de la qualité de l'air dans certains établissements publics, instaurée par la loi Grenelle 2, sera applicable aux crèches et aux écoles le 1er janvier 2018. Le décret du 17 août 2015 a reporté de 3 ans l'échéance initiale du 1er janvier 2015 pour les établissements d'accueil collectif d'enfants de moins de 6 ans et les écoles maternelles, les autres échéances restant inchangées : 1er janvier 2018 pour les écoles élémentaires, 1er janvier 2020 pour les accueils de loisir et les établissements d'enseignement du second degré, 1er janvier 2023 pour les autres établissements.

lemoniteur.fr, hebdomadaire de référence, 9 juin 2016

DOC. 6 Les partenariats de CozyAir

Lamia Mialet souligne l'aide précieuse de ses différents partenaires qui ont et continuent de suivre, d'aider et de contribuer au développement de CozyAir. En effet, ils apportent leur expertise dans des domaines divers relatifs aux produits et services commercialisés par CozyAir. « Nous avons intégré un incubateur[1] « Cre'innov » dont la thématique est « chimie, matériaux, recyclage », situé à la Haute-Borne à Villeneuve-d'Ascq. La Région des Hauts-de-France nous a beaucoup soutenus. Nous avons démarré notre projet en nous entourant de partenaires locaux comme le CITC (le cluster[2] des objets connectés basé à Euratechnologies) pour la fabrication de nos prototypes. Nous avons travaillé avec le laboratoire de Chimie de l'atmosphère de Mines Telecom (basé à Douai) qui nous a apporté une connaissance et une aide précieuse sur la compréhension des microcapteurs. L'étude de notre marché B2B[3] a été réalisée par la Junior Entreprise Skema Conseil. Depuis la création, en février 2017, nous travaillons en partenariat avec notre bureau d'étude électronique NOOLITIC (situé à Euratechnologies), avec notre agence de communication « Les lunettes bleues » (située à la Plaine Image), avec notre agence de design PILI PILI (situé à Courtrai en Belgique). En effet, le design a été dès le départ l'élément central et nous l'avons fait évoluer : logo ; charte graphique ; produit lui-même. À titre d'exemple, je peux parler de l'évolution réalisée depuis le lancement de notre solution : pour coller aux mieux à notre cible B2B, notre produit n'a plus la forme d'un nuage, qui correspondait bien à une clientèle de particuliers mais peu à une clientèle de professionnels. Il a pris aujourd'hui la forme d'une pyramide inversée. »

Interview de Lamia Mialet, présidente de CozyAir, janvier 2019

1. Incubateur : structure d'accompagnement de projets de création d'entreprise.

2. *Clusters* : réseaux d'entreprises constitués majoritairement de PME et de TPE, fortement ancrées localement, généralement dans le même secteur d'activités.

3. B2B (*Business to Business*) : ensemble des activités d'une entreprise à destination d'une clientèle d'entreprises.

VIDÉO + 1'29"
Accompagnement des entreprises du Design
www.lienmini.fr/30913-design

5 Distinguez la nature de l'information concernant CozyAir dans chaque document. Justifiez vos réponses.

	Nature de l'information	Justification
Doc. 4	....	....
Doc. 5	....	....
Doc. 6	....	....

6 Expliquez, pour chaque cas, l'utilité de l'information pour l'organisation CozyAir.

	Source	Cible	Diffusion	Utilisation
Doc. 4	www.cozyair.com www.jinnove.com	....	....	....
Doc. 5	www.lemoniteur.fr	....	....	....
Doc. 6	Interview de Lamia Mialet, janvier 2019	....	....	....

B Le traitement de l'information

Pour produire une information comportant de la valeur, l'organisation met en place un processus qui implique des acteurs et nécessite des outils.

DOC. 7 **Traitement d'une commande par le système d'information de CozyAir**

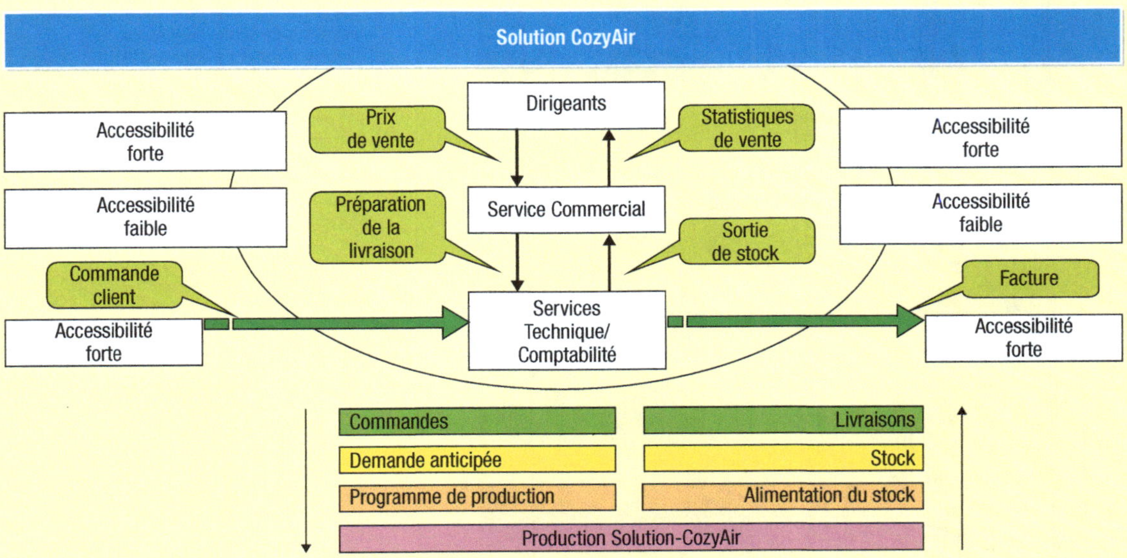

Delagrave, 2020

7 Complétez le tableau suivant en indiquant les étapes de la création d'une commande, les activités des différents services ainsi que les moyens utilisés.

	Étapes de création	Activités	Moyens utilisés
Services technique et comptabilité			
Service commercial			
Dirigeants			

8 Indiquez l'émetteur et le récepteur de chaque flux d'information dans le traitement de la commande (doc. 7), la nature de l'information échangée et le type de communication.

Émetteur	Récepteur	Nature de l'information échangée	Communication interne ou externe

DOC. 8 **Extrait d'une page Instagram de CozyAir**

cozyairofficiel [live - Maison de l'Habitat Durable - Mairie de Lille]

Quelle est la #qualitedelair à #Lille, comment est-elle mesurée, quelles sont les principales sources d'émission, est-on plus exposé en #ville ou à la #campagne, en #voiture ou à #vélo, qu'en est-il dans mon #logement ou nos #bureaux ?

Autant de questions et d'idées reçues auxquelles nous répondons avec Atmo Hauts-de-France pour permettre à chacun de comprendre et d'agir pour mieux respirer au quotidien.

@lille_france @lillemaville #air #breathe #conference #respirer #mieuxrespirer

Aimé par **mandise5 et autres personnes**

30 SEPTEMBRE 2020

cozyair.fr, 2020

DOC. 9 Fonctionnement de l'outil de mesure connecté de CozyAir

CozyAir mesure en temps réel la concentration de quatre polluants (le monoxyde de carbone, les composés organiques volatils, les oxydes d'azote et les particules fines) ainsi que les paramètres de confort comme la température, l'humidité. « De petits composants électroniques, faciles à concevoir, à faible coût et qui disposent d'un temps de réponse rapide analysent les polluants », souligne la présidente Lamia Mialet. L'application Cozy'Connect qui, en conservant l'historique des mesures, met en évidence les variations de concentration des polluants. L'application recevra les données qui seront stockées plus de trois mois, avec la possibilité pour l'utilisateur de les télécharger gratuitement.

Delagrave, 2020

9 Complétez le tableau suivant à partir des doc. 8 et doc. 9. Expliquez comment sont traitées les informations, et à quoi elles sont utilisées. Justifiez votre réponse.

	Traitement de l'information	Justification
Doc. 8	....	....
Doc. 9	....	....

10 Évaluez la valeur des informations suivantes, en complétant le tableau.

Informations	Accessibilité		Actualité		Coût	
	forte	élevée	récente	ancienne	élevé	faible
a. Organisation d'une conférence d'information sur la qualité de l'air.						
b. Données stockées plus de 3 mois et téléchargées gratuitement via l'application Cozy'Connect.						
c. Création d'une facture suite à une commande.						
d. Publication sur le compte Instagram d'un événement (conférence sur la qualité de l'air).						

QUESTION BILAN

Concluez sur le rôle des informations, c'est-à-dire leur importance dans la pérennité de CozyAir.

OBSERVATION | ESSENTIEL | APPLICATIONS | VERS LE BAC

3 Comment fonctionne le système d'information dans une organisation ?

A Les fonctionnalités du système d'information

VIDÉO + 2'30"
Le système d'information expliqué en emoji !
www.lienmini.fr/30602-si

DOC. 10 Les domaines partagés par les collaborateurs de CozyAir

Lamia Mialet, présidente de CozyAir	• **Intranet** (ordinateurs, logiciels, serveurs, imprimantes, etc.). Les modes de communication utilisés sont le GPRS et le Wi-Fi pour l'application Cozy'Connect. • **Fichiers** clients et fournisseurs. • **Comptes rendus** et enquêtes. • **Veille informationnelle** sur l'environnement économique, juridique, technologique, social et sociétal.	**Charles Cornille**, directeur général de CozyAir

Delagrave, 2020

NOTION
Système d'Information (SI) : ensemble des ressources humaines et technologiques qui participent à la collecte, au stockage, au traitement et à la diffusion de l'information dans une organisation.

11 Identifiez, dans le tableau ci-dessous, les acteurs du système d'information de CozyAir, en indiquant par une croix les personnes physiques et morales, internes et externes (doc. 6, 10 et 11). Justifiez vos réponses.

	Personnes		Acteurs		
	Physique	**Morale**	**Interne**	**Externe**	**Justifications**
Lamia Mialet : présidente de CozyAir.	....	....	....	....	....
Charles Cornille : directeur général de CozyAir.	....	....	....	....	....
Partenaires de CozyAir : Cré'Innov, CITC, Région Hauts-de-France.	....	....	....	....	....
Les clients *B2B* de CozyAir.	....	....	....	....	....
La banque.	....	....	....	....	....

DOC. 11 Les fonctionnalités du système d'information de CozyAir

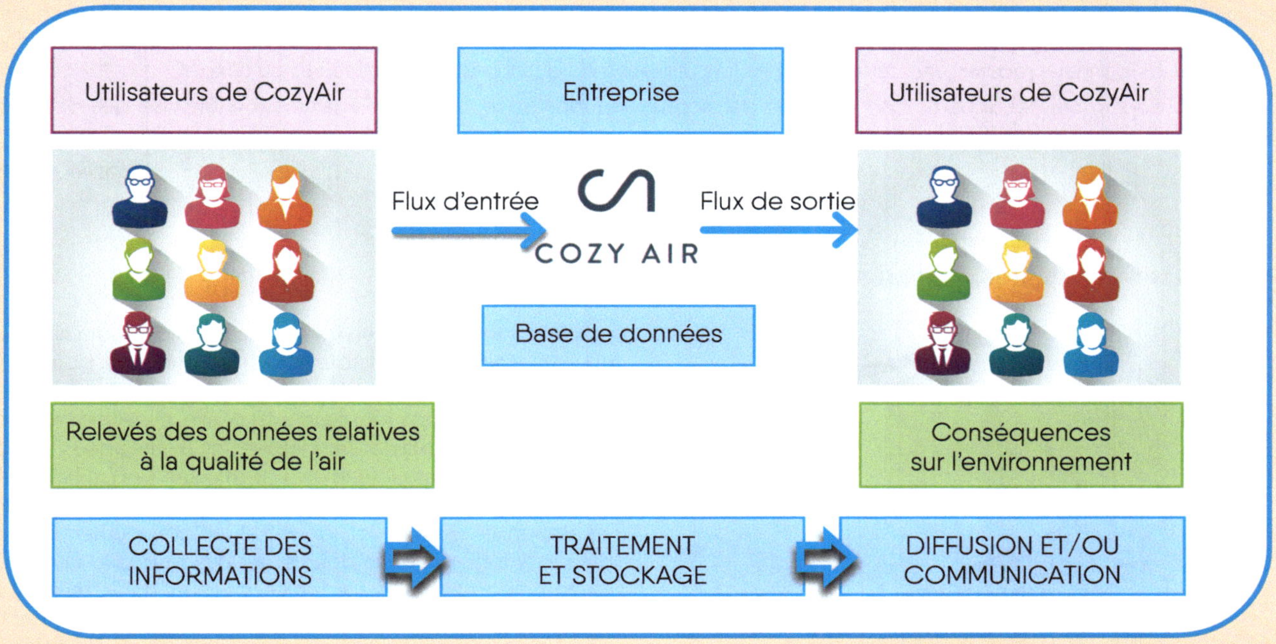

12 À partir du doc. 10 et doc. 11 repérez les ressources du système d'information de CozyAir. Vous distinguerez les ressources humaines, matérielles et technologiques.

....

....

....

13 Identifiez les principales fonctionnalités du système d'information de CozyAir.

....

....

B Les outils du système d'information

Devant le développement de sa clientèle professionnelle et le projet de conquête d'une nouvelle cible de clients (les particuliers), Lamia Mialet a fait quelques recherches documentaires car elle s'interroge sur la pertinence de la formalisation d'un système d'information mercatique (SIM) pour CozyAir. Dans le même temps, elle souhaite savoir si son système d'information (SI) peut lui permettre d'optimiser le traitement et l'accessibilité des informations collectées auprès de ses clients. Son SI pourrait l'aider à prendre des décisions stratégiques, telles que l'embauche (ou non) d'un développeur de datas.

DOC. 12 Démarche de veille mise en place par CozyAir

Extrait 1 : L'information, richesse incontournable pour toute stratégie marketing.

Être bien informé est une source d'avantage concurrentiel. Le SIM s'insère dans une stratégie globale de veille. Il concerne toute l'organisation, car tout collaborateur peut être un collecteur potentiel d'informations stratégiques ou concurrentielles. Le caractère permanent du SIM marque la différence avec les études marketing. Globalement, il intègre des informations commerciales, non commerciales, internes et externes.

manager-go.com

OBSERVATION ESSENTIEL APPLICATIONS VERS LE BAC

Extrait 2 : La recherche d'information se heurte à deux difficultés : le coût et le savoir.

La recherche d'information a un coût : temps de recherche et d'accessibilité de l'information. Le coût doit être raisonnable. Il sera apprécié en fonction du besoin exprimé. Par exemple, certaines banques de données font payer leur service de 15,24 € à 91,47 € la connexion. Les fichiers d'entreprises sont le plus souvent payants. L'analyse de données chiffrées à l'aide d'outils mathématiques ou la compréhension de graphiques peut constituer un obstacle pour certaines personnes. La consultation de banques de données ou de bases de données requiert une certaine technicité : utilisation de descripteurs, de thésaurus ou d'index.

Les recherches sur Internet, à partir d'annuaires et de moteurs de recherche, imposent également la maîtrise des opérateurs booléens (« et », « ou », « sauf »).

extranet.editis.com

DOC. 13 Les fonctionnalités du système d'information de CozyAir

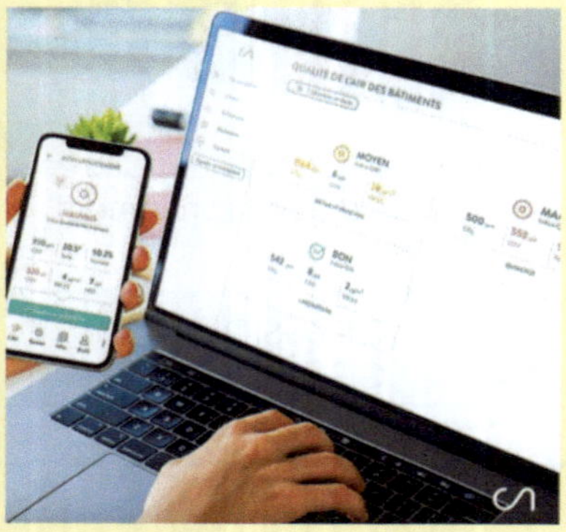

CozyAir c'est, par simplification, la vente d'un service d'un objet connecté.

L'objet seul (la centrale de forme pyramidale) ne fonctionne pas. L'application (Cozy'connect) collecte, stocke, traite, analyse toutes les informations. C'est elle qui permet, grâce à des algorithmes, de traiter les informations, donc d'atteindre l'objectif premier de l'entreprise : détecter d'où viennent les problèmes de qualité de l'air et apporter une(des) solution(s) concrète(s) adaptée(s) aux utilisateurs. Le fonctionnement de l'application passe par une interface d'expertise de l'air : Cozy'connect

cozyconnect.com/#/login

Une fois connecté au service de l'application, l'administrateur/utilisateur ajoute l'objet (centrale(s) à connecter : bâtiment(s) concerné(s), (nombre) et pièce(s), (espace intérieur). L'objectif est de voir en temps réel ce qui se passe. L'analyse se déroule grâce à la collecte de *datas* classées en 3 catégories : les polluants dans l'air intérieur/extérieur (mesure la qualité de l'air), les informations sur le(s) bâtiment(s) (ancienneté, système de ventilation et de filtration de l'air, type d'ameublement, produits d'entretien utilisés pour le nettoyage des locaux), localisation géographique (proximité ou non d'un périphérique urbain), le comportement des utilisateurs du(es) bâtiment(s)/pièce(s) (été/hiver, horaires d'occupation, types de salle (réunion, bureau, open space), temps et durée d'occupation des espaces, matin/journée/soir). Après traitement de ces *datas* une préconisation peut être apportée à l'utilisateur de la solution CozyAir. Par exemple, décaler le moment de la réalisation du nettoyage des locaux peut être préconisé. En effet, faire le ménage le soir, plutôt que tôt le matin, permet de diminuer l'impact des polluants dans l'air, car ils ont le temps de s'évaporer dans la nuit, pendant que les locaux sont inoccupés.

Delagrave, 2020

14 Soulignez les fonctionnalités du système d'information de CozyAir (doc. 13).

15 Concluez sur l'intérêt qu'a CozyAir à embaucher un développeur (pour le traitement des *datas*) pour développer et donc pérenniser son activité. Justifiez votre réponse.

....

....

....

....

....

....

....

QUESTION BILAN

Identifiez les avantages et les inconvénients d'un SI dans une organisation.

L'ESSENTIEL

Le traitement de l'information par les technologies numériques

SYNTHÈSE

Accédez à la synthèse audio
www.lienmini.fr/30602-synthese8

1 Comment les données sont-elles transformées en informations ?

Donnée brute (data) → **Information** → **Connaissance**

Transformation des données

Mise à disposition d'un public

2 Comment les informations deviennent-elles des ressources pour l'organisation ?

Le traitement numérique des données (datas)

permet de diffuser les informations et de partager des connaissances

En interne
Collaborateurs

En externe
Clients, usagers, partenaires

3 Comment fonctionne le système d'information dans une organisation ?

Le système d'information (SI)

prend en charge la diffusion et le partage des informations entre les acteurs concernés grâce à un réseau informatisé qui

collecte | stocke | traite | diffuse

les données

sur le réseau intranet de l'organisation, connecté au réseau externe via un routeur **relié à des applications à disposition des utilisateurs (logiciels, PGI, etc.)**

APPLICATIONS

APPLICATION 1 Test de connaissances

Validez vos connaissances en cochant la (ou les) bonne(s) proposition(s), puis justifiez oralement vos réponses.

1 La fonction principale du système d'information est d'analyser les informations :

- ☐ Vrai.
- ☐ Faux.

2 « Maintenant on envoie des mots, des photos, des vidéos et des euros par SMS » (message publicitaire d'Orange bank). Ceci est :

- ☐ une donnée.
- ☐ une information.
- ☐ une connaissance.

3 Parmi ces actions, lesquelles relèvent du système d'information ?

- ☐ Stocker.
- ☐ Traiter.
- ☐ Analyser.
- ☐ Calculer.

4 En France, quel(s) organisme(s) est(sont) chargé(s) de veiller à la protection des données personnelles :

- ☐ CCI.
- ☐ RGPD.
- ☐ INSEE.
- ☐ CNIL.

5 S'il est possible, par recoupement d'informations diverses grâce à des moyens techniques différents d'identifier précisément une personne réelle, les données sont considérées comme :

- ☐ totalement personnelles.
- ☐ partiellement personnelles.
- ☐ pas du tout personnelles (anonymes-impersonnelles).

QCM interactif

Accédez au QCM en utilisant le QRcode ou le lien URL

www.lienmini.fr/30913-qcm8

APPLICATION 2 Repérer l'origine d'une information et les étapes de sa transformation (de la donnée de l'information à la connaissance et à sa transmission)

1 Repérez l'origine de l'information présentant Intersport (doc. 1 et doc. 2).

2 Distinguez les données, les informations et les connaissances sur la page d'accueil du site Internet d'Intersport (doc. 1).

3 Présentez les quatre étapes du processus de transformation et de transmission de l'information (de la donnée brute à la connaissance et à la transmission) dans le formulaire de contact d'Intersport (doc. 2).

....	⇨	....	⇨	....	⇨	....
....		....		....		....

4 Présentez les autres outils facilitant la transmission des données, des informations, de la connaissance de la page « Contactez-nous » (doc. 2).

DOC. 1 Page d'accueil du site Internet d'Intersport

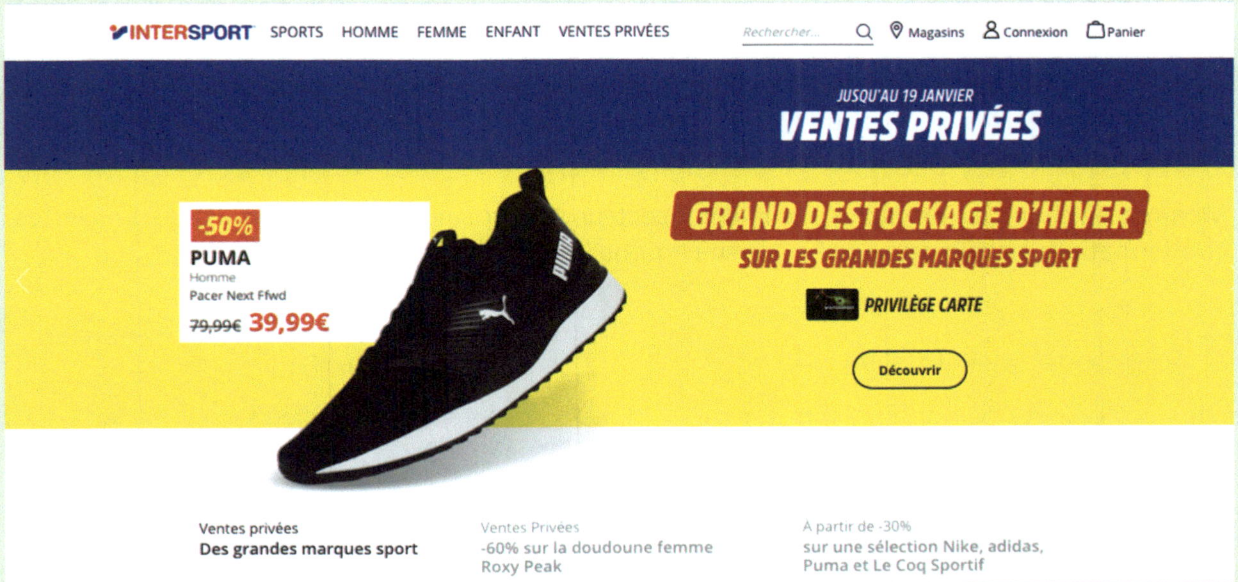

intersport.fr

DOC. 2 Page de contact du site Internet d'Intersport

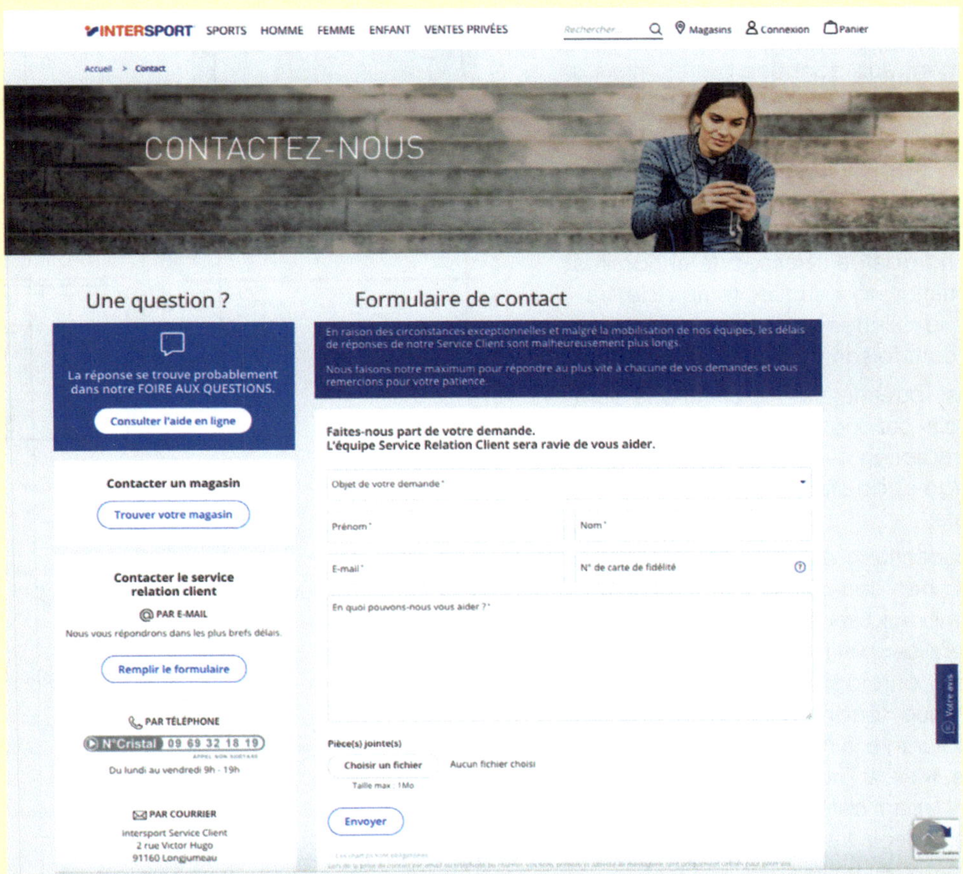

intersport.fr/contact/

APPLICATIONS

APPLICATION 3 Manipuler des données ouvertes (*open data*) pour créer de l'information

1. Expliquez les intérêts pour les organisations (privées et publiques) de collecter d'importantes données sur tous les sujets.

2. Donnez une définition des données ouvertes et de l'*open data*. Citez quatre grandes caractéristiques des données ouvertes en vous appuyant sur une recherche documentaire sur Internet que vous démarrerez à l'aide d'un moteur de recherche.

3. Montrez, en citant des exemples, comment le secteur du tourisme transforme les données ouvertes en informations en vous appuyant sur le site Internet info. datatourisme. gouv.fr.

DOC. 1 Quels usages pour la donnée ouverte ?

Les données ouvertes peuvent faire l'objet d'une utilisation directe par l'utilisateur final, lorsque les données sont accessibles et facilement compréhensibles. Par exemple on en trouve sur www.insee.fr avec les données issues du recensement.

Mais ce sont surtout les données traitées, croisées et analysées qui vont intéresser l'usager final.

Ainsi c'est l'intervention de médiateurs qui vont retraiter la donnée pour permettre de mieux visualiser l'information et lui apporter une logique de l'usage. Des interfaces (formulaires, outils de recherche et de tri, interfaces de data-visualisation...) permettent alors de manipuler et de visualiser les données traitées. L'utilisateur final n'accède alors pas forcément aux données brutes, mais à un post-traitement des données (le champ de la data-visualisation prend alors tout son sens...)

De nombreuses applications mobiles utilisent des données ouvertes. L'usage de technologies mobiles permet ainsi une utilisation de la donnée géolocalisée et horodatée : transports et horaires liés à de l'information touristique, temps de trajets, localisation de toilettes publiques à Paris,... les idées et projets sont foisonnants.

Si la donnée est ouverte, les applications sont par contre parfois propriétaires sur des formats fermés, en contradiction avec les objectifs d'ouverture, de partage et de standardisation du mouvement *open data*.

Les champs d'application et les projets sont foisonnants et nous n'en sommes aujourd'hui qu'aux prémisses de nombreux usages qui, à n'en pas douter vont se généraliser petit à petit. La démarche, parce qu'elle est ontologiquement transversale (technique, juridique, économique, culturelle et politique) et structurante, a du mal à s'installer dans les organisations. Mais à l'heure de la transformation numérique, l'*open data* est certainement un projet pilote pour aider la transformation des organisations vers le monde digital d'aujourd'hui.

groupe-scala.com, 2019

DOC. 2 *DATAtourisme, la plateforme nationale ouverte des données du tourisme*

Le tourisme est un des secteurs qui utilise le plus les données ouvertes.

infodatatourisme.gouv.fr

La SNCF

Contexte La Société nationale des chemins de fer français - SNCF - a été créée en 1938. Elle est à l'origine d'innovations telles que le TGV, en 1989, conçu pour rouler à 300 km/h en service commercial, l'Eurostar en 1994, le Thalys et les TGV Duplex deux ans plus tard. Dans le cadre de la décentralisation menée par l'État, les trains express régionaux (TER) et les voitures Corail sont mis en service pour desservir tous les territoires. La SNCF cherche à répondre aux besoins de ses différents segments de clientèle avec des services diversifiés : espaces enfants, offres de restauration, etc.

En 2019, la SNCF a réalisé un chiffre d'affaires de 35,1 milliards d'euros. Depuis le 1er janvier 2020, la « société mère » SNCF ainsi que les sociétés Voyageurs, Réseau et Gares & Connexions sont devenues des sociétés anonymes (SA), conformément à l'ordonnance du 3 juin 2019 sur les établissements publics.

La SNCF doit aujourd'hui intégrer le digital dans sa relation avec les usagers. La direction cherche à mesurer les performances de son système d'information dans la relation client.

Travail à faire à l'aide des documents 1 à 3

1. Présentez les raisons qui ont poussées la SNCF à digitaliser son offre de services et ses process.
2. Identifiez les acteurs (internes et externes) concernés par la digitalisation de la SNCF.
3. Repérez les types de données (données brutes, informations, connaissances) collectées par la SNCF lors de l'achat d'un billet de train.
4. Énumérez les innovations digitales mises en place par la SNCF depuis 2017 pour améliorer sa relation client.
5. Schématisez les flux d'informations entre les acteurs (internes et externes) lors de l'achat d'un billet de train.
6. Résumez la stratégie de gestion des données (*datas*) de la SNCF.
7. Concluez sur les enjeux du maintien d'un système d'information capable de gérer une masse d'informations gigantesque pour la SNCF.

DOC. 1 La stratégie digitale de OUI.sncf

Pour inaugurer OUI.sncf en décembre 2017, les équipes ont dû travailler d'arrache-pied durant huit mois. Une diversité d'expertises dans le domaine du digital a été mobilisée : des développeurs, des data-scientists, des équipes de marketing digital, des équipes de cyber-sécurité. Pas moins de 500 récits utilisateurs (*users stories*) ont été écrits pour anticiper les parcours des usagers sur la nouvelle plateforme. Au total, 500 000 pages ont été modifiées, dont 20 000 en profondeur. [...] L'expérience client devient l'enjeu de OUI.scnf, là où Voyages-sncf.com était une application pour identifier un trajet et réserver un billet. La touche « concentric user », au cœur de la stratégie digitale, est affichée dès la page d'accueil. Le message est limpide : « On change pour **vous** ! » Notez que le « vous » est en gras, au cas où cela n'aurait pas été suffisamment explicite avec le point d'exclamation. [...]
Le logo OUI.sncf est parfaitement adapté à l'usage du Web. Court, malléable, polymorphe, il est idéal pour une visibilité sur smartphone. Enfin, mot et couleurs incarnent la chaleur, le positif, la bienveillance et la diversité. Ces valeurs sont dans l'air du temps et dans le cœur des Millennials. « Oui » est un mot compris partout. À l'international, c'est un atout. [...]
La SNCF ne vend plus un trajet, mais une nouvelle idée du voyage. Désormais, c'est l'expérience qui prime. Pour y parvenir, une véritable stratégie de contenu a été déployée par OUI.sncf. Le *content marketing* associe minutieusement textes, images et vidéos au service d'un objectif clair : donner envie de voyager. [...] Dans le *Journal du Net*, la SNCF a expliqué ses diverses stratégies pour optimiser son référencement : « Les nouvelles arborescences sont testées par des *bots* via des outils *open source*. Ces derniers ne laissent la main à l'humain qu'en cas de dysfonctionnement ». OUI.sncf a été pensé comme « l'outil unique pour tous les voyages ». Cela se mesure à sa nouvelle interface, personnalisée (prénom), conversationnelle (où désirez-vous aller ?) et inspirationnelle (paysage invitant au voyage sélectionné selon la saisonnalité).
Le conversationnel au cœur de l'expérience client a été réaffirmé.

Hélène du Mazaubrin, « OUI.sncf : la stratégie digitale par l'affirmative », powertrafic.fr, 18 janvier 2018

DOC. 2 Quels sont les outils de la transformation numérique de la SNCF ?

La relation avec les usagers change totalement et SNCF mise sur une forte personnalisation de ses services qui passe, bien entendu, par le numérique. L'objectif de toutes les équipes de SNCF Transilien, Keolis ou encore TER, est de faire du MaaS [*mobility as a service*, en français « la mobilité, un service »] une réalité, afin que l'on puisse vraiment se déplacer, avec tout sur son mobile et avec la plus haute qualité de service possible. Cela passe notamment par une appli puissante qui est aujourd'hui utilisée par 12 millions de clients, et par le site conversationnel OUI.Sncf. [...]
L'utilisation des données est également au cœur de la stratégie numérique. [...] SNCF dispose d'un *datalake* [méthode de stockage des données] unique pour l'ensemble du groupe qui respecte la législation, avec 210 terra de données. Ce patrimoine est constitué des données analogiques historiques, de toutes les données informatiques des 2 milliards de clients par an, et de toutes les nouvelles données diffusées par les applications métiers et clients, les objets connectés et l'intelligence artificielle.

digital.sncf.com, 2021

DOC. 3 Un programme numérique au service de la mobilité

Les 260 000 salariés du groupe peuvent être en relation avec le client voyageur ou le fret, à la manœuvre des opérations liées au matériel ou à l'infrastructure et même en charge de la gestion du parc immobilier du groupe. Tous sont unis par un même objectif : sécurité et services, en particulier l'un des plus essentiels, la régularité. Tous également demandent la même chose au numérique : qu'il facilite leur travail.
Dès le début du programme #DIGITALSNCF, le groupe s'est lancé dans un projet de dématérialisation du processus métier, accompagné par la mise en place d'outils collaboratifs digitaux, et par un usage courant des applications mobile métiers. Par exemple, la solution DSMAT [Documentation structurée de maintenance du matériel] est, depuis avril 2017, industrialisée au sein des technicentres SNCF. Pour vérifier la conformité des trains, les techniciens saisissent désormais les informations dans une application, directement sur leur tablette. Les opérations s'en retrouvent fluidifiées, plus facilement traçables et donc accélérées.
Mais surtout, le digital porte de nouveaux usages. Tout d'abord une vision utilisateurs au centre des projets. Ensuite, beaucoup d'esprit opérationnel. [...] Enfin, le digital permet de simplifier et d'accélérer les échanges. Chez SNCF, cela se traduit, entre autres, par la mise à disposition d'outils collaboratifs auprès de ses salariés. Parmi ceux-ci, le réseau social SNCF rencontre un très grand succès, tant par l'adoption de l'outil que par son taux d'utilisation qui figure dans le peloton de tête des entreprises françaises.
Des projets industriels tels que l'équipement des 350 rames pour le service Le Wifi (17 000 antennes, 124 km de câbles à installer en un temps record) ont été réussis grâce à ces nouvelles pratiques directes et collectives. En somme, la transformation digitale n'est pas une affaire de technologie mais une affaire de collectif, de confiance et de vitesse.

digital.sncf.com, 2021

QUESTION DE GESTION 5 — Comment le partage de l'information contribue-t-il à l'émergence d'une « intelligence collective » ?

Chapitre 9

La contribution du numérique au fonctionnement de l'organisation

NOTIONS

- Applications et usages du numérique dans les organisations : e-communication, partage de l'information, collaboration, communautés en ligne et réseaux sociaux.
- Intelligence artificielle et automatisation de tâches organisationnelles.

CAPACITÉS

- Se situer dans un environnement numérique (rôles, droits, responsabilités).
- Comprendre la variété des usages et des impacts.
- Contribuer à l'architecture numérique globale de l'organisation.

DÉCOUVRIR LE CONTEXTE

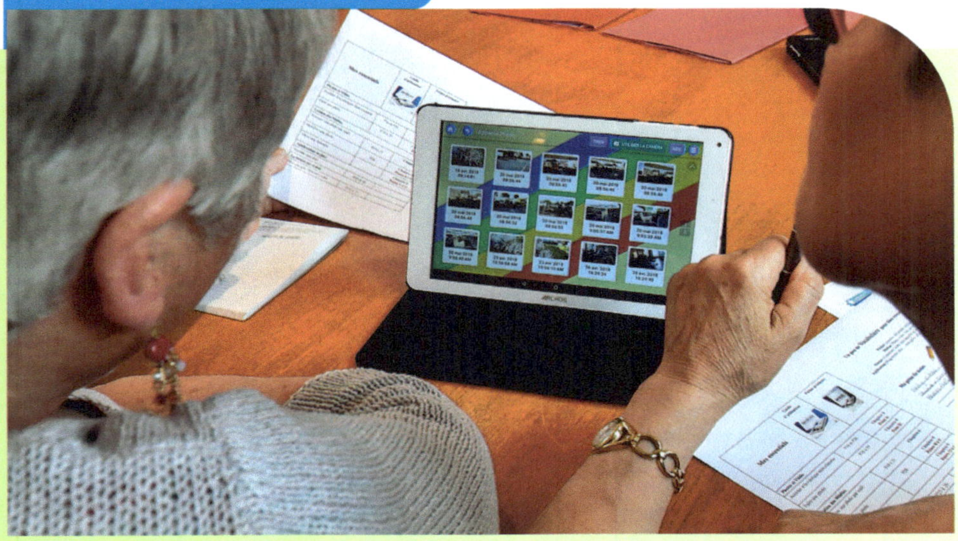

Confronté à une érosion régulière de son cœur de métier, l'acheminement du courrier, le **Groupe La Poste** a largement diversifié son activité. Il est devenu un groupe multimétiers contraint de moderniser son organisation. En 2014, il s'est doté d'une branche numérique. Sous son impulsion, le groupe se transforme pour simplifier la vie numérique des Français mais également, en interne, celle de ses collaborateurs. En 2020, La Poste développe ses services de proximité à l'aide d'applications digitales comme l'affranchissement du courrier depuis un smartphone, la banque en ligne avec Ma French Bank, l'archivage numérique avec Digiposte, la certification électronique avec Docaposte ou encore la tablette Ardoiz pour faciliter l'accès de tous aux services en ligne.

VIDÉO INTERACTIVE — POUR COMMENCER
L'avenir de La Poste, c'est notre avenir à tous 0'39"
www.lienmini.fr/30913-poste

LE GROUPE LA POSTE

FICHE D'IDENTITÉ

- **Type d'organisation :** entreprise privée à but lucratif
- **Activité :** opérateur de services postaux, banque, assurance, opérateur de téléphonie mobile, fournisseur de services numériques et de solutions de commerce, commerce en ligne, collecte et vente de données
- **Champ d'activité :** national et international
- **Forme juridique :** société anonyme à capitaux publics
- **Effectifs (2019) :** 249 304 collaborateurs
- **CA annuel HT (2019) :** 25 983 millions d'€

1. Selon vous, pourquoi le développement des services numériques au sein de La Poste est-il devenu indispensable ?
2. Citez quelques applications digitales qui permettent à La Poste de simplifier l'accès à ses services en ligne.

1 Comment le numérique contribue-t-il au développement de l'intelligence collective ?

A Les services de partage de la connaissance

DOC. 1 La Poste choisit Office 365 pour son environnement numérique

Le Groupe La Poste a annoncé avoir choisi de s'appuyer sur la solution Office 365 de Microsoft pour la mise en place d'un environnement numérique de travail à destination de ses employés. Ce projet, baptisé .COM1, a de grandes ambitions. [...] Comme l'explique le communiqué diffusé à l'occasion de l'inauguration du nouveau campus Microsoft France, .COM1 vise à devenir « une plateforme lui permettant à la fois de remplacer, d'améliorer et d'unifier les outils existants (messagerie, agenda, moteur de recherche, etc.) et également de fédérer et de faciliter la fluidité du travail. » La Poste entend ainsi développer sur la base d'Office 365 plusieurs applications : « un réseau social d'entreprise, des applications de co-création et de communications instantanées et un espace de gestion documentaire, le tout dans le respect des règles de sécurité et de protection des données. » Le Groupe La Poste mentionne également des applications plus sophistiquées afin de faciliter le travail quotidien des postiers. Pour Microsoft, l'occasion est bonne puisque le projet lui permet de mettre à disposition la plateforme Office 365 à plus de 200 000 collaborateurs. Le projet devrait être mis en œuvre à partir de 2019.

zdnet.fr, 6 février 2017

1 Présentez le projet .COM1

....

....

....

....

....

2 Précisez les objectifs du projet .COM1.

....

....

....

....

....

3 Listez les applications prévues dans ce projet .COM1 pour partager la connaissance.

....

....

....

....

4 Quels sont les avantages de ce nouvel environnement numérique de travail pour les collaborateurs de La Poste ?

....

....

....

....

....

DOC. 2 La Poste au CES 2018 : des innovations qui simplifient la vie

Le *Consumer Electronics Show* (CES) de Las Vegas s'affiche comme le plus grand salon mondial consacré aux nouvelles technologies. [...] La Poste participait à l'événement pour la quatrième année consécutive. Son grand stand, surmonté d'un arbre jaune, se voyait de loin, et le public s'y pressait, avec de nombreux journalistes et officiels, tous désireux d'en savoir plus sur les innovations postales.

Le public se pressait sur le stand de La Poste à chaque présentation de **Jaab**, un badge de paiement sans contact destiné aux enfants qui peut être rechargé par les parents via une application proposant par ailleurs un suivi détaillé des dépenses. [...]

La Poste a également présenté plusieurs innovations pour la maison, dont **Mes services du quotidien**, une plateforme en ligne de services de proximité proposés par des prestataires de confiance (dépannage, ménage, bricolage, etc.). Enfin, pour le bureau, l'offre **AtWork** associe le Hub numérique de la Poste et des objets connectés afin d'améliorer le bien-être au travail (température, bruit, qualité de l'air) ou pour faciliter le quotidien (réservation de salles, etc.). Elle est le fruit d'une association entre La Poste et les start-up qu'elle a sélectionnées dans le cadre du programme French IoT. [...]

Dans le cadre de l'offre **Gestion Relation Citoyenne (GRC)** destinée aux collectivités territoriales et administrations, la Poste innove avec son *chatbot*. Accessible depuis Messenger, il offre aux usagers et notamment aux plus jeunes un nouveau canal pour interagir avec l'administration.

groupelaposte.com/fr, 2019

5 Indiquez l'intérêt pour La Poste de participer au CES de Las Vegas 2018.

....

....

....

....

....

6 Résumez dans le tableau suivant les innovations numériques présentées par La Poste pour faciliter le quotidien de ses clients.

Outils	Supports	Fonctionnalités/Objectifs
Jaab	Badge de paiement sans contact, destiné aux enfants.	Rechargeable. Propose un suivi détaillé des dépenses.
Mes services du quotidien	....	....
AtWork	....	....
Gestion Relation Citoyenne (GRC)	....	....

B Les services de partage de l'information

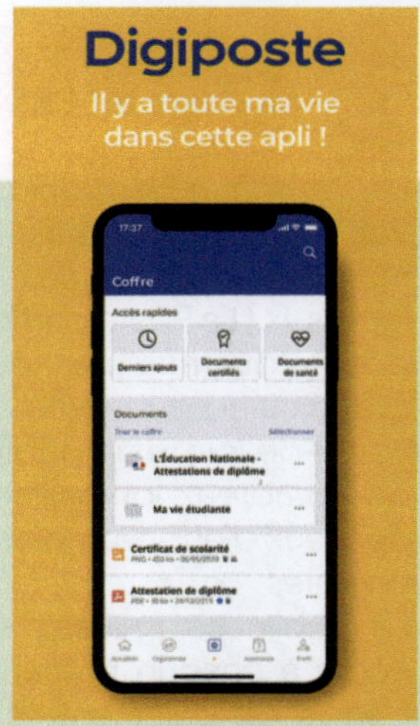

DOC. 3 Digiposte, le service de partage numérique de La Poste

Digiposte est un service de partage numérique proposé par La Poste. Les utilisateurs peuvent stocker, centraliser et partager gratuitement, sur un seul espace, tous leurs documents importants (factures, bulletins de paie, attestations d'assurance, relevés de compte, pièces d'identités scannées, etc.).

Ce service numérique propose aux usagers :

– **de réceptionner des documents** de fournisseurs, employeur(s), etc.

Digiposte garantit l'intégrité des courriers numériques ainsi qu'un archivage valable sur la durée légale ou contractuelle des documents.

– **de stocker et sauvegarder tous leurs documents numériques ou scannés** : pièces d'identité scannées, contrats, garanties, factures, courriels importants et leurs pièces jointes, avis d'imposition,...

– **de partager des documents** avec des proches, des administrations, des entreprises...

Delagrave, 2020

VIDÉO + 3'04"
Digiposte + : L'application qui simplifie les démarches administratives
www.lienmini.fr/30913-digiposte

7 Lisez et visionnez les doc. 3 et complétez le tableau suivant.

Services proposés par Digiposte	Fonctionnalités de l'appli Digiposte+	Exemples
....	....	....
....	....	....
....	....	....

8 Précisez l'intérêt pour les clients de La Poste (particuliers et professionnels) de pouvoir partager l'information.

....

....

....

DOC. 4 Savoir manager l'intelligence collective des équipes de travail

L'intelligence collective est porteuse de grands enjeux pour l'efficacité du fonctionnement des organisations. L'organisation en équipe constitue le mode d'action collective le plus performant. Système à la fois humain et opérationnel, une équipe constitue en elle-même un moyen d'efficacité et de performance dans lequel l'intelligence collective pourrait émerger et donc être managée pour un meilleur développement de l'équipe.

Concrètement, la notion d'intelligence collective est issue de la rencontre de deux concepts :

– celui de collectif de travail, soit avec une dimension restreinte (groupe de travail ou équipe), soit avec une dimension plus élargie où le collectif désigne plusieurs individus qui collaborent à la poursuite d'objectifs communs sous la direction d'un leadership (Schein, 1971) ;

– et celui d'intelligence, notion qui peut être définie comme la capacité de compréhension.

Il en résulte que, pour favoriser l'intelligence collective d'une équipe, un manager doit développer six capacités :

1. la capacité à composer une équipe pluridisciplinaire ;

2. la capacité à intégrer les diverses intelligences individuelles ;

3. la capacité à collaborer ensemble à l'aide des TIC ;

4. la capacité à apprendre (avec et par) les membres de l'équipe ;

5. la capacité collective à résoudre des problèmes et à participer à la construction de la prise de décision dans l'organisation ;

6. la capacité à créer une vision commune pour mieux s'adapter et agir face à l'environnement.

Olfa Zaïbet-Grèselle,
© *Le Journal du Net*, jdn.com

9 Précisez si les outils mis en place par La Poste permettent de développer l'intelligence collective.

....

....

NOTION
Intelligence collective : performances intellectuelles d'une communauté favorisées par le partage des informations.

10 Complétez le tableau suivant pour montrer de quelle manière les outils développés par La Poste favorisent la construction d'une intelligence collective au sein de l'entreprise et pour ses clients.

Les six capacités du manager selon Olfa Zaïbet-Grèselle	Capacités mises en œuvre dans le Groupe La Poste	Exemples d'outils développés par le Groupe La Poste
1. Capacité à composer une équipe pluridisciplinaire		
2. Capacité à intégrer les diverses intelligences individuelles		
3. Capacité à collaborer ensemble à l'aide des TIC		
4. Capacité à apprendre (avec et par) les membres de l'équipe		
5. Capacité collective à résoudre des problèmes et à participer à la construction de la prise de décision dans l'organisation		
6. Capacité à créer une vision commune pour mieux s'adapter et agir face l'environnement		

C Intelligence artificielle et automatisation de tâches organisationnelles

DOC. 5 L'intelligence artificielle appliquée à La Poste

Pourquoi l'intelligence artificielle est-elle un sujet majeur dans la bancassurance ?

Les banques utilisent des données depuis des décennies pour mieux connaître leurs clients et maîtriser les risques financiers et réglementaires. La montée en puissance de l'IA est due à la formidable puissance de calcul de nouveaux outils capables de traiter des données internes et externes d'origine et de format très divers – textes, données vocales, images – avec des algorithmes de plus en plus performants et apprenants. [...]

Que fait La Banque postale en matière d'IA ?

Une centaine d'experts « data » accompagnent les métiers sur deux axes, le contrôle des risques d'une part et la connaissance client d'autre part. La Banque postale utilise par exemple des modèles statistiques pour affiner la décision d'octroi de crédit, identifier les niveaux de risques de ses clients et aider dans la préparation des entretiens client. L'IA permet aussi d'améliorer le service après-vente avec des agents conversationnels, dits *chatbots*, qui reconnaissent la voix et le texte. La Banque postale, avec le 3639, reconnaît désormais le langage naturel. Une utilisation du système d'information est également prévue pour traiter de manière prédictive les incidents et d'en réduire éventuellement le temps de remédiation. C'est une contribution précieuse à la qualité de service.

Interview de Philippe Cuvelier, Directeur des systèmes d'information de La Banque postale et du Réseau La Poste, legroupelaposte.fr

NOTION

Intelligence artificielle : application de techniques qui permettent à des machines d'imiter une action humaine. Par exemple, l'utilisation d'algorithmes mathématiques permet d'obtenir des modèles reproductibles de façon automatique grâce au calcul d'un nombre gigantesque de données.

11 Expliquez pourquoi l'intelligence artificielle prend de plus en plus de place dans le fonctionnement des organisations.

....

....

....

12 Indiquez le rôle que joue l'intelligence artificielle à La Banque postale.

....

....

....

13 Précisez comment l'intelligence artificielle peut améliorer la relation client de La Banque postale.

....

....

....

14 Indiquez dans le tableau suivant les outils développés par La Banque Postale et leurs fonctionnalités.

Outils développés grâce à l'IA	Fonctionnalités / objectifs
....	• Affiner la décision d'octroi de crédit, identifier les niveaux de risques de ses clients et aider à la préparation des entretiens client.
....	• Améliorer le service après-vente par la reconnaissance de la voix et du texte.
....	• Reconnaître le langage.
....	• Traiter de manière prédictive les incidents et réduire éventuellement le temps de remédiation. • Améliorer la qualité des services.

DOC. 6

L'automatisation, première application de l'intelligence artificielle dans les entreprises

Une des applications principales de l'intelligence artificielle est sans aucun doute l'automatisation. Potentiellement, partout où nous utilisons actuellement des personnes pour effectuer des tâches répétitives ou ingrates, l'intelligence artificielle peut aider en apprenant aux ordinateurs à reconnaître des schémas de données non structurées pour les transformer en données structurées, et instaurer une réponse automatique. L'intelligence artificielle peut aider à l'automatisation de différents domaines de l'entreprise, comme le support client, la fabrication ou encore l'assurance qualité. Elle ne va pas remplacer les employés : au contraire, le développement des technologies, leur mise en œuvre et leur utilisation continue nécessitent du personnel adapté. De la même façon, à travers l'automatisation des tâches répétitives de l'entreprise, l'intelligence artificielle contribuera à améliorer la qualité de service, l'expérience utilisateur, l'exécution des projets et bien sûr à réduire significativement les coûts.

Gabriel Ferrera, usinenouvelle.com, 11 août 2018

15 Expliquez ce qu'est l'automatisation des tâches réalisée grâce à l'utilisation de l'intelligence artificielle.

....

....

....

16 Indiquez dans quel domaine peut s'appliquer l'automatisation des tâches.

....

....

17 Précisez ce que pourra améliorer l'intelligence artificielle grâce à l'automatisation des tâches.

....

....

DOC. 7

Les limites de l'IA et de l'automatisation des tâches

De manière générale, l'IA et l'automatisation des tâches dans le monde du travail offriraient une opportunité économique liée à des gains de productivité. Cependant ces gains pourraient aussi constituer des limites pour l'emploi, remplaçant l'humain par la machine. De même que les frontières entre les métiers seraient modifiés. Les travailleurs pourraient également craindre une dévalorisation de leurs compétences, une surcharge cognitive, une perte d'autonomie, un contrôle accru et une perte de sens du travail liée à l'automatisation des tâches. Par ailleurs, l'IA n'est pas sans risque en matière de gestion des données. La multitude de données collectées grâce à l'IA remet en cause la protection de la vie privée des consommateurs surtout lorsque les organisations se nourrissent de cette matière numérique pour faire fonctionner leur activité (banque, assurance, marketing).

Delagrave, 2020

18 Relevez dans le document quelles sont les limites du développement de l'IA et de l'automatisation des tâches pour l'emploi.

....

....

....

....

19 Repérez quel est l'autre risque important du développement de l'IA et de l'automatisation des tâches pour l'emploi.

....

....

D Rôles, droits et responsabilités dans un environnement numérique

DOC. 8 L'Identité numérique et la protection des données personnelles à La Poste

VIDÉO + 1'15"
L'identité numérique via laposte.fr
www.lienmini.fr/30913-idn-poste

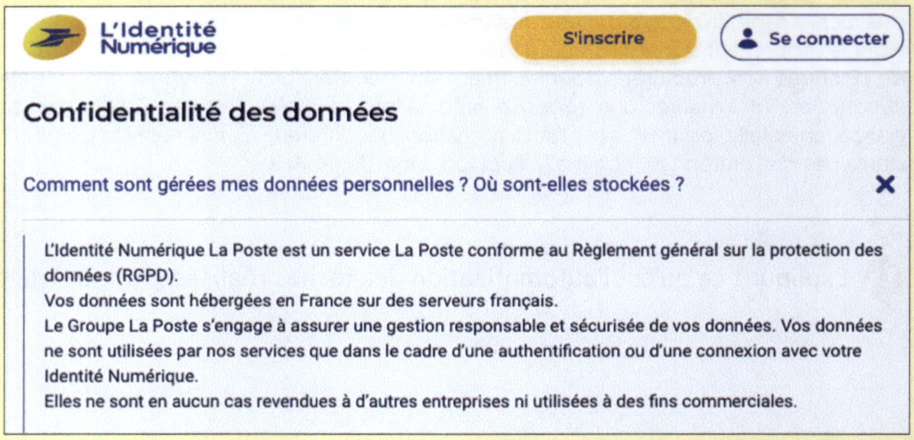
L'Identité Numérique
S'inscrire
Se connecter

Confidentialité des données

Comment sont gérées mes données personnelles ? Où sont-elles stockées ?

L'Identité Numérique La Poste est un service La Poste conforme au Règlement général sur la protection des données (RGPD).
Vos données sont hébergées en France sur des serveurs français.
Le Groupe La Poste s'engage à assurer une gestion responsable et sécurisée de vos données. Vos données ne sont utilisées par nos services que dans le cadre d'une authentification ou d'une connexion avec votre Identité Numérique.
Elles ne sont en aucun cas revendues à d'autres entreprises ni utilisées à des fins commerciales.

lidentitenumerique.laposte.fr, 2020

20 Décrivez l'Identité Numérique La Poste et indiquez les avantages de ce service.

....

....

....

DOC. 9 Le Règlement général sur la protection des données

Le Règlement général sur la protection des données (RGPD) renforce l'obligation d'information et de transparence à l'égard des personnes dont vous traitez les données (clients, collaborateurs, etc.). À chaque fois qu'une organisation collecte des données personnelles, le support utilisé (formulaire, questionnaire, etc.) doit comporter des mentions d'information :

– Pourquoi vous collectez les données (« la finalité » ; par exemple pour gérer l'achat en ligne du consommateur) ;

– Ce qui vous autorise à traiter ces données (le « fondement juridique » : il peut s'agir du consentement de la personne concernée, de l'exécution d'un contrat, du respect d'une obligation légale qui s'impose à vous, de votre « intérêt légitime ») ;

– Qui a accès aux données (indiquez des catégories : les services internes compétents, un prestataire, etc.) ;

– Combien de temps vous les conservez (exemple : « 5 ans après la fin de la relation contractuelle ») ;

– Les modalités selon lesquelles les personnes concernées peuvent exercer leurs droits (via leur espace personnel sur votre site internet, par un message sur une adresse email dédiée, par un courrier postal à un service identifié) ;

– Si vous transférez des données hors de l'Union européenne (précisez le pays et l'encadrement juridique qui maintient le niveau de protection des données).

cnil.fr, 2020

21 Rappelez ce qu'est le RGDP puis précisez comment La Poste garantit la protection des données.

....

....

....

....

QUESTION BILAN

Présentez par écrit les avantages et les inconvénients pour les organisations de développer l'intelligence collective à l'aide du numérique.

2 En quoi le numérique optimise-t-il la communication externe de l'organisation ?

A La e-communication

DOC. 10 L'offre de courrier connecté du Groupe La Poste

Le courrier connecté webkey se présente sous forme d'un support USB qui permet de faire le lien entre un document physique et un site internet.

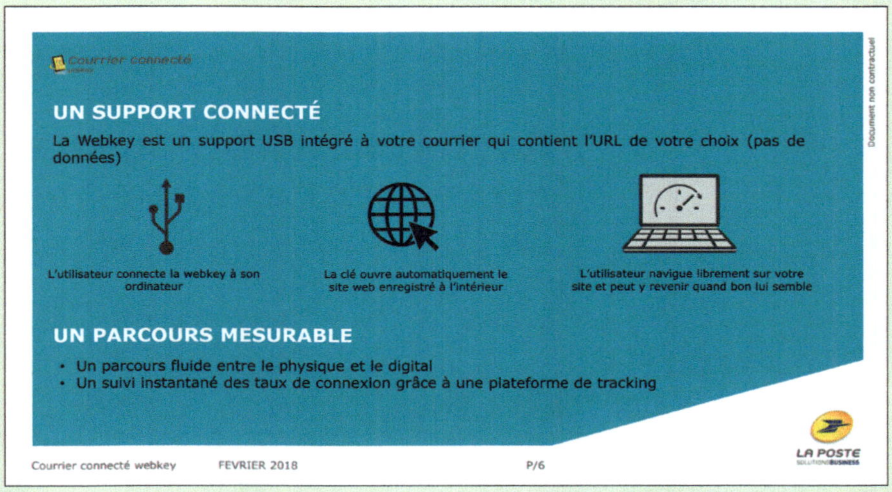

La Poste développe son offre de courrier connecté destiné à optimiser l'interactivité et les performances des campagnes marketing des entreprises auprès de leur cible. Elle propose aux entreprises un nouveau support de communication, la webkey, qui crée un lien entre un document physique et un site Internet. En effet, cette dernière se présente sous la forme d'un support USB à insérer dans un ordinateur. La webkey permet de charger uniquement une adresse URL. Cette caractéristique évite, selon La Poste, tout risque de virus. L'entreprise certifie d'ailleurs toutes les clés antivirus. L'enquête menée par la Poste a notamment montré que le courrier connecté webkey améliore le taux de souvenir du courrier de 10 points dans le cas des clients du secteur bancaire et que le niveau de lecture est renforcé : 7 personnes ayant ouvert le courrier sur 10 l'ont lu. Par ailleurs, les résultats montrent que les courriers accompagnés d'une webkey recueillent 70 % d'opinions favorables contre 57 % pour ceux qui n'ont pas été exposés au support dans le cas d'un client de banque. Enfin, la webkey développe l'image d'innovation des entreprises. La webkey enrichit la gamme courrier connecté de La Poste, qui propose déjà l'intégration de codes 2D au courrier publicitaire, redirigeant le lecteur équipé d'un smartphone vers un contenu sur Internet mobile.

e-marketing.fr, 22 avril 2020

22 Décrivez le fonctionnement de la webkey proposée par La Poste.

....

....

....

....

NOTION

e-communication : ensemble des supports et technologies numériques utilisables pour une campagne de communication d'entreprise : e-pub, e-mailing, référencement, réseaux sociaux, mobile, etc.

23 Quels sont les avantages de la webkey pour les organisations utilisatrices ?

....

....

....

24 Quels peuvent être les apports de cet outil dans la communication des entreprises ?

....

....

....

25 Montrez que cette nouvelle offre correspond à de la e-communication.

....

....

DOC. 11 **La Poste en ligne avec son temps**

Pour simplifier sa présence sur Internet, La Poste rassemble ses sites en une plateforme unique de services qui devient le point d'entrée digital de ses clients. Vitrine de l'offre de La Poste sur le Web, le site laposte.fr intègre une boutique en ligne, la messagerie laposte.net, l'espace sécurisé Digiposte et les services Colissimo. L'expérience client devient multicanale grâce au compte client unique, qui assure la continuité de service entre laposte.fr et les points de contact physiques de La Poste. L'application La Poste pour mobile et tablette séduit des millions de clients et la relation client sur les réseaux sociaux Facebook (236 047 fans en 2020) et Twitter (39 405 followers en 2020) fait de plus en plus d'adeptes. Une expérience client simple, rapide et personnalisée, quel que soit le canal choisi pour rentrer en contact avec La Poste.

laposte.fr, 2020

26 Listez les outils utilisés par La Poste pour développer sa e-communication.

....

....

....

....

....

27 Expliquez l'intérêt pour La Poste d'avoir recours à ces différents outils pour développer sa e-communication.

....

....

....

....

....

B Communauté en ligne et réseaux sociaux

DOC. 12 La communauté en ligne du Goupe La Poste

Alexis Bonjour Lisa ! Peux-tu te présenter en quelques mots, et peut-être nous dévoiler qui se cache derrière @lisalaposte ?

Isabelle Je m'appelle Isabelle Cambreleng et je suis chargée des médias numériques à la Direction de la Communication du Groupe La Poste. @lisalaposte, c'est moi ;-). Pourquoi @lisalaposte ? C'est très simple. Quand nous réfléchissions, il y a un an, à notre présence sur Twitter, l'idée de Lisalaposte est venue naturellement puisque Lisa, c'est aussi le personnage qui accueille nos clients sur notre service consommateurs en ligne www.laposte.fr/service-consommateurs. Nous avions la volonté de signifier d'emblée que notre présence *via* ce compte s'inscrirait dans un mode de relation personnalisée et proche de nos contacts. @lisalaposte s'est donc imposé comme une évidence.

Alexis Comment se déroule ta journée type de community manager ? Comment t'organises-tu ?

Isabelle Depuis un an, je suis aux manettes des comptes réseaux sociaux du Groupe La Poste mais je ne consacre pas toute ma journée à cette activité. Nous soignons particulièrement notre veille et nous sommes assistés par une agence spécialisée qui nous donne une vision précise de l'e-réputation de l'entreprise au quotidien. Je surveille nos comptes toute la journée ; j'essaie d'être au maximum disponible et de traiter les sollicitations (questions, problèmes...) en temps réel de nos clients. Nous avons également mis en place un réseau d'experts réactifs pour nous aider et couvrir le maximum de sujets (courrier, colis, banque, bureaux de poste, RH...).

Alexis Penses-tu qu'il soit nécessaire pour une marque d'investir les médias sociaux et d'avoir un(e) community manager ?

Isabelle Tout dépend des objectifs que l'on se donne mais les marques ne peuvent plus ignorer aujourd'hui leur e-réputation. Elle joue un rôle clé dans la construction de leur image et de leur notoriété. Et avec 26 millions de Français membres d'un réseau social, on ne peut plus parler d'épiphénomène. Les marques doivent prendre en compte cette nouvelle donne et remettre en cause leur stratégie Internet pour intégrer cette dimension communautaire.

Extrait d'interview d'Isabelle Cambreleng, Community manager chez La Poste, blog.kinoa.com, 7 juin 2010

28 Précisez le rôle de @lisalaposte au sein du Groupe La Poste.

....

....

....

29 Repérez l'outil utilisé par Lisalaposte pour communiquer avec les internautes.

....

30 Pourquoi peut-on dire que le Groupe La Poste gère une communauté en ligne par l'intermédiaire de @lisalaposte ?

....

....

31 Quel est l'intérêt pour La Poste de gérer une communauté en ligne ?

....

....

....

32 Donnez d'autres exemples d'organisations qui gèrent une communauté en ligne.

....

DOC. 13 La Poste sur les réseaux sociaux

Les médias sociaux sont le troisième pilier de présence de La Poste sur l'Internet fixe et mobile. Ils illustrent au quotidien l'esprit de service et la posture d'écoute du groupe vis-à-vis de sa communauté en ligne. L'attention que le groupe accorde à la qualité de la relation avec l'ensemble de ses publics, et parmi eux ses clients, s'illustre aussi par sa présence sur les réseaux sociaux appréciés des internautes, qu'ils soient particuliers, professionnels, entreprises, partenaires ou acteurs institutionnels.

D'après laposte.fr

Le Groupe La Poste sur les différentes communautés en ligne (les réseaux sociaux, les chaînes de partage et les réseaux professionnels)

twitter

- Le Groupe La Poste : *https://twitter.com/GroupeLaPoste*
- La Poste/Lisa (service clients Particuliers et Professionnels) : *https://twitter.com/lisalaposte*
- La Poste Recrutement : *http://twitter.com/laposterecrute*
- Le compte Twitter du Musée de La Poste/L'Adresse : *https://twitter.com/museedelaposte*

facebook

- Le Groupe La Poste/Recrutement : *https://www.facebook.com/LeGroupeLaPosterecrute*
- La Poste : *https://www.facebook.com/laposte*
- La Banque Postale : *http://www.facebook.com/labanquepostale*
- La Banque Postale/Jeunes : *http://www.facebook.com/labanquepostale.jeunes*

YouTube

- YouTube Le Groupe La Poste : *http://www.youtube.com/groupelaposte*
- YouTube La Poste : *http://www.youtube.com/laposte*
- Dailymotion Le Groupe La Poste : *http://www.dailymotion.com/groupe_la_poste*

viadeo

- Viadeo Le Groupe La Poste (recrutement) : *http://www.viadeo.com/v/company/le-groupe-la-poste*
- LinkedIn Le Groupe La Poste (recrutement) : *http://www.linkedin.com/company/la-poste*

33 Présentez l'intérêt pour le Groupe La Poste d'être présent sur toutes ces communautés en ligne.

....

....

....

34 Selon vous, le Groupe La Poste peut-il éviter de communiquer à travers ces communautés en ligne ?

....

....

....

....

35 Précisez quelles sont les différentes communautés ciblées par le Groupe La Poste à travers ces médias sociaux.

....

....

....

....

DOC. 14 Le Groupe La Poste parmi les meilleurs recruteurs sur le Web

Le Figaro a publié le 12 février 2018 les résultats de l'étude Potentialpark dans laquelle Le groupe La Poste figure parmi les meilleurs recruteurs sur le Web.

Potentialpark vient de publier son classement annuel France 2018 : les thèmes d'études concernent notamment les comportements et attentes des candidats sur les sites de recrutement de 100 entreprises. S'agissant des bonnes pratiques, le Groupe La Poste a particulièrement valorisé, sur son site de recrutement, l'interactivité au cœur de l'expérience candidats, et fait de la relation directe avec les collaborateurs de l'entreprise, et les métiers qui les intéressent une de ses priorités [...] Ainsi, le nouveau site de recrutement propose non seulement des fiches métiers, un descriptif de missions et des vidéos de collaborateurs expliquant leur métier au quotidien, mais le candidat peut aussi demander des informations directement par messagerie à un collaborateur « ambassadeur ». Par ailleurs, en complément de ses ambassadeurs par filières, pour renforcer l'interactivité attendue par les candidats, le Groupe La Poste a mis en place sur son nouveau site de recrutement, accessible 24h/24, Co'Pilote, son *chatbot* RH, pour répondre à tout moment via Messenger aux questions simples des candidats.

laposterecrute.fr, 2020

36 Expliquez les raisons du succès du site de recrutement du Groupe La Poste.

....

37 Listez les services développés par le site de recrutement du Groupe La Poste pour répondre aux attentes des candidats.

....

38 Pourquoi peut-on dire que le site de recrutement du Groupe La Poste permet de renforcer la communauté en ligne ?

....

DOC. 15 La Poste sensibilise les postiers à l'usage des réseaux sociaux

Comme beaucoup de Français, les postiers sont présents sur les médias sociaux, à titre personnel et parfois au titre de leur appartenance au Groupe La Poste. Parce que c'est une évolution forte et inéluctable dans la société française et que La Poste est une entreprise qui porte des valeurs de considération, d'honnêteté, de proximité, l'entreprise a choisi d'accompagner les postiers par une démarche qui se veut utile et responsable.

La Direction de la Communication du Groupe La Poste a ainsi édité *Le Guide des bonnes pratiques sur les médias sociaux*. Destiné à tous les postiers, ce guide pédagogique propose huit conseils si l'on souhaite être un acteur dans cet univers et que l'on s'exprime en son nom propre sur des sujets divers. C'est une première étape de sensibilisation à l'usage des réseaux sociaux dans les relations individuelles et professionnelles.

Conseils :

1. Parlez en votre nom (et non au nom de La Poste).
2. Respectez et considérez vos contacts.
3. Soyez prudent (diffusion à grande échelle de vos conversations).
4. Soyez responsable au niveau personnel et professionnel.
5. Soyez vigilant au cadre légal (protection de la vie privée, droits de propriété intellectuelle).
6. Respectez la confidentialité des informations.
7. Contribuez aux conversations de manière pertinente (véracité et exactitude des informations).
8. Protégez-vous, protégez les informations de La Poste.

legroupe.laposte.fr

39 Identifiez pourquoi Le Groupe La Poste a édité ce guide pour les postiers.

....

....

40 Selon vous, les risques sont-ils les mêmes si le postier communique sur les réseaux sociaux à titre personnel ou au nom de La Poste ?

....

....

....

41 Précisez l'intérêt pour le Groupe La Poste d'éditer ce guide en direction des postiers.

....

....

....

QUESTION BILAN

Effectuez une recherche documentaire et présentez oralement, à l'aide d'un diaporama, les différents outils numériques de communication externe utilisés par les organisations.

L'ESSENTIEL

La contribution du numérique au fonctionnement de l'organisation

SYNTHÈSE
Accédez à la synthèse audio
www.lienmini.fr/30602-synthese9

1 Comment le numérique contribue-t-il au développement de l'intelligence collective ?

Le numérique permet de développer L'INTELLIGENCE COLLECTIVE grâce

- aux services de partage des connaissances : nouvelles formes de COLLABORATION
- à L'INTELLIGENCE ARTIFICIELLE et L'AUTOMATISATION DES TÂCHES
- aux services de partage de l'information : nouvelles formes de COOPÉRATION

Il est nécessaire de maîtriser les risques liés à la construction de l'intelligence collective : protection et confidentialité des données.

2 En quoi le numérique optimise-t-il la communication externe de l'organisation ?

La communication externe est optimisée grâce à

- l'E-COMMUNICATION
- l'animation de COMMUNAUTÉS EN LIGNE et la présence sur les RÉSEAUX SOCIAUX

Ces moyens de communication comportent des risques à contrôler : **droits et responsabilités des acteurs** (organisations, salarié (é) s..).

APPLICATIONS

APPLICATION 1 Test de connaissances

Validez vos connaissances en cochant la (ou les) bonne proposition(s), puis justifiez oralement vos réponses.

1 Le partage de l'information se pratique
- ☐ en interne.
- ☐ en externe.
- ☐ en interne et en externe.

2 Les réseaux sociaux sont des moyens de communication :
- ☐ interne
- ☐ externe
- ☐ interne et externe

3 Le fonctionnement de l'IA repose :
- ☐ uniquement sur l'homme
- ☐ uniquement sur la machine
- ☐ sur la combinaison homme machine

4 La construction d'une intelligence collective nécessite :
- ☐ l'implication d'un collaborateur.
- ☐ l'interaction entre plusieurs collaborateurs.

5 La e-communication est une forme de communication :
- ☐ externe.
- ☐ interne.

6 Les droits d'accès attribués à un utilisateur dépendent :
- ☐ du statut de l'utilisateur.
- ☐ du matériel informatique utilisé.

QCM interactif
Accédez au QCM en utilisant le QRcode ou le lien URL
www.lienmini.fr/30913-qcm9

APPLICATION 2 Se situer dans un environnement numérique collaboratif : les droits et les responsabilités

DOC. **La Cnil inflige une sanction de 40 000 euros à Hertz**

C'est la première fois qu'une sanction pécuniaire est prononcée par la Cnil pour violation de données en application de la loi pour une République numérique, entrée en vigueur en novembre 2016. Auparavant, seul un avertissement pouvait être décidé dans ce cas. « Une violation de données personnelles s'est produite en 2016 sur un site de la société Hertz en raison d'une erreur commise par un prestataire. La formation restreinte de la Cnil a prononcé une sanction d'un montant de 40 000 euros, estimant que la société avait manqué à son obligation de sécurité des données », explique le communiqué. La violation des données personnelles s'est effectuée *via* le site de fidélisation www.cartereduction-hertz.com, dont la sécurité et la confidentialité des données étaient « insuffisantes ». Les agents de la Cnil ont en effet pu accéder librement aux données personnelles fournies par 35 357 personnes inscrites sur ce site, c'est-à-dire leur identité, coordonnées et numéro de permis de conduire. La sanction pécuniaire est prononcée pour « manquement à l'obligation de prendre toutes les mesures pour préserver la sécurité des données personnelles du site, conformément à l'article 34 de la loi Informatique et Libertés ».

AFP, 27 juillet 2017

1 Expliquez les faits reprochés à Hertz par la CNIL.

2 Repérez sur quel élément juridique s'appuie la CNIL pour infliger cette sanction à l'encontre de Hertz.

APPLICATION 3 Comprendre la variété des usages et des impacts

DOC. Un Environnement Numérique de Travail pour tous

La première qualité de monlycée.net-NG, c'est sa simplicité d'utilisation. Elle sera un soulagement pour tous ceux, les professeurs en particulier, qui jugeaient l'ENT actuel difficile d'accès. Un travail important sur l'ergonomie a été réalisé. Les options d'interfaçage retenues jouent la carte de la similitude avec celles des réseaux sociaux ou des smartphones auxquelles nous sommes tous habitués. Ainsi, des applis accessibles directement depuis une icône suggestive remplacent les Services qu'il fallait aller chercher dans un menu déroulant.
Les applis regroupées sur une barre d'icônes (le nom de l'appli apparaît lorsque la souris la survole) :

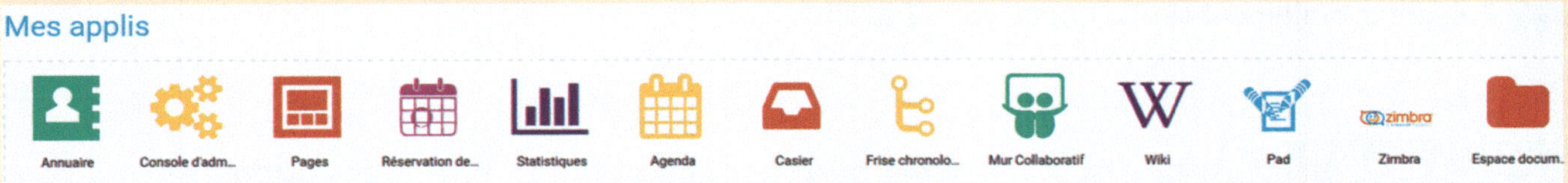

Ainsi également de la logique des notifications qui signalent à l'utilisateur en continu et de façon automatique tout ce qui le concerne dans la vie de sa communauté et qui est susceptible de l'intéresser. Les notifications apparaissent dans un fil de nouveautés qui concrétise le plus visiblement la similitude de l'ENT avec les réseaux sociaux.

monlycee.net

1. Décrivez l'environnement numérique de travail « mon lycee.net ».
2. Identifiez les possibilités offertes par cet environnement numérique de travail.
3. Expliquez ses bénéfices pour les personnels des établissements scolaires.

APPLICATION 4 Contribuer à l'architecture numérique globale de l'organisation

DOC. L'intelligence artificielle au service du commerce de détail

Connaître les préférences du client, anticiper ses envies et lui proposer l'offre la plus personnalisée : grâce à l'intelligence artificielle, les ambitions des commerçants passent du rêve à la réalité. Mamma mIA !
En 2018, l'intelligence artificielle, concept sur lequel travaillent les scientifiques depuis 60 ans, fait une entrée remarquée sur le territoire du commerce de détail. « Si ce terme est utilisé à toutes les sauces, commente Christophe Marée, directeur marketing digital Europe de l'Ouest et du Sud chez Adobe France, les outils d'apprentissage inhérents à l'intelligence artificielle – et qui s'inspirent de la pensée humaine –, combinés aux *datas*, œuvrent à améliorer les expériences proposées par les marques aux consommateurs. »
Grâce à l'intelligence artificielle, les marques auraient ainsi l'opportunité de mieux connaître leurs clients. Et pour cause : « Il est enfin possible d'exploiter les données non structurées telles que les *posts* sur les réseaux sociaux », explique Jean-Philippe Desbiolles, vice-président des solutions cognitives d'IBM-Watson. Grâce aux données issues des cartes de fidélité de leurs clients (âge, sexe, identité, adresse, notamment), aux catégories d'achat les plus fréquentes – en ligne et en boutique – combinées aux données de transactions, de navigation et de comportement, aux données exogènes, comme la météo, et aux algorithmes, les marques seraient en mesure de personnaliser leur offre, mais, aussi, de détecter les futures tendances ou, encore, d'automatiser nombre de tâches liées à la gestion des stocks.
« La donnée devient omniprésente, appuie Christophe Marée. Elle décrit des profils consommateurs, des appétences aux produits, des comportements et même des modes de pensée. C'est son mariage avec les technologies qui permet de réagir de manière prédictive. » Cyrillus a bien compris l'importance de l'exploitation des données pour individualiser sa communication. Ainsi, en octobre 2016, l'enseigne combine le traitement de ses *datas* aux outils de recommandations basés sur de l'intelligence artificielle de la jeune pousse Nuukik. Objectif : constituer un catalogue ultrapersonnalisé, un « *smartalog* » envoyé aux clientes les moins régulières de l'enseigne, afin de les fidéliser.

Floriane Salques, img. e-marketing.fr, 16 avril 2018

1. Repérez comment l'intelligence artificielle améliore la relation de la marque avec ses clients.
2. Relevez les données recueillies par l'intelligence artificielle.

OBSERVATION ESSENTIEL APPLICATIONS VERS EL BAC

APPLICATION 5 Connaître les applications et les usages numériques dans les organisations

1. Choisissez une organisation.
2. Caractérisez l'organisation choisie.
3. Effectuez une recherche documentaire sur les applications et les usages numériques de cette organisation.
4. Rédigez la présentation de vos résultats en utilisant un logiciel de présentation, par exemple Prezi ou PowerPoint.
5. Présentez oralement le résultat de votre travail.

APPLICATION 6 Connaître les usages des réseaux sociaux dans les organisations

1. Choisissez deux entreprises concurrentes sur le marché de votre choix.
2. Analysez leur présence sur les réseaux sociaux à l'aide de la grille suivante, à reproduire :

Réseau social	Type de contenus (textes, images, photos, vidéos,..)	Nombre d'abonnés	Nombre de visiteurs	Usage des « j'aime » ou « like »	Importance des avis ou des commentaires
ORGANISATION 1					
Facebook					
Instagram					
Twitter					
YouTube					
Snapchat					
Autre réseau social...					
ORGANISATION 2					
Facebook					
Instagram					
Twitter					
YouTube					
Snapchat					
Autre réseau social...					

3. Réalisez un diagnostic de la présence de chaque organisation sur les réseaux sociaux en précisant ses forces et ses faiblesses.
4. Présentez oralement le résultat de votre travail.

Vers le BAC — Épreuve écrite de Terminale

ameli.fr, le site de l'Assurance maladie

Contexte Créé en 2007 par l'Assurance maladie, **le site ameli.fr** permet à chaque assuré de contacter sa caisse primaire. Le site offre de nombreux services, comme la commande de la carte Vitale, le relevé des remboursements de soins, le téléchargement des attestations de droits, etc.

Afin de répondre à l'ensemble des besoins des assurés, l'Assurance maladie continue de développer les services en ligne, comme le Dossier médical partagé (DMP), un carnet de santé numérique qui conserve les informations d'un assuré et permet de les partager avec les professionnels de santé qui le soigne.

La direction des services informatiques souhaite savoir si le Dossier médical partagé (DMP) remplit bien son objectif : faciliter et améliorer le partage des informations entre l'Assurance maladie, les professionnels de santé et les assurés.

Travail à faire à l'aide des documents 1 à 6

1. Rendez-vous sur le site ameli.fr et décrivez-le : destinataires, fonctionnalités, services.
2. Qui sont les utilisateurs du site Internet ?
3. Quels sont les avantages du site Internet ameli.fr pour les assurés ?
4. Listez les avantages du Dossier médical partagé pour les assurés et pour l'Assurance maladie.
5. Identifiez les limites du Dossier médical partagé.
6. Proposez des recommandations pour améliorer le fonctionnement du Dossier médical partagé.
7. Peut-on dire que le site ameli.fr développe l'intelligence collective ? Justifiez votre réponse.

DOC. 1 La page d'accueil du site ameli.fr

ameli.fr, 2020

DOC. 2 Quelques services en ligne de l'Assurance maladie

ameli.fr, 2020

DOC. 3 L'Assurance maladie réinvente ameli.fr

Avec plus de 12 millions de visites mensuelles[1], le site ameli.fr est le premier point de contact entre l'Assurance maladie et ses publics, avant même le téléphone et l'accueil physique. Pour la première fois depuis 10 ans et afin d'orienter au mieux les utilisateurs, ce site de référence connaît une refonte totale. Grande nouveauté : le nouvel ameli fusionne avec les autres sites de la galaxie ameli, et notamment ameli-santé, proposant désormais aussi bien une information sur les droits et les démarches que sur la santé et la prévention… Plus besoin de consulter plusieurs pages pour s'informer sur une thématique : la navigation du site a été entièrement repensée avec notamment une entrée par situation de vie (« J'attends un enfant », « Je pars à l'étranger »…) pour faciliter le parcours de l'internaute entre informations sur les droits, les démarches, la prévention et l'offre de soins. Les sujets les plus recherchés ont été également réorganisés : ameli.fr se dote d'une rubrique « Contact » visible dès la page d'accueil dans la télécommande, pour accéder rapidement à tout ce qu'on doit savoir, si l'on est un assuré, concernant l'envoi d'une feuille de soins, la déclaration d'un nouveau médecin traitant encore le renouvellement de sa carte Vitale… ou, si l'on est un professionnel de santé, sur l'installation ou les facturations et paiements. Enfin, le nouvel ameli.fr embrasse pleinement les usages actuels en matière de Web social : intégration de boutons de partage sur les différents réseaux sociaux, enrichissement avec des infographies et des vidéos. Le site se veut résolument collaboratif avec le lancement, à venir prochainement, du forum ameli pour les assurés, un nouveau service pour partager questions et réponses autour des droits et démarches en matière d'assurance maladie obligatoire.

toute-la.veille-acteurs-sante.fr, 2020

1. Médiamétrie, janvier-février 2016.

DOC. 4 Le dossier médical partagé de l'Assurance maladie sur le site ameli.fr

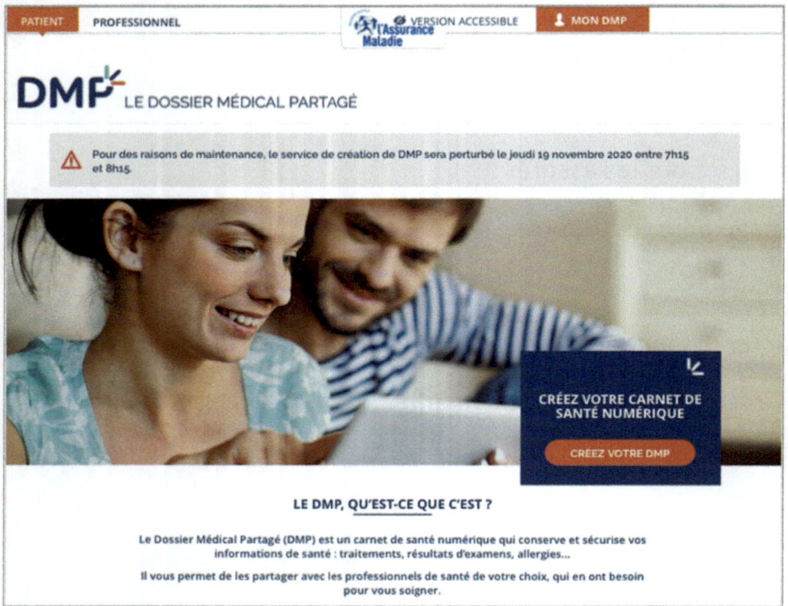

ameli.fr, 2020

DOC. 5 Le dossier médical partagé, un meilleur suivi pour les professionnels de santé

Le DMP présente l'avantage de mettre à disposition des médecins qui vont vous soigner l'ensemble des informations médicales personnelles vous concernant. Faciliter l'accès à ces informations peut faire gagner un temps capital dans certains cas d'urgence, lorsque vous arrivez dans un hôpital dans lequel vous n'avez jamais été soigné et où vous êtes un parfait inconnu. […] Grâce à votre DMP, l'équipe médicale qui vous prend en charge sait rapidement tout ce qu'elle doit connaître : les pathologies dont vous souffrez, vos antécédents médicaux, vos éventuelles allergies, votre groupe sanguin, etc. Ainsi que l'historique des soins que vous avez reçus sur les 24 derniers mois (alimenté automatiquement par l'Assurance maladie). Elle a accès en un endroit unique à vos traitements médicaux en cours ou passés, vos comptes rendus d'hospitalisation, d'opération et de consultation, vos résultats d'examens (analyses, mais aussi examens radiographiques, échographie, scanner, IRM, etc.) et peut y trouver les coordonnées des personnes à prévenir en cas d'urgence. Mieux et plus rapidement informée, l'équipe soignante évitera ainsi de prescrire des examens inutiles ou redondants – ce qui sera source de gain de temps dans son intervention et source d'économie pour l'Assurance maladie, mais également permettra d'éviter les interactions médicamenteuses.

Léa Boluze, capital.fr, 2020

DOC. 6 Pourquoi le dossier médical partagé ne tient pas ses promesses

Si l'Assurance maladie s'est félicitée d'avoir ouvert 8 millions de DMP en un an, la Confédération des syndicats médicaux de France (CSMF) déplore la lenteur du déploiement, alors que l'objectif est d'atteindre 40 millions de DMP créés d'ici 2022. Des médecins jugent aussi l'outil inexploitable en l'état actuel pour les quelques patients qui ont déjà un DMP. […] Si le président du CSMF est convaincu que le DMP pourrait, à l'avenir, garantir une prise en charge des patients de meilleure qualité et améliorer les diagnostics, il déplore l'absence de structuration des données médicales dans la version actuelle du DMP. « Imaginez une bibliothèque sans indexation, le dossier médical partagé, c'est pareil », fustige-t-il.

Caroline Robin, capital.fr, 2019

THÈME 2 | Numérique et intelligence collective

QUESTION DE GESTION 6 — Le numérique crée-t-il de l'agilité ou de la rigidité organisationnelle ?

Chapitre 10

Numérique et organisation du travail

NOTIONS

- Processus : nature et représentation.
- Système de gestion intégrée (progiciels de gestion intégrée, solutions de e-commerce, systèmes de gestion industrielle, sites de marché, etc.).
- Applications métier.
- Travail à distance, mobilité.
- Informatique en nuage (*cloud computing*).

CAPACITÉS

- Identifier les différentes étapes d'un processus de gestion et en schématiser l'enchaînement.
- Repérer les effets de l'automatisation des activités de gestion sur la circulation de l'information, l'organisation du travail et le rôle des acteurs.
- Situer le rôle des acteurs et des applications du système d'information dans un processus de gestion donné.
- Imaginer une nouvelle organisation des tâches avec l'intégration de l'intelligence artificielle.

DÉCOUVRIR LE CONTEXTE

Fernandez&Co est une entreprise familiale fondée par M. et Mme Fernandez, présente sur le marché d'intérêt national de Rungis depuis plus de trente ans. Dès sa création, elle propose une sélection de produits primeurs de qualité supérieure. Traçabilité des produits, expédition vers les grossistes, prise de commandes par téléphone, préparation des commandes, Fernandez & Co est devenue la référence dans la vente de fruits et légumes haut de gamme, issus des productions françaises.

Leur fils, récemment nommé à la tête de l'entreprise, souhaite améliorer la performance interne en renouvelant le système d'information, notamment par la mise en place d'un progiciel de gestion intégrée (PGI), et l'organisation du travail. Pour ce faire, il a recours aux technologies numériques.

VIDÉO INTERACTIVE — POUR COMMENCER
Le Dossier Patient Informatisé de l'AP-HM 4'07"
www.lienmini.fr/30913-dpi

Fernandez & Co

FICHE D'IDENTITÉ

- **Type d'organisation :** organisation à but lucratif
- **Activité :** vente de marchandises
- **Champ d'activité :** national
- **Forme juridique :** SAS
- **Effectifs (2019) :** 220 salariés
- **CA annuel HT (2019) :** 2,7 millions d'€

1. Quels acteurs différents interviennent dans le système d'information de l'entreprise ?
2. Quels axes stratégiques l'entreprise souhaite-t-elle développer ? Quels outils numériques va-t-elle mobiliser ?

1 Comment le numérique façonne-t-il l'organisation du travail ?

A La notion de processus

Au sein de l'organisation Fernandez, tous les acteurs internes (dirigeants, salariés) ou externes (clients, fournisseurs, banques, etc.) sont amenés à échanger une grande quantité d'informations au fur et à mesure des tâches qu'ils accomplissent. Ils génèrent ainsi de nombreux flux d'informations qu'il est essentiel de coordonner efficacement. L'organisation de ce processus permet à l'entreprise Fernandez de gagner en agilité (c'est-à-dire de développer son adaptabilité) pour apporter satisfaction à ses clients et coordonner l'ensemble de ses différentes activités ou métiers.

NOTION

Processus : ensemble d'actions (activités, événements, tâches) qui participent à l'élaboration d'un produit physique ou d'un service. C'est donc une chaîne dans laquelle, en principe, chaque étape doit ajouter une valeur à l'étape précédente (valeur ajoutée).

DOC. 1 Le diagramme événement-résultat : modélisation d'un processus

Étape 1 : Maîtriser le vocabulaire

Acteur : c'est le responsable d'une ou plusieurs activité(s). Il est identifié par son rôle dans l'organisation, par sa place dans l'organigramme.

Activité : c'est un ensemble de tâches élémentaires prises en charge par un même acteur de manière autonome lors d'une étape du processus. Une activité est déclenchée par un événement ou la concordance de plusieurs événements et elle produit toujours un ou plusieurs événements-résultats.

Événement : un événement déclencheur à l'origine d'une activité peut être externe (flux d'information reçu d'un acteur externe ou événement-résultat d'un autre processus), interne (prise de décision d'un acteur interne) ou temporel (arrivée d'une échéance). Un événement-résultat est le produit d'une activité.

Règle de synchronisation : elle indique, si nécessaire, si deux (ou plus) événements déclencheurs doivent être simultanés (ET) ou alternatifs (OU) pour déclencher l'activité.

Règle d'émission : elle indique les différents cas qui peuvent se présenter si le résultat varie en fonction de certaines conditions (si le résultat est invariant, la règle d'émission est « toujours »).

Étape 2 : Modéliser le schéma événement-résultat

Démarche de construction du diagramme

1. Repérer les acteurs et dresser le schéma événement-résultat ;
2. Identifier les différentes activités concernées par le processus ;
3. Identifier les événements externes et/ou internes déclencheurs ;
4. Repérer les règles de synchronisation (ET/OU) ;
5. Décrire les différentes tâches élémentaires à réaliser ;
6. Identifier les événements-résultats et leur règle d'émission ;
7. Vérifier l'enchaînement des tâches et valider le diagramme.

Étape 3 : Valider le diagramme

Pour vérifier le diagramme, il est impératif de contrôler les points suivants :

1. un acteur correspond à une colonne ;
2. un acteur émet au moins un événement ou reçoit au moins un résultat ;
3. un événement externe provient d'au moins un acteur ;
4. un résultat provient d'au moins une activité ;
5. une activité est déclenchée par au moins un événement et produit au moins un résultat ;
6. un diagramme commence et termine par au moins un événement.

Exemple de diagramme événement-résultat

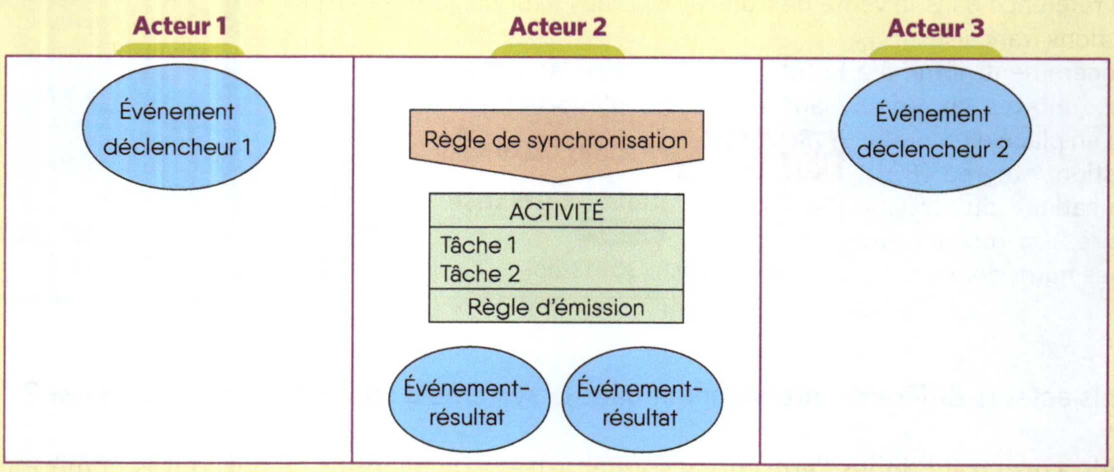

Delagrave, 2020

DOC. 2 Processus de gestion des commandes dans l'entreprise Fernandez & CO

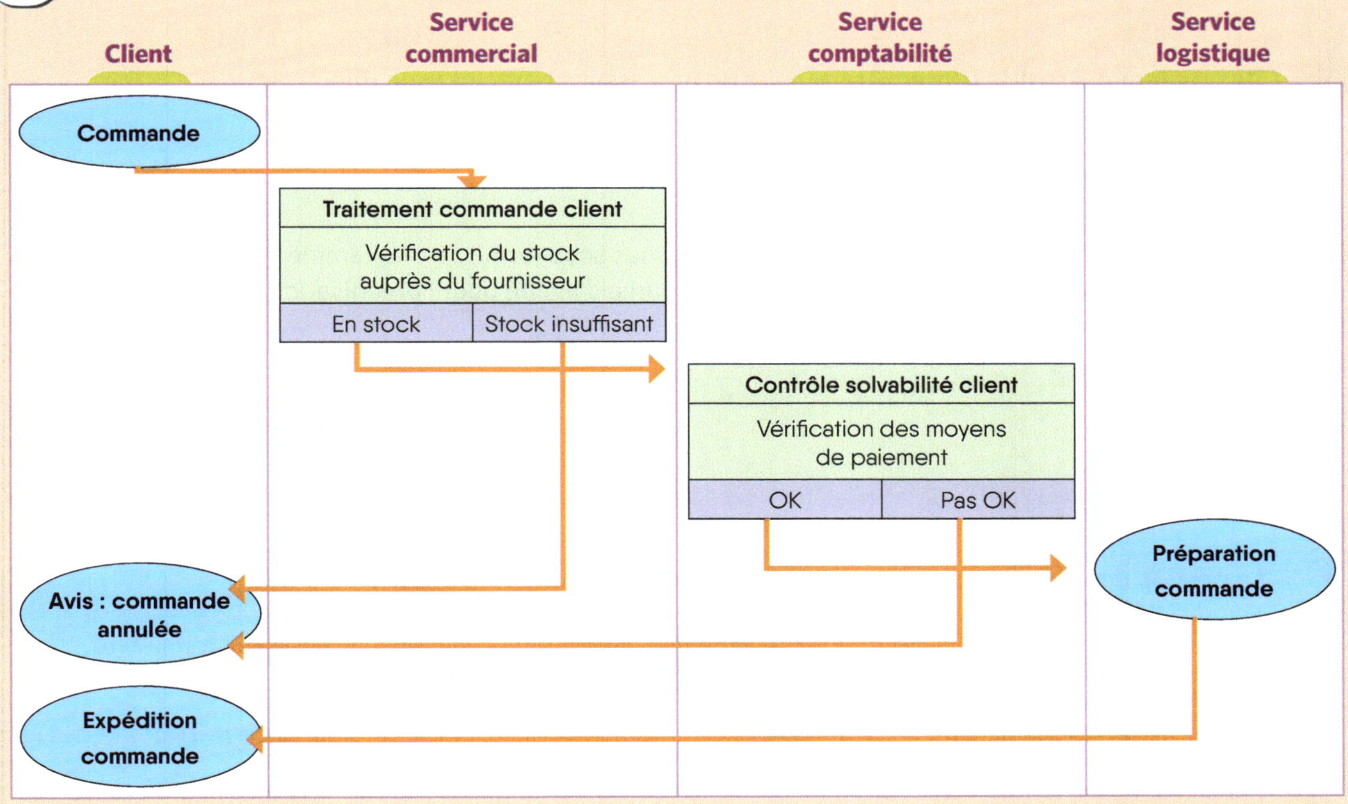

Delagrave, 2020

1 Complétez le tableau d'analyse du processus de gestion des commandes de l'entreprise Fernandez en vous aidant des doc. 1 et 2.

Analyse du processus de gestion

Identification des acteurs dans le processus

Acteur 1	Acteur 2	Acteur 3	Acteur 4
....	....	....	....

Identification des activités et des tâches du processus

Activité 1	Activité 2
....	....
Tâche 1	**Tâche 1**
....	....

Identification des événements dans le processus

Événement déclencheur 1	Événement déclencheur 2
....	....
Événement résultat 3	**Événement résultat 4**
....	....

Identification des règles d'émission

Règle 1	Règle 1
....	....

2 Indiquez l'événement qui déclenche le processus de commande.

....

3 Citez l'acteur qui réalise la première activité du processus et précisez son rôle.

....

....

4 Selon vous, quel est l'intérêt de visualiser ce processus sous forme de diagramme événement-résultat ? Concluez en montrant que ce processus est une source d'agilité pour l'organisation.

....

....

....

....

DOC. 3 **La gestion des demandes de partenariat commercial chez Fernandez & Co**

Les partenaires intéressés envoient par courrier leurs demandes de partenariat en remplissant un formulaire.
- Le **service commercial** reçoit la demande de partenariat et établit une fiche de faisabilité qui fait la synthèse du formulaire envoyé par les partenaires intéressés.
- Cette fiche est transmise au **service technique** qui vérifie si le partenariat est faisable. Si ce n'est pas le cas, un courrier de refus est envoyé au partenaire intéressé.
- Dans le cas contraire, un bon d'accord est transmis au **service juridique** qui établit un précontrat et l'envoie au client.

Delagrave, 2020

5 Complétez le tableau d'analyse du processus de gestion des demandes de partenariat suivant à partir du doc. 3.

	Étapes	Acteur	Activité	Événement
1	Formulaire de demande de partenariat	....	....	....
2	Traitement de la demande par la réalisation d'une fiche de faisabilité transmise au service technique	....	....	....
3	Fiche de faisabilité	....	....	....
4	Le service technique vérifie la faisabilité de la demande	....	....	....
5	Rédaction d'un courrier de refus transmis au client en cas de non-faisabilité	....	....	....
6	Rédaction d'un bon d'accord en cas de faisabilité transmis au service juridique	....	....	....
7	Élaboration d'un précontrat envoyé au client	....	....	....

6 Complétez le diagramme événement-résultat suivant pour schématiser le processus de demande de partenariat chez Fernandez & Co, à partir des doc. 1 et 2.

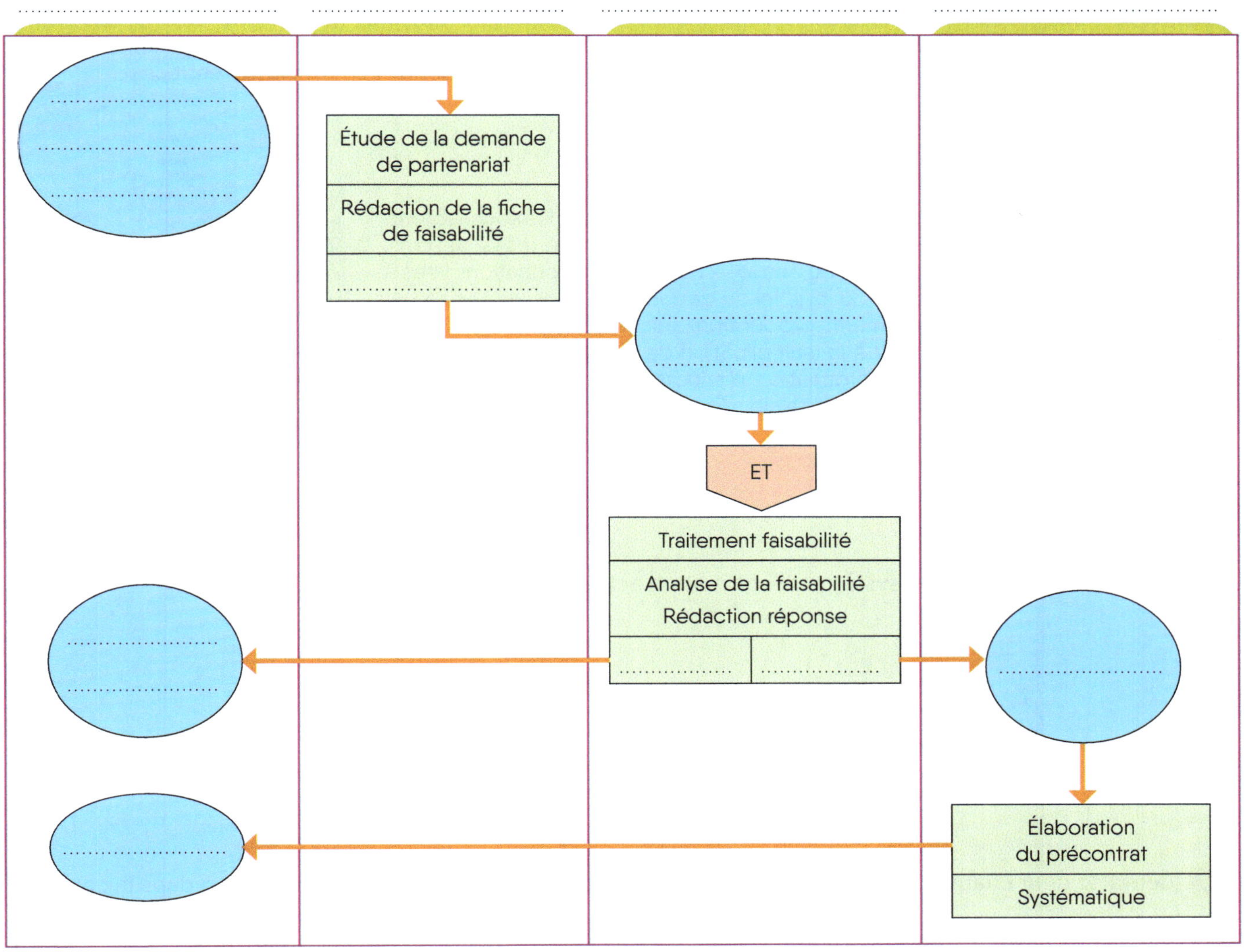

7 Indiquez dans le tableau suivant les étapes du processus de gestion qui pourraient être automatisées.

Étapes du processus de gestion	Automatisation possible	Automatisation impossible
1. Établir le formulaire de demande de partenariat.	....	....
2. Réaliser une fiche de faisabilité transmise au service technique.	....	....
3. Élaborer la fiche de faisabilité.	....	....
4. Vérifier la faisabilité de la demande.	....	....
5. Rédiger un courrier de refus transmis au client en cas de non-faisabilité.	....	....
6. En cas de faisabilité, rédiger un bon d'accord transmis au service juridique.	....	....
7. Élaborer un précontrat envoyé au client.	....	....

B Le système de gestion intégrée et les progiciels (PGI)

Confronté à une concurrence exacerbée sur leur marché et à une augmentation du nombre des réclamations clients, Monsieur Fernandez a décidé de faire réaliser une étude de son système d'information par un expert afin d'identifier l'origine des dysfonctionnements. Cet expert justifie ces problèmes par l'absence de PGI au sein de l'entreprise.

DOC. 4 Fernandez & Co, une entreprise fonctionnant sans PGI

L'absence de progiciel de gestion intégrée (PGI) dans une entreprise sous-entend que chaque département utilise un progiciel de gestion adapté à ses besoins, par exemple « Gestion commerciale » ou encore « Paye ». Les informations liées à un bon de commande saisi à partir du logiciel du département des ventes seront à nouveau saisies par les départements production, stocks, finances, etc.
Une pareille configuration conduit à la multiplication de saisie des mêmes données dans plusieurs systèmes d'information distincts, avec tout ce que cela comporte comme risques d'erreurs de saisie, de redondance des données et de stockage multiple des mêmes données. Certaines données resteront manquantes, d'autres ne seront pas mises à jour.

Delagrave, 2020

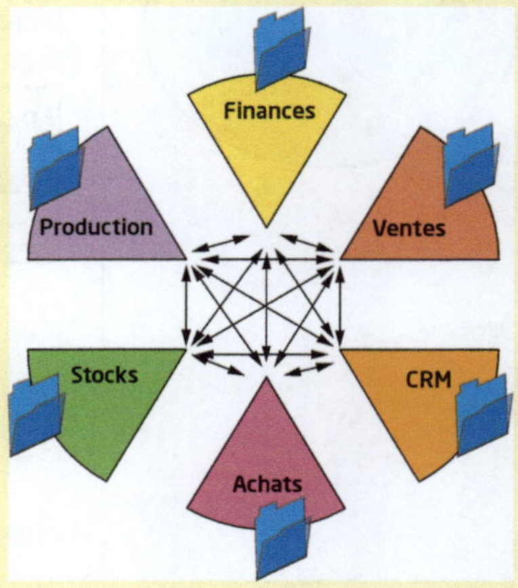

8 Relevez les faiblesses du système d'information actuel de l'entreprise Fernandez & Co.

....

....

....

....

....

9 Identifiez pour chaque tâche le progiciel et le métier correspondant en plaçant une croix dans la colonne qui convient.

Tâches exécutées par le processus de gestion	Applications Logicielles: Logiciel gestion commerciale	Logiciel paye	Logiciel Comptable	Métiers: Comptabilité	Ressources Humaines	Marketing
Gestion des stocks	....	....	....	....	....	....
Facturation Client	....	....	....	....	....	....
Édition des bulletins de paie	....	....	....	....	....	....
Déclaration de la TVA	....	....	....	....	....	....
Traitement des commandes	....	....	....	....	....	....
Traitement des demandes de congés des salariés	....	....	....	....	....	....

DOC. 5 Les atouts du PGI

L'utilisation d'un PGI dans une organisation permet l'uniformisation des services et la centralisation de l'information au sein d'une base unique. Toute information est saisie une fois (par exemple, un bon de commande) et ainsi partagée par tous les départements concernés par cette opération. Dans un tel système, la redondance des données n'existe plus, l'information étant disponible en temps réel, une meilleure coordination interservices devient possible et prend moins de temps, ce qui améliore la productivité.

Delagrave, 2020

DOC. 6 Le PGI et ses applications

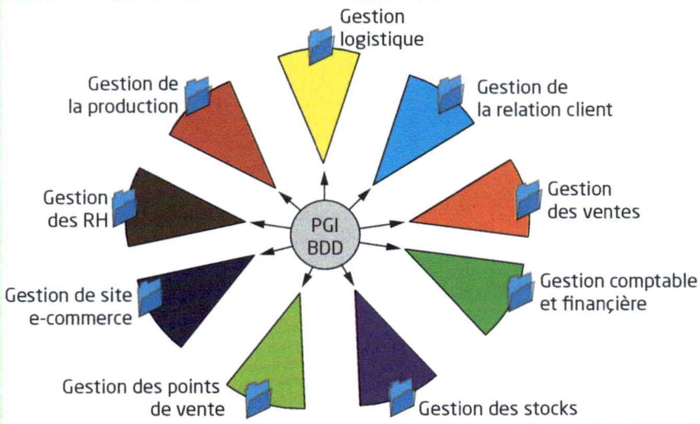

10 Montrez comment l'implantation d'un PGI permet d'améliorer le SI.

....

11 Identifiez l'intérêt pour l'entreprise Fernandez & Co de disposer d'une base de données unique.

....

12 À l'aide des doc. 5 et 6, associez chaque tâche exécutée par le PGI au domaine et à l'acteur concerné.

Tâches exécutées par le PGI	Domaines de l'organisation couverts par le PGI	Acteurs	
		Interne	Externe
Gestion des congés payés des collaborateurs	....	....	....
Achat de machines	....	....	....
Mise en ligne de la nouvelle gamme de produits	....	....	....
Traitement des réclamations clients	....	....	....
Consultation des stocks disponibles	....	....	....
Création des factures et des bons de livraison	....	....	....
Organisation et livraison des points de vente	....	....	....

DOC. 7 Les contraintes lors de l'implantation du PGI

Les PGI ne sont pas exempts d'inconvénients. Ils sont complexes et longs à mettre en œuvre car ils demandent la participation de nombreux acteurs. Ils sont relativement rigides et délicats à modifier : coûts élevés, progiciels parfois sous-utilisés, lourdeur et rigidité de mise en œuvre, difficulté d'appropriation par le personnel de l'entreprise, nécessité d'une bonne connaissance des processus de l'entreprise, nécessité d'une maintenance continue et dépendance vis-à-vis de l'éditeur.

creg.ac-versailles.fr

Après la mise en place du PGI au sein de l'entreprise, le dirigeant publie une note interne pour expliquer aux collaborateurs qu'ils doivent désormais l'utiliser pour leurs demandes de congés. En effet, toute demande de congé est suivie « à la trace » dans le PGI, dans le flux de travaux (*workflow*).
Voici une représentation schématique du flux de travaux d'une demande de congé qui respecte la procédure recommandée par la direction des ressources humaines au sein de Fernandez & Co.

DOC. 8 **Description du *workflow* d'une demande de congés chez Fernandez**

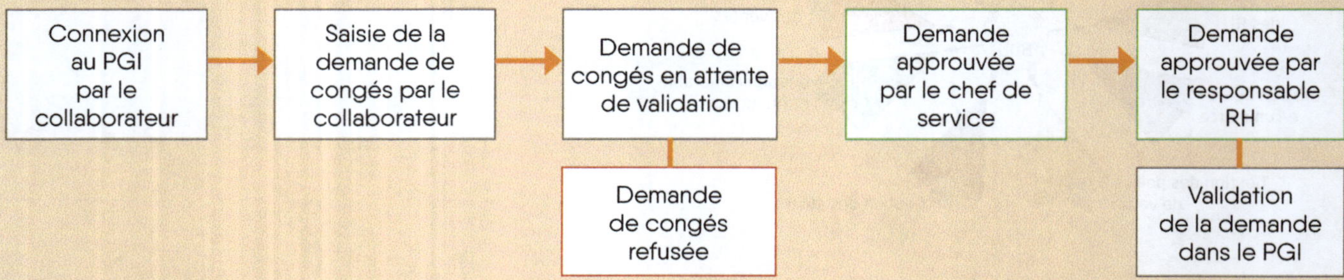

Delgrave 2020

13 Recensez l'ensemble des acteurs concernés par le processus de gestion d'une demande de congé.

14 Identifiez le nombre d'étapes que doit suivre une demande de congés afin d'être approuvée.

15 Expliquez en quoi le *workflow* est utile pour les collaborateurs et l'entreprise pour gérer les demandes de congés.

16 Indiquez l'intérêt majeur selon vous pour l'entreprise Fernandez d'automatiser et d'enregistrer sur plusieurs années les demandes de congés de ses collaborateurs dans le PGI.

QUESTION BILAN

Relevez les agilités et rigidités organisationnelles liées à l'implantation d'un PGI.

2 Comment le numérique accompagnent-il les évolutions de l'organisation de travail ?

A Numérique et e-commerce

Pour proposer à ses clients une expérience d'achat *on line* dans un contexte d'essor du e-commerce, l'entreprise Fernandez & CO veut renforcer sa digitalisation. Loin de pénaliser le commerce physique, le e-commerce participe à un regain d'activité et constitue donc une valeur ajoutée pour les entreprises.

DOC. 9 La part du e-commerce en France

Les ventes sur Internet, produits et services confondus, ont franchi le cap des 100 milliards d'euros en 2019, avec une progression globale de 11,6 % sur un an. La vente de produits représente 44 % du chiffre d'affaires, contre 56 % pour la vente de services. Au cours des quatre dernières années, le e-commerce a progressé en moyenne de 13 % par an. Outre la poursuite du développement de l'offre en ligne, le e-commerce bénéficie également d'une nouvelle augmentation du m-commerce. En effet, l'achat Internet à partir d'un mobile (ou tablette) a séduit de nombreux consommateurs en 2019 : + 3,1 millions, soit + 23,7 % sur un an. Désormais, 16,3 millions de français ont effectué des achats à partir de leur mobile au cours des 12 derniers mois (soit 3 internautes sur 10), les plus jeunes (25/34 ans) et les femmes étant particulièrement utilisateurs.

fevad.com, 2020

103,4 milliards d'€
+ 11,6 % par rapport à 2018

1,7 milliard
de transaction en ligne en 2019
+ 15,7 % par rapport à 2018

CA E-COMMERCE (en milliards d'euros)

Source : Fevad CE, 2020

17 Soulignez dans le doc. 9 les termes montrant que l'entreprise Fernandez & Co a de bonnes raisons pour se lancer sur le marché du e-commerce.

18 Expliquez la notion de « m-commerce ». Selon vous, ce marché est-il porteur ?

....
....
....
....
....
....
....
....
....

DOC. 10 Les sites de marché (ou places de marché) en 2019

Le e-commerce permet l'achat de biens ou de services par le biais d'un moyen électronique tel qu'Internet. Dans le e-commerce, on distingue le commerce électronique ou sites de marché entre entreprise (*B2B*), à destination des particuliers (*B2C*) ou entre particuliers (*C2C*). Un site de marché (place de marché ou Marketplace) est une plateforme sur Internet qui met en relation des acheteurs et des vendeurs. Le développement des places de marché est source de chiffre d'affaires complémentaire pour de nombreux commerçants et e-commerçants.

« Top 5 des sites de marché qui comptent le plus grand nombre de clients en 2019 », fevad.com, 2020

a. Top 5 des sites de marché en 2019

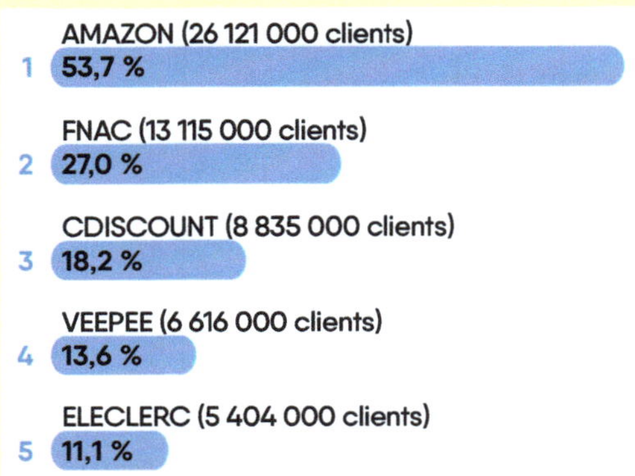

Source : Fevad CE, 2020

b. Le e-commerce en chiffres

SITES LEADERS
35 % vendent sur les places de marché
23 % exercent une activité de place de marché

TPE / PME
32 % des e-marchands TPE/PME vendent sur les places de marché
Pour **63 %** d'entre eux, ce canal représente plus de 10 % du chiffre d'affaires

VOLUME D'AFFAIRES DES PLACES DE MARCHÉ
15 % du volume d'affaires du panel ICE ventes de produits Fevad
+ 14 % par rapport à 2018

Source : Fevad CE, 2020

19 Définissez la notion de site de marché et rappelez le classement des sites les plus visités.

....

....

20 Montrez l'importance de ces sites de marché dans le e-commerce.

....

....

....

....

B Numérique, travail à distance et mobilité

Pour s'adapter à la montée en puissance du numérique et à la crise sanitaire, l'entreprise Fernandez & CO souhaite tester une nouvelle organisation de travail : le télétravail. Des outils numériques performants lui permettent d'organiser le travail à distance des collaborateurs. Le télétravail suscite un intérêt croissant, tout en soulevant de nombreuses interrogations.

DOC. 11 Le télétravail en France en 2020

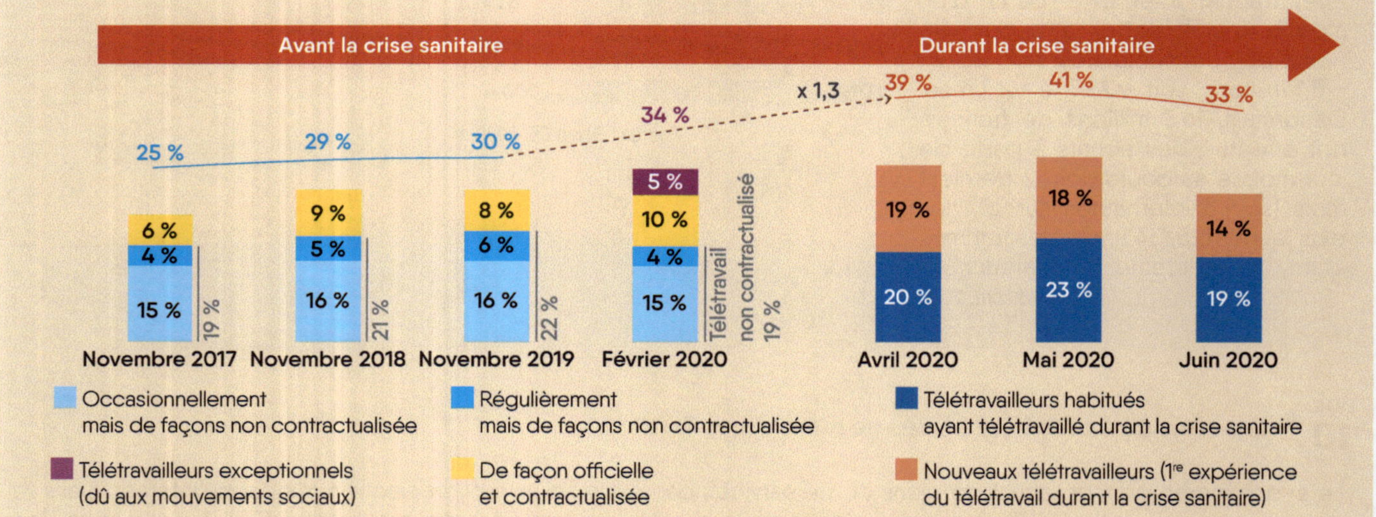

La vision du télétravail

Salariés (% Oui) 89 % → 79 %

- Un meilleur ÉQUILIBRE ENTRE VIE PROFESSIONNELLE ET PERSONNELLE
- Une plus grande AUTONOMIE dans le travail
- Une meilleure EFFICACITÉ / PRODUCTIVITÉ dans votre travail
- Une DIMINUTION DE LA FATIGUE
- Des ÉCONOMIES FINANCIÈRES (*ex aequo*)
- Un ENGAGEMENT ACCRU dans votre travail

Dirigeants (% Oui) 93 % → 75 %

- Un meilleur ÉQUILIBRE DE VIE de vos salariés
- Une meilleure QUALITÉ DE VIE AU TRAVAIL
- Une meilleure RESPONSABILISATION ou AUTONOMIE dans le travail
- Une DIMINUTION DE LA FATIGUE des salariés
- Des modes de MANAGEMENT orientés davantage vers la CONFIANCE
- Un ENGAGEMENT ACCRU de vos salariés

MAINTENIR L'EMPLOI des personnes en situation de fragilité — 84 %

Respecter davantage la PLANÈTE / diminuer L'EMPREINTE ÉCOLOGIQUE — 78 %

Source : malakoff humanis, 2020

DOC. 12 Le cadre juridique du télétravail

L'employeur est tenu de respecter la vie privée du télétravailleur. Cette forme de travail fonctionne sur la base du volontariat. À cet effet, il fixe, en concertation avec le salarié, les plages horaires durant lesquelles il peut le contacter [...]. De plus l'employeur doit fournir au salarie les outils nécessaires, notamment le matériel informatique et bureautique. La mise en place, par l'employeur, de tels moyens doit faire l'objet d'une information et d'une consultation préalable du comité d'entreprise ou, à défaut, des délégués du personnel dans les entreprises qui en sont dotées.

economie.gouv.fr, 2020

DOC. 13 Les outils du télétravail : le *cloud computing*

Le travail à distance est possible et largement simplifié par les technologies de l'information et de la communication : les appareils mobiles (smartphones, ordinateurs portables, tablettes numériques), la téléphonie sur IP, les plateformes collaboratives, les portails d'accès aux réseaux internes de l'organisation, les applications et services en ligne et l'externalisation des infrastructures informatiques (informatique en nuage ou *cloud computing*). La mise en place du travail à distance nécessite une sécurisation des systèmes d'information. Cela suppose une sécurisation des matériels (antivirus), des connexions aux réseaux internes (codes et droits d'accès, réseaux privés virtuels (*Virtual Private Network*, tunnels privés sur des réseaux publics) et de la circulation de l'information (réseaux fermés, cryptage des données et des fichiers).

Delagrave, 2020

21 Montrez l'importance du télétravail en France en 2020.

....

....

....

22 Relevez les avantages pour les entreprises et les salariés de ce type d'organisation de travail.

....

....

....

....

23 Relevez les modalités matérielles et juridiques que doivent respecter les entreprises pour mettre en place ce mode de travail.

....

....

....

....

24 Montrez les apports du *cloud computing* pour le travail à distance.

....

....

25 Proposez une définition de la notion de télétravail.

....

....

....

C Transformation numérique et intelligence artificielle

Quelles que soient leur taille, leur secteur d'activité ou leurs modèles économiques (privé ou public), les organisations sont contraintes d'initier une transformation numérique pour innover et rester concurrentielles.
Pour parvenir à ces objectifs, l'entreprise Fernandez & CO a décidé de mettre au cœur de sa nouvelle stratégie d'entreprise l'intelligence artificielle.

DOC. 14 Intelligence artificielle : quelles applications dans l'organisation ?

L'intelligence artificielle est l'ensemble des recherches et des techniques permettant de réaliser des machines capables de simuler l'intelligence humaine. Ce champ fait partie de la révolution numérique et prolonge l'informatisation du monde du travail et la robotisation dans l'industrie. Les progrès dans le traitement massif de données permet d'envisager l'automatisation d'un nombre croissant de tâches dans l'ensemble des secteurs d'activité : *voice-picking* (système audio d'assistance du salarié à la préparation d'une commande) dans la logistique ; *chatbot* (robot logiciel pouvant dialoguer avec un individu ou consommateur par le biais d'un service de conversations automatisées) dans la relation de service ; véhicule autonome, robot assistant pour les personnes âgées, etc.

Delagrave, 2019

DOC. 15 Intelligence artificielle : quels impacts sur les conditions de travail ?

Au travers d'exemples dans les transports routiers et ferroviaires, la banque de détail et la santé, le rapport de France Stratégie met en évidence divers effets potentiels sur les conditions de travail. Le risque de voir émerger une intelligence artificielle supérieure au cerveau humain est aujourd'hui faible. Cependant, l'introduction de ces technologies en entreprise induit vraisemblablement une évolution du contenu et de l'organisation du travail.

Ces changements peuvent créer des opportunités : soulager des activités les plus routinières ou répétitives ; faciliter certaines tâches, comme la maintenance ; diminuer la pénibilité physique et psychique, par exemple si un robot utilisé en gériatrie intervient en complément du travail des aides-soignant-e-s et des infirmier-e-s.

Mais ces évolutions peuvent aussi comporter des risques en cas d'organisation tayloriste (méthode de travail qui consiste qui consiste à diviser l'organisation du travail en tâches élémentaires, simples et répétitives, confiées à des travailleurs spécialisés) : ne traiter que des tâches complexes, et intensifier le travail, avec un risque de surcharge cognitive ; réduire l'autonomie du salarié et augmenter son isolement, comme c'est le cas avec le *voice-picking* (système audio d'assistance du salarié à la préparation d'une commande) dans les plateformes logistiques ; fragmenter davantage les tâches et limiter la possibilité d'avoir une vision globale.

D'après droit-travail-france.fr, rapport France Stratégie, 28 mars 2018

26 Définissez la notion d'intelligence artificielle et caractérisez les formes qu'elle peut prendre dans certains secteurs d'activité.

....

....

....

....

27 Montrez que l'arrivée de l'intelligence artificielle présente des avantages et des inconvénients pour les salariés.

....

....

....

....

....

....

....

QUESTION BILAN

Évaluez les conséquences (positives et négatives) qu'entraîne l'utilisation du numérique dans l'organisation du travail.

L'ESSENTIEL Numérique et organisation du travail

SYNTHÈSE
Accédez à la synthèse audio
www.lienmini.fr/30602-synthese10

1 Comment le numérique façonne-t-il l'organisation du travail ?

Le numérique façonne l'organisation du travail par le biais :

- **du PROCESSUS de gestion**
  - Dans un processus, il existe plusieurs types d'activités : activité commerciale, de financement, d'administration, d'apprivisionnement, de production…
  - Le processus de gestion permet d'automatiser dans une organisation différentes tâches, documents et informations
- **du PROGICIEL de gestion intégré (PGI)**
  - Gestion des ressources humaines, gestion comptable, financière, vente, distribution, approvisionnement, commerce électronique.

2 Comment le numérique accompagne-t-il les évolutions de l'organisation du travail ?

Activités de e-commerce : échanges de données automatisées qui se font en temps réel par le biais de sites de marché.

↓

Le numérique s'adapte aux évolutions de l'organisation du travail et notamment dans les :

- Activités liées à l'utilisation de l'intelligence artificielle.
- Activités de travail à distance et de mobilité qui se font à l'aide du *cloud computing*.

APPLICATIONS

APPLICATION 1 Test de connaissances

Validez vos connaissances en cochant la (ou les) bonne(s) proposition(s), puis justifiez oralement vos réponses.

1 Un processus est un ensemble désorganisé d'activités.
- ☐ Vrai.
- ☐ Faux.

2 Le *workflow* représente la circulation de l'information et l'ensemble des tâches à accomplir.
- ☐ Vrai.
- ☐ Faux.

3 Un progiciel de gestion intégré est fondé sur (plusieurs réponses possibles) :
- ☐ plusieurs bases de données qui communiquent entre elles.
- ☐ une base de données commune et partagée.
- ☐ des droits d'accès aux modules accordés aux utilisateurs.

4 Le moteur *workflow* d'un PGI permet (plusieurs réponses possibles) :
- ☐ de diffuser une information saisie dans les différents modules du PGI.
- ☐ d'envoyer à tous les utilisateurs du PGI un message indiquant la saisie d'une nouvelle information.
- ☐ de limiter l'accès aux modules du PGI.
- ☐ d'éviter de saisir plusieurs fois les mêmes informations.

5 Afin d'être utilisé de manière optimal, un PGI doit :
- ☐ redéfinir totalement les procédures de la société et donc son organisation.
- ☐ prendre en compte l'organisation de la société afin de redéfinir éventuellement de nouvelles procédures.
- ☐ s'adapter à l'organisation de la société et à ses procédures.

6 Le travail à distance est une organisation qui permet aux salariés de travailler chez eux.
- ☐ Vrai.
- ☐ Faux.

QCM interactif
Accédez au QCM en utilisant le QRcode ou le lien URL
www.lienmini.fr/30913-qcm10

APPLICATION 2 Identifier les différentes étapes d'un processus de gestion et schématiser leur enchaînement

DOC. **Le recrutement chez Ila**

Le service des ressources humaines (RH) de la société Ila doit procéder au remplacement de plusieurs salariés ayant pris leur retraite. Il reçoit les profils de poste des chefs de service concernés. Après la publication d'annonces dans les journaux et sur Internet, le service RH effectue une sélection des CV qui conduit à l'envoi d'un courrier, soit de rejet de la candidature, soit pour convier le candidat à un premier entretien. Dans ce dernier cas, les candidats sélectionnés sont reçus par le directeur des ressources humaines. À la suite des entretiens, un courrier est envoyé aux candidats qui n'ont pas été retenus. Les candidats sélectionnés pour un deuxième entretien reçoivent un appel téléphonique pour un rendez-vous avec le chef de service concerné. Ce dernier décide ou non de l'embauche du candidat par l'envoi d'un courrier convoquant également le futur salarié à un rendez-vous avec un responsable du service juridique, qui lui fera signer un contrat de travail préalablement rédigé.

Delagrave, 2020

1 Déterminez les acteurs, les activités et les événements du processus de recrutement de la société Ila.

2 Schématisez l'enchaînement des étapes du processus de recrutement de la société Ila.

APPLICATION 3 Identifier les différentes étapes d'un processus de gestion et schématiser leur enchaînement

DOC. La gestion des absences au lycée

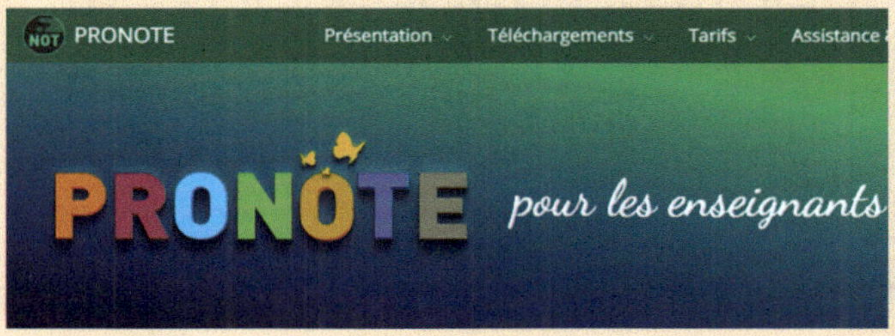

Un lycée souhaite automatiser le processus de gestion des absences des élèves qui se présente ainsi : les professeurs effectuent l'appel en début de cours et remplissent un bulletin d'absences avec le nom des absents. Un assistant d'éducation vient ramasser les bulletins qu'il remet au conseiller principal d'éducation (CPE) qui enregistre les absences des élèves. À la fin de la demi-journée, ce dernier vérifie si les élèves sont venus justifier leur absence. Si c'est le cas, l'absence est comptabilisée dans la catégorie « justifiée ». Dans le cas contraire, elle est comptabilisée dans la catégorie « non justifiée ». De plus, le CPE envoie un courrier pour informer les parents de l'élève, ainsi qu'une convocation écrite à l'élève qui lui est transmise par un assistant d'éducation.

Delagrave, 2020

1. Déterminez les étapes du processus de gestion des absences du lycée.
2. Déterminez pour chaque étape les acteurs, les activités et les événements du processus de gestion.

APPLICATION 4 Montrer que le numérique est source d'agilité mais aussi de rigidité pour les organisations

DOC. Qu'est-ce qui limite la transformation et la performance numériques ?

Plus de 9 décideurs sur 10 affirment rencontrer des difficultés à faire aboutir avec succès une stratégie numérique. La tendance serait-elle à un retour en arrière sur la transformation digitale ? Si cette dernière fait quasi carton plein – 99 % des décideurs sont d'accord pour dire que le numérique, dont la mise à disposition de services et applications en ligne, est stratégique pour l'avenir de leur entreprise –, derrière cet engouement affirmé se cache une réalité plus trompeuse.

La transformation numérique correspond à un besoin, celui de proposer une expérience numérique nouvelle tant aux clients qu'aux partenaires et aux employés. Au fil des années, l'expérience numérique est devenue plus critique pour 91 % des décideurs. Ce qui se traduit par : 53 % meilleures expérience et satisfaction des clients et employés ; 49 % plus grande agilité sur le marché ; 49 % augmentation du chiffre d'affaires, des ventes et de la rentabilité ; 49 % augmentation de la productivité des employés et 48 % commercialisation plus rapide [...].

Dans leurs démarches de transformation, les entreprises doivent faire face à des systèmes aux performances inappropriées. Ce qui pour 95 % des décideurs pose une limite majeure à la réussite de la stratégie numérique. Ces grandes difficultés sont : 51 % des contraintes budgétaires ; 45 % une infrastructure informatique héritée trop complexe ou rigide ; 40 % un manque de visibilité totale sur l'expérience numérique ou l'utilisateur final ; 39 % un manque de personnel disponible ou disposant des bonnes compétences et 37 % un manque de soutien de la part de la direction générale pour définir les priorités des projets digitaux. 80 % des entreprises affirment rencontrer des dysfonctionnements des services et applications numériques au moins une fois par mois. Les dirigeants sont tout à fait conscients de l'impact que des pannes ont et peuvent avoir sur leurs entreprises. Parmi les conséquences exprimées figurent : 42 % une perte de ventes et de chiffre d'affaires ; 41 % un retard dans le lancement des produits ; 41 % une perte de clientèle ; 41 % une perte de fidélité à la marque et 40 % une perte de productivité chez les employés.

Itsocial.fr, janvier 2019

1. Identifiez le type de besoins auxquels répond la transformation numérique.
2. Relevez les différentes attentes et obstacles liés à la transformation numérique dans les entreprises.
3. Montrez comment le numérique peut-être source à la fois d'agilité et de rigidité organisationnelle.

APPLICATIONS

APPLICATION 5 Situer le rôle des acteurs et des applications du système d'information dans un processus de gestion donné

vente-privee.com

VIDÉO + 1'24"
La Logistique de vente-privee.com
www.lienmini.fr/30602-venteP

Visionnez la vidéo et répondez aux question suivantes :

1. Présentez l'objet et les principales missions de l'entreprise vente-privee.com.
2. Représentez par un diagramme de flux le processus de gestion des commandes en caractérisant les acteurs qui interviennent, leur activité et les flux concernés.
3. La mise en place de ce processus permet-elle à l'entreprise vente-privee.com de créer de l'agilité organisationnelle ? Justifiez votre réponse.

APPLICATION 6 Repérez les effets de l'automatisation des activités de gestion sur la circulation de l'information, l'organisation du travail et le rôle des acteurs

DOC. **Le *cloud*, outil majeur du télétravail**

Tandis que les gouvernements prenaient des mesures restreignant la circulation des personnes, le travail à distance s'est démocratisé partout dans le monde. Quand il n'était plus possible de sortir de chez soi, le *cloud* a permis à des millions de personnes de pouvoir reprendre le travail, exactement là où elles l'avaient laissé quelques jours plus tôt en quittant leur bureau. Cette période a révélé une caractéristique essentielle du *cloud* : rendre les processus et les données disponibles, partout et à tout moment. Les fichiers ne sont plus enregistrés sur les ordinateurs de bureau ou des dispositifs de stockage externe sont conservés dans le *cloud* et par conséquent, sont accessibles depuis n'importe quel appareil connecté à Internet. Cette disponibilité instantanée a permis à des secteurs entiers de continuer à fonctionner malgré la pandémie en facilitant la transition vers le travail à distance. [...] Le *cloud* a permis à des millions de personnes de travailler depuis chez eux sans pratiquement aucune interruption majeure de productivité. Grâce à la technologie de l'informatique dématérialisée, le travail à distance a pu se poursuivre comme si de rien n'était.

David Bolland, « Le *cloud*, pierre angulaire du télétravail », journaldunet.com, 3 juillet 2020

1. Identifiez le facteur à l'origine du développement du télétravail.
2. Montrez comment le *cloud* facilite le déploiement du télétravail.
3. Proposez une définition des notions de télétravail et de *cloud*.
4. Relevez les avantages de cette nouvelle organisation du travail pour les salariés et pour les entreprises.

Bouygues Telecom

Contexte Le **Groupe Bouygues Telecom** est un opérateur de télécommunication, filiale du Groupe Bouygues. Créé en 1994, il se range parmi les quatre principaux opérateurs de téléphonie mobile français avec Orange, SFR et Free mobile.

Au 31 décembre 2019, l'entreprise compte 8 937 salariés et réalise un chiffre d'affaires de 6 058 milliards d'euros, en progression de plus 14 % par rapport à 2018.

En croissance, et afin d'être plus agile, le groupe a mis en place un nouveau processus de gestion du recrutement et développe de nouvelles applications pour son système d'information.

Aujourd'hui, la direction s'interroge : cette nouvelle organisation du travail de plus en plus digitalisée est-elle une source d'agilité ou de rigidité organisationnelle ?

Dossier 1 **Le processus de gestion du recrutement chez Bouygues Telecom**

Travail à faire à l'aide du document 1

1. Identifiez les étapes du processus de recrutement chez Bouygues Telecom.
2. Présentez le processus de recrutement sous la forme d'un schéma.
3. Retrouvez les étapes qui ne sont pas automatisées et expliquez les raisons de cette absence.

DOC. 1 **Le processus du recrutement de l'entreprise Bouygues Telecom**

L'INSCRIPTION : Vous pouvez vous porter candidat en répondant à toutes nos offres d'emploi publiées sur notre site ou par candidature spontanée, également, rubrique « Toutes nos offres d'emploi ».
Un accusé de réception vous apporte la certitude que votre candidature est bien prise en compte.

L'ANALYSE DE VOTRE DOSSIER DE CANDIDATURE : Votre dossier est étudié avec la plus grande attention sur la base de votre formation et de votre expérience professionnelle. Dans le cadre de notre politique d'égalité des chances, nous garantissons l'anonymat de certaines informations de votre candidature lors de son traitement. Dans un délai d'un mois, suite à cette analyse, une première réponse vous est donnée.

LA PRÉSÉLECTION : À cette étape, dans le cas où votre candidature est retenue, vous recevez un e-mail vous informant de notre volonté d'approfondir l'étude de votre candidature lors d'un entretien.
En fonction des métiers, une présélection téléphonique peut être dispensée.

L'ENTRETIEN : Si vos compétences correspondent au profil du poste, vous aurez en général 1 à 2 entretiens avec un responsable des ressources humaines et un opérationnel au cours desquels vos compétences, expériences et motivations pour notre entreprise seront appréciées.
Ces rencontres sont des moments d'échanges privilégiés, n'hésitez pas à poser toutes vos questions à vos interlocuteurs.

bouyguestelecom.fr

OBSERVATION ESSENTIEL APPLICATIONS VERS LE BAC

Dossier 2 **Numérique et Intelligence collective chez Bouygues Telecom**

Travail à faire à l'aide des documents 2 et 3

4 Retrouvez les effets attendus de la mise en place d'un réseau social d'entreprise (RSE) pour Bouygues Telecom.

5 Expliquez comment le RSE s'est transformé en outil de travail dans l'entreprise.

6 Montrez que l'utilisation l'outil numérique Wooby Network est source d'agilité mais aussi de rigidité organisationnelle pour le groupe Bouygues Telecom.

7 Relevez les avantages et les inconvénients liés à l'usage des réseaux sociaux internes pour les entreprises.

DÉFINITION

Réseau social d'entreprise (RSE) : réseau qui relie les employés d'une entreprise, ses clients ou ses partenaires par l'intermédiaire d'une plateforme numérique. L'ensemble des membres du réseau forment une communauté professionnelle.

DOC. 2 Le travail en mode projet avec Wooby Network

Lancé pour favoriser les contacts entre les salariés, le réseau social interne de l'opérateur de téléphonie mobile devient un outil de travail quotidien pour la gestion de projets.

Les salariés de Bouygues Telecom – particulièrement technophiles et jeunes, avec une moyenne d'âge de 35 ans – baignent déjà dans une culture collaborative depuis 2001, avec l'utilisation de la plateforme SharePoint de Microsoft. Pas moins de 4 000 sites collaboratifs ont ainsi été créés. « L'idée de lancer un réseau social est née sous l'impulsion d'un comité 2.0, comprenant trois membres de la direction générale : le directeur des nouvelles technologies, le DRH et le directeur des services informatiques. Objectif : rendre l'Intranet plus interactif et passer d'une communication verticale à une communication plus horizontale », explique Sarah Alezrah, responsable de l'Intranet et des publications internes. La version bêta du réseau social dénommé Wooby Network a été lancée en mai 2010 et perdure, « car nous travaillons dans une logique d'amélioration continue, poursuit Sarah Alezrah. Nous orientons l'outil en fonction des usages réels. » Le groupe a choisi la solution américaine Newsgator, qui s'appuie sur Sharepoint, pour lui donner une dimension plus conversationnelle, avec par exemple des échanges sur un mur de discussion à la Facebook. Mais l'outil a surtout pour finalité de favoriser le partage de documents, l'échange d'idées, la collaboration à travers des forums et des wikis. Le coût de la mise en place du réseau social s'élève à 150 000 euros (dont 100 000 euros de licence). Les profils sont pour partie automatiquement renseignés par l'annuaire de l'entreprise. L'autre partie est remplie par le collaborateur, qui décrit ses compétences, ses expériences passées, ses centres d'intérêts. Mais il n'existe aucune obligation de participer au réseau. Et Wooby Network ne réserve pas d'espaces aux hobbies mais accueille les associations sportives de l'entreprise.

« Lors du lancement, nous pensions que le réseau social se développerait surtout comme un outil de connaissance mutuelle et de convivialité. Mais, à l'usage, nous nous sommes rendu compte qu'il était largement utilisé pour la gestion de projets. Il devient un outil de travail », rapporte Sarah Alezrah. « À la DSI par exemple, plusieurs projets sont gérés à travers le réseau social », illustre Olivier Sonneville, responsable Intranet.

D'autres communautés sont liées à des fonctions supports. Celle animée par la RH réunit une centaine de collaborateurs qui testent le télétravail deux jours par semaine. À la DSI, une autre rassemble des développeurs qui échangent sur leur métier. Et d'autres travaillent sur la veille et le partage des bonnes pratiques.

Entreprises & Carrières, n° 1064, identiterth.com

DOC. 3 Les objectifs des réseaux sociaux internes

Entreprises et carrières : Quels sont les objectifs qui poussent aujourd'hui les entreprises à lancer des réseaux sociaux internes ?

Anne BOURHIS (professeure titulaire, directrice de l'enseignement de la GRH à HEC Montréal)

L'élément déclencheur est souvent la prise de conscience d'un besoin de gérer et de partager des connaissances mal documentées. Certaines compétences sont entre les mains des salaries proches de la retraite, et il y a un vrai risqué de perte de leur savoir si aucun transfert n'est organisé. De plus, les entreprises intégrant des générations particulièrement habiles avec les technologies de l'information et de la communication, ce qui crée une opportunité à saisir pour partager les connaissances [...].

Entreprises et carrières : Quels sont les principaux freins à leur utilisation ?

Anne BOURHIS

Les principaux freins sont culturels, et non pas technologiques, car les logiciels de réseaux sont simples d'utilisation. Les blocages peuvent venir des cadres intermédiaires réticents à la perte de pouvoir et de contrôle. Et les salaries eux-mêmes peuvent être réticents : il faut les rassurer sur le fait qu'il ne s'agit pas d'un outil d'évaluation ou de contrôle, et que leur patron n'ira pas regarder combine de contributions ils auront postées.

Entreprises & Carrières, n° 1064, identiterth.com

QUESTION DE GESTION 7 — Peut-on mesurer la contribution de chaque acteur à la création de valeur ?

Chapitre 11

La création de valeur par les différents acteurs de l'organisation

Téléchargez le fichier Excel pour réaliser les travaux demandés
www.lienmini.fr/30913-excel11

NOTIONS

- Valeur ajoutée : création et répartition.
- Valeur financière et actionnariale, valeur boursière.
- Valeur partenariale.
- Valeur perçue : image de marque, notoriété, satisfaction, qualité, indicateurs des médias sociaux, avis communautaires, recommandations, réputation.
- Indicateurs quantitatifs et qualitatifs.
- Prix, coût, marge, charges.

CAPACITÉS

- Identifier le rôle des différents acteurs intervenant dans le processus de création de valeur.
- Caractériser les différents types de valeur et les mettre en relation avec les attentes d'acteurs.
- Repérer, à partir de la notion de valeur ajoutée, les répartitions possibles afin de répondre aux attentes des acteurs, en prenant en compte les contraintes de gestion.
- Utiliser un bilan et un compte de résultat pour repérer la valeur financière produite par une organisation.
- Utiliser des indicateurs simples pour repérer la valeur produite par l'organisation.
- Analyser la relation entre le prix, le coût et le niveau de qualité d'un produit ou d'un service.

DÉCOUVRIR LE CONTEXTE

L'exploitation agricole **Zaytun** est spécialisée dans la fabrication d'huile d'olive et de produits dérivés. Cette entreprise familiale, installée aux Baux-de-Provence depuis plus de 190 ans, propose une gamme de produits biologiques. Ses clients, sensibles à la notoriété de la marque et à la qualité garantie par de nombreux labels, sont de petites épiceries fines ou des commerces alimentaires spécialisés.
Afin de satisfaire cette clientèle très exigeante et de faire face à la concurrence, l'entreprise a opté pour une stratégie de produit haut de gamme. Elle a recruté un personnel très qualifié. Des enquêtes de satisfaction, internes et externes, sont réalisées régulièrement.
L'un des fils du dirigeant souhaite donner une nouvelle impulsion internationale à l'entreprise. Avant de réaliser d'importants investissements, il s'interroge sur la notoriété de l'entreprise et ses ressources financières.

VIDÉO INTERACTIVE POUR COMMENCER
Le Slip français : 6 raisons du succès 5'23"
www.lienmini.fr/30913-slip

FICHE D'IDENTITÉ

- **Type d'organisation :** entreprise privée à but lucratif
- **Activité :** Production et commercialisation d'huile d'olive et produits dérivés
- **Champ d'activité :** national et international
- **Forme juridique :** Société anonyme
- **Effectifs (2019) :** 210
- **CA HT (2019) :** 4 millions d'€

1. Quelle est l'activité de l'entreprise Zaytun ?
2. Identifiez les acteurs qui participent à la création de valeur de l'entreprise.

1 Comment mesurer la valeur perçue d'une organisation ?

L'entreprise Zaytun est présente sur le marché français depuis plus de 190 ans. L'une des raisons qui explique cette longévité tient au fait que l'entreprise est à l'écoute des attentes de ses clients. Pour cela, elle évalue régulièrement sa valeur perçue à l'aide d'enquêtes de notoriété et de satisfaction. Elle procède également à des publications valorisant la qualité de ses produits.

A Indicateurs et outils de mesure « traditionnels » de la valeur perçue

DOC. 1 Qu'est-ce que la valeur perçue ?

La valeur perçue est la valeur qu'attribue le consommateur à un produit ou un service. Subjective, elle peut être différente selon les individus. Elle correspond au prix maximal que le consommateur est prêt à payer pour obtenir le produit et résulte de la confrontation entre les bénéfices perçus, c'est-à-dire les avantages attendus du produit, et les coûts perçus, c'est-à-dire les sacrifices consentis pour l'acquisition du bien.

En conséquence, deux cas de figure peuvent se présenter :

– si les bénéfices perçus sont supérieurs aux coûts perçus, alors la **valeur perçue sera positive** ;

– si les bénéfices perçus sont inférieurs aux coûts perçus, alors la **valeur perçue sera négative.**

Delagrave, 2020

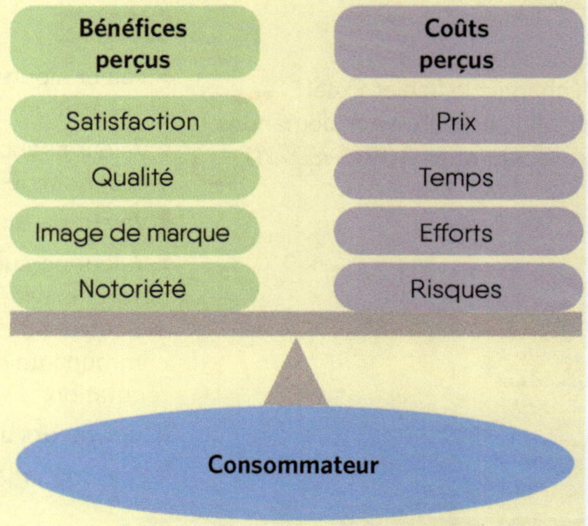

1 D'après le schéma du doc. 1, la valeur perçue résulte de la mise en balance de deux critères. Lesquels ?

2 Identifiez les indicateurs qui permettent d'apprécier la valeur perçue d'une entreprise.

3 Selon vous, quel est l'intérêt pour une entreprise de connaître sa valeur perçue ?

4 Recensez les différents acteurs qui interviennent dans le processus de création de la valeur perçue.

DOC. 2 La valeur perçue dans l'alimentation santé

Le consommateur est face à de nouveaux enjeux dépassant le cadre strict de sa santé. Désormais, l'alimentation promue doit être « bonne » : bonne pour soi, bonne pour les autres, bonne à table et à partager, bonne pour la planète. Les nouvelles valeurs qui s'articulent autour de ce noyau du « bien » et du « bon » (santé, transmission, bien-être, éthique alimentaire) interrogent sur la manière dont les mangeurs comprennent, perçoivent et intègrent ces nouvelles normes. Celles-ci peuvent offrir de nouvelles modalités dans nos pratiques alimentaires mais également davantage complexifier les choix à opérer.

Clémentine Hugol-Gential, stripfood.fr, décembre 2019

5 Identifiez les nouvelles attentes des consommateurs en matière d'alimentation.

....

....

DOC. 3

Huile d'olive : pourquoi est-elle bonne pour la santé ?

C'est l'ingrédient star du « régime méditerranéen ». L'huile d'olive a plus d'un tour dans sa fiole pour apporter moult bienfaits à notre santé. Au programme ? Un système immunitaire renforcé, une pression artérielle diminuée ou encore une peau hydratée. [...]
Il semblerait que ce soit pendant l'Antiquité que l'huile d'olive se soit révélée. Il faut dire que son arbre mythique, l'olivier, était vénéré par les hommes et faisait l'objet de nombreux rituels. Très vite, la population a su apprécier les bienfaits de ses fruits et de sa fameuse huile, à l'instar des Égyptiens qui l'importait de Crête pour soigner leurs blessures, entre autres. Baptisée « l'or vert », l'huile d'olive est devenue l'un des condiments préférés des peuples de la Méditerranée. En France, on en consommerait 3,5 litres par habitant par an en moyenne. Et pour cause, elle est une alliée de choix pour une cuisine ensoleillée et une santé de fer.
Ses bienfaits : l'huile d'olive est une arme contre les maladies cardiovasculaires [...]. L'huile d'olive régule le cholestérol [...]. L'huile d'olive hydrate [...]. L'huile d'olive dope le système immunitaire.

Charline Gatinel, observatoire-sante.fr, 5 juin 2020

6 Montrez que l'huile d'olive répond aux nouveaux besoins des consommateurs.

....

....

....

7 Mesurez la valeur perçue de l'huile d'olive à l'aide des indicateurs vus dans le doc. 1.

....

....

....

....

DOC. 4

La notoriété de Zaytun sur le marché de l'huile d'olive

Chaque année, l'entreprise Zaytun fait réaliser une enquête de notoriété auprès d'un échantillon représentatif de 1 000 consommateurs d'huile d'olive.

1. Pouvez-vous citer une ou plusieurs marques d'huile d'olive ?	**Entreprise Zaytun**	**Entreprise Olives**	**Entreprise Pugoil**	**Entreprise Pallas**
Nombre de personnes ayant cité la marque spontanément.	259	60	123	558
2. Parmi les marques suivantes, quelles sont celles que vous connaissez ?	**Entreprise Zaytun**	**Entreprise Olives**	**Entreprise Pugoil**	**Entreprise Pallas**
Nombre de personnes ayant cité la marque à l'aide du document proposé.	760	122	75	43

Delagrave, 2020

NOTIONS

Notoriété d'une marque : renommée publique, fait qu'elle soit connue (ou non).

Taux de notoriété : pourcentage de personnes ayant cité la marque par rapport au nombre de personnes interrogées. Il se calcule de la manière suivante : (Nombre de réponses à la question / Nombre total de personnes interrogées) × 100.

Taux de notoriété spontanée : pourcentage de personnes ayant cité la marque spontanément (*Top of mind*), sans la choisir dans une liste préétablie. Il s'agit de la marque qui se présente immédiatement à l'esprit de la personne interrogée.

Taux de notoriété assisté : pourcentage de personnes ayant cité la marque à partir d'une liste préétablie.

8 Identifiez la question de l'enquête qui permet de mesurer le taux de notoriété spontanée et celle qui mesure le taux de notoriété assistée.

....

9 Calculez les taux de notoriété de l'ensemble des entreprises présentes sur ce marché.

INDICATEURS	Entreprise Zaytun	Entreprise Olives	Entreprise Pugoil	Entreprise Pallas
Taux de notoriété spontanée				
Taux de notoriété assisté				

10 Commentez la position de Zaytun par rapport aux autres marques. Comment qualifieriez-vous sa notoriété ?

....

....

....

DOC. 5

Zaytun, l'huile des huiles

Zaytun a fait le choix de se doter de son propre moulin afin de garder la maîtrise à chaque étape du processus d'élaboration.
La récolte des olives est entièrement faite à la main entre fin octobre et mi-novembre. Une fois ramassés, les fruits sont envoyés le jour même au moulin pour y être lavés, effeuillés puis broyés à l'ancienne, avec leur noyau qui contient un antioxydant, agissant comme un conservateur naturel. L'huile est ensuite séparée de la pâte par centrifugation dans un gros cylindre métallique. Elle passe enfin dans une seconde centrifugeuse qui la nettoie de toute impureté. L'élixir obtenu, limpide, est conservé dans des cuves en acier inoxydable placées dans un entrepôt climatisé.
Le souci constant de cette qualité est garanti par l'apposition de plusieurs mentions et labels sur les étiquettes : « Huile d'olive de France », qui garantit une huile 100 % française avec des olives récoltées en France et une huile extraite dans un moulin français. La mention et le logo « Appellation d'Origine Protégée – AOP » (ou « Appellation d'Origine contrôlée – AOC ») garantissent une huile issue d'un terroir reconnu pour son savoir-faire traditionnel.

Delagrave, 2020

11 Proposez une définition de la notion de qualité et montrez que les huiles Zaytun sont d'une grande qualité.

....

....

....

....

....

....

....

12 Montrez l'intérêt des signes de qualité officiels dont bénéficie Zaytun (à la fois pour l'entreprise et pour les consommateurs).

....

....

....

....

....

13 D'après vous, quels objectifs poursuit l'entreprise Zaytun en misant sur la qualité ?

....

....

DOC. 6 Zaytun et la satisfaction de la clientèle

L'entreprise attache une grande importance à l'avis de ses clients. Elle mesure régulièrement leur degré de satisfaction grâce à des enquêtes.

Tout client, dès lors qu'il est membre de la communauté, a la possibilité d'évaluer, via un questionnaire envoyé par e-mail, la performance de l'entreprise sur différents critères.

Zaytun est également très attentive aux commentaires qui accompagnent les évaluations. Ils sont un très bon indicateur pour savoir de quelle manière les consommateurs perçoivent l'entreprise. L'ensemble de ces données, qu'elles soient quantitatives ou qualitatives, permettent à l'entreprise d'ajuster sa politique pour tenter de faire toujours mieux.

Delagrave, 2020

Résultats de l'Enquête de satisfaction clients 2020 (en %)

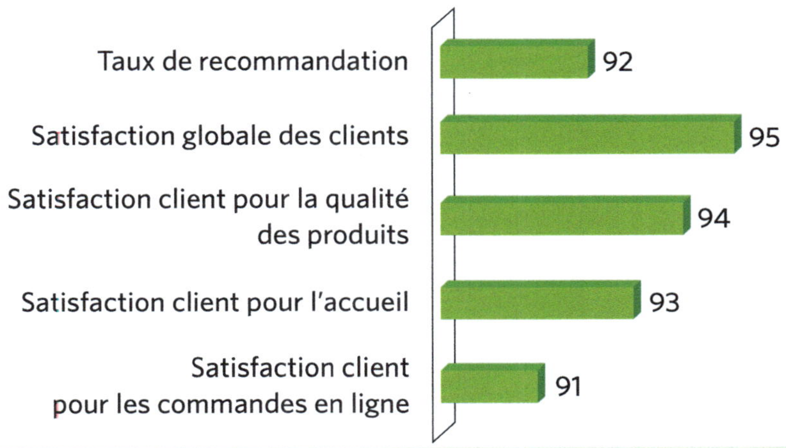

14 Citez l'outil qui permet à l'entreprise Zaytun de mesurer la satisfaction de ses clients.

....

....

15 Qualifiez le niveau de satisfaction globale des clients de l'entreprise Zaytun.

....

....

16 Indiquez quel peut être, selon vous, l'intérêt pour l'entreprise de mener ces enquêtes de satisfaction.

....

....

....

....

....

....

DOC. 7 Résultats d'une enquête sur l'image de marque de l'entreprise Zaytun

Zaytun a procédé à l'étude de son image de marque en demandant à ses clients de noter différents critères. Ces réponses ont été recueillies sur le site Internet.

Sur chacun de ces critères, quelle note sur 20 êtes-vous prêt à donner ?	de 0 à 5	de 6 à 10	de 11 à 15	de 16 à 20
Prix	8 %	13 %	66 %	13 %
Conservation	5 %	30 %	35 %	30 %
Arôme, goût	5 %	15 %	25 %	55 %
Conditionnement, étiquette	5 %	8 %	38 %	49 %
Produit bon pour la santé	2 %	8 %	10 %	80 %
Personnel, SAV	4 %	10 %	35 %	51 %

Delagrave, 2020

17 Identifiez les critères sur lesquels l'entreprise obtient les meilleurs résultats et ceux sur lesquels elle doit s'améliorer.

....

NOTION

Image de marque : ensemble des perceptions et des croyances que peut avoir un client ou consommateur à propos d'un produit, d'une marque ou d'une organisation. Cette perception se fonde sur :
- **des critères objectifs** : prix, conditionnement, étiquette, conservation… ;
- **des critères subjectifs** : qualités santé, arôme, goût personnel…

Ces éléments varient en fonction des caractéristiques du produit ou de la marque. L'image de marque peut être qualifiée de positive, négative ou neutre.

18 Qualifiez l'image de marque de l'entreprise Zaytun.

....

19 Caractérisez les autres moyens que l'entreprise peut utiliser pour renforcer son image de marque.

....

20 Identifiez et justifiez la nature de chaque type d'indicateurs en complétant le tableau ci-dessous.

Indicateurs	Indicateur Quantitatif	Indicateur Qualitatif	Justification
Satisfaction	…………	…………	…………
Qualité	…………	…………	…………
Image de marque	…………	…………	…………
Notoriété	…………	…………	…………

NOTIONS

Indicateur quantitatif : il permet de dénombrer un phénomène, il répond à la question **Combien ?**

Indicateur qualitatif : il permet d'expliquer un phénomène, il répond à la question **Pourquoi ?**

B Indicateurs et outils de mesure « numériques » de la valeur perçue

Les réseaux sociaux connaissent ces dernières années une croissance exponentielle. Ils sont devenus la pierre angulaire de la communication de l'entreprise Zaytun. En effet, grâce à ses différentes pages sur les plateformes telles que Facebook, Twitter, Instagram ou Snapchat, l'entreprise Zaytun développe sa notoriété, sa fidélité et son chiffre d'affaires. Aussi, afin de continuer à améliorer ses performances sur les réseaux, l'entreprise souhaite savoir si son contenu est pertinent et percutant à l'aide de plusieurs indicateurs de mesure.

DOC. 8 Que sont les réseaux sociaux ?

Les réseaux sociaux sont des regroupements virtuels sur Internet de personnes physiques ou de personnes morales (associations, entreprises, institutions) permettant à leurs membres de discuter et d'échanger sur des sites dédiés. Le point fort des réseaux sociaux, c'est leur immédiateté et leur rapidité. Il suffit qu'un internaute découvre un produit, un service ou une personne qui l'intéresse pour qu'il en informe en temps réel tous ses « amis ».

Delagrave, 2020

DOC. 9 L'Intérêt des médias sociaux pour les entreprises

POURQUOI LES ENTREPRISES UTILISENT-ELLES LES MÉDIAS SOCIAUX ?

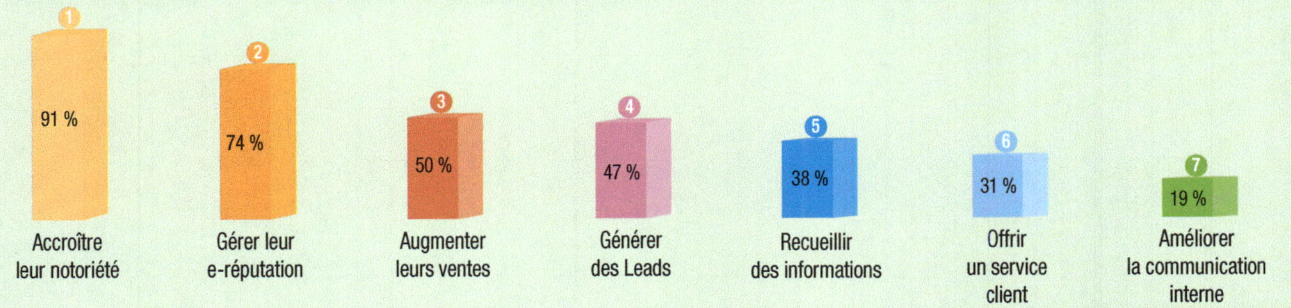

Source : les médias sociaux en entreprise - Baromètre Hootsuite 2018 • LK CONSEIL • www.lkconseil • @lkconseil

DOC. 10 **Évaluation de la valeur perçue de l'entreprise Zaytun à l'aide d'indicateurs numériques**

Indicateurs de médias sociaux	Zaytun	Concurrent 1	Concurrent 2	Concurrent 3
Nombre d'abonnés/de fans/de followers sur les pages de l'entreprise	45 100	38 100	29 500	32 545
Nombre de vues des publications de l'entreprise par les internautes	18 541	16 521	15 495	13 646
Nombre de clics sur les liens de l'entreprise pour accéder au contenu	22 651	17 514	13 452	15 652
Nombre de mentions, de réactions et d'avis communautaires	10 236	9 563	5 968	8 921
Nombre de « like », de partage et de recommandation	42 300	37 891	25 621	28 974

Delagrave, 2020

21 Définissez et montrez l'intérêt majeur des réseaux sociaux.

22 Relevez les raisons qui poussent les entreprises à utiliser les médias sociaux.

23 À l'aide des indicateurs de médias sociaux (doc. 10), montrez que l'entreprise jouit d'une bonne réputation et de recommandations satisfaisantes de la part de ses clients.

QUESTION BILAN

À l'aide des différents indicateurs traditionnels et numériques, évaluez la valeur perçue de l'entreprise Zaytun par rapport à ses concurrents.

2 Comment évaluer la valeur financière dégagée par une organisation ?

Comme toutes les entreprises, Zaytun a l'obligation annuelle d'établir des documents comptables de synthèse. À la fin de chaque exercice comptable (période qui correspond en général à une année civile allant du 1er janvier au 31 décembre), elle produit des documents qui lui permettent d'une part d'évaluer sa valeur financière à partir de son compte de résultat et, d'autre part, de connaître l'état de son patrimoine (ensemble de ses biens et de ses dettes) à partir de son bilan.
Ce processus de création de valeur financière pour Zaytun n'est possible que grâce à la mobilisation de ses différents acteurs : salariés, banque, fournisseurs de matières premières et de services, État.

DÉFINITION

Compte de résultat : « Film » qui retrace l'activité de l'entreprise. Il reprend l'ensemble des opérations réalisées au cours de l'année (achats = charges ou dépenses ; ventes = produits ou recettes) et permet aussi de calculer le résultat (perte ou bénéfice) que réalise une entreprise au cours d'une année.

A L'évaluation de la valeur financière fondée sur le revenu et le patrimoine

DOC. 11 Compte de résultat de l'entreprise Zaytun pour l'année N (en euros)

CHARGES (Hors Taxes)	N	N - 1	PRODUITS (Hors Taxes)	N	N - 1
Charges d'exploitation			**Produits d'exploitation**		
Achats de matières premières	2 248 000	1 730 000	Vente de produits finis	4 071 000	3 770 000
Autres achats et charges externes[1]	1 152 000	1 050 000			
Impôts et taxes	68 000	42 000			
Salaires et traitements	651 000	498 000			
Charges sociales	434 000	396 000			
Dotations aux amortissements[2]	224 000	185 000			
Total I	**4777000**	**3 901 000**	**Total I**	**4071000**	**3770000**
Charges financières			**Produits financiers**		
Intérêts et charges assimilées	89 000	67 000	Revenus des valeurs mobilières de placement	1 110 000	1 128 000
Total II	**89000**	**67000**	**Total II**	**1 110 000**	**1 128 000**
Charges exceptionnelles			**Produits exceptionnels**		
Impôts sur les bénéfices	95 000	750 000			
Total III	**95000**	**750000**	**Total III**	**0**	**0**
Total des charges (1 + 2 + 3)	**4961000**	**4718000**	**Total des produits (1 + 2 + 3)**	**5 181 000**	**4 898 000**
Solde créditeur : bénéfice[3]	220 000	180 000	Solde débiteur = déficit		
Total général	**5181000**	**4898000**	**Total général**	**5181000**	**4898000**

1. Les charges externes correspondent aux charges inhérentes au loyer, aux réparations, transport, publicité, assurances...
2. Les dotations aux amortissements correspondent aux remboursements des échéances pour l'achat des machines et du matériel de l'entreprise.
3. En année N, l'entreprise Zaytun a redistribué son bénéfice de la façon suivante : 160 000 € versés aux actionnaires sous forme de dividendes et 60 000 € conservés par l'entreprise pour l'autofinancement.
En année N-1, l'entreprise Zaytun a redistribué son bénéfice de la façon suivante : 100 000 € versés aux actionnaires sous forme de dividendes et 80 000 € conservés par l'entreprise pour l'autofinancement.

Delagrave, 2020

24 À partir du doc. 11, identifiez le nombre d'exercices comptables que couvre le compte de résultat de l'entreprise Zaytun.

....

....

....

....

25 Quelle est l'information essentielle contenue dans les colonnes « Charges » et « Produits » ?

....

....

....

....

....

26 Montrez l'utilité de ce document de gestion pour Zaytun.

....

....

....

27 Identifiez le rôle des différents acteurs intervenant dans ce processus de création de valeur financière.

Acteurs	Type – Interne	Type – Externe	Rôle
Fournisseurs de matières premières		X	Vente de matières premières à Zaytun
Fournisseurs de services	....	....	....
État	....	....	....
Salariés	....	....	....
Organismes sociaux	....	....	....
Banque	....	....	....

28 Retrouvez le chiffre d'affaires pour les années N et N – 1 puis calculez son taux d'évolution.

....

....

....

....

29 Déterminez le résultat réalisé par l'entreprise en N et N - 1 puis calculez son taux d'évolution.

....

....

....

....

30 L'entreprise Zaytun a-t-elle créé ou détruit de la valeur en année N ? Justifiez votre réponse.

....

....

....

....

....

....

....

DÉFINITION

Bilan : « photographie » du patrimoine de l'entreprise. Il représente la différence entre ce qu'elle possède (ses actifs) et ce qu'elle doit à des tiers (ses dettes). La lecture du passif permet de répondre à la question « D'où vient l'argent ? ». Il est l'image de ce que doit l'entreprise. Quant à l'actif, il permet de répondre à la question « Où va l'argent ? ». Il est l'image de ce que possède l'entreprise. Suivant toute logique, les deux colonnes du bilan doivent être égales : la différence possible faisant apparaître un « bénéfice » ou une « perte ».

DOC. 12 **Bilan comptable de l'entreprise Zaytun année N**

BILAN COMPTABLE (en euros)

ACTIF	N	N - 1	PASSIF	N	N - 1
Actif immobilisé			**Capitaux propres**		
Immobilisations incorporelles	480 000	570 000	Capital social (20 000 actions à 100 €)	2 000 000	2 000 000
Immobilisations corporelles	2 280 000	1 570 000	Réserves	2 280 300	761 500
Immobilisations financières	316 500	270 000	Résultat de l'exercice	220 000	180 000
Total I	**3076500**	**2410000**	**Total I**	**4500300**	**2941500**
Actif circulant			**Dettes**		
Stocks	726 000	534 000	Emprunts	156 200	116 500
Créances clients	340 000	270 000	Dettes fournisseurs	266 000	156 400
Disponibilité	780 000	570 00			
Total II	**1846000**	**804000**	**Total II**	**422200**	**272900**
Total général	**4922500**	**3 214 000**	**Total général**	**4922500**	**3 214 400**

Delagrave, 2020

OBSERVATION ESSENTIEL APPLICATIONS VERS LE BAC

31 Identifiez le nombre d'exercices comptables présentés dans ce bilan et montrez l'utilité de ce document comptable.

....

....

....

32 L'entreprise doit s'équiper d'une nouvelle machine d'un montant de 40 000 euros et, pour ce faire, a recourt à un emprunt bancaire. Dans quelle partie du bilan (actif ou passif) se classent ces deux éléments ? Déduisez-en la différence entre l'actif et le passif du bilan.

....

....

....

....

33 À l'aide du fichier Excel joint (voir p. 157), calculez la valeur du patrimoine de l'entreprise Zaytun pour l'année N.

Valeur totale des actifs		Valeur totale des dettes		Valeur du patrimoine net
=	-	=	=	= ....

34 Identifiez l'information commune au compte de résultat et au bilan de l'entreprise Zaytun.

....

....

....

B L'évaluation de la valeur actionnariale et boursière

Après l'exercice N - 1, largement bénéficiaire, l'entreprise Zaytun souhaite trouver de nouveaux relais de croissance. Le marché français étant saturé, elle envisage d'exporter ses produits. Pour y parvenir l'entreprise doit lever des capitaux et diversifier ses sources de financement. Après mûre réflexion, ses experts lui conseillent une entrée en Bourse.

DOC. 13 Pourquoi l'entreprise Zaytun doit-elle être cotée en Bourse ?

1. Lever des capitaux

C'est bien sûr la principale motivation des chefs d'entreprise lorsqu'ils décident d'introduire leur société en Bourse. Proposer des actions aux investisseurs ou aux épargnants, c'est avoir la possibilité de lever des capitaux afin de poursuivre le développement de l'entreprise, financer des investissements et/ou conquérir de nouveaux marchés.

2. Diversifier ses sources de financement

« Il ne faut pas mettre tous ses œufs dans le même panier », dit l'adage populaire. C'est la même chose en matière d'entrepreneuriat et c'est exactement ce que permet une introduction en Bourse. Proposer des actions permet en effet de limiter les risques en diversifiant les sources de financement. Ce qui est toujours bon signe lorsque l'on s'intéresse à la santé d'une entreprise.

3. Renforcer la crédibilité de l'entreprise

Être une société cotée en Bourse dynamise son image et renforce incontestablement sa crédibilité auprès des institutions financières et publiques. Cela permet notamment d'accéder à des conditions d'emprunt plus favorables que les entreprises dites « classiques ».

Delagrave, 2020

35 Dites quel est l'intérêt pour l'entreprise Zaytun d'être cotée en Bourse.

....

....

....

DOC. 14 **Évolution et prévision de la valeur boursière de l'action Zaytun**

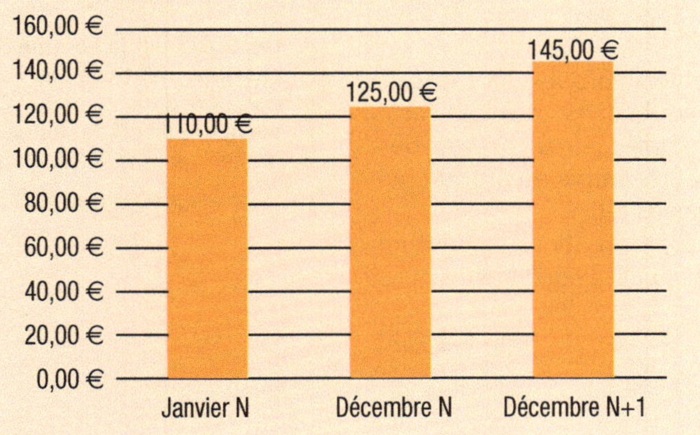

NOTION

La valeur boursière d'une société est la valeur de marché de ses capitaux propres.
Elle se calcule par : (Nombre d'actions composant le capital de la société) x (cours de la Bourse).

36 Analysez la valeur boursière de Zaytun (doc. 12 et 13).

a. Identifiez le cours de départ et d'arrivée de l'action Zaytun en N.

....

....

b. Calculez son taux d'évolution au cours de l'année N.

....

....

c. Évaluez la valeur boursière de la SA Zaytun au 31/12/N.

....

....

37 Identifiez les acteurs concernés par cette introduction en Bourse.

....

À la fin de l'exercice N, l'entreprise Zaytun, satisfaite de ses résultats, décide de répartir son résultat comme suit :
- 7 € de dividendes par action
- Le reste en réserves.

DOC. 15 **Le partage du résultat**

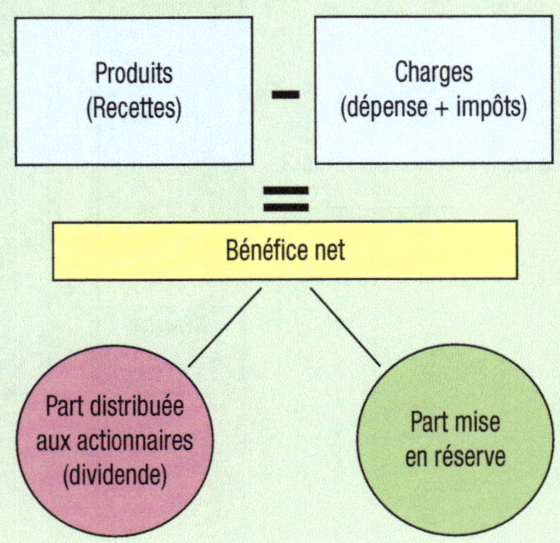

NOTION

La valeur actionnariale est la création de valeur pour les actionnaires.

38 Qu'entend-on par valeur actionnariale ?

....

....

....

....

39 Calculez à l'aide du doc. 12 le montant total de la valeur attribuée aux actionnaires en N.

....

....

....

....

C Caractérisation et analyse de la relation prix, coût et marge

La valeur produite par l'entreprise peut être mesurée de différentes façons. Outre le bilan et compte de résultat, la valeur boursière et la valeur actionnariale, une entreprise peut aussi évaluer sa valeur à l'aide de l'ensemble des coûts engagés pour obtenir un bien d'une qualité donnée.

En effet la maîtrise des coûts permettra à l'entreprise de fixer son prix de vente au niveau souhaité et de dégager une marge plus ou moins confortable.

DOC. 16 Le lancement d'un nouveau produit : la tapenade Tap'Zay

L'entreprise Zaytun, forte de sa réussite, compte lancer un nouveau produit : la Tap'Zay. Cette tapenade à base d'huile d'olives et d'olives sera conditionnée dans un pot en verre de 90 g et nécessitera des achats de matières premières comme des anchois et des câpres. L'entreprise souhaite donner un positionnement haut de gamme au produit qui sera distribué dans les épiceries fines de la région et les magasins bio.

D'après l'étude de marché qu'elle a réalisée, les principaux concurrents proposent un prix autour de 7,56 € et 7,66 € le pot de 90 g pour un produit de qualité équivalente mais non bio.

Delagrave, 2020

NOTION

Un COÛT est **la somme des charges relatives** à l'élaboration d'un bien ou d'un service, à un stade donné du processus économique.

DOC. 17 La relation prix, coût, marge dans une :

ENTREPRISE COMMERCIALE
qui achète et revend des marchandises en l'état, sans transformation ;

ENTREPRISE INDUSTRIELLE
qui achète des matières premières pour les transformer en produits finis afin de les vendre.

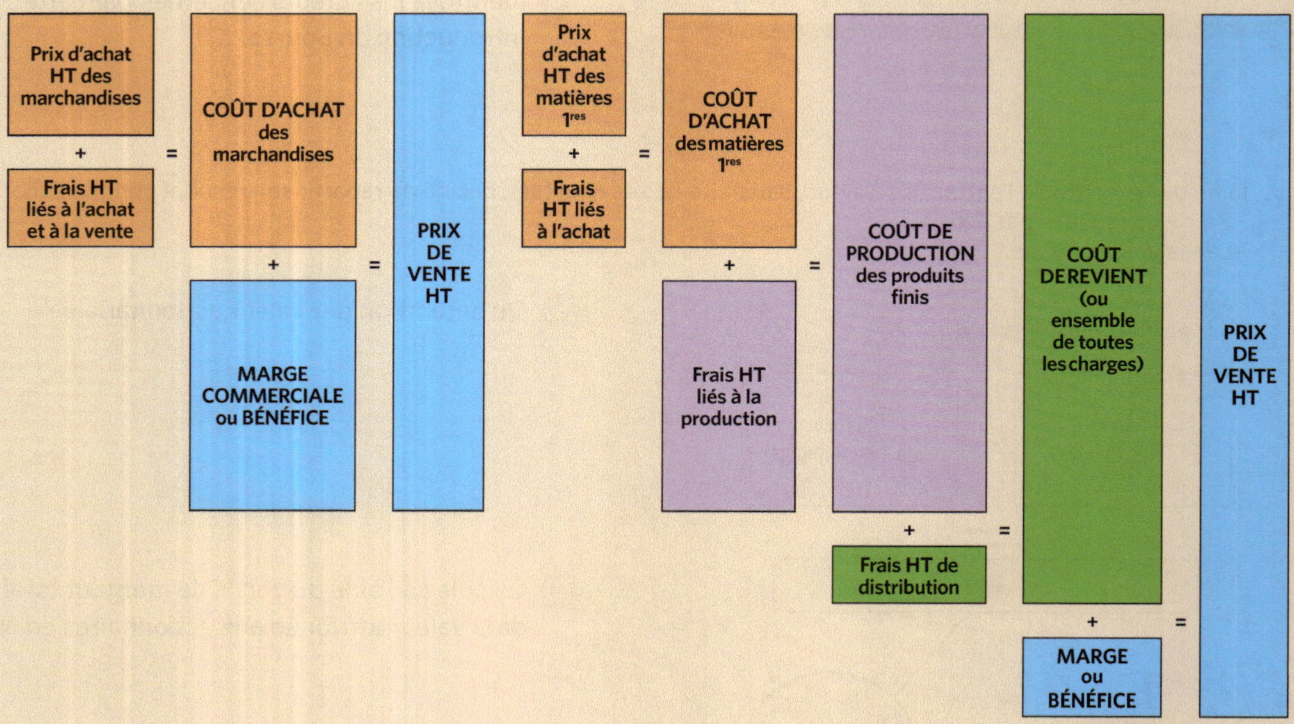

40 Caractérisez la nature de l'activité de l'entreprise Zaytun.

....

....

Pour un pot de tapenade de 90 g Zaytun recense les charges suivantes :
Achat d'anchois et de câpres : 1,75 €
Achat d'un pot en verre : 0,24 €
Frais de fabrication (dénoyautage, malaxage, salaires des ouvriers) : 2,92 €
Frais de publicité : 0,86 €

41 À l'aide du fichier Excel joint (voir p. 157) :

a. Calculez le coût de revient d'un pot de 90 g de Tap'Zay pour l'entreprise Zaytun.

b. Exprimez en pourcentage le poids de chaque élément du coût de revient.

Éléments	Montant	%
Achat d'anchois et de câpres :	....	....
Achat d'un pot en verre :	....	....
Frais de fabrication (dénoyautage, malaxage, salaires des ouvriers) :	....	....
Frais de publicité :	....	....
COÛT DE REVIENT d'un pot de tapenade de 90 g	....	100,00 %

42 À l'aide du fichier joint Excel, calculez le prix de vente HT que pourrait adopter l'entreprise Zaytun pour un pot de Tap'Zay sachant qu'elle souhaite dégager une marge de 1,89 € par unité.
Vous exprimerez la marge en pourcentage du prix de vente.

Éléments	Montant	%
Coût de revient	....	....
Marge	1,89 €	....
PRIX DE VENTE HT d'un pot de tapenade de 90g	....	....

43 Le prix vous semble-t-il cohérent avec l'image de marque du produit ?

....

....

....

....

....

QUESTION BILAN

En vous appuyant sur l'ensemble des documents et de vos réponses, recensez les différentes évaluations financières possibles pour une organisation.

OBSERVATION | ESSENTIEL | APPLICATIONS | VERS LE BAC

3 Comment créer de la valeur ajoutée et mesurer la valeur partenariale dans une organisation ?

A Création et partage de la valeur ajoutée

NOTION

Valeur ajoutée : richesse créée par l'entreprise lorsqu'elle transforme les matières premières en produits finis. Elle se calcule comme suit : Valeur de la production HT (ou chiffre d'affaires HT) – Consommations intermédiaires HT (biens et services consommés par le processus de production comme les matières premières, loyers, etc.).

DOC. 18 L'indispensable mesure de la valeur ajoutée

Gérer une entreprise, c'est tout un art. Et pourtant, il ne s'agit au fond que de jouer sur trois variables : la valeur ajoutée par l'entreprise, la masse des salaires dépensés pour créer cette richesse nouvelle et enfin la quantité de capital qu'il faut avancer pour fonctionner.

Pour juger de la santé d'une entreprise, on se focalise souvent sur son chiffre d'affaires, mais cette donnée n'est pas en soi d'une grande importance. Ce qui compte pour une entreprise, c'est ce qu'il lui reste quand elle a réglé tous les biens et services qu'elle a eu besoin d'acheter à d'autres pour produire et vendre, la valeur qu'elle a ajoutée à tout ce qu'elle a pris à l'extérieur. Cela comprend évidemment les biens directement incorporés dans ses produits, par exemple le bifteck acheté dans le Big Mac, mais également la facture d'EDF [...]. En déduisant ces dépenses du chiffre d'affaires, on obtient ce que l'on appelle la valeur ajoutée brute de l'entreprise.

Guillaume Duval, *Les trois clés de la rentabilité*, www.alternatives-economiques.fr, 1997

44 Indiquez, pour chacune des opérations, si elle correspond à un produit ou à une charge pour Zaytun.

Opérations	Montants HT (en €)	Charges	Produits
Achat d'olives en vrac auprès d'autres producteurs	2 248 000	....	....
Impôts et taxes	68 000	....	....
Salaires	651 000	....	....
Vente de produits finis	4 071 000	....	....
Autres achats et charges externes	1 152 000	....	....
Dotations aux amortissements	224 000	....	....
Intérêts et charges assimilées	89 000	....	....
Cotisations sociales	434 000	....	....

45 À l'aide du fichier Excel joint (voir p. 157), calculez la valeur ajoutée produite par l'entreprise Zaytun.

CHIFFRE D'AFFAIRES H.T.	CONSOMMATIONS INTERMÉDIAIRES H.T.	VALEUR AJOUTÉE
=	=	= ....
....	....	....

DOC. 19 Le partage de la valeur ajoutée au sein de la SA Zaytun

Zaytun, après avoir comptabilisées les dépenses, a évalué l'excédent qu'elle doit maintenant partager.

Au cours de l'assemblée générale du 15/06/N + 1, elle décide d'accorder aux actionnaires un dividende de 160 000 € pour l'année N. À titre comparatif, elle joint aux membres du conseil d'administration un document qui reprend la répartition de la valeur ajoutée pour les années N – 1 et N – 2.

Delagrave, 2020

VIDÉO + 4'16"
Le partage de la valeur ajoutée
www.lienmini.fr/30602-partage

DOC. 20 Répartition de la valeur ajoutée dans l'entreprise Zaytun pour N - 1 et N - 2

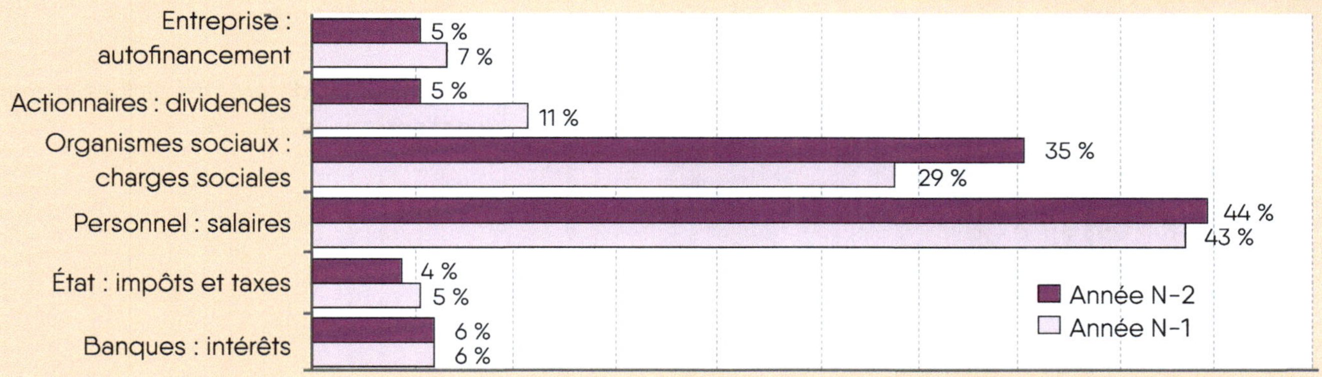

Delagrave, 2020

DÉFINITION

Dividendes : rémunération des apporteurs de capitaux propres (les actionnaires). Ils sont en général distribués à partir du bénéfice net de l'exercice clos.

46 Identifiez les partenaires bénéficiaires de la valeur ajoutée et complétez le tableau.

Partenaires	Ressources apportées	Contreparties reçues	% de la valeur ajoutée reçue	
			N - 1	N - 2
Entreprise	Matériel, équipement	Bénéfice	7 %	5 %
....	....	....	....	....
....	....	....	....	....
....	....	....	....	....
....	....	....	....	....
....	....	....	....	....

47 Identifiez les acteurs qui ont bénéficié d'une augmentation de leur part de la valeur ajoutée entre N - 1 et N - 2.

....

DOC. 21 Des salariés en colère

Le choix opéré par l'entreprise d'augmenter la part de la valeur ajoutée reçue par les actionnaires a fait l'objet de tensions auprès des salariés. Un préavis de grève est déposé par le syndicat majoritaire afin de s'opposer à la décision de l'assemblée générale et ainsi revendiquer une répartition plus équitable de la valeur ajoutée.

Delagrave, 2020

48 Expliquez les raisons qui ont poussé les salariés de l'entreprise Zaytun à se mettre en grève.

....

....

....

....

B La mesure de la valeur partenariale d'une organisation

Suite au dernier mouvement de grève qu'a connu l'entreprise Zaytun, le dirigeant a décidé de faire appel à un médiateur qui lui a conseillé de mieux prendre en compte les intérêts de l'ensemble des parties prenantes de l'entreprise. Il conseille de créer de la valeur partenariale pour l'ensemble des parties prenantes, le dernier résultat étant bénéficiaire.

DOC. 22 Les parties prenantes de l'entreprise Zaytun

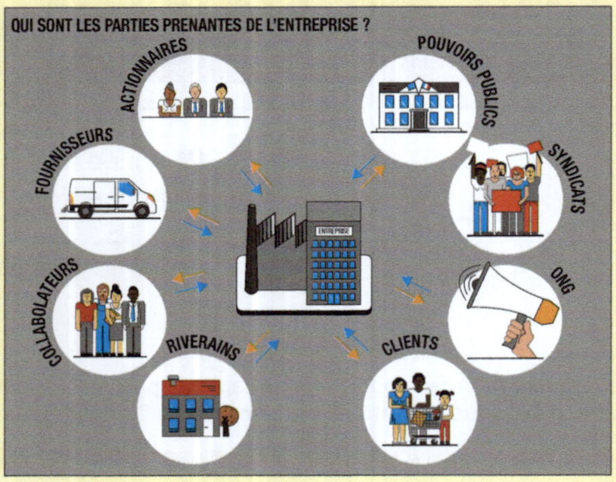

49 Identifiez les différentes parties prenantes de l'entreprise Zaytun.

....

....

....

NOTION

Valeur partenariale : fonctionnement de l'entreprise qui vise à assurer un partage de la valeur créée entre les différentes parties prenantes.

DOC. 23 Répartition des bénéfices de l'entreprise Zaytun pour 2020

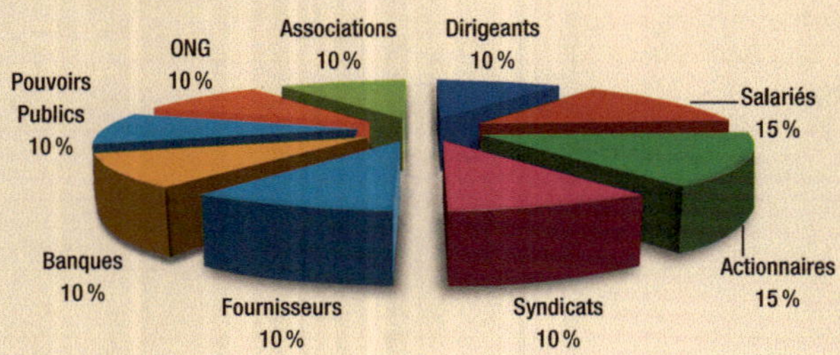

50 Montrez comment l'entreprise Zaytun crée de la valeur partenariale.

....

....

....

....

....

DOC. 24 La fondation Zaytun, un soutien pour les plus démunis

Habité par de véritables engagements éthiques et sociétaux, le dirigeant a créé une fondation d'entreprise.

Celle-ci mène différentes actions ayant pour but de venir en aide aux plus démunis :

- « Un Noël pour tous » : lors de cette opération qui a lieu tous les ans, la fondation organise une distribution de produits alimentaires aux familles les plus modestes (bouteilles d'huile d'olive et produits dérivés tels que des biscuits ou de la tapenade).
- Dotation de 40 000 € aux Restos du Cœur : pour faire face à la baisse des soutiens européens, la fondation a débloqué cette dotation pour venir en aide à l'association créée par Coluche.
- « Mille et un oliviers » : la fondation a décidé de planter 1 001 oliviers au Maroc afin de soutenir l'agriculture locale. Ces oliviers permettront à la population et aux agriculteurs de vivre de la récolte des olives et de la production associée. Ressource alimentaire pour la population et source de revenus pour les producteurs, la plantation de ces arbres fruitiers joue un rôle majeur dans la préservation des écosystèmes et la lutte contre la déforestation.

Delagrave, 2020

51 Expliquez, à l'aide de vos recherches, les termes soulignés dans le texte puis relevez les raisons qui ont poussé l'entreprise Zaytun à créer une fondation. Citez les objectifs et les acteurs parties prenantes.

....

....

....

....

....

QUESTION BILAN

Concluez en montrant que l'entreprise Zaytun est une entreprise éthique et socialement responsable.

L'ESSENTIEL — La création de valeur par les différents acteurs de l'organisation

SYNTHÈSE
Accédez à la synthèse audio
www.lienmini.fr/30602-synthese11

1 Comment mesurer la valeur perçue d'une organisation ?

La valeur perçue est la valeur que revêt un produit ou un service dans l'esprit du consommateur. Elle se mesure à l'aide de :

- Indicateurs et outils de mesure « traditionnels » de la valeur perçue → Image de marque, notoriété, satisfaction, qualité
- Indicateurs et outils de mesure « modernes » de la valeur perçue → Indicateurs des médias sociaux, avis communautaires, recommadations, réputation

2 Comment évaluer la valeur financière dégagée par une organisation ?

Évaluation de la VALEUR FINANCIÈRE fondée sur

LE REVENU	LE PATRIMOINE	LES ACTIONNAIRES	LA BOURSE	LES COÛTS
En établissant un **compte de résultat**	En établissant **un bilan**	En déterminant **un dividende**	En évaluant les capitaux propres sur **le marché**	En calculant **un coût d'achat**, un coût **de revient**

Mise en évidence du **RÉSULTAT (bénéfice ou perte)**

Détermination du **PRIX DE VENTE = COÛT + MARGE**

3 Comment créer de la valeur ajoutée et mesurer la valeur partenariale dans une organisation ?

Une organisation crée de la valeur ajoutée
Valeur ajoutée = Chiffre d'affaires – Consommations intermédiaires

Une organisation peut répartir sa valeur ajoutée entre différentes parties prenantes
Organisation, salariés, actionnaires, État, banques, organismes sociaux.

Une organisation peut créér de la valeur partenariale
La valeur partenariale désigne un fonctionnement de l'entreprise qui vise à assurer un partage équitable de la valeur créée entre les différentes parties prenantes.

APPLICATIONS

APPLICATION 1 Test de connaissances

Validez vos connaissances en cochant la (ou les) bonne(s) proposition(s), puis justifiez oralement vos réponses.

1 La valeur perçue est la valeur qu'attribue le consommateur à un produit ou un service.
☐ VRAI ☐ FAUX

2 L'image de marque et la qualité des produits sont des indicateurs qui permettent d'apprécier la valeur perçue.
☐ VRAI ☐ FAUX

3 Le bilan est le seul document qui permet d'évaluer la valeur financière d'une entreprise.
☐ VRAI ☐ FAUX

4 Le calcul du coût de revient d'un produit concerne une entreprise industrielle.
☐ VRAI ☐ FAUX

5 La relation entre le prix de vente, la marge et les coûts d'un produit/service peut se résumer ainsi :
☐ Marge = Prix + coût.
☐ Prix de vente = Coût + marge.
☐ Marge = Coût – Prix de vente.

QCM interactif
Accédez au QCM en utilisant le QRcode ou le lien URL
www.lienmini.fr/30913-qcm11

APPLICATION 2 Utiliser des indicateurs simples pour repérer la valeur perçue d'une organisation

1 Identifiez les indicateurs permettant de mesurer la valeur perçue du sel de Guérande.

2 Peut-on qualifier la notoriété de la marque Le Guérandais de forte ? Justifiez votre réponse.

DOC. La marque Le Guérandais

L'image et les valeurs transmises par le sel de Guérande Le Guérandais : Le sel provient des marais salants de Guérande où il naît de la seule action de l'océan, du soleil et du vent. Il est récolté à la main, selon le savoir-faire unique et ancestral des paludiers. Il est 100 % naturel, non raffiné et ne comporte aucun additif. Il procure ainsi le plaisir d'un sel vraiment authentique. Il est porteur d'une éthique et de valeurs chères aux paludiers. Il est le sel des gastronomes et des chefs cuisiniers.

La notoriété du sel de Guérande Le Guérandais : Selon le dernier sondage BVA, la marque « Sel de Guérande » reste, parmi les personnes interrogées, la deuxième marque la plus connue. La fleur de sel est connue par un nombre toujours croissant de consommateurs et Guérande est perçue comme l'origine la plus authentique et traditionnelle pour la grande majorité d'entre eux. Alors le sel de Guérande Le Guérandais méritait bien que l'on fasse à nouveau parler de lui…

www.salinesdeguerande.com

APPLICATION 3 Utiliser un compte de résultat pour repérer la valeur financière produite par une entreprise

1. Définissez ce document comptable.
2. Expliquez ce que représentent les colonnes « charges » et « produits » dans ce document.
3. Définissez la notion de chiffre d'affaires et retrouvez celui de l'entreprise pour l'année N.
4. Calculez la valeur ajoutée générée par l'activité de cette entreprise.
5. L'entreprise LARA a-t-elle détruit ou créé de la valeur ? Justifiez votre réponse.

DOC. Compte de résultat de l'entreprise LARA pour l'année N

Compte de résultat du 01/01/N au 31/12/N

CHARGES (en euros H.T.)		PRODUITS (en euros H.T.)	
Charges d'exploitation		**Produits d'exploitation**	
Achats de matières premières	18 232	Ventes de produits finis	691 851
Loyer	10 524		
Autres achats et charges externes	23 322		
Impôts et taxes	2 500		
Salaires et traitements	15 985		
Charges sociales	8 745		
Charges financières		**Produits financiers**	0
Intérêts et charges assimilées	643	**Produits exceptionnels**	0
TOTAL des charges	79 951	Total des produits	691 851
Bénéfice	611 900	Perte	
TOTAL GÉNÉRAL	**691 851**	**TOTAL GÉNÉRAL**	**691 851**

Delagrave, 2020

APPLICATION 4 Utiliser un bilan pour repérer la valeur financière produite par une organisation

1. Identifiez le document 1 et expliquez son rôle.
2. Évaluez la valeur totale des biens possédés par l'entreprise.
3. Identifiez le montant total des dettes que l'entreprise doit rembourser.
4. Calculez la valeur du patrimoine de l'entreprise.
5. L'entreprise Lara a-t-elle détruit ou créé de la valeur ? Justifiez votre réponse.
6. Calculez l'évolution en pourcentage du cours de la Bourse de l'action Éloïse au cours de l'année N.
7. Évaluez la valeur boursière de la SAS au 31/12/N. Quels sont les acteurs concernés par la valeur boursière ?
8. À combien s'élève la valeur actionnariale globale au 31/12/N ?

APPLICATIONS

DOC. 1 **Bilan de la SAS Lara au 31/12/N**

Actif	N	Passif	N
Actif immobilisé		**Capitaux propres**	
Immobilisations incorporelles	180 900	Capital social (11 420 actions*100 €)	1 142 000
Immobilisations corporelles	1 105 800	Réserves	604 400
Immobilisations financières	316 300	Résultat	611 900
Total actif immobilisé	**1 603 000**	**Total capitaux propres**	**2 358 300**
Actif circulant		**Dettes**	
Stocks	726 900	Emprunts	456 200
Créances clients	324 500	Dettes	591 300
Disponibilité	751 400		
Total actif circulant	**1 802 800**	**Total dettes**	**1 047 500**
TOTAL ACTIF	**3 405 800**	**TOTAL PASSIF**	**3 405 800**

Delagrave, 2020

DOC. 2 **Évolution de la valeur boursière de l'action Éloïse**

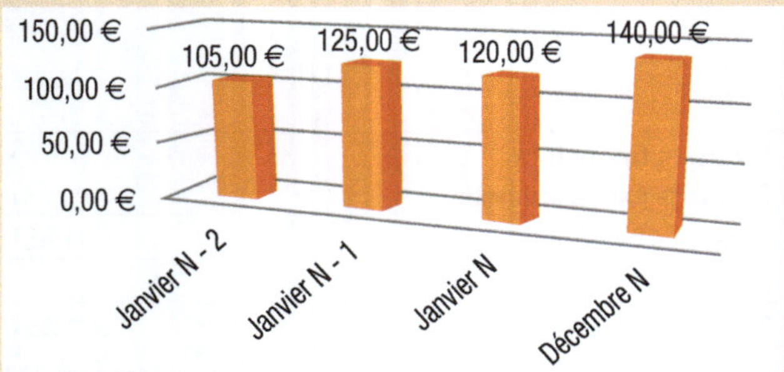

À la fin de l'exercice N l'entreprise Lara, envisage de distribuer 5 € de dividendes par action.

Delagrave, 2020

APPLICATION 5 Analyser la relation entre le coût et le prix d'une marchandise

L'entreprise BURO 2000 est un grossiste en petit matériel de bureau et informatique.
Elle vous communique les renseignements suivants concernant les différents biens qu'elle commercialise.

1. Caractérisez la nature de l'activité de l'entreprise BURO 2000. Justifiez votre réponse.
2. Calculez pour chacun des biens :
   - le coût d'achat des marchandises vendues ;
   - le chiffre d'affaires net.
3. Déterminez quel est le bien le plus rentable en euros et en pourcentage du prix de vente.

	Lot Classeur A4	Lot DVD	Lot de claviers sans fil
Prix d'achat	800,00 €	560,00 €	870,00 €
Remise obtenue	25,00 €	30,00 €	20,00 €
Frais d'approvisionnement	20,00 €	0,00 €	50,00 €
Prix de vente	1 240,00 €	820,00 €	1 240,00 €
Remise accordée	40,00 €	40,00 €	70,00 €
Frais de livraison s/vente	0,00 €	2,00 €	15,00 €

APPLICATION 6 Analyser la relation entre le coût et le prix d'un produit fini

L'établissement Jonas, producteur de foie gras de canard du Larzac, décide à l'occasion des fêtes de fin d'année de commercialiser son produit sur le site de e-commerce d'un traiteur.

Il souhaite connaître le coût de revient de son produit qu'il conditionnera dans un bocal de 200 g.

1. Caractérisez la nature de l'activité de l'entreprise Jonas. Justifiez votre réponse.
2. À l'aide du tableur Excel, calculez le coût de revient d'un bocal de foie gras.
3. Calculez le prix de vente H.T. en sachant que l'entreprise Jonas souhaite réaliser 8 € de bénéfice sur chaque bocal vendu en ligne.

DOC. Renseignements complémentaires

L'établissement Jonas s'approvisionne en foie de canard au prix HT de 42 € le kg à la ferme Landal.

Pour obtenir 200 g de foie gras, il faut 350 g de foie de canard cru, la cuisson entraînant une réduction de la matière première.

Un bocal de foie gras nécessite les fournitures suivantes :

Fournitures	PRIX HT
1 Bocal de verre	0,17 €
1 Étiquette	0,03 €
1 Carton d'emballage	0,06 €

Il faut 17 minutes de main-d'œuvre par pot de foie gras. Le salaire brut d'1 h de MOD s'élève à 15 €.

Les frais de livraison chez le client sont de 12 € HT par kg de foie gras (on néglige le poids du bocal en verre).

APPLICATION 7 Repérer les compromis réalisés pour répondre aux attentes des acteurs, du fait des contraintes de ressources et de création de valeur

1. Qualifiez la nature du conflit qui oppose le groupe Whirlpool et ses salariés.
2. Identifiez les différents bénéficiaires de la valeur ajoutée du groupe Whirlpool.
3. Montrez que cette répartition de la valeur ajoutée fait l'objet de tensions fortes avec les partenaires internes et externes du groupe.
4. Relevez le type de valeur créée par le groupe. S'agit-il de valeur actionnariale ou partenariale ? Justifiez.

DOC. 1 Les salariés Whirlpool en grève !

Whirlpool Corporation a voté, en conseil d'administration, une augmentation du dividende trimestriel versé à ses actionnaires [...] « Whirlpool Corporation a approuvé une augmentation de 10 % du dividende trimestriel sur les actions de la société passant de 1,00 $ l'action à 1,10 $ », peut-on lire sur le communiqué dévoilé par le réalisateur de Merci Patron, qui est allé apporter la nouvelle en personne aux salariés de l'usine amiénoise, actuellement en grève.

Mikaël Libert, 20minutes.fr, 25 avril 2017

DOC. 2 Les Whirlpool attaquent aux prud'hommes à Amiens

Plusieurs dizaines de salariés de l'usine de sèche-linge Whirlpool, promise à la fermeture en juin 2018, avaient rendez-vous au conseil de prud'hommes d'Amiens ce jeudi 14 septembre. [...] Tous contestent le motif économique de leur licenciement et espèrent bien obtenir des indemnités, quand bien même ils seraient repris par la société WN, elle-même bien aidée par Whirlpool pour mener à bien son projet de reprise. [...] « La fermeture de l'usine Whirlpool d'Amiens n'a aucune justification économique puisque le groupe vient de faire un milliard de dollars de bénéfice.

Bakhti Zouad, courrier-picard.fr, septembre 2017

APPLICATIONS

APPLICATION 8 Utiliser un compte de résultat pour repérer la valeur financière produite par une organisation

À l'aide du document ci-dessous et du fichier Excel joint (voir p. 157), répondez aux questions suivantes :

1. Quel est le montant total des dépenses et des recettes de la société Delta ?
2. Quelle est la valeur de la production vendue par la société Delta et de ses consommations intermédiaires ?
3. Calculez le montant du bénéfice réalisé.
4. Calculez la valeur ajoutée produite par la société DELTA et complétez le tableau du partage de cette VA.

Bénéficiaires	Montant en euros de la VA	Part en % de la VA
Salariés avec cotisations sociales incluses		
État		
Banques		
Entreprise		
Total VA		

5. Représentez le partage de la valeur ajoutée à l'aide d'un graphique pertinent.

DOC. **Données extraites du compte de résultat de la société Delta**

Dépenses HT		Recettes HT	
Achats de matières premières	175 600,00 €	Vente de produits finis	765 000,00 €
Impôts et taxes	45 600,00 €		
Rémunération du personnel	125 000,00 €		
Autres achats et charges externes	36 500,00 €		
Dotations aux amortissements	15 900,00 €		
Intérêts et charges assimilées	12 000,00 €		
Cotisations sociales	65 200,00 €		
Total des dépenses		**Total des recettes**	

Le Groupe PSA

Téléchargez le fichier Excel pour réaliser le travail demandé **www.lienmini.fr/30913-excel-181**

Contexte Fort de cinq marques de renommée mondiale, Peugeot, Citroën, DS Automobiles, Opel et Vauxhall, le **Groupe PSA** a vendu plus de 3,5 millions de véhicules dans le monde en 2019. Deuxième constructeur automobile européen, il a réalisé un chiffre d'affaires de 74, 7 € milliards d'euros cette même année. Le chiffre d'affaires de la division Automobile s'établit à 58, 9 milliards d'euros, en hausse de 0,7 % par rapport à 2018.

En plus de cette performance financière, le Groupe PSA bénéficie de la notoriété de ses marques et se distingue de ses principaux concurrents grâce à de bonnes pratiques managériales qui font de lui une entreprise socialement responsable.

Afin de préparer le rapport d'activité destiné aux actionnaires, le directeur financier du groupe souhaite mesurer les éléments clés de la valeur financière, actionnariale, boursière et partenariale du groupe. Par ailleurs, il demande une étude sur le développement d'une gamme de vélos électriques destinée aux salariés.

Dossier 1 Les différentes valeurs créées par l'entreprise

Les résultats records de PSA conduisent à mesurer les différentes valeurs créées par l'entreprise. Quelles sont ces valeurs ?

Travail à faire à l'aide des documents 1 à 6

1. Caractérisez le type d'organisation, la nature de l'activité et la finalité du Groupe PSA.
2. À partir du doc. 2, nommez les éléments qui permettent d'apprécier la valeur financière, actionnariale et boursière du groupe.
3. Identifiez le chiffre d'affaires et le résultat net consolidé pour 2018 et 2019. Qualifiez ce dernier.
4. Calculez l'évolution de ces indicateurs en volume et en pourcentage. Commentez-la.
5. Exprimez en pourcentage le résultat net consolidé par rapport au chiffre d'affaires pour 2018 et 2019. Commentez.
6. Précisez si le Groupe PSA a créé ou détruit de la valeur en 2019.
7. Montrez que le groupe accorde une place importante à ses salariés et concluez en expliquant comment il crée de la valeur partenariale.
8. À partir du doc. 4, retrouvez les quatre indicateurs qui permettent de mesurer la valeur perçue du Groupe PSA.

DOC. 1 Des résultats records en 2019

« Le Groupe PSA continue d'être bien ancré en France et nous sommes fiers de contribuer une nouvelle fois positivement à la balance commerciale avec un cumul de 25 milliards d'euros en 5 ans. C'est le fruit du travail d'équipes mobilisées au quotidien pour concevoir des véhicules attractifs et rendre les sites de production français compétitifs dans un environnement économique exigeant, tout en contribuant à la transition énergétique. » indique Carlos Tavares, Président du Directoire du Groupe PSA. Par ailleurs, le Groupe PSA engage des investissements pour ses usines de mécanique en France, afin d'accompagner la transition énergétique, avec par exemple la production de moteurs électriques à Tremery, des réducteurs pour chaînes de traction électriques à Valenciennes, ou encore la fabrication à venir des boîtes de vitesses électrifiées à Metz. « Nous sommes prêts pour la transition énergétique et toutes les équipes sont concentrées pour offrir à nos clients une mobilité propre, sûre et abordable. Fort de notre *business model* et de notre combativité qui ont démontré leur efficacité, nous sommes impatients d'entrer dans une nouvelle ère avec le projet de fusion avec FCA (Fiat Chrysler Automobiles).

media.groupe-psa.com, 25 février 2020

DOC. 2 La création de valeur financière et actionnariale et la valeur boursière du Groupe PSA

a. Le résultat net du groupe[1]

(en millions d'euros)	2018	2019
Chiffre d'affaires	74 027	74 731
Résultat opérationnel courant	5 689	6 324
Résultat opérationnel	4 400	4 668
Résultat financier	(446)	(344)
Impôts sur les résultats	(615)	(716)
Résultat net des sociétés mises en équivalence	(44)	(24)
Résultat net consolidé	3 295	3 584

1. Les chiffres entre parenthèse sont des chiffres négatifs.

b. L'évolution du cours de l'action boursière et des dividendes du groupe

Date d'annonce	Dividende brut (en euros)	Date	Cours de l'action (en euros)
25/02/2020	1,230	10/12/2020	21,110
23/02/2020	0,780	11/02/2020	19,170
01/03/2018	0,530	19/08/2019	19,255
23/02/2017	0,480	28/02/2019	22,360

DOC. 3 Chiffres clés sur le chiffre d'affaires

Fabrication et vente de biens

(en millions d'euros)	2019	2018	2017
Ventes de biens	73 198	72 417	60 490
Prestations de service	1 485	1 555	1 650
Activités de financement	48	55	116
TOTAL	3 295	74 027	62 256

DOC. 4 La création de valeur perçue

La qualité est d'abord vécue par les clients.

L'attention portée à l'expérience client est une priorité pour le Groupe. En termes de qualité, les clients des trois marques attendent quatre fondamentaux :

- Des véhicules fiables (sans aucun défaut) ;
- Des prestations produits (performance, style, confort, agrément) et des offres de mobilité conformes à leurs attentes ;
- Une excellente qualité de service au moment de la vente et de l'après-vente (accueil, prise en charge, respect des délais) ;
- Une présence accrue sur les réseaux sociaux.

Le groupe se concentre donc sur ces quatre domaines pour satisfaire les clients, avec deux maîtres mots : continuité des engagements et cohérence des résultats. Les deux marques portent leur attention sur la qualité de chaque interaction avec leurs clients.

Delagrave, 2020

DOC. 5 La création de valeur partenariale

Le groupe PSA va verser une prime de 3 810 euros à une partie de ses salariés français. Le groupe PSA récompense ainsi les énormes bénéfices réalisés durant l'année 2018.

Le groupe PSA - qui a enregistré un bénéfice net historique en 2018, en hausse de 47 % à 2,83 milliards d'euros, va verser cette année à une partie de ses salariés français « une prime de performance et d'intéressement de 3 810 euros », a annoncé le PDG de PSA Carlos Tavarès ce mardi sur France info.

Cette prime sera versée aux salariés percevant des salaires inférieurs ou égaux à deux fois le SMIC. L'an dernier, la prime avait atteint 2 660 euros. Elle sera donc en hausse de 43 %.

20minutes.fr, 26 février 2020

Les six capitaux de PSA

ENVIRONNEMENTAL

Ressources et processus environnementaux renouvelables et non renouvelables : air, eau, sol, minéraux, biodiversité et santé de l'écosystème.

FINANCIER

Capacité de financement pour engager des projets et assurer le développement économique, dégagée par l'entreprise ou obtenue sur les marchés financiers (emprunts bancaires, émission d'obligations, augmentation de capital, recours à des investisseurs…).

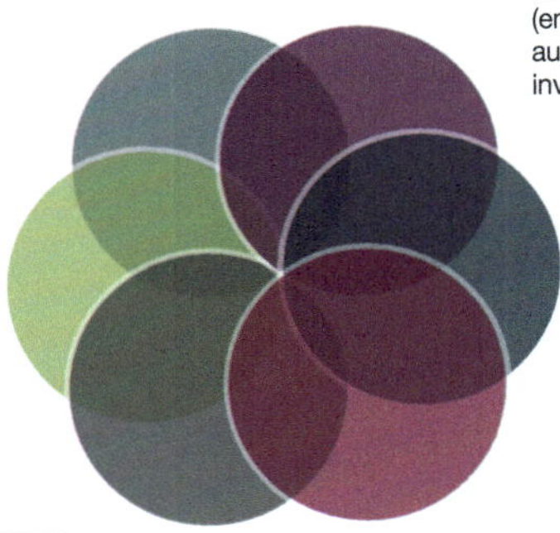

RELATIONNEL

Relations avec les parties prenants ; Capacité à partager des informations pour améliorer le bien-être individuel et collectif ; Actifs immatériels associés à la marque et à la réputation.

INDUSTRIEL

Ressources manufacturières disponibles pour assurer la production, la recherche et développement, la logistique… (capacité de production des fournisseurs incluse).

INTELLECTUEL

Actifs immatériels tels que la propriété intellectuelle (brevets), droits de reproduction, logiciels et autres droits et licences ; Capital organisationnel tel que les connaissances implicites, les systèmes, procédures et autres protocoles.

HUMAIN

Compétences, aptitudes, expériences des salariés :

- leur motivation pour innover, leur adhésion aux principes de gouvernance, aux méthodes de gestion des risques et aux valeurs éthiques de l'entreprise ;
- leur capacité à comprendre, élaborer et mettre en œuvre la stratégie ;
- leur loyauté et leur motivation à améliorer les processus, produits et services ;
- leur capacité à diriger, gérer et collaborer.

DOC. 6 Une politique de l'emploi responsable

Au 31 décembre 2019, le Groupe comptait 208 780 salariés dont 190 226 en CDI (91 % de l'effectif).
Le Groupe connaît une dynamique mondiale de recrutements, avec plus de 20 000 embauches.
La performance économique du Groupe PSA est indissociable de sa performance sociale.
Pour conduire ses projets de transformation, le Groupe PSA entretient un dialogue permanent avec les représentants du personnel et privilégie la démarche contractuelle pour définir des solutions innovantes et créer la confiance et l'engagement. [...]
Le Groupe partage sa stratégie et sécurise les parcours professionnels des salariés par des dispositions négociées et un accompagnement de proximité.
Il affirme son exigence de garantir la santé et la sécurité au travail et de développement du bien-être au travail. Les résultats du Groupe PSA en matière de sécurité et de préservation de la santé atteignent les tout meilleurs niveaux du secteur industriel.
En termes de management des talents, les priorités du Groupe PSA consistent à identifier et développer les talents clés, à augmenter le nombre de femmes et de profils internationaux parmi les cadres supérieurs et dirigeants en tant que levier de performance, à promouvoir l'expatriation pour les personnes à fort potentiel tout en développant les talents locaux.

groupe-psa.com, 2019

Dossier 2 Étude sur le développement d'une gamme de vélos électriques[1]

Dans ce contexte de crise sanitaire exceptionnelle qui frappe l'année 2020, la division Cycles de Peugeot souhaite relancer l'activité de vélos électriques.

Elle envisage de lancer un modèle de vélo électrique urbain, le WorkBik' Compact, spécialement conçu pour les déplacements domicile-travail en ville.

Le contrôleur de gestion de l'entité, après avoir étudié la concurrence, s'interroge sur le prix de vente à proposer.

Travail à faire à l'aide du document 7

9. Calculez le coût de revient du WorkBik' Compact.
10. Calculez le prix de vente H.T. prévisionnel sachant que le contrôleur de gestion souhaite obtenir une marge de 182 euros par vélo électrique vendu.
11. Exprimez la marge en pourcentage du prix de vente H.T.
12. Sachant que le contrôleur de gestion souhaite que le prix de vente H.T. ne dépasse pas 1 530 euros, exprimez la marge en pourcentage du prix de vente. Commentez.

DOC. 7 La structure des coûts d'un vélo WorkBik' Compact (prix HT)

Achat d'acier : 150 m à 11,60 € le mètre. > Un WorkBik' nécessite 3 mètres d'acier.
Achat de pneus : 1 pneu à 12,35 € l'unité. > Un WorkBik' nécessite 2 pneus.
Achat de câbles : 10 € pour un WorkBik'.
Électricité : 15 € pour un WorkBik'.
Achat de peinture : 8 € pour un WorkBik'.
Achat de selle, garde-boue, panier ordinateur : 374 € pour un WorkBik'.
Salaires bruts de la main-d'œuvre : 14 €/heure. > 3 h et 45 minutes pour fabriquer un WorkBik'.
Frais de publicité : 7 € par WorkBik' vendu.

Delagrave, 2020

1. Exemple fictif pour l'exercice pédagogique.

QUESTION DE GESTION 8 — La création de valeur conduit-elle toujours à une performance globale ?

Chapitre 12

La création de valeur et la performance de l'organisation

Téléchargez le fichier Excel pour réaliser les travaux demandés
www.lienmini.fr/30913-excel12

NOTIONS

- Performance des processus : efficacité et efficience.
- Performance commerciale : fidélité, chiffre d'affaires, part de marché.
- Performance financière : rentabilité, profitabilité, dividendes, autofinancement.
- Performance sociale : bilan social.
- Performance environnementale.
- Tableaux de bord.

CAPACITÉS

- Identifier les indicateurs pertinents pour apprécier la performance de l'organisation.
- Effectuer des comparaisons dans le temps et dans l'espace pour situer la performance d'une organisation.
- Repérer, dans une organisation, en quoi les aspirations des différents acteurs peuvent constituer des contraintes et/ou des opportunités dans la recherche de la performance.
- Percevoir le caractère potentiellement contradictoire des différents types de performances.

DÉCOUVRIR LE CONTEXTE

La société **Distrib-Électro** distribue des produits électroménagers et multimédias en France et en Europe. Elle produit et commercialise également des articles d'entrée de gamme sous la marque Simple-D.
Lancée il y a 40 ans, elle a d'abord connu un développement rapide. Aujourd'hui sa croissance ralentit, en concurrence avec l'offre de sites Internet à bas prix.
Pour s'adapter aux nouveaux modes de consommation, l'entreprise doit investir dans la création d'un nouveau site de e-commerce.
Par ailleurs, elle doit répondre aux inquiétudes des salariés qui se traduit par une augmentation de l'absentéisme.

VIDÉO INTERACTIVE — POUR COMMENCER
La performance de l'entreprise 3'30''
www.lienmini.fr/30913-performance

DISTRIB ÉLECTRO

FICHE D'IDENTITÉ

- **Type d'organisation :** entreprise privée à but lucratif
- **Activité :** distribution de produits électroniques et électroménager
- **Champ d'activité :** international
- **Forme juridique :** société anonyme
- **Effectifs (2019) :** 7 000 salariés
- **CA annuel HT (2019) :** 2,4 milliards d'€
- **Nombre de magasins :** 120 en France et 50 en Europe, avec 5 entrepôts de stockage des marchandises

1. Quel facteur a impacté la performance de Distrib-Électro ?
2. Quels sont les objectifs de Distrib-Électro pour améliorer sa performance ?

1 Quels sont les objectifs de performance de l'organisation ?

A La performance organisationnelle

DOC. 1 Les conditions du succès

Dans un contexte organisationnel, la performance se définit comme étant le résultat obtenu par rapport aux objectifs, à la stratégie de l'entreprise et/ou aux attentes des parties prenantes. Elle porte sur la qualité, la quantité, les coûts et le temps.

Pour atteindre les objectifs fixés, l'entreprise doit faire les bonnes choses (efficacité), bien faire les choses (efficience), au bon moment (temps), au coût/bénéfice optimal (économie).

Pour atteindre un haut niveau de performance dans une entreprise, il est nécessaire d'utiliser les bonnes stratégies, les bons outils de gestion, compter sur des conditions favorables, utiliser les bonnes compétences de gestion, s'assurer que les parties prenantes sont satisfaites, gérer la performance, gérer les risques, gérer les opportunités, gérer le stress.

Jean-Paul Laberge MBA, Baromètre de gestion stratégique, sites.google.com

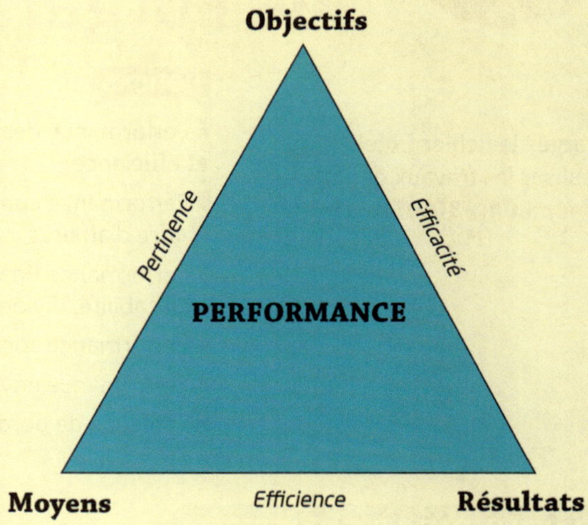

NOTION

Efficacité et efficience : l'efficacité désigne le résultat attendu. Il s'agit de la capacité à obtenir un résultat en fonction des objectifs fixés. L'efficience désigne l'obtention du résultat grâce à l'optimisation des ressources utilisées.

1 À l'aide du doc. 1, complétez le tableau suivant en précisant si la situation de gestion décrit l'efficacité ou l'efficience et si la performance est de nature quantitative ou qualitative.

Situation de gestion	Efficacité ou efficience	Performance quantitative ou qualitative
a. Distrib-Électro a atteint ses objectifs de vente avec une maîtrise de ses coûts.	....	....
b. Distrib-Électro s'est fixé comme objectif d'augmenter ses ventes en ligne grâce au nouveau site de e-commerce.	....	....
c. Distrib-Électro présente ses objectifs pour l'année N + 1. L'entreprise vise une croissance de 2 % de ses ventes et une réduction des coûts d'exploitation.	....	....
d. Distrib-Électro remporte le palmarès du meilleur service client pour la catégorie distribution.	....	....
e. Distrib-Électro a augmenté ses ventes de 10 % dans le secteur du e-commerce en année N.	....	....

B Les formes de la performance de l'organisation

DOC. 2 Une performance multidimensionnelle

Les perspectives de l'organisation	Performances commerciale, financière, sociale	
Qu'apporte l'entreprise aux clients ?	**Axe des clients**	Il s'agit de mesurer la satisfaction et la fidélité des clients de l'entreprise (la croissance potentielle, la part de marché...).
Qu'apporte l'entreprise aux actionnaires ?	**Axe des financiers**	Ce sont des indicateurs financiers qui indiquent ce que les actionnaires attendent (le chiffre d'affaires, les bénéfices...).
Comment l'entreprise peut-elle impliquer les salariés ?	**Axe des salariés**	Cet axe concerne à la fois la compétence et la motivation des acteurs de l'entreprise. Il est nécessaire d'impliquer les hommes.

D'après Robert S. Kaplan, David P. Norton, *Comment utiliser le tableau de bord prospectif*, Éditions d'Organisation, 2001

NOTIONS

Performance : capacité d'une organisation à atteindre les objectifs qu'elle s'est fixé de manière efficace.

Performance environnementale : objectifs liés à la prise en compte des aspects environnementaux dans les activités d'une organisation.

2 À l'aide du doc. 2, complétez le tableau suivant en précisant, pour chaque décision managériale présentée, l'axe et la forme de la performance concernés.

Décisions managériales de Distrib-Électro	Parties prenantes	Type de performance
a. Distrib-Électro revoit à la baisse sa rentabilité annuelle.	....	....
b. Distrib-Électro souhaite proposer de nouveaux services à ses clients.	....	....
c. Distrib-Électro souhaite améliorer les relations entre les salariés et la direction pour limiter le stress au travail.	....	....
d. Distrib-Électro souhaite verser moins de dividendes pour réaliser des investissements nécessaires.	....	....
e. Distrib-Électro souhaite limiter les rejets de CO_2.	....	....
f. Distrib-Électro compte lancer un programme de formation à l'intention de ses salariés pour favoriser la mobilité à l'intérieur de la société.	....	....
g. Distrib-Électro va lancer une nouvelle campagne de communication pour promouvoir ses nouveaux services de *click and collect*.	....	....

QUESTION BILAN

Dans un court paragraphe, vous résumerez les différentes catégories de performances abordées ainsi que la partie prenante concernée par cette performance.

OBSERVATION ESSENTIEL APPLICATIONS VERS LE BAC

2 Quels sont les indicateurs de mesure de la performance ?

A La performance financière

DOC. 3 Les chiffres clés de l'entreprise Distrib-Électro

En millions d'€	N - 2	N - 1	N
Chiffre d'affaires	2 200	2 350	2 400
Résultat d'exploitation	99	102	123
Résultat net	50	55	70
Dettes financières	77	90	120
Capitaux propres	190	210	234

Delagrave, 2020

3 Calculez les taux d'évolution du chiffre d'affaires et du résultat net de Distrib-Électro puis commentez vos résultats.

Taux d'évolution	N - 2 / N - 1	N - 1/N
Chiffre d'affaires	....	....
Résultat net	....	....

....

....

4 Calculez le taux de rentabilité financière ainsi que le taux de rentabilité économique en complétant le tableau ci-dessous. Commentez vos résultats.

	N - 2	N - 1	N
Taux de rentabilité économique	....	....	....
Taux de rentabilité financière	....	....	....

....

....

NOTION

Rentabilité : la rentabilité est la capacité d'un investissement à procurer un bénéfice. Il existe plusieurs manières de calculer cette rentabilité.

- Taux de rentabilité économique :
Résultat d'exploitation / (capitaux propres + dettes) × 100
Cet indicateur mesure la capacité de l'entreprise à dégager un résultat en utilisant l'ensemble de ses moyens de financement (capitaux propres et dettes).

- Taux de rentabilité financière :
Résultat net comptable / capitaux propres × 100
Cet indicateur mesure la capacité de l'entreprise à rémunérer les associés ou les actionnaires en rapport avec les ressources apportées (le capital) et à l'ensemble des bénéfices non distribués (les réserves).
L'ensemble des bénéfices non distribués (les réserves), le résultat de l'exercice et le capital immobilisé constituent les capitaux propres.

5 Précisez l'indicateur qui concerne les actionnaires.

....

....

....

....

NOTION

Dividende : le dividende est la partie du bénéfice distribuée par une entreprise à ses actionnaires en rapport avec les sommes qu'ils ont investi dans l'entreprise. La part du bénéfice non distribuée est placée en réserve.

DOC. 4 Les résultats financiers de l'année

Distrib-Électro annonce un bénéfice de 70 millions d'euros pour cette année, en hausse par rapport à l'année dernière.
L'année écoulée a été marquée par une forte concurrence des géants de l'Internet, dont Amazon. Distrib-Électro a réalisé ce bénéfice en développant ses services de e-commerce, en améliorant la livraison et en proposant un nouveau service de *click and collect* à ses clients. Les investissements publicitaires ont été élevés mais ont permis à la marque d'atteindre ses objectifs de ventes.

Delagrave, 2020

6 Citez l'élément qui a représenté une menace pour Distrib-Électro et précisez comment elle a été surmontée.

....

....

....

....

....

DÉFINITION

Profitabilité : la profitabilité est la capacité d'une organisation à générer du profit. On la mesure à l'aide du taux de profitabilité.
– Taux de profitabilité : Résultat net / Chiffre d'affaires × 100

7 Calculez l'évolution du taux de profitabilité de Distrib-Électro et complétez le tableau ci-dessous. Commentez vos résultats.

	N - 2	N - 1	N
Taux de profitabilité	....	....	....

....

....

8 Pour l'année N, le taux de profitabilité du secteur de la distribution électronique de loisirs était de 1,90 %. Comparez ce taux avec celui de Distrib-Électro calculé précédemment.

....

....

....

....

OBSERVATION ESSENTIEL APPLICATIONS VERS LE BAC

9 Complétez le tableau ci-dessous et analysez l'évolution du taux d'endettement.

	N - 2	N - 1	N
Dettes financières	....	....	....
Capitaux propres	....	....	....
Taux endettement	....	....	....

....

....

....

....

....

DÉFINITION

Taux d'endettement : il mesure le niveau de dette de l'entreprise par rapport à la valeur de ses capitaux propres. Plus ce taux est bas, plus l'entreprise est indépendante vis-à-vis des banques et peut recourir facilement au crédit bancaire. Il se calcule ainsi :
Taux d'endettement = (Dettes financières) / Capitaux propres × 100

NOTION

Autofinancement : le résultat net d'une entreprise est partagé entre les actionnaires et l'entreprise. Une part est distribuée aux actionnaires sous forme de dividendes, l'autre part reste dans l'entreprise sous forme de réserves. Une partie de ces réserves sert à financer des investissements : c'est l'autofinancement.
La direction doit trouver un juste équilibre entre la satisfaction des actionnaires (qui apportent le capital) et le financement des investissements. L'autofinancement permet à l'entreprise d'être indépendante vis-à-vis des banques et de ne pas payer d'intérêts.

10 Sachant que le capital est composé de 20 millions d'actions, complétez le tableau ci-dessous.

	Dividendes (en millions d'€)	Dividendes par action (en €)
N - 2	30	....
N - 1	35	....
N	40	....

11 La société Distrib-Électro a décidé de distribuer 40 millions d'€ à ses actionnaires sous forme de dividendes. Calculez le montant des bénéfices qui ira en réserve. À quoi cette réserve pourra-t-elle être utilisée ?

....

....

....

....

12 Expliquez l'intérêt pour Distrib-Électro d'utiliser une partie de ses réserves pour financer ses investissements.

....

....

....

....

13 Préciser la limite de ce mode de financement.

....

....

....

QUESTION BILAN

À l'aide d'une carte mentale, résumez les différents indicateurs de la performance financière.

B La performance commerciale

DOC. 5 La carte de fidélité Distrib-Atout+

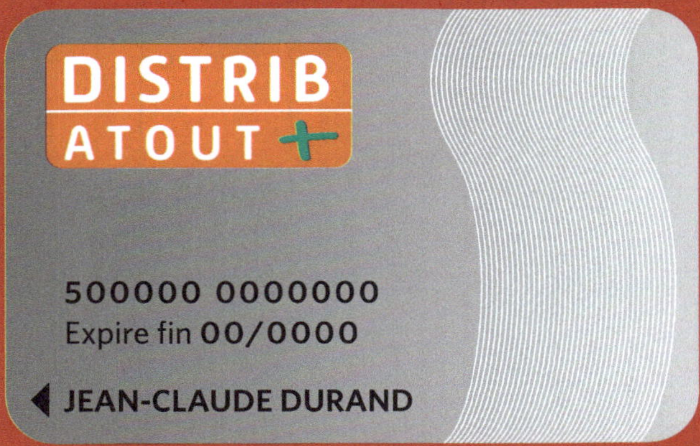

Offres promotionnelles exclusives
réservées aux membres Distrib-Atout+

Invitations chez nos marques partenaires
Découvrez des magazines, locations de véhicules, restaurants et cumulez des points !

Avantage anniversaire
Une **surprise** le jour de votre anniversaire sous la forme d'un bon d'achat

Facilités de paiement
Payez en 3 ou 4 fois avec votre carte bancaire

COMMENT ADHÉRER AU PROGRAMME DE FIDÉLITÉ ?

– **Demandez la carte Distrib-Atout+** dans votre magasin le plus proche ou sur le site Internet distrib-electro.fr.

– **À chaque achat vous accumulez des points** qui se transforment en €. Lorsque le montant accumulé atteint 10 €, vous recevez un chèque cadeau utilisable dans nos magasins et sur notre site Internet distrib-electro.fr.

– **Nous vous proposons des services gratuits ou à des prix préférentiels** tels que le prêt d'un véhicule utilitaire pour transporter vos achats ou l'installation de vos équipements.

1,8 millions de clients l'ont déjà adoptée !

Coût de la carte : 13 €/an.

Delagrave, 2020

14 Décrivez le fonctionnement de la carte Distrib-Atout+.

....

....

....

....

DÉFINITION

Fidélité : peut être définie par le comportement d'un consommateur qui répète l'achat d'un produit ou d'un service au bénéfice d'une même marque, d'une même enseigne ou d'une entreprise.

15 Précisez l'intérêt pour Distrib-Électro de développer cette carte de fidélité.

....

....

....

....

16 Détaillez les avantages pour un client de posséder cette carte.

....

....

17 Précisez les précautions que doit prendre Distrib-Électro lorsqu'elle collecte des informations sur sa clientèle.

....

....

....

DOC. 6 La satisfaction client

Distrib-Électro travaille constamment à améliorer sa qualité de service. Pour cela, nous menons des études de mesure de satisfaction client et de conformité de nos produits et services. Cette étude a été adressée à un échantillon de clients qui ont acheté nos produits et/ou nos services ces six derniers mois.

Cette enquête de satisfaction concernait la qualité des produits vendus en magasin ou sur le site Internet ainsi que la qualité des services tels que le SAV, l'installation ou la livraison.

Elle a été envoyée par courriel aux clients sous la forme d'un questionnaire. Les résultats seront analysés afin de proposer des améliorations.

Delagrave, 2020

18 Précisez l'objectif de cette enquête.

.....

.....

.....

.....

DÉFINITION

Part de marché ou PDM : indicateur clé qui permet de préciser l'importance d'un produit, d'une marque ou d'une société sur son marché pour une période donnée.
Elle se calcule par le ratio : Ventes du produit ou de l'entreprise / Ventes totales sur le marché.
La PDM peut s'exprimer en valeur (part de marché d'un produit) et en volume (nombre d'unités de produits vendus).

19 Citez l'outil utilisé pour mesurer la satisfaction des clients.

.....

.....

.....

.....

20 Montrez que cet outil permet d'améliorer la performance commerciale de Distrib-Électro.

.....

.....

.....

.....

.....

21 Complétez le tableau suivant en calculant la part de marché de chaque entreprise du secteur de l'électroménager et de l'électronique

	Chiffre d'affaires (en milliards d'€)	Part de marché (en %)
Distrib-Électro	2,40	.....
Toulanger	1,80	.....
Barty	4,50	.....
Zanac	1,20	.....
Autres	1,00	.....
Total	.....	**100,00 %**

22 Indiquez la position de Distrib-Électro vis-à-vis de ses concurrents en vous appuyant sur vos calculs précédents. Complétez le tableau suivant et commentez le résultat.

Positions concurrentielles	Définitions	Entreprises
Leader ou chef de file	C'est l'organisation qui détient la plus grande part de marché.	....
Challenger ou prétendant	C'est l'organisation qui se situe juste derrière le chef de file.	....
Outsider ou suiveur	C'est l'organisation qui arrive en troisième position.	....

....

....

....

23 Complétez cet extrait du tableau de bord de Distrib-Électro en calculant les taux d'évolution de chacun des trois indicateurs. Commentez le résultat.

	N - 1	N	Taux d'évolution
Chiffre d'affaires (en millions d'€)	2 350	2 400	....
Nombre de points de vente	160	170	....
Panier moyen[1] (en €)	55	60	....

1. Panier moyen : le panier moyen d'un point de vente (physique ou digital) correspond au montant dépensé pour chaque commande. Il se calcule en divisant le chiffre d'affaires par le nombre de commandes. L'augmentation du panier moyen est un indicateur important de performance commerciale.

NOTION

Tableau de bord : outil de gestion tactique qui met l'accent sur les indicateurs clés de rendement afin de suivre efficacement l'évolution des objectifs à atteindre d'une organisation.

....

....

....

....

24 Commentez l'évolution du panier moyen en N.

....

....

....

....

25 Concluez sur la performance commerciale de l'entreprise Distrib-Électro.

....

....

....

....

QUESTION BILAN

Présentez les indicateurs de la performance commerciale en précisant leur utilisation dans un court résumé.

C La performance sociale

26 Complétez cet extrait du tableau de bord du groupe Distrib-Électro en calculant les taux d'évolution de N-1 à N.

	N - 1	N	Évolution en %
Nombre de salariés	6 600	7 000	....
Nombre d'accidents du travail	820	883	....
Nombre d'heures de formation par salarié	24	26	....
Taux d'absentéisme pour maladie	5,00 %	4,60 %	....
Taux de rotation de la main-d'œuvre (%)	8,00 %	9,00 %	....

DÉFINITION

Bilan social : appelé aussi tableau de bord social, il récapitule en un document unique les principales données chiffrées permettant d'apprécier la situation de l'organisation dans le domaine social. Il comporte des informations sur l'emploi, les rémunérations, les conditions de santé et de sécurité, les autres conditions de travail, la formation...

27 Analysez l'évolution des indicateurs et proposez une action pour ceux qui connaissent une évolution négative.

....

....

....

....

....

DOC. 7 **L'enquête sur la satisfaction des salariés Distrib-Électro**

Les salariés de Distrib-Électro ont fait l'objet d'une consultation de la direction de l'entreprise au sujet de leur environnement de travail et de leur satisfaction. Les salariés devaient donner une note allant de 0 à 10 pour chaque proposition. L'entreprise souhaite avoir l'avis des salariés sur les mesures prises par la direction en matière d'évolutions de carrière et de lutte contre le stress notamment. En effet, certains salariés se plaignaient du stress lié au planning de travail qui change fréquemment et des délais de livraison très stricts à respecter.

Résultats de l'enquête

Indicateurs sociaux	N - 1	N
Indice moyen de satisfaction	5,70	5,88
Je dispose d'un cadre de travail agréable	5,00	6,00
J'ai des opportunités d'évolution intéressantes	4,80	5,00
Mes efforts sont appréciés et je suis soutenu	7,00	7,50
Je ne suis pas stressé au travail	6,00	5,00

Delagrave, 2020

28 Analysez les résultats de l'enquête en précisant le(s) indicateur(s) qui paraissent évoluer positivement et ceux qui évoluent négativement.

....

....

29 Proposez une action pour le(s) indicateur(s) qui évoluent négativement.

....

....

QUESTION BILAN

À l'aide d'une carte mentale, présentez les différents indicateurs de la performance sociale.

D La performance environnementale

DOC. 8 Les indicateurs de la performance environnementale

Un indicateur de performance environnementale est un outil qui fournit des informations sur les progrès réalisés par l'entreprise en matière d'environnement.
Voici brièvement présentés quelques indicateurs utilisés dans diverses entreprises :
– l'évolution de la consommation annuelle en eau par rapport à un objectif fixé ;
– le nombre d'objectifs « environnement » atteints en une année par rapport au nombre d'objectifs fixés ;
– l'évolution du tonnage des déchets mis en décharge au cours des dernières années. [...]
Idéalement, les indicateurs utilisés devraient être évalués par rapport à une performance antérieure, une référence réglementaire et/ou un objectif fixé par l'entreprise.

Eddy Bauraing, Jacques Nicolas, Marianne von Frenckell, « Les Indicateurs de performances environnementales », orbi.uliege.be

DOC. 9 Le plan environnement de Distrib-Électro

Le groupe Distrib-Électro a mis en place une politique environnementale active. Le groupe a lancé un plan de responsabilité sociale et environnementale ambitieux avec des engagements portant sur plusieurs points.

– Réduire le bilan carbone
Pour réduire son impact carbone lié au transport de marchandises, le groupe vise à optimiser le remplissage des camions et les distances parcourues. Par ailleurs, il favorise le choix de prestataires neutres en carbone, notamment ceux utilisant des véhicules électriques pour le transport.

– Allonger la durée de vie des produits
L'objectif du groupe est de favoriser l'écoconception des produits de sa marque propre pour qu'ils durent plus longtemps et soient plus solides.

– Faciliter la réparation des produits
Le groupe veut aussi faciliter la réparation et le réemploi des produits retournés par les clients via des services de maintenance dans les magasins. Ainsi les clients seront encouragés à faire réparer leurs produits plutôt qu'à en changer.

– Favoriser le recyclage
Le groupe Distrib-Électro est un important collecteur de déchets d'équipements électriques et électroniques auprès des consommateurs. Pour encourager le recyclage, il informe ses clients sur le dispositif de récupération des déchets lors de la livraison d'un appareil.

Delagrave, 2020

30 Expliquez ce qu'est-ce que la performance environnementale d'une organisation.

....

....

31 Précisez ce que fait Distrib-Électro pour améliorer sa performance environnementale.

....

....

....

32 Comment l'amélioration de la performance environnementale peut-elle améliorer la performance globale du groupe ?

....

....

....

....

....

....

OBSERVATION ESSENTIEL APPLICATIONS VERS LE BAC

E Les tableaux de bord

DOC. 10 **Mesurer la performance de l'entreprise à l'aide du tableau de bord**

Le tableau de bord est un système de mesure de la performance qui fournit aux cadres dirigeants un panorama rapide mais complet de leurs affaires. Il intègre des valeurs financières significatives des résultats obtenus, ainsi que trois ensembles de paramètres liés à la satisfaction du client, aux processus internes et à l'aptitude de l'organisation à apprendre.

On peut comparer le tableau de bord aux voyants et compteurs d'un cockpit. Pour faire voler un avion et naviguer correctement, le pilote a besoin de nombreuses données : fioul, vitesse de vent, altitude, portance, etc. qui l'informent sur son environnement actuel et sur ce qu'il est possible de prévoir. Ne consulter qu'un seul instrument mènerait à la catastrophe. De même, la complexité actuelle du management requiert du chef d'entreprise un contrôle de la performance sous plusieurs angles simultanément.

Le tableau de bord apporte des réponses à quatre questions primordiales : comment les clients considèrent-ils l'entreprise ? En quoi l'entreprise est-elle meilleure ? L'entreprise continue-t-elle à améliorer et à créer ? Quel regard les actionnaires portent-ils sur l'entreprise ?

performancezoom.com

33 Donnez une définition du tableau de bord.

....

....

34 Quelles informations contient-il ?

....

....

....

35 Expliquez l'utilité du tableau de bord pour la performance d'une organisation.

....

....

....

36 Précisez les performances concernées par les tableaux de bord.

....

....

....

QUESTION BILAN

Pour chaque catégorie de performance, précisez les indicateurs permettant de les mesurer.

La création de valeur et la performance de l'organisation

SYNTHÈSE

Accédez à la synthèse audio
www.lienmini.fr/30602-synthese12

1 Quels sont les objectifs de performance de l'organisation ?

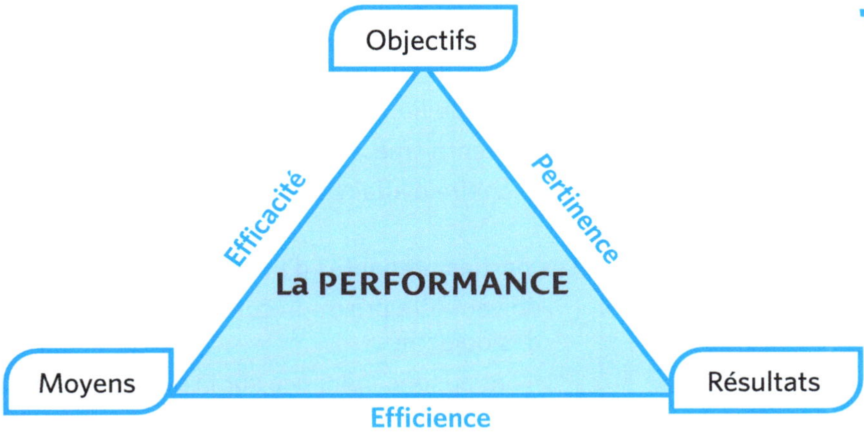

Est influencée par :
- Les aspirations des différentes parties prenantes
- Les contraintes/ opportunités de l'environnement

Est multidimensionnelle
- Organisationnelle
- Financière
- Commerciale
- Sociale

Est évaluée selon :
- des critères quantitatifs
- des critères qualitatifs

2 Quels sont les indicateurs de mesure de la performance de l'organisation ?

Principaux indicateurs de la performance

Regroupés dans des tableaux de bord permettant d'effectuer des comparaisons dans le temps et dans l'espace

Financière
- Rentabilité
- Profitabilité
- Dividendes
- Autofinancement

Commerciale
- Chiffre d'affaires
- Part de marché
- Fidélité
- Nombre de clients

Sociale
- Bilan social (obligatoire)
- Indicateurs sociaux choisis par l'organisation (absentéisme, formation, etc.)

Environnementale
- Consommation eau
- Tonnage déchets
- …

APPLICATIONS

APPLICATION 1 Test de connaissances

Validez vos connaissances en cochant la (ou les) bonne(s) proposition(s), puis justifiez oralement vos réponses.

1. La performance d'une organisation :
   - ☐ se limite à l'étude de son chiffre d'affaires.
   - ☐ se limite à son seul bénéfice.
   - ☐ est liée à plusieurs indicateurs.

2. La performance organisationnelle d'une organisation est liée à :
   - ☐ son efficacité.
   - ☐ son efficience.
   - ☐ sa rentabilité.
   - ☐ sa finalité.

3. La performance commerciale d'une organisation se mesure à travers :
   - ☐ sa rentabilité.
   - ☐ son chiffre d'affaires.
   - ☐ la satisfaction de ses salariés.
   - ☐ la satisfaction de sa clientèle.

4. La performance sociale d'une organisation s'évalue par :
   - ☐ le taux de rotation des salariés.
   - ☐ la rentabilité économique.
   - ☐ l'absentéisme.
   - ☐ le chiffre d'affaires.

5. Les parties prenantes d'une organisation :
   - ☐ doivent être prises en compte dans le choix des objectifs.
   - ☐ n'ont aucune influence sur la performance de l'organisation.
   - ☐ peuvent avoir des aspirations contradictoires.
   - ☐ Ne sont liées qu'à la performance financière.

QCM interactif
Accédez au QCM en utilisant le QRcode ou le lien URL
www.lienmini.fr/30913-qcm12

APPLICATION 2 Identifier les indicateurs pertinents pour apprécier la performance de l'organisation

1. Identifiez les catégories d'indicateurs utilisées par le magasin New Style pour mesurer sa performance.
2. Précisez la forme de performance à laquelle on peut relier ces indicateurs.
3. Calculez, pour chaque indicateur, les écarts en valeur/volume ainsi que les écarts en pourcentage.
4. Analysez la performance du magasin pour la journée du 20 novembre 2018.

DOC. La performance commerciale de New Style

L'entreprise New Style est un magasin de prêt-à-porter situé en région parisienne.
Le responsable souhaite mesurer la performance du magasin par tranche horaire pour la journée du 20 novembre 2018.
Extrait du tableau de performance du magasin New Style du 20 novembre 2018 :

	Chiffre d'affaires		Clients		Visiteurs	
Tranche horaire	Objectif	Réalisé	Objectif	Réalisé	Objectif	Réalisé
10h / 13h	1200	1125	31	19	130	120
13h / 16h	1800	1930	47	55	270	280
16h / 19h	1600	1720	42	50	260	300

Delagrave, 2020

APPLICATION 3 Identifier les indicateurs pertinents pour apprécier la performance d'une organisation

Tesla est un constructeur de voitures électriques américain. Créé en 2003 en Californie, il a produit plus de 500 000 véhicules en 2020 et la société a été introduite en Bourse. Tesla a réalisé un chiffre d'affaires de 24,9 milliards de dollars en 2019.

1. Retrouvez les indicateurs de performance financière cités dans le doc. 2. Commentez-les.
2. Relevez les indicateurs de performance commerciale dans l'ensemble des documents. Commentez leur évolution.
3. Expliquez les facteurs du succès de Tesla en 2020.
4. Concluez sur la performance globale de Tesla. Citez d'autres indicateurs qui pourraient venir compléter ou nuancer cette analyse.

DOC. 1 Tesla a atteint les 500 000 ventes en 2020

Tesla est le premier constructeur qui dévoile ses chiffres de ventes mondiaux de 2020. Et c'est un nouveau record pour la firme américaine, qui a atteint un cap symbolique : celui du demi-million de ventes. Ou « presque » diront les plus grincheux, car Tesla a livré très exactement 499 550 voitures dans le monde en 2020. Le constructeur en a toutefois bien fabriqué plus de 500 000, avec précisément 509 737 véhicules produits.
Tesla n'a ainsi pas été trop perturbé par la crise sanitaire ! Si la pandémie a plombé les résultats sur de nombreux marchés (avec par exemple - 25 % en France), les ventes de l'américain ont augmenté de 36 % ! Tesla a notamment profité de la demande sur le marché chinois, bien aidée par la montée en cadence de l'usine située à Shanghai. Celle-ci vient d'ailleurs de commencer l'assemblage du SUV Model Y, à côté de la petite berline Model 3. Ces deux modèles représentent une très large majorité des ventes, avec à eux deux 442 511 exemplaires. Les ventes de Model S et Model X deviennent marginales, avec 57 039 exemplaires.
Tesla peut déjà s'attendre à faire mieux en 2021, année qui sera marquée par l'arrivée du Model Y en Europe, et plus globalement par une reprise économique dans la foulée des campagnes de vaccination.

« Tesla a atteint les 500 000 ventes en 2020 », caradisiac.com 2 janvier 2021

DOC. 2 Tesla : un troisième trimestre 2020 aux profits records

Le chiffre d'affaires du constructeur a bondi de 39 % (6,2 milliards d'euros), une évolution plus légère qu'en 2019. Tesla l'explique par la baisse du prix de vente de certains de ses modèles et le transfert des clients des Model S/X vers les Model 3/Y.
C'est aussi le cinquième trimestre de profits consécutifs, avec 9,2 % de rentabilité. Au 3e trimestre 2019, le bilan était de 261 millions de dollars (220,5 millions d'€) avec une marge de 4,1 %. Le résultat net est de 331 millions de dollars (280 millions d'€), soit plus du double de l'année précédente.

	T3 2019	T3 2020	Évolution
Chiffre d'affaires	8,77 milliards de $	6,3 milliards de $	+ 39 %
Bénéfices nets	331 millions de $	143 millions de $	+ 131 %

Tesla a par ailleurs réussi à mettre de côté un *free cash flow* (somme disponible après investissement) de 1,4 milliard de dollars sur ces trois mois. Cela signifie en conséquence que la recherche et développement (pic de 366 millions de $ contre 334 en 2019) pèse beaucoup moins que l'activité de ventes et les coûts opérationnels. Le temps où Tesla était un gouffre financier est donc bel et bien révolu.

Matthieu Lauraux, « Tesla : un troisième trimestre 2020 aux profits records », automobile-propre.com, 22 octobre 2020

APPLICATIONS

APPLICATION 4 Effectuer des comparaisons dans le temps et dans l'espace pour situer la performance d'une organisation

1 À l'aide du tableur Excel (lien p. 185), calculez les parts de marché des enseignes de distribution dans le monde.

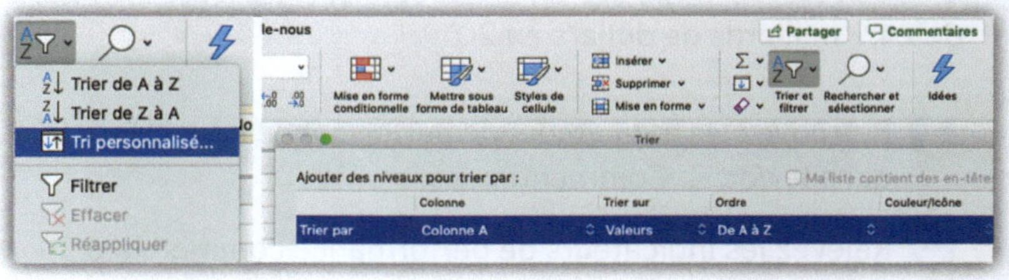

2 Utilisez la fonction TRI du tableur pour effectuer un tri des entreprises en fonction de leur part de marché. Repérez qui est le leader, le suiveur et l'outsider.

3 Interprétez les chiffres de la colonne relative à la part des ventes en dehors du marché national pour Carrefour et pour Krogger. Quelle implication cela a-t-il pour ces entreprises ?

DOC. **Le classement mondial des enseignes de la grande distribution en 2018**

Entreprises	Nationalités	CA 2018 (en millions de $)	Parts des ventes en dehors du marché national (en %)	Parts de marché (en %)
Walmart	États-Unis	517 710	23	
Schwarz Group	Allemagne	130 371	63	
Walgreens Boots Alliance	États-Unis	114 013	13	
Aldi group	Allemagne	109 524	70	
Home Depot	États-Unis	108 931	8	
Amazon.com	États-Unis	213 841	19	
Carrefour	France	101 079	59	
JD.com	Chine	94 376	0	
Kroger	États-Unis	124 316	0	
Costco	États-Unis	144 350	24	
Total				

Classement Kantar 2019, lsa-conso.fr, 3 juin 2019

APPLICATION 5 Repérer en quoi les aspirations des différents acteurs peuvent constituer des contraintes et/ou des opportunités dans la recherche de la performance

1 Quelle décision a été prise par la direction de Peugeot ?

2 Comment cette décision est-elle justifiée ?

3 Quelle performance sera impactée directement par cette décision ? Expliquez.

4 Commentez la performance globale de Peugeot et l'impact de cette décision sur ses résultats futurs.

DOC. **PSA verse une prime de 3 810 € aux petits salaires**

Le constructeur automobile affiche des profits record et se dit armé pour affronter des « vents contraires ».

Il y a chez PSA ceux qui rient et ceux qui pleurent. Alors que pèse la menace de fermeture d'un site historique du groupe, c'est précisément pour cette gestion sans beaucoup d'affect que Carlos Tavares, venu de chez Renault, mène la danse. Sans affect, mais reconnaissante, car le patron du constructeur automobile français, qui a pris les commandes en pleine tourmente alors que l'État et l'actionnaire chinois Dongfeng venaient en 2014 à la rescousse de la famille Peugeot, imprime son style.

Carlos Tavares a annoncé mercredi sur Franceinfo une prime exceptionnelle de 3 810 euros brut pour ses salariés français qui gagnent jusqu'à deux fois le smic. Cette annonce est intervenue parallèlement à la publication de résultats annuels que M. Tavares a qualifiés d'« historiques » : le constructeur a notamment enregistré un bénéfice net record pour 2018, en hausse de 47 % à 2,83 milliards d'euros.

« Nous allons verser, au titre des résultats de 2018, une prime de performance et d'intéressement de 3 810 euros, qui se compare à 2 660 euros l'année dernière, donc un accroissement de 43 % », a détaillé M. Tavares sur Franceinfo. Cette prime concernera tous les salariés en France qui ont « un salaire inférieur ou égal à deux smic », a-t-il précisé.

PSA verse depuis plusieurs années à une partie de ces employés une telle contribution à la performance. Mais beaucoup d'entreprises ont aussi versé des primes exceptionnelles ces derniers mois, suite à un appel en ce sens en décembre du président Emmanuel Macron afin d'améliorer le pouvoir d'achat dans le contexte de la crise des Gilets jaunes.

Jacques Chevalier, *lepoint.fr*, 26 février 2019

APPLICATIONS

APPLICATION 6 Identifier les indicateurs pertinents pour apprécier la performance d'une organisation

L'entreprise Mister Serrure fabrique des serrures pour tous type de portes. Elle vous communique ses comptes pour les trois dernières années.

1. Calculez les indicateurs de la performance financière suivants : taux de profitabilité, taux de rentabilité économique et taux de rentabilité financière, taux d'endettement. Aidez-vous du tableau Excel (lien p. 185).
2. Commentez l'évolution des différents indicateurs. Reliez le taux de rentabilité financière et le taux d'endettement.
3. Comparez les données de l'entreprise Mister Serrure avec celles de son secteur d'activité.

Face à l'augmentation de l'endettement, les actionnaires de Mister Serrure ont décidé de limiter la distribution de dividendes pour augmenter les réserves de l'entreprise et donc ses capitaux propres.
Voici le projet de répartition du bénéfice N : 80 % du résultat net en réserve et 20 % en dividendes.

4. Calculez les montants qui seront affectés en réserves et en dividendes pour l'année N.
5. Retrouvez le nouveau montant des réserves et des capitaux propres pour l'année N.
6. Quel est l'effet de cette augmentation des capitaux propres sur le taux d'endettement ?

DOC. 1 Les données de l'entreprise Mister Serrure

	N-2	N-1	N
Chiffre d'affaires	3 400 000 €	3 550 000 €	3 700 000 €
Résultat d'exploitation	450 000 €	500 000 €	600 000 €
Résultat net	140 000 €	151 000 €	125 000 €
Capital social	1 000 000 €	1 000 000 €	1 000 000 €
Réserves	80 000 €	100 000 €	110 000 €
Dettes financières	800 000 €	950 000 €	1 200 000 €

Delagrave, 2020

DOC. 2 Les données pour le secteur d'activité

Taux d'endettement moyen : 75 %
Taux de rentabilité financière : 20 %

Delagrave, 2020

Mister Magnet

Téléchargez le fichier Excel pour réaliser le travail demandé **www.lienmini.fr/30913-excel-205**

Contexte **Mister Magnet** est une jeune entreprise spécialisée dans la conception et la fabrication de magnets. Elle a été créée il y a deux ans avec un capital de 100 000 €. Son site Internet permet aux particuliers de commander des magnets personnalisés à partir de leurs photographies. L'entreprise a connu un bon démarrage. Le concept étant nouveau, les ventes ont fortement augmenté. Cependant, face à la croissance de la concurrence, elles marquent un ralentissement.

Le directeur, M. Dampierre, souhaite redynamiser l'activité en proposant un nouveau produit. Il envisage la commercialisation de photographies imprimées sur toile, à suspendre. La photographie sur toile est imprimée sur une toile spéciale en tissu et peut être accrochée comme un tableau. Ce produit plus haut de gamme sera vendu nettement plus cher que les magnets. En effet, le lot de 10 magnets est vendu au prix de 10 €, contre 25 à 90 € pour une photographie sur toile, suivant la taille et les finitions.

M. Dampierre souhaite analyser la situation financière de l'entreprise pour pouvoir étudier la possibilité de lancer ce nouveau produit.

Dossier 1 Analyse de la valeur financière de l'entreprise

Ce nouveau produit nécessite l'acquisition d'une machine spécifique pour impression sur toile. M. Dampierre souhaite disposer de l'analyse de la valeur financière de l'entreprise avant de procéder à cet investissement. Vous disposez du bilan et du compte de résultat de Mister Magnet pour ces deux dernières années.

Travail à faire à l'aide des documents 1 à 2

1. Calculez l'évolution du chiffre d'affaires en valeur et en pourcentage entre N-1 et N.
2. Définissez la notion de valeur ajoutée, calculez son montant pour N et N-1 et son évolution entre les deux années.
3. Calculez le taux de profitabilité en N-1 et N. Que constatez-vous ?
4. Calculez le taux de rentabilité financière pour les deux années. Les actionnaires ont-ils raison de s'inquiéter de l'évolution ?
5. Analysez l'évolution des postes emprunts bancaires et des intérêts payés.

Les actionnaires ont décidé de distribuer le bénéfice de l'année N de la façon suivante : 30 000 € en dividendes et le reste en réserves.

6. Calculez le montant des réserves pour l'année N après répartition du résultat.
7. Pour quelle raison les actionnaires laissent-ils une partie du bénéfice en réserve ?
8. Concluez sur la situation financière de Mister Magnet.

OBSERVATION ESSENTIEL APPLICATIONS VERS LE BAC

DOC. 1 **Bilan simplifié au 31/12/N de Mister Magnet**

BILAN simplifié au 31/12/N (en euros)

ACTIF	N	N - 1	PASSIF	N	N - 1
Actif immobilisé			**Capitaux propres**		
Immobilisations incorporelles			**Capital**	100 000	100 000
Immobilisations corporelles			**Réserves**	120 000	100 000
Matériel industriel	130 000	125 000	**Résultat**	61 000	96 800
Matériel informatique	90 000	80 000			
Mobilier	60 000	52 000			
Total actif immobilisé	**280 000**	**257 000**	**Total capitaux propres**	**281 000**	**296 800**
Actif circulant			**Emprunts et dettes**		
Stocks	55 000	55 000	**Emprunts bancaires**	50 000 €	30 000
Créances	43 000	33 000	**Dettes fournisseurs**	28 000 €	12 000
Disponibilités	7 000	15 800	**Autres Dettes**	26 000	22 000
Total actif circulant	**105 000**	**103 800**	**Total emprunts et dettes**	**104 000**	**64 000**
Total actif	**385 000**	**360 800**	**Total passif**	**385 000**	**360 800**

DOC. 2 **Compte de résultat simplifié de Mister Magnet**

Compte de résultat simplifié au 31/12/N (en euros)

Charges	N	N - 1	Produits	N	N - 1
Charges d'exploitation			**Produits d'exploitation**		
Achats de Matières premières	360 000	380 000	Ventes de produits finis	830 000	850 000
Autres achats et charges externes	180 000	170 000			
Impôts	40 000	40 000			
Charges de personnel	160 000	140 000			
Amortissements	22 000	20 000			
Charges financières			**Produits financiers**		
Intérêts bancaires	8 000	4 000	Revenus des placements	1 400	1 400
Charges exceptionnelles			**Produits exceptionnels**		
Sur opération de gestion	400	600	Sur opération de gestion		
Total des charges	**770 400**	**754 600**	**Total des produits**	**831 400**	**851 400**
Bénéfice	61 000	96 800	**Perte**		
Total général	**831 400**	**851 400**	**Total général**	**831 400**	**851 400**

Dossier 2 Calcul du coût de revient des photographies sur toile

Pour le nouveau projet de photographies imprimées sur toile, M. Dampierre a effectué une étude de prix auprès des fournisseurs afin de connaître les tarifs et de calculer le coût de revient du produit. Ce calcul prend en compte l'amortissement de l'achat d'une machine pour impression sur toile, un traceur ainsi que les consommables nécessaires à son utilisation. M. Dampierre a aussi effectué une étude de marché pour connaître les tarifs des concurrents de ce secteur. En effet, ce marché est concurrentiel et il doit prendre en compte tous les paramètres avant de fixer ses tarifs.

Travail à faire à l'aide des documents 3 et 4

Le prix de vente moyen des photos sur toile est de 50 €. M. Dampierre envisage de s'aligner sur ce prix car la concurrence est rude sur ce marché.

9 Calculez le coût de revient unitaire en complétant le tableau du document 4.

10 Calculez la marge unitaire sur une photographie imprimée.

11 Calculez le pourcentage de la marge par rapport au prix de vente.

D'après les prévisions de M. Dampierre, l'entreprise compte vendre 1 000 photographies imprimées sur toile la première année.

12 Calculez le chiffre d'affaires sur la vente de photographies imprimées.

13 Calculez le coût global et la marge bénéficiaire totale.

14 Concluez en analysant le succès de ce nouveau produit pour l'entreprise.

DOC. 3 Informations relatives au coût de revient

Détails des éléments du coût de revient	Montants
Machine traceur à impression Elle peut effectuer 1 250 impressions de qualité avant d'être remplacée	Coût d'achat moyen : 2 500 €
Rouleau de toile canvas de 0,6 m x 15 m pour traceur Ce rouleau permet de réaliser en moyenne 20 impressions aux différents formats	Un rouleau : 80 €
Encre pour l'imprimante de différentes couleurs Ces cartouches permettent de réaliser 80 impressions de haute qualité	400 €
Frais divers de publicité et de gestion	Une impression : 10 €
Coût de main-d'œuvre	Une impression : 2 €

DOC. 4 Tableau de calcul du coût de revient

Éléments de calcul du coût de revient	Montant global	Montant pour 1 toile	
		Détails des calculs	Montant
Coût de revient unitaire			

QUESTION DE GESTION 9 — Quelle prise en compte du temps dans la gestion de l'organisation ?

Chapitre 13

Le cadre temporel de l'organisation

NOTIONS

- Horizon et période.
- Actualité et pérennité de l'information, veille informationnelle.
- Prospective en matière d'activités : enquête.
- Outils de planification, de gestion du temps, calendrier prévisionnel.

CAPACITÉS

- Expliquer en quoi le temps est source d'incertitude.
- Identifier, en lien avec le contexte proposé, les temps caractéristiques de l'organisation.
- Expliquer pourquoi, au sein de l'organisation, il peut y avoir des rétentions et de l'asymétrie d'informations.
- Repérer l'importance d'une information actualisée pour prendre des décisions pertinentes.

DÉCOUVRIR LE CONTEXTE

Seul parc en France à conjuguer attractions, parc et spectacles animaliers et hébergements, **Le Pal** a accueilli 620 000 visiteurs en 2019, après une année record de 640 000 visiteurs en 2018. Sous l'impulsion de ses dirigeants, l'offre est régulièrement renouvelée, notamment par l'ajout de nouveaux spectacles et/ou attractions, afin de faire revenir au sein du parc une clientèle familiale de proximité. Ces activités, inscrites dans un calendrier saisonnier, imposent la prise en compte de contraintes liées au temps, et l'utilisation d'outils de prévision.

VIDÉO INTERACTIVE — POUR COMMENCER
Le parc Le Pal 1'30"
www.lienmini.fr/30913-pal

Parc Le Pal — Animaux & Attractions

FICHE D'IDENTITÉ

- **Type d'organisation :** entreprise privée à but lucratif
- **Activité :** parc à thème
- **Champ d'activité :** régional (Auvergne Rhône-Alpes)
- **Forme juridique :** SAS au capital de 1,9 M d'€
- **Effectifs (2019) :** 80 salariés permanents, dont 20 en charge des animaux (jusqu'à 300 saisonniers, d'avril à septembre)
- **CA 2019 :** 22,6 millions d'€

1. À quelles incertitudes le parc Le Pal peut-il être soumis ?
2. Quelles différentes informations Le Pal doit-il maîtriser pour mener à bien son activité ?

OBSERVATION ESSENTIEL APPLICATIONS VERS LE BAC

1 Quelle est la place du temps dans la prise de décision ?

A Horizon temporel et incertitudes

1 Précisez, pour chacune des décisions prises par les équipes du parc Le Pal, son horizon temporel et le type de décision qui en découle, en complétant le tableau ci-dessous :

Décisions prises	Horizon temporel	Type de décision
a. Réorganiser l'espace boutique du parc Le Pal d'ici la prochaine saison.	....	....
b. Investir chaque année entre 25 % et 30 % de son chiffre d'affaires dans de nouveaux aménagements pour diversifier sa clientèle.	....	....
c. Dans le contexte sanitaire lié à la Covid-19, le lancement de la saison du Pal, prévu initialement le 11 avril 2020, a d'abord été repoussé au 1er mai. Le parc a finalement pu ouvrir le samedi 6 juin dans des conditions sanitaires adaptées : marquages au sol pour la distanciation, distribution de gel hydro-alcoolique et de masques, désinfections des installations.	....	....
d. 2020 : investir 15 millions d'euros dans la construction d'un hôtel de 300 lits pour attirer des visiteurs éloignés.	....	....
e. Renforcer les actions marketing sous 3 ans en direction des groupes et des comités d'entreprise.	....	....
f. Recrutement de 300 saisonniers pour la saison 2019.	....	....

DOC. 1 Le bilan des saisons 2019 et 2020

a. Le bilan 2019

En dépit d'une météo compliquée avec des week-ends pluvieux au printemps, un calendrier avare de ponts et deux épisodes de canicule en juillet, Le Pal affiche la deuxième plus forte fréquentation depuis la création du parc et surfe nettement au dessus de la vague du demi-million de visiteurs. [...]

Avec un chiffre d'affaires en progression, le parc enregistre une très bonne saison et confirme sa position au sein des sites de la région Auvergne-Rhône-Alpes, alors qu'il est ouvert seulement six mois par an (avril-septembre). [...] Parmi les clés de cette ascension : une politique d'investissement dynamique avec 30 % du CA réinvestis chaque année, des nouveautés chaque saison, un positionnement original unique en France (attractions et animaux), une démarche responsable avec une certification internationale de tourisme durable (Green Globe TM depuis 2008). [...]

Prochaine étape capitale, avril 2021 avec l'ouverture de l'hôtel Le Pal Savanna Reserve, un établissement qui reprend le style de certains hôtels du parc Kruger en Afrique du Sud. Atypique par son architecture, sa décoration et son implantation, il offre 60 suites doubles (300 lits) surplombant la plaine africaine peuplée de girafes, rhinocéros et d'antilopes.

zoonaute.net, 2 octobre 2019

b. La situation en 2020

La crise sanitaire est durement ressentie au Pal [...] qui avait débuté sa saison avec deux mois de retard, le 6 juin [...]. « Septembre est habituellement pour nous un très bon mois, avec des week-ends très forts. Mais on ne les fait pas cette année. » La faute, selon le PDG, Arnaud Bennet, au « climat anxiogène » du moment, qui influe sur les envies des visiteurs potentiels. Le parc impose le port du masque « partout où c'est nécessaire », à l'intérieur des boutiques, dans les files d'attente des attractions, à l'entrée, mais pas dans les allées.

Pourtant, l'été avait bien commencé. Le parc avait réalisé un excellent mois de juillet, semblable à celui de 2019, avec [...] un chiffre d'affaires en hausse de 4,5 %. [...] « Je pense que nous allons finir la saison 2020 à -35 % de fréquentation », calcule Arnaud Bennet. (...) « Le confinement a évidemment des répercussions sur la fréquentation globale. Mais sur la période d'ouverture, nous avons aussi perdu des groupes, des écoles, qui habituellement sont nombreuses en juin. Et beaucoup de visiteurs qui avaient peur de venir dans un lieu très fréquenté », analyse le chef d'entreprise.

Le PDG tire quand même quelques motifs de satisfaction de cette saison, marquée par l'ouverture de deux nouveaux manèges, la Rivière des castors, deux courtes descentes de rapides pour les enfants dès 3 ans, et le Yukon Trucks, une balade sur les célèbres camions américains chromés. Le tout au sein de la Yukon Valley, une zone aménagée ces dernières années, qui abrite déjà deux autres attractions, le Yukon Quad et les Ailes du Yukon – ainsi que la Forêt des loups du Canada. [...] Les 31 lodges cartonnent toujours autant et ont fait le plein tout l'été, avec 100 % de réservations.

Ariane Bouhours, lejdc.fr, 2 septembre 2020

NOTION

Horizon temporel : durée de temps variable selon les organisations qui permet d'échelonner leurs objectifs. On distingue le court terme (entre quelques heures ou semaines et quelques mois), le moyen terme (entre 1 et 5 ans) et le long terme (plus de 5 ans). L'organisation planifie ainsi ses décisions de type opérationnel (décisions répétées, prises par les agents d'exécution, à court terme), tactique (décisions périodiques, prise par l'encadrement, de moyen terme) ou stratégique (décision prise par la direction générale, de long terme)

2 Repérez les différentes sources d'incertitude qui peuvent impacter les activités du parc Le Pal.

....

....

....

....

3 Expliquez de quelle manière les équipes du Pal peuvent, du fait de leur expérience, anticiper certains éléments clés dans la gestion du parc.

....

....

....

....

....

....

....

....

....

4 Identifiez les étapes du développement du parc en 2020 et 2021.

2020	2021
....	....
....	....
....	....
....	....

B Périodes et contraintes temporelles

NOTION

Période : découpage du temps en tranches plus ou moins longues (journalière, mensuelle, trimestrielle, semestrielle, annuelle). Ce découpage, est lié à différents contraintes : institutionnelles (durée du travail, publication des résultats..), sectorielles (fluctuations saisonnières, longueur du cycle de production, ouverture des marchés...), technologiques (techniques et technologies employées à un moment donné du temps, développement des TIC...)

DOC. 2 Calendrier d'ouverture du parc Le Pal pour l'année 2020

AVRIL 2020

L	M	M	J	V	S	D
		1	2	3	4	5
6	7	8	9	10	11	12
13	14	15	16	17	18	19
20	21	22	23	24	25	26
27	28	29	30			

MAI 2020

L	M	M	J	V	S	D
				1	2	3
4	5	6	7	8	9	10
11	12	13	14	15	16	17
18	19	20	21	22	23	24
25	26	27	28	29	30	31

JUIN 2020

L	M	M	J	V	S	D
1	2	3	4	5	6	7
8	9	10	11	12	13	14
15	16	17	18	19	20	21
22	23	24	25	26	27	28
29	30					

JUILLET 2020

L	M	M	J	V	S	D
		1	2	3	4	5
6	7	8	9	10	11	12
13	14	15	16	17	18	19
20	21	22	23	24	25	26
27	28	29	30	31		

AOÛT 2020

L	M	M	J	V	S	D
					1	2
3	4	5	6	7	8	9
10	11	12	13	14	15	16
17	18	19	20	21	22	23
24	25	26	27	28	29	30
31						

SEPTEMBRE 2020

L	M	M	J	V	S	D
	1	2	3	4	5	6
7	8	9	10	11	12	13
14	15	16	17	18	19	20
21	22	23	24	25	26	27
28	29	30				

OCTOBRE 2020

L	M	M	J	V	S	D
			1	2	3	4
5	6	7	8	9	10	11
12	13	14	15	16	17	18
19	20	21	22	23	24	25
26	27	28	29	30	31	

- Parc ouvert de 10 h à 18 h
- Parc ouvert de 10 h à 18 h ou 19 h selon fréquentation
- Parc fermé
- Lodges ouverts – tarifs basse saison
- Lodges ouverts – tarifs haute saison
- Offre Été indien : parc animalier ouvert réservé exclusivement à la clientèle des Lodges (attractions fermées)

Le parc devait ouvrir le 11 avril et fermer le 27 septembre 2020, mais le confinement lié à la pandémie de Covid-19 a empêché la reprise. La réouverture 2020 a eu lieu le samedi 6 juin 2020. Ouverture les mercredis et week-ends puis tous les jours de juillet et août. En septembre, le parc est ouvert tous les week-ends ainsi que les deux premiers mercredis. En cette année bien spéciale, Le Pal a ajouté deux week-ends d'ouverture supplémentaires : les 3 et 4 octobre, puis les 10 et 11.

parc-attraction-loisirs.fr/le-pal/

DOC. 3 L'application Le Pal

lepal.com

5 Identifiez les différentes périodes d'activité du parc pour l'année 2020, et classez-les, de très intense à inexistante.

....

....

....

6 À quelles contraintes le parc Le Pal est-il soumis du fait du caractère particulier de son activité ? Justifiez votre réponse.

....

....

....

....

....

....

7 De quelle manière le parc tente-t-il d'atténuer l'impact de la saison basse ?

....

....

....

8 Identifiez, pour chacune des situations évoquées, sa périodicité, en complétant le tableau ci-dessous. Précisez également de quel type de contrainte elle relève.

Situations	Périodicité	Contrainte
a. Publication des comptes de résultats, du bilan du parc Le Pal.	....	....
b. Édition des bulletins de salaires des employés du parc Le Pal	....	....
c. Établissement des tarifs basse/haute saison et offre automnale pour la location des lodges du parc	....	....
d. Organisation d'une journée de recrutement de salariés saisonniers.	....	....
e. Réouverture en toute sécurité le 6 juin 2020 dans le respect de l'application des directives et des recommandations des pouvoirs publics en matière de lutte contre le Covid-19 : distance de sécurité et marquages au sol, port du masque, gel hydro-alcoolique à disposition, désinfection des zones de contact, paiement sans contact.	....	....

9 Dans le **Doc. 3**, identifiez la contrainte qui a été prise en compte lors de la mise en place de l'application.

....

....

QUESTION BILAN

Expliquez l'importance de la prise en compte du temps dans les décisions prises par le PDG du Pal, en vous appuyant sur les notions d'horizon temporel et de période, dans la maîtrise de l'incertitude et des contraintes.

2 Quelle est l'importance de l'information dans la prise de décision ?

A Actualité et pérennité de l'information

DOC. 4 Quelques informations utiles au parc Le Pal

a. Le bilan climatique du printemps 2020 : deuxième printemps le plus chaud depuis 1900

Après un début de printemps très agité avec une succession de tempêtes du 1er au 5 mars sur une grande partie de l'Hexagone, des conditions anticycloniques ont dominé sur le nord de la France favorisant un temps sec et remarquablement ensoleillé. En revanche, le sud a été plus arrosé, notamment lors de deux épisodes pluvieux intenses du 19 au 21 avril sur le Roussillon et la Corse puis du 9 au 11 mai sur la Nouvelle-Aquitaine, l'Occitanie et la région Provence-Alpes-Côte d'Azur. Une grande douceur a régné sur l'ensemble du territoire.

meteofrance.com

b. La norme AFNOR sur la sécurité des manèges

La norme NF EN 13814-3 sur la sécurité des manèges et des dispositifs de divertissement a été publiée le 5 juillet 2019. Elle sera réexaminée le 29 mai 2024.

Afnor.org

c. Le palmarès des dix meilleurs parcs d'attraction en France en 2019

Tous les ans, le *TripAdvisor* publie les lauréats du prix *Travelers'Choice* qui récompense les parcs préférés des visiteurs recueillis sur une période de 12 mois. Des milliers de parcs d'attractions à travers le monde sont ainsi concernés. Les principaux continents et pays ont de plus chacun leur classement. C'est l'occasion de faire un zoom sur les meilleur parcs d'attraction en France.

parc-loisir.fr

d. Les données statistiques publiés par l'INSEE en 2019

Elles montrent l'évolution du taux de la valeur ajoutée entre les salariés et les investisseurs/actionnaires pour 2018 dans un secteur d'activité. Dans la perspective du prochain conseil d'administration, elle permet de positionner l'organisation par rapport aux pratiques du secteur.

insee.fr

NOTION

Valeur de l'information : dépend de sa **fiabilité** (auteur, source, etc.), de sa **pertinence** par rapport à la problématique (information contrôlée permettant de faire appel au sens critique du lecteur), de son **actualité** et de son **coût** (achat, temps de recherche, collecte, analyse, capitalisation, stockage, diffusion…). Une information est actualisée lorsqu'elle est mise à jour, et pérenne lorsqu'elle est permanente.
L'ensemble de ces paramètres permet à l'organisation de réduire le degré d'incertitude et les risques inhérents aux décisions.

10 Complétez le tableau ci-dessous afin de déterminer la valeur des informations présentées dans le **doc. 4**. Justifiez vos réponses à l'oral.

Informations	Fiabilité	Actualité	Qualité	Pertinence	Coût
a.	……	……	……	……	……
b.	……	……	……	……	……
c.	……	……	……		……
d.	……	……	……	……	……

B Veille informationnelle et enquête

DOC. 5 Le Snelac, syndicat professionnel pour tous les sites de loisirs et culturels

Le syndicat national des Espaces de loisirs, d'attractions et culturels (Snelac) est un syndicat professionnel et patronal ouvert à tous les sites de loisirs et culturels recevant un public familial dans un espace clos et aménagé. Le Snelac représente actuellement un réseau de près de 500 entreprises. Parcs d'attractions, parcs aquatiques ou animaliers, parcs à thème ou à vocation scientifique, musées et châteaux privés, sites culturels et sites naturels sont rassemblés afin de défendre leurs intérêts et promouvoir leurs activités.

– **Défense des intérêts.** Reconnu par les pouvoirs publics, le Snelac siège dans les principales instances stratégiques. Il porte la voix des espaces de loisirs et culturels et défend leurs intérêts. Force de proposition, il est un acteur incontournable des loisirs et de la culture.

– **Professionnalisation de l'activité.** Le Snelac fait connaître et valorise la diversité des activités et métiers des sites de loisirs et culturels. Il est l'interlocuteur privilégié des pouvoirs publics, des médias et des partenaires du divertissement. Il témoigne du professionnalisme et de la passion des opérateurs des loisirs et de la culture.

– **Veille sectorielle.** Le Snelac veille et analyse le secteur et son environnement national et international. Il pilote des observatoires pour anticiper les tendances, les attentes des visiteurs, projets et investissements. Il informe ses adhérents des projets en matière sécuritaire, sociale, fiscale.

Le secteur des espaces de loisirs, d'attractions et culturels en 2020 : 3 milliards de chiffre d'affaires. 63 millions de visites par an. 50 000 salariés. 500 entreprises.

snelac.com, 2020

11 Expliquez le rôle du syndicat professionnel des espaces de loisirs, d'attractions et culturels.

....

....

....

DOC. 6 Les interactions numériques du parc Le Pal avec ses visiteurs

Source : fr-fr.facebook.com/lepalofficiel

Source : tripadvisor.fr/

12 Identifiez les supports sur lesquels ont eu lieu les échanges (doc. 7). Précisez la fonction de chacun d'eux.

....

....

....

....

....

DOC. 7 **Comment prendre les bonnes décisions ?**

La prise de décisions pertinentes [dans un certain contexte, à un moment donné, en fonction des informations disponibles] engage l'organisation. Or, son environnement [les besoins des clients, le poids de la concurrence, la réglementation…] évolue chaque jour.

Le responsable de l'organisation n'est jamais certain de ses prévisions, mais il doit tout de même décider, en mesurant les risques qu'il prend grâce à la mise en place d'une veille informationnelle avec des supports traditionnels généraux [à la disposition de toutes les organisations pour connaître les évolutions commerciales, juridiques, sociales, sociétales], mais également des supports spécifiques adaptés à ses besoins [réalisation d'enquêtes auprès des consommateurs, magazines spécialisés, chambres de commerce et d'industrie] et en utilisant des supports plus récents intégrant les TIC (blogs, Wikis, fils RSS, alertes Google, réseaux sociaux).

Delagrave, 2020

NOTION

Veille informationnelle : ensemble des stratégies mises en place pour rester informé, en y consacrant le moins de temps possible et en utilisant des processus de signalement automatisés. (J.-P. Lardy, Urfist de Lyon)

13 Montrez l'intérêt, pour la direction du parc Le Pal, d'effectuer une veille sur ces types de supports.

....

....

....

....

....

14 Citez d'autres outils ou supports que le parc Le Pal peut utiliser pour faire de la veille informationnelle.

....

....

....

....

15 Présentez les objectifs, la cible et le mode d'administration de l'enquête menée par Le Pal auprès de ses internautes (doc. 8).

....

....

....

....

....

....

16 Relevez les informations recueillies par le parc Le Pal, et déduisez-en les prévisions qui peuvent en être tirées.

....

....

....

....

....

....

DOC. 8 Enquête menée auprès des internautes ayant consulté le site du parc Le Pal

Aidez-nous à améliorer votre expérience sur notre site Internet. Cela ne vous prendra que quelques minutes !

Quelle note donneriez-vous à votre visite sur le site Internet ?

Sélectionner votre choix ▼

1 = très mauvaise	6
2	7
3	8
4	9
5	10 = exceptionnelle

Que recherchiez-vous en priorité sur le site Internet ?

Sélectionner votre choix ▼

Une présentation globale du parc
Une présentation des attractions
Une présentation des animaux
Une présentation des spectacles
Une présentation des lodges
L'achat des billets d'entrée du parc
La réservation d'un séjour Lodge
Les jours d'ouverture
Les horaires d'ouverture
Les tarifs
L'itinéraire pour venir au parc
L'actualité du parc
L'inscription à la newsletter
Un moyen de contacter le parc

Si autre : Précisez...

Avez-vous trouvé l'information recherchée ?

○ Oui ○ Non

Si non, pouvez-vous nous indiquer pourquoi ?

Saisissez votre réponse...

Si oui, avez-vous des suggestions d'amélioration ?

Saisissez votre réponse...

Après la visite sur le site Internet, quelle sera probablement votre prochaine étape ?

Sélectionner votre choix ▼

Venir au parc
Acheter des billets en ligne
Appeler pour avoir plus d'informations
Consulter des avis sur d'autres sites
Faire une réservation pour un groupe
En parler à ma famille et/ou mes amis

Si autre : Précisez...

Vous êtes :

Sélectionner votre choix ▼

Un particulier
Un comité d'entreprise
Une école
Un centre de loisirs
Une association
Un journaliste
Autre

Si vous êtes d'accord pour être contacté dans le cadre de nos enquêtes :

Saisissez votre email

ENVOYER

Source : lepal.com

NOTION

Enquête: collecte méthodique d'informations par le biais d'entretiens ou de questionnaires (envoyés par voie postale, téléphonique ou numérique (courrier électronique, sites internet, Google Docs...).

QUESTION BILAN

Présentez les différents outils permettant aux dirigeants du Pal de prendre des décisions pertinentes. Pour cela, vous expliquerez l'importance de la veille informationnelle et des enquêtes comme données prospectives pour l'activité du parc.

3 Quels sont les outils de gestion du temps ?

NOTION

Diagramme de Gantt : représentation sous la forme d'un schéma de toutes les tâches à accomplir pour mener à bien un projet. Il indique la date à laquelle ces tâches doivent être effectuées en tenant compte des contraintes d'antériorité de certaines tâches.

EXEMPLES

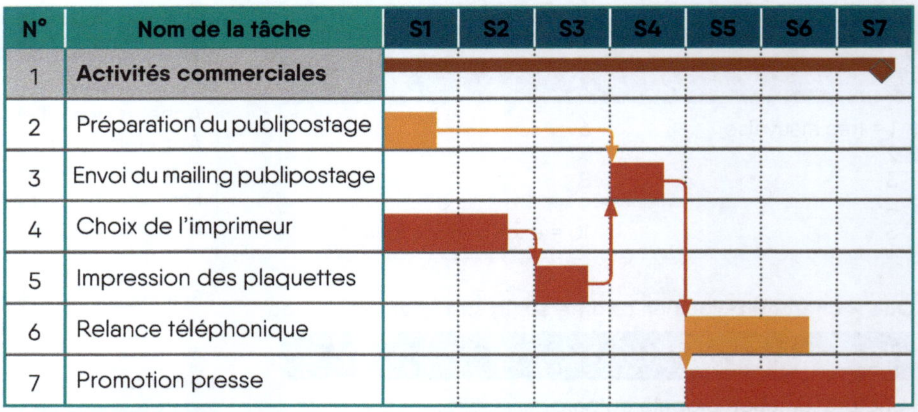

DOC. 9 **L'organisation des *Job Dating* au Pal pour la saison 2020**

Le Pal [...] lance le recrutement de ses 350 saisonniers. [...] Le parc organise un *Job Dating* mercredi 15 janvier. Une rencontre physique avec des demandeurs d'emplois organisée pour la troisième année consécutive, en partenariat avec Pôle emploi et les acteurs locaux de l'emploi.

Guillaume Picard, responsable pédagogique et de l'animation du parc, rappelle que les demandeurs d'emploi doivent impérativement s'inscrire sur le site Internet du Pal. « Un CV ne suffit pas. Ces échanges nous permettent de sélectionner des personnes sans CV très fourni. Le savoir-être est plus important pour nous. De toute façon, on forme en interne. »

Les postes à pourvoir [...] concernent l'animation des attractions (plus de 90 postes), la restauration (notamment 60 postes de serveur, 30 postes pour la préparation et la vente de plats à emporter, 15 pour des aides de cuisine), l'hôtellerie (dont 6 postes de réceptionnistes, 10 postes de femmes de chambre), la vente en boutique (10 postes). La moitié des postes sont à pourvoir dès le début de saison [...]. Certains perdureront jusqu'à la mi-novembre, date de fermeture des lodges.

Ariane Bouhours, lamontagne.fr, 8 janvier 2020

DOC. 10 **Le calendrier prévisionnel pour le *job dating* du 15 janvier 2020**

Pour optimiser la gestion du temps de chacun des membres de son équipe de « recruteurs », Guillaume Picard a conçu le tableau de répartition des tâches suivant pour que la journée du 15 janvier 2020 se passe au mieux.

Tâches	*Job dating* du 15 janvier 2020	Jours	Zoé	Ahmed	Guillaume
A	Nettoyage et installation de la salle Laurent Griller.	J - 2 et J - 1	3 h	3 h	-
B	Réception des candidats entre 9 h et 19 h.	j	3 h	3 h	-
C	Installation du matériel.	j - 1	2 h	-	2 h
D	Constitution des groupes de candidats par demi journée.	j		2 h	
E	Présentation des démarches, distribution de documents, réalisation des entretiens de recrutement.	j	3 h	3 h	6 h
F	Préparation (par les « recruteurs ») de la présentation des démarches pour postuler.	j - 3	-	-	2 h

Delagrave, 2020

17 Expliquez l'intérêt du tableau de répartition des tâches pour l'organisation du *job dating*.

....

....

....

....

QUESTION BILAN

Présentez l'ordre des tâches et les antériorités de chacune d'elles, en réalisant un diagramme de Gantt.

L'ESSENTIEL — Le cadre temporel de l'organisation

SYNTHÈSE
Accédez à la synthèse audio
www.lienmini.fr/30602-synthese13

1 Quelle est la place du temps dans la prise de décision ?

L'HORIZON TEMPOREL
- À court terme
- À moyen terme
- À long terme

→ **entraîne des décisions de type**
- Opérationnel
- Tactique
- Stratégique

La segmentation en PÉRIODES
- Heure
- Jour
- Mois
- Trimestre
- Semestre
- Année

→ **permet une planification prenant en compte les contraintes de type**
- Institutionnelles
- Sectorielles
- Technologiques

2 Quelle est l'importance de l'information dans la prise de décision ?

Pour réduire l'incertitude et les risques et prendre des décisions, l'organisation doit disposer d'INFORMATIONS ACTUALISÉES et PÉRENNES

Pour cela elle met en place des outils de prospective :
- VEILLE INFORMATIONNELLE
- ENQUÊTE

3 Quels sont les outils de gestion du temps ?

- **Tableau de répartition des tâches**
- **Calendrier prévisionnel**
- **Diagramme de Gantt**

→ **permettent de réduire les incertitudes liées au temps et de planifier**

APPLICATIONS

APPLICATION 1 Test de connaissances

Validez vos connaissances en cochant la(es) bonne(s) proposition(s), puis justifiez oralement vos réponses.

1 L'horizon temporel d'une organisation :
- ☐ est invariable.
- ☐ entraîne différents types de décisions.
- ☐ se décompose en périodes de court terme, moyen terme et long terme.

2 Une période est un découpage du temps :
- ☐ lié à des contraintes techniques, humaines, immatérielles.
- ☐ lié à des contraintes technologiques, sectorielles, temporelles.
- ☐ lié à des contraintes technologiques, sectorielles et institutionnelles.

3 L'actualité d'une information :
- ☐ ne varie jamais.
- ☐ ne peut pas être modifiée.
- ☐ est inscrite dans une temporalité immédiate.

4 La pérennité de l'information :
- ☐ a un caractère durable.
- ☐ est immuable.
- ☐ nécessite de vérifier sa date de création/publication, les dernières mises à jour, son archivage, la fiabilité de l'auteur.

5 La veille informationnelle :
- ☐ n'existe pas dans les associations ou les organisations publiques.
- ☐ est l'ensemble des actions mises en place par l'organisation pour connaitre les évolutions futures de son secteur d'activité.
- ☐ est réalisée dans toutes les organisations.

6 Une enquête est :
- ☐ une recherche de la vérité par l'audition de témoins et l'accumulation de preuves.
- ☐ la recherche méthodique d'informations reposant sur des questions.
- ☐ le synonyme du sondage.
- ☐ toutes ces réponses sont correctes.

7 Les outils de planification de gestion du temps :
- ☐ permettent de planifier les activités d'un projet.
- ☐ permettent de visualiser dans le temps les différentes tâches d'un projet à l'aide du diagramme de Gantt.
- ☐ permettent le contrôle quotidien des tâches.

QCM interactif
Accédez au QCM en utilisant le QRcode ou le lien URL
www.lienmini.fr/30913-qcm13

APPLICATION 2 Expliquer en quoi le temps est source d'incertitude

1 Expliquez la phrase soulignée dans le document.

2 Précisez pourquoi il est important pour les dirigeants en temps de crise de prendre des décisions stratégiques dans un temps très court.

3 Définissez ce qu'est l'incertitude pour un dirigeant.

4 Selon vous, en situation ordinaire de fonctionnement du marché, le temps est-il à prendre en compte, par les dirigeants, dans les prises de décisions ?

DOC. **Prise de décision en temps de crise : osez passer à l'action !**

Quand une crise survient, qu'elle soit économique, sanitaire, politique ou autre, tout l'équilibre d'un système nécessite d'être réajusté, et ce brutalement. [...]

Depuis son apparition, la pandémie a forcé de nombreux dirigeants, avec l'ensemble de leurs équipes, à prendre en quelques jours des mesures sensibles concernant notamment la fermeture du site et l'organisation du travail à distance. Une telle série de décisions est peu aisée en de telles circonstances, notamment en raison de :

– L'aspect inédit de la crise : celle-ci survient et bouleverse l'ordre habituel des choses. On manque alors souvent de préparation, car la situation est nouvelle ou inédite.

– L'incertitude pendant la crise est parfois plus grande qu'en temps normal. Les décideurs ont donc à disposition moins d'éléments tangibles et fiables pour prendre les décisions rapidement.

– Le manque de temps pour prendre des décisions : durant la crise, nous n'avons pas suffisamment de temps à disposition pour décider et réagir rapidement.

– Les enjeux sont souvent lourds : les conséquences des décisions prises en situation de crise sont parfois importantes d'un point de vue économique, sanitaire ou social.

Pour faire face à la crise, les dirigeants sont en train de prendre des décisions rapidement, sans nécessairement avoir le temps de vérifier tous les paramètres en amont, sans clarté et surtout avec un environnement incluant des règles qui évoluent en permanence et qui peuvent parfois être totalement contradictoires. Ce mode de fonctionnement intuitif de prise de décision est cependant plus vulnérable aux biais de raisonnement. [...]

Les crises qui surviennent mettent donc à l'épreuve tout manager ou dirigeant, non seulement dans ses capacités de prise de décision, mais aussi dans ses compétences d'adaptation. Il est primordial de garder en tête ses objectifs finaux pour construire une réponse adaptée à la situation et se projeter sur le long terme. [...]

Qu'elle que soit la méthode choisie, l'essentiel est d'oser passer à l'action. Il est aussi important de mettre en application les étapes suivantes : s'assurer de connaître les délais et fixer une date limite ; se couper des émotions ; prendre des décisions en équipe ; lister et noter les avantages et les inconvénients ; avoir un plan B, voire C.

msn.com/fr

APPLICATION 3 Repérer l'importance d'une information actualisée pour prendre des décisions pertinentes

1. Expliquez comment les réseaux sociaux, certains outils de curation, de partage ou d'autres outils permettent de faire de la veille informationnelle.

2. À l'aide de Google Alertes, proposez deux requêtes pertinentes permettant d'effectuer une veille sur les évolutions des mesures sanitaires en France liées à la pandémie de Covid-19.

3. À l'aide d'un logiciel de traitement de texte, rédigez une note de synthèse présentant les résultats de vos deux requêtes. Vous rappellerez ensuite l'importance de disposer d'une information actualisée pour prendre des décisions pertinentes dans une PME.

4. Expliquez si, selon vous, il peut y avoir une rétention d'informations ou une asymétrie des informations lors de la rédaction de ce type de note de synthèse.

DOC. **Quelles méthodes et outils pour organiser sa veille informationnelle digitale en 2020 ?**

La veille informationnelle ou veille digitale permet d'anticiper les nouvelles tendances et les évolutions de votre marché et de vos concurrents. À l'heure de la transformation digitale, il est vivement recommandé aux entreprises de faire de la veille, qui peut être une veille collaborative ou une simple veille concurrentielle.

Nous recommandons pour cela d'utiliser une plateforme de veille ou un logiciel de veille faisant office d'agrégateur de flux RSS. Il vous est bien sûr possible d'utiliser d'autres outils en ligne. [...] Divers outils de veille existent. Vous en utilisez certainement plus d'un au quotidien. Ils reposent sur la méthode du push d'information et/ou du pull d'information.

Méthode du push d'information : vous recherchez l'information.

Méthode du pull d'information : l'information vient à vous, tout comme vos prospects avec la stratégie d'*Inbound Marketing*.

Voici une liste non exhaustive des outils que vous pouvez utiliser pour effectuer votre veille :

– **Les réseaux sociaux :** Facebook ; LinkedIn ; Slideshare ; Google+ ; Twitter ; Tweetdeck.

– **Les outils de curation** (synthèse des collectes) : Scoopit ; Netvibes ; et notre coup de cœur : Feedly.

– **Les outils de partage :** Slack ; Délicious ; Pocket.

– **D'autres outils :** Trello (création d'un tableau « veille » attribué à une équipe) ; Evernote pour saisir toutes vos notes ; IFTTT et Zapier pour automatiser vos réseaux sociaux.

lemag.digitools.io, 2020

APPLICATIONS

APPLICATION 4 Identifier, en lien avec le contexte proposé, les temps caractéristiques de l'organisation

L'entreprise TooGood a été lancée en 2011 avec une offre de snacking respectueuse de la qualité nutritionnelle.

• Identifiez, pour chacune des situations évoquées, l'horizon temporel, le type de décision, le type de contrainte et la périodicité de la marque TooGood, en complétant le tableau ci-dessous.

Décisions	Horizon temporel	Type de décisions	Type de contraintes	Périodicités
a. Mise au point du concept de TooGood en 2011.	....	....	....	....
b. Slogan 2019 : « Il va de soi qu'en consommant TooGood, Tatoobon ! »	....	....	....	....
c. Construction d'une usine de fabrication des produits TooGood, certifiée BRC, à taille humaine, qui fait de l'innovation son cœur de métier et son moteur.	....	....	....	....
d. Campagne de communication pour le lancement, en juin 2020, d'un nouveau produit : des cubes de coco, sans sucres, compensés par des fibres de pomme et de poire.	....	....	....	....
e. Choix des lieux de vente des produits TooGood pour l'année 2020.	....	....	....	....

QUESTION DE GESTION 9 Quelle prise en compte du temps dans la gestion de l'organisation ?

Chapitre 14

La prise en compte du temps dans la prévision de l'activité

Téléchargez le fichier Excel pour réaliser les travaux demandés **www.lienmini.fr/30913-excel14**

NOTIONS

- Prospective en matière d'activités : budget, seuil de rentabilité.
- Lien entre temps et valeur financière.
- Outils de planification et de simulation.

CAPACITÉS

- Repérer l'importance d'une information actualisée pour prendre des décisions pertinentes.
- Utiliser des données prospectives pour repérer l'incidence d'une évolution de l'activité d'une organisation sur son résultat (seuil de rentabilité).
- Utiliser des données prospectives pour repérer l'incidence d'une évolution de l'activité d'une organisation sur sa trésorerie (démarche budgétaire).

DÉCOUVRIR LE CONTEXTE

La société **Great** est spécialisée dans l'importation et la vente de maillots d'équipes sportives professionnelles des États-Unis. Après un démarrage difficile, la société connaît une croissance rapide mais, dans l'environnement économique actuel, elle doit prendre des décisions pour assurer sa pérennité. Dans ce contexte, le gérant, M. Arnold, cherche à mettre en place des outils prévisionnels afin d'évaluer le niveau d'activité de l'entreprise dans les mois à venir : le volume d'activité sera-t-il le même dans un an ? À combien s'élèvera le résultat ? Et la trésorerie ?

VIDÉO INTERACTIVE POUR COMMENCER
Les prévisions financières 2'12"
www.lienmini.fr/30913-previsions

GREAT

FICHE D'IDENTITÉ

- **Type d'organisation :** organisation à but lucratif
- **Activité :** vente de marchandises
- **Champ d'activité :** national et international
- **Forme juridique :** SARL
- **Effectifs (2019) :** 8 salariés
- **CA annuel HT (2019) :** 100 000 €

1 Quels indicateurs de performance peuvent être prévisionnels ?

2 Indiquez les éléments à surveiller par les dirigeants afin de prévoir l'activité et de prendre des décisions.

OBSERVATION ESSENTIEL APPLICATIONS VERS LE BAC

1 Comment évaluer l'incidence de l'évolution de l'activité sur la rentabilité ?

A L'analyse des charges

Le gérant de la société Great, M. Arnold, communique trois évaluations des charges pour l'année à venir. Il souhaite prévoir l'incidence de l'évolution de l'activité sur le résultat. Il précise que le prix d'achat d'un maillot est de 15 € hors taxes (HT) et le prix de vente de 20 € HT.

DOC. 1 **La prévision des charges : simulations**

	Hypothèse 1	Hypothèse 2	Hypothèse 3
Niveau d'activité (quantités vendues et achetées)	**5000**	**6000**	**7000**
Chiffre d'affaires	**100000 €**	**120000 €**	**140000 €**
Achats de maillots	75 000 €	90 000 €	105 000 €
Loyer	9 000 €	9 000 €	9 000 €
Charges de personnel	15 000 €	15 000 €	15 000 €
Impôts	1 200 €	1 200 €	1 200 €
Assurance	500 €	500 €	500 €
Total des charges	**100700 €**	**115700 €**	**130700 €**

Delagrave, 2020

NOTIONS

Charges variables : charges dont le montant varie avec le niveau de l'activité. Celui-ci est mesuré par les quantités produites ou vendues, ou par le chiffre d'affaires. L'ensemble des charges variables forment le **coût variable**.

Charges fixes : charges dont le montant ne dépend pas du niveau d'activité. Ce sont notamment les charges de fonctionnement (par exemple le loyer).

1 Sur quel indicateur la mesure de l'activité est-elle basée dans le doc. 1? ....

2 Déterminez comment a été calculé cet indicateur. Que représente-t-il ?

....

3 Expliquez comment évoluent les quantités vendues de l'entreprise Great, ainsi que le total des charges, pour les trois hypothèses.

....

4 Individuellement, chacune des charges évolue-t-elle de la même façon ? Justifiez votre réponse par des exemples extraits du doc. 1.

....

....

....

....

....

....

B L'étude de la rentabilité

Monsieur Arnold souhaite prévoir la rentabilité de son activité sur les 12 mois de l'année. Il demande des simulations de résultat.

DOC. 2 Simulations du compte de résultat différentiel

	Hypothèse 1 Quantité vendue : 5 000		Hypothèse 2 Quantité vendue : 6 000		Hypothèse 3 Quantité vendue : 7 000	
	Montant (€)	%	Montant (€)	%	Montant (€)	%
Chiffre d'affaires	100 000	100	120 000		....	
Charges variables (ou coût variable)	75 000		90 000		....	
Marge sur coût variable (MSCV)	**25 000**	**25**	....	....	....	....
Charges fixes (ou coût fixe)	25 700		25 700		....	
Résultat différentiel	**- 700**		....		....	

Delagrave, 2020

5 À l'aide de l'hypothèse 1, retrouvez les formules de calcul de :

- MSCV : ....
- Taux de marge sur coût variable (25 %) : ....
- Résultat différentiel : ....

DÉFINITION

Du chiffre d'affaires au résultat

Chiffre d'affaires
- Charges variables = **Marge sur coût variable (MSCV)**
- Charges fixes (ou coût fixe) = **Résultat (bénéfice ou perte)**

6 Complétez les hypothèses 2 et 3 du doc. 2 en vous appuyant sur vos réponses à la question précédente.

7 Pour chacune des hypothèses, indiquez le montant et la nature du résultat différentiel (perte ou bénéfice).

- Hypothèse 1 : .... ; Hypothèse 2 : .... ; Hypothèse 3 : ....

8 En vous appuyant sur la formule de calcul du résultat, déterminez le montant de la MSCV permettant d'obtenir un résultat égal à zéro.

....

NOTION

Seuil de rentabilité (SR) : chiffre d'affaires pour lequel une entreprise ne réalise ni perte ni bénéfice. Son résultat est nul. C'est le chiffre d'affaires qui couvre toutes les charges. Il s'exprime en valeur (chiffre d'affaires) ou en quantité (nombre d'unités à vendre).

9 Sachant que la marge sur coût variable représente dans chaque hypothèse 25 % du CA, déterminez le SR en valeur et déduisez-en la formule de calcul. Interprétez votre résultat.

....

10 Déterminez combien il faudra vendre de maillots pour atteindre le SR. Déduisez-en la formule de calcul du SR en quantité. Interprétez votre résultat

....

....

M. Arnold retient l'hypothèse 2 qui semble la plus réaliste. Il s'interroge sur la date à laquelle le seuil de rentabilité sera atteint.

DÉFINITION

Point mort : date à laquelle le seuil de rentabilité est atteint. Il se calcule ainsi : (SR en valeur X Nombre de mois d'activité) / Chiffre d'affaires de la période.

11 Sachant que l'activité est régulière tout au long de l'année, déterminez le point mort pour l'hypothèse 2. Interprétez votre résultat.

....

....

....

Compte tenu de la rentabilité N+1, Monsieur Arnold envisage pour l'année N+2 d'effectuer des investissements en communication qui se traduiront par : une augmentation des charges fixes de 15 000 € ; une hausse du CA de 20 %.

DOC. 3 Rentabilité de l'année N+1

	A	B	C	D	E	F	G	H	I
1	**Compte de résultat différentiel**	**Année N +1**			**Quantité vendue :**		**6500**		
2		**Montant**	**%**		**Prix de vente unitaire :**		**20,00 €**		
3	Chiffre d'affaires	130 000	100%						
4	Charges variables	97 500	75%						
5	**Marge sur coût variable**	32 500			**Prévisions pour N+2 :**				
6	Charges fixes	25 700			**>>> Augmentation des charges fixes de :**				**15 000 €**
7	**Résultat différentiel**	6 800			**>>> Hausse du chiffre d'affaires de :**				**20%**

Delagrave, 2020

12 À partir du doc. 3, calculez le résultat prévisionnel de l'année N+2 et indiquez les formules de calcul.

	A	B	C	D	E	F	G	H	I	J
1	**Compte de résultat différentiel**	**Formule de calcul sur tableur**	**Année N+2**			**Quantité vendue :**		....		
2			**Montant**	**%**		**Prix de vente unitaire :**		**20,00 €**		
3	Chiffre d'affaires	....	....	....						
4	Charges variables	....	....	75%						
5	**Marge sur coût variable**	....	....			**Prévisions pour N+2 :**				
6	Charges fixes	....	....			**>>> Augmentation des charges fixes de :**				**15 000 €**
7	**Résultat différentiel**	....	....			**>>> Hausse du chiffre d'affaires de :**				**20%**

13 Que conseilleriez-vous à Monsieur Arnold concernant sa décision d'investissement en communication ?

....

....

QUESTION BILAN

En vous appuyant sur vos réponses précédentes, définissez les différentes charges et expliquez leur incidence sur la rentabilité.

2 Comment évaluer l'incidence de l'évolution de l'activité sur la trésorerie ?

A La démarche budgétaire

DOC. 4 Un budget ? Pour quoi faire ?

« Gouverner, c'est prévoir. » Émile de Girardin

La visibilité d'une entreprise, sa réactivité face à un environnement fluctuant et incertain sont des vertus. On n'en est que plus surpris par le nombre d'entreprises qui ne disposent pas d'outils de prévision et au sein desquelles le pifomètre reste encore le tableau de bord le plus utilisé. [...]
Dans des hypothèses plus favorables, des situations semestrielles ou trimestrielles sont établies ; mais il faut bien comprendre qu'il s'agit, comme pour le bilan, de constats, et non d'instruments de pilotage ! Lorsqu'on dispose, à fin juillet, d'une situation à fin juin, il est clair qu'il ne reste qu'à se réjouir des bons résultats, ou à constater les dégâts. S'il est une préoccupation que le dirigeant devrait avoir, c'est bien de connaître ou d'estimer les performances économiques de son entreprise pour l'année, ou mieux, pour les années à venir. Le budget, pour le nommer enfin, devrait être **LA** référence, puisqu'il permet de réfléchir et de décider sur tous les aspects de l'activité : le marché, les ventes, les ressources humaines, la gamme de produits, la communication, le financement...
Il permet de mettre en évidence les dérives, d'identifier les obstacles, d'assurer le financement des projets. Surtout, il se situe en amont, et permet donc l'anticipation, que n'autorisent pas les documents comptables « officiels ».

Patrick Fichter, toutpourmanager.com

14 Expliquez pourquoi l'entreprise établit un budget de trésorerie.

....

....

....

....

....

....

....

NOTION

Budget de trésorerie : budget qui synthétise les encaissements et les décaissements prévisionnels pendant une période donnée. Il permet d'estimer le montant disponible de la trésorerie.

Le directeur financier souhaite établir le budget de trésorerie pour le premier trimestre N+1. Les éléments suivants sont disponibles.

DOC. 5 Prévisions budgétaire de la société Great

- Budgets (**doc. 6**) ;
- L'encaissement des clients s'effectue 30 % au comptant et le reste à 60 jours ;
- Les fournisseurs sont réglés le mois suivant la facturation ;
- L'entreprise envisage le renouvellement de deux camions de livraison d'un montant HT total de 45 000 €. Il faut prévoir le versement d'un acompte de 20 000 € au cours du mois de mars N+1 ;
- La TVA due est payée le mois suivant (taux de TVA à 20 %) ;
- Au début du mois de janvier N+1, la trésorerie présente un solde positif de 45 000 €.

Delagrave, 2020

15 Complétez les budgets du doc. 6 à l'aide des renseignements fournis par le doc. 5.

16 Expliquez à quoi correspond le montant « clients » dans le budget des encaissements en janvier N+1 (doc. 6).

....

....

....

17 Commentez le budget de trésorerie.

....

....

....

....

DOC. 6 **Budgets prévisionnels de l'entreprise GREAT (en €)**

BUDGET DES VENTES			
	JANVIER	**FÉVRIER**	**MARS**
Ventes HT	3 000 000	3 600 000	2 000 000
TVA	600 000	720 000	400 000
Ventes TTC	**3 600 000**	**4 320 000**	**2 400 000**

Budget des ventes : outil qui recense, par période, les prévisions d'activité en valeur (chiffre d'affaires HT, montant de la TVA, chiffre d'affaires TTC). Il s'appuie sur la facturation.

BUDGET DES ACHATS			
	JANVIER	**FÉVRIER**	**MARS**
Achat HT	1 600 000	2 400 000	1 100 000
TVA	320 000	480 000	220 000
Achat TTC	**1 920 000**	**2 880 000**	**1 320 000**

Budget des achats : outil qui recense, en valeur, les achats HT, le montant de la TVA et les achats TTC. Il s'appuie sur la facturation.

BUDGET DE TVA			
	JANVIER	**FÉVRIER**	**MARS**
TVA collectée ou TVA reçue	600 000	720 000	400 000
TVA déductible ou TVA payée	320 000	480 000	220 000
TVA due	**280 000**	**240 000**	**180 000**

BUDGET DES ENCAISSEMENTS			
	JANVIER	**FÉVRIER**	**MARS**
Clients	150 000		
Ventes de janvier			
Ventes de février			
Ventes de mars			
Total			

Budget des encaissements : établi à partir du budget des ventes, il tient compte des délais de paiement accordés aux clients. Noter que l'entreprise encaisse ses ventes TTC.

BUDGET DES DÉCAISSEMENTS			
	JANVIER	**FÉVRIER**	**MARS**
Fournisseurs	185 000		
Achat de janvier			
Achat de février			
Achat de mars			
Autres charges	125 000	125 000	125 000
Salaires	350 000	350 000	350 000
Investissement			
TVA			
Total			

Budget des décaissements : établi, entre autres, à partir du budget des achats, il tient compte des délais de paiement obtenus des fournisseurs. Noter que l'entreprise décaisse ses achats TTC.

BUDGET DE TRÉSORERIE			
	JANVIER	**FÉVRIER**	**MARS**
Solde début de mois			
Encaissements			
Décaissements			
Solde fin de mois			

Delagrave, 2020

B L'équilibre de la trésorerie

DOC. 7 **Comment résoudre ses problèmes de trésorerie ?**

Commencez par bien identifier l'origine de cette difficulté financière passagère qui peut provenir soit : d'une sortie de fonds importante et obligée [...] alors que vos recettes sont régulières ; d'un investissement alors que vous n'aviez pas les fonds nécessaires ; de rentrées de fonds qui tardent à venir (exemple : facturation à certains clients indélicats ou qui paient avec un délai imprécis...) [...] **Ensuite, vous allez devoir agir :** soit en négociant, avec certains de vos créanciers, un paiement différé [...] ; soit en négociant, avec certains de vos clients, un paiement anticipé moyennant une réduction que vous leur consentiriez ; soit négocier avec votre banquier un découvert autorisé sur le court terme ou solliciter un emprunt sur le long terme pour financer votre investissement.

www.petite-entreprise.net, 2019

18 Proposez des solutions pour améliorer la situation financière de l'entreprise.

....

....

La société Great a négocié ses délais de paiement clients (45 % au comptant ; 65 % à 60 jours) et a obtenu une réduction du prix d'achat auprès de ses fournisseurs de 4 % du fait de l'importance des quantités achetées.

19 Établissez un nouveau budget des ventes, des encaissements et de trésorerie.

BUDGET DES VENTES	**Janvier**	**Février**	**Mars**
Ventes HT			
TVA			
Ventes TTC			

BUDGET DES ACHATS	**Janvier**	**Février**	**Mars**
Achats HT			
TVA			
Achats TTC			

BUDGET DE TVA	**Janvier**	**Février**	**Mars**
TVA collectée			
TVA déductible			
TVA due			

BUDGET DES ENCAISSEMENTS	**Janvier**	**Février**	**Mars**
Créances clients	150 000		
Ventes de janvier			
Ventes de février			
Ventes de mars			
Total			

BUDGET DES DÉCAISSEMENTS	**Janvier**	**Février**	**Mars**
Fournisseurs	185 000		
Achats de janvier			
Achats de février	–	–	
Achats de mars			
Autres charges	125 000	125 000	125 000
Salaires	350 000	350 000	350 000
Investissements			
TVA à payer			
Total			

BUDGET DE TRÉSORERIE	**Janvier**	**Février**	**Mars**
Trésorerie initiale			
Encaissements			
Décaissements			
Trésorerie finale			

20 Commentez les résultats obtenus et indiquez si cette décision est positive pour l'entreprise

....

....

QUESTION BILAN

En vous appuyant sur vos réponses précédentes, expliquez comment la démarche budgétaire permet d'évaluer l'incidence d'une évolution de l'activité sur la trésorerie.

3 Comment évaluer l'influence du temps sur les flux financiers ?

Pour financer l'achat de ses camions et améliorer la situation de sa trésorerie, M. Arnold envisage de solliciter un emprunt bancaire. Cela lui permettrait de réduire l'effort demandé à ses clients en matière de délai de paiement. Le directeur financier vous remet le tableau d'amortissement de l'emprunt établi par la banque.

DOC. 8 Tableau d'amortissement de l'emprunt émis par la banque Peucher

Montant : 35 000 € **Taux** : 2,00 % **Durée** : 3 ans

Périodes	Capital restant dû en début de période (en €)	Intérêts (coût de l'emprunt en €)	Amortissement (remboursement du capital en €)	Annuité (en €)
Mars N+1	35 000,00	700,00	11 436,41	12 136,41
Mars N+2	23 563,59	471,27	11 665,14	12 136,41
Mars N+3	11 898,44	237,97	11 898,44	12 136,41
		1 409,24	35 000,00	

DOC. 9 L'actualisation des flux financiers

L'actualisation permet de prendre en compte le coût du temps, en calculant la valeur présente d'un flux financier futur. Elle anticipe les sommes d'argent qu'il faudra débourser plus tard pour acheter le même bien ou service qu'aujourd'hui.
Dans le cadre de ses projets de développement, l'entreprise se projette dans l'avenir en estimant les flux monétaires futurs générés par chaque projet, dans l'objectif d'en évaluer l'opportunité en termes de rentabilité. Pour comparer des flux monétaires réalisés à des périodes différentes (encaissements et décaissements actuels et futurs), il est nécessaire de procéder à leur actualisation. Le taux d'actualisation est établi à partir de divers éléments, dont l'estimation de l'inflation future et du risque lié au temps.
Pour cela, on utilise la formule suivante : $V_0 = V_n (1+ t)^{-n}$
avec : V_0 = valeur actuelle (au temps 0) ; V_n = valeur au temps n ; t = taux d'actualisation ; n = nombre de périodes.

Delagrave, 2020

21 À combien s'élève le coût total de l'emprunt ?

....

22 Complétez le tableau suivant pour calculer le coût total actualisé de cet emprunt, en prenant comme taux d'actualisation 10 %.

	Formules de calculs	Intérêts actualisés à 10 % (en €)
N+1	....	....
N+2	....	....
N+3	....	....
	Coût total actualisé	....

23 Quel est l'intérêt de l'actualisation ?

....

....

QUESTION BILAN

Au regard de l'ensemble des documents et de vos réponses, expliquez comment évaluer l'influence du temps sur les flux financiers.

L'ESSENTIEL

La prise en compte du temps dans la prévision de l'activité

SYNTHÈSE

Accédez à la synthèse audio
www.lienmini.fr/30602-synthese14

Comment évaluer l'incidence de l'activité sur

1 La RENTABILITÉ ?

en établissant un COMPTE DE RÉSULTAT différentiel

en analysant les CHARGES

Charges variables : varient avec le niveau de l'activité, mesuré par les quantités produites ou vendues ou par le CA

Charges fixes : ensemble des charges, indépendantes du niveau d'activité, (loyer, coûts administratifs,...)

Compte de Résultat différentiel	Montant (€)	Taux (%)
Chiffre d'affaires		100
Charges variables		
Marge sur coût variable		
Charges fixes		
Résultat		

Taux de MSCV = MSCV / CA

Le SEUIL DE RENTABILITÉ

se définit comme le chiffre d'affaires permettant d'obtenir d'un résultat égal à zéro. Il peut s'expliquer

en valeur :

$$SR = \frac{CA}{\text{Taux MSCV}}$$

en quantité :

$$SR = \frac{\text{SR en valeur}}{\text{Prix de vente}}$$

2 La TRÉSORERIE ?

en établissant un BUDGET de trésorerie

- Budget des ventes → Budget des encaissements
- Budget des achats → Budget des décaissements
- Budget des autres charges → Budget des décaissements

Budget de trésorerie	Montant (€)
Solde initial	
+ Total encaissements	
- Total décaissements	
= Solde de fin de période	

En cas de situation financière négative, l'organisation peut :
- réduire le délai de paiement des clients
- allonger le délai de paiement des fournisseurs
- négocier une autorisation de découvert ou un emprunt bancaire

3 Comment évaluer l'influence du temps sur les flux financiers ?

La valeur actuelle est la valeur à la date 0 d'une somme future, décaissée ou encaissée

Calcul de la VALEUR ACTUELLE $V_0 = V_n (1+ t)^{-n}$

avec :

V_0 = valeur actuelle (au temps 0) ;

V_n = valeur au temps n ;

t = taux d'actualisation

n = nombre de périodes

APPLICATIONS

APPLICATION 1 Test de connaissances

Validez vos connaissances en cochant la (ou les) bonne(s) proposition(s) puis justifiez oralement vos réponses.

1 Le montant global des charges variables :
- ☐ est indépendant du niveau d'activité.
- ☐ augmente proportionnellement au niveau d'activité.
- ☐ est toujours le même.

2 Le montant des charges fixes :
- ☐ est indépendant du niveau d'activité.
- ☐ augmente proportionnellement au niveau d'activité.
- ☐ est toujours le même.

3 Le seuil de rentabilité correspond :
- ☐ au résultat qui permet de ne dégager ni perte ni bénéfice.
- ☐ au chiffre d'affaires pour lequel l'entreprise ne dégage ni perte, ni bénéfice.
- ☐ aux charges variables minimum à dépenser pour ne pas faire de perte.

4 La formule de calcul du seuil de rentabilité est :
- ☐ MSCV / CA
- ☐ CA / Charges fixes
- ☐ Coûts fixes / Taux MSCV

5 La démarche budgétaire commence par l'établissement du :
- ☐ Budget des achats.
- ☐ Budget des ventes.
- ☐ Budget des encaissements.
- ☐ Budget de trésorerie.

6 La trésorerie est négative lorsque :
- ☐ Les décaissements sont plus importants que les encaissements.
- ☐ Les encaissements sont plus importants que les décaissements.
- ☐ La trésorerie initiale n'est pas égale à la trésorerie finale du mois précédent.

7 Un montant de 50 000 € dans 4 ans est actualisé au taux de 10 % à la date d'aujourd'hui.
Pour calculer l'actualisation des données suivantes, la formule de calcul est :
- ☐ 50 000 x (1 - 10 %) -4
- ☐ 50 000 x (10 %) 4
- ☐ 50 000 x (1 + 10 %) -4

QCM interactif
Accédez au QCM en utilisant le QRcode ou le lien URL
www.lienmini.fr/30913-qcm14

APPLICATION 2 Repérer l'incidence de l'évolution de l'activité sur le résultat

L'entreprise Cool fabrique des bouteilles en plastique. Elle travaille régulièrement sur 11 mois (fermeture en août). On vous fournit les informations suivantes.

DOC. Évolution de l'activité en N+1

- Matière premières : 40 % ;
- Charges de production variables : 16 % ;
- Charges fixes : 140 000 €.

Au cours de l'année N, l'entreprise a vendu 5 000 000 bouteilles au prix unitaire de 0,10 €.

Pour l'année N+1, l'entreprise envisage d'acheter de nouvelles machines, ce qui aurait pour conséquences :
- une hausse des ventes de 10 % ;
- une baisse des charges variables de production de 6 % ;
- une hausse des charges fixes de 30 000 €.

Delagrave, 2020

1 Présentez le compte de résultat différentiel pour l'année N.

2 Calculez le seuil de rentabilité en valeur et en quantité.

3 Déterminez le point mort.

4 Présentez le compte de résultat différentiel pour l'année N+1.

5 Calculez le seuil de rentabilité et le point mort.

6 Commentez vos résultats en indiquant si la décision d'investissement de l'entreprise est judicieuse.

APPLICATION 3 Repérer l'incidence de l'évolution de l'activité sur le résultat

L'entreprise Le Couedec, installée dans le Finistère, fabrique des petits accessoires en bois. Le gérant M. Robert souhaite prévoir l'évolution de l'activité pour l'année N+1.
Note de la direction pour l'année N+1 : augmenter le résultat de 10 %.

DOC. Rentabilité de l'année N

Compte de résultat différentiel N	Montant	%
Chiffre d'affaires	100 000	100
Charges variables	30 000	30
Marge sur coût variable	**70 000**	**70**
Charges fixes	40 000	
Résultat	30 000	

Delagrave, 2020

1. Indiquez la formule de calcul du résultat à partir de la marge sur coût variable.
2. Calculez le résultat à atteindre en N+1.
3. En vous appuyant sur vos réponses aux questions précédentes et en utilisant le taux de marge sur coût variable, calculez le chiffre d'affaires nécessaire pour atteindre l'objectif de la direction.

APPLICATION 4 Repérer l'incidence de l'évolution de l'activité sur le résultat

L'entreprise Wooden est spécialisée dans la fabrication de tabourets. Le prix de vente HT d'un tabouret est de 85 €. L'activité se déroule sur 12 mois. La gérante vous remet son compte de résultat pour l'année N.

DOC. Compte de résultat de l'entreprise Wooden

CHARGES	Montants (€)	PRODUITS	Montants (€)
Charges d'exploitation :		**Produits d'exploitation :**	
– Achat de matières premières	1 249 864	Vente de produits finis	2 100 520
– Autres achats et charges externes	192 500		
– Impôt et taxes	35 000		
– Charges de personnel	175 000		
– Dotations aux amortissements	265 500		
Charges financières :		**Produits financiers :**	
– Intérêt des emprunts	15 000		
Total des charges	**1 932 864**	**Total des produits**	**2 100 520**
Résultat (bénéfice)	167 656		
Total général	**2 100 520**	**Total général**	**2 100 520**

Les autres achats et charges externes ainsi que les charges de personnel sont des charges variables pour 60 % de leur montant. Les dotations aux amortissements, les intérêts ainsi que les impôts et taxes sont des charges fixes.

1. Présentez le compte de résultat différentiel de l'entreprise Wooden pour l'exercice N.
2. Calculez le seuil de rentabilité en valeur et en quantité et interprétez ces deux résultats.
3. À l'aide de l'outil « Valeur cible » du tableur, déterminez le chiffre d'affaires que l'entreprise Wooden doit réaliser pour obtenir un bénéfice de 182 000 €. Recopiez votre compte de résultat différentiel sur une autre feuille.

APPLICATIONS

APPLICATION 5 Effectuer des simulations budgétaires

La société Padepot a connu en fin d'année N des problèmes de trésorerie. Le directeur souhaite effectuer des simulations de plusieurs solutions envisagées. Pour cela, il vous demande d'automatiser le budget de trésorerie à l'aide d'un tableur. Il vous fournit le document suivant.

DOC. Simulations budgétaires

	Janvier	Février	Mars
Budget des ventes TTC, en €	145 000	128 000	137 000
Budget des achats TTC, en €	56 000	58 000	53 000

Delagrave, 2020

1 À l'aide du fichier d'application à télécharger (voir p. 221), saisissez les formules qui permettent de calculer le solde de fin de mois et de début de mois du budget de trésorerie.

2 Saisissez les formules manquantes dans les budgets des encaissements et des décaissements.

3 Après avoir copié les tableaux des budgets sur d'autres feuilles du tableur, le directeur vous demande de réaliser les deux simulations suivantes :

- **Simulation 1 :**

a. les conditions de règlement des clients : 50 % au comptant et 50 % à 30 jours ;

b. les conditions de règlement des fournisseurs : 40 % au comptant et 60 % à 30 jours.

- **Simulation 2 :**

a. les conditions de règlement des clients : 100 % au comptant ;

b. les conditions de règlement des fournisseurs : 100 % au comptant.

4 Quelle simulation pourrait être retenue ? Justifiez votre réponse.

APPLICATION 6 Repérer l'incidence de l'évolution de l'activité sur la trésorerie

Vous gérez une boutique de bijoux fantaisies. Vous souhaitez adhérer à une franchise[1]. Vous envisagez d'effectuer les travaux nécessaires. Ces obligations vous incitent à établir des prévisions d'évolution de votre trésorerie.

DOC. Prévisions des ventes et des achats

Mois	Septembre	Octobre	Novembre	Décembre
Ventes TTC en €	32 000	39 000	23 000	22 000
Achats TTC en €	22 000	29 000	18 000	15 000

Les achats sont réglés pour 60 % à 30 jours et le solde à 60 jours.

Fin août, vous devez 16 400 € aux fournisseurs.

- **Informations complémentaires :**

Au 01/09, la trésorerie s'élève à 2 000 €.

Le coût des travaux s'élève à 30 000 € TTC payables en trois fois (septembre, novembre et décembre).

Chaque mois, l'entreprise reverse 2 % des ventes TTC au franchiseur dans le cadre du contrat de franchise.

1. Contrat de droit commercial par lequel un commerçant (le franchiseur) concède à un autre commerçant (le franchisé) le droit d'utiliser tout ou partie des droits incorporels lui appartenant (nom commercial, marques, licences), généralement contre le versement d'un pourcentage sur son chiffre d'affaires ou d'un pourcentage calculé sur ses bénéfices.

Delagrave, 2020

1 À l'aide du fichier d'application à télécharger (voir p. 221) et des informations complémentaires, complétez le budget des encaissements et des décaissements.

2 À l'aide des informations complémentaires, complétez le budget de trésorerie.

3 Commentez le budget de trésorerie.

Épreuve écrite de Terminale

Téléchargez le fichier Excel pour réaliser le travail demandé **www.lienmini.fr/30913-excel-233**

Toykids

Contexte L'entreprise **Toykids** est une SARL au capital de 50 000 € créée en 2012 par deux amies, Lou Jardy et Nadia Machal. Elle est spécialisée dans la fabrication de jouets pour enfants. Lancée dans la région de Bordeaux, l'activité a connu un succès immédiat et le marché semble porteur.

L'entreprise Toykids a lancé en début d'année un nouveau produit : un puzzle fluorescent, nommé Fluopièces, qui devrait lui aussi être un succès. M. Riwal Herpe, le gérant, s'interroge :
Quelle est la rentabilité de ce nouveau produit ?
De quelle autonomie financière l'entreprise dispose-t-elle ?

Dossier 1 La rentabilité du puzzle Fluopièces

Forte de sa réussite, l'entreprise Toykids souhaite connaître la rentabilité de ce nouveau produit car elle hésite entre les deux hypothèses suivantes :
- réaliser une campagne publicitaire pour les années N+1 et N+2 qui lui permettrait d'élargir sa clientèle ;
- investir dans de nouvelles machines afin d'accroître sa production.

Travail à faire à l'aide des documents 1 et 2

1. Précisez, pour chacune des hypothèses envisagées, son horizon temporel et le type de décision qui en découle.
2. Établissez le compte de résultat différentiel pour l'année N.
3. Calculez le seuil de rentabilité en valeur et en quantité.
4. Établissez le compte de résultat différentiel pour chacune des hypothèses pour l'année N+1.
5. Calculez le seuil de rentabilité en valeur et en quantité pour chacune des hypothèses pour l'année N+1.
6. Commentez les résultats obtenus et indiquez l'hypothèse la plus intéressante.

DOC. 1 Les informations disponibles

- Chiffre d'affaires réalisé pour l'année N : 120 000 € (12 000 puzzles à 10 € l'unité)
- Charges variables unitaires : 4 €
- Charges fixes pour l'année N : 50 000 €

DOC. 2 Hypothèses pour l'année N+1

- **Hypothèse 1** : investissement dans une campagne publicitaire qui entraînerait une hausse des charges fixes de 15 000 € et une hausse des charges variables unitaire de 1,50 €. On estime à 20 % l'augmentation du chiffre d'affaires due à cette action.
- **Hypothèse 2** : investissement dans l'achat de nouvelles machines pour un montant de 20 000 €, soit une hausse des charges fixes, ce qui réduirait dans le même temps les charges variables unitaires de 2 €.

Dossier 2 L'autonomie financière de l'entreprise

Pour compléter l'étude de rentabilité précédemment réalisée, M. Riwal Herpe a engagé une démarche budgétaire restée inachevée à ce jour. Compte tenu du projet d'investissement de l'entreprise Toykids, M. Herpe aimerait savoir si celui-ci peut être financé par la trésorerie ou s'il faut rechercher d'autres moyens de financement.

Travail à faire à l'aide des documents 3 et 4

7 Établissez les budgets en complétant le document 4.

8 Commentez le budget de trésorerie et proposez des solutions compte tenu du projet d'investissement.

DOC. 3 Prévisions pour l'ensemble des activités de l'entreprise

	Activités (en €)			Conditions de paiement		
PRÉVISIONS	Janvier	Février	Mars	Comptant	à 30 jours	à 60 jours
Ventes HT	572 000	516 667	408 333	40 %	30 %	30 %
Achats HT	141 667	158 333	175 000	50 %	30 %	20 %
Salaires	118 000	118 000	118 000	100 %		
Cotisations sociales	50 000	50 000	50 000	100 %		
Autres charges	40 000	40 000	40 000	100 %		
TVA due					100 %	

Informations complémentaires au 1er janvier :
- la trésorerie disponible est estimée à 25 000 € ;
- une dette fournisseur de décembre d'un montant de 55 000 € sera payée en janvier ;
- une créance client de novembre d'un montant de 100 000 € est à encaisser en janvier ;
- la TVA due au mois de décembre s'élève à 62 000 € ;
- le taux de TVA est de 20 %.

Remarque : vous arrondirez tous vos chiffres à l'euro.

DOC. 4 Budgets

Budget des ventes	Janvier	Février	Mars
Ventes HT			
Montant TVA			
Ventes TTC			

Budget des achats	Janvier	Février	Mars
Achats HT			
Montant TVA			
Achats TTC			

Budget de TVA	Janvier	Février	Mars
TVA collectée			
TVA déductible			
TVA due			

Budget des décaissements	Janvier	Février	Mars
Fournisseurs			
Achat de janvier			
Achat de février			
Achat de mars			
Autres charges			
Salaires			
Cotisations sociales			
TVA due			
Total			

Budget des encaissements	Janvier	Février	Mars
Ventes de janvier			
Ventes de février			
Ventes de mars			
Total			

Budget de trésorerie	Janvier	Février	Mars
Solde début de mois			
Encaissements			
Décaissements			
Solde fin de mois			

QUESTION DE GESTION 10 — L'amélioration de la performance est-elle sans risque ?

Chapitre 15 L'identification et la gestion des risques par les organisations

NOTIONS

- Facteurs externes de risque : évolution de la demande, cycle de vie, obsolescence, rupture technologique, dépendance énergétique et technologique, approvisionnement, empreinte environnementale.
- Facteurs internes de risque (liés aux décisions de l'organisation).

CAPACITÉS

- Repérer les risques externes auxquels les organisations sont confrontées.
- Repérer les risques induits par une décision dans un contexte organisationnel donné.
- Apprécier l'incidence du risque sur la performance de l'organisation.
- Mesurer les conséquences écologiques de la recherche de la performance.

DÉCOUVRIR LE CONTEXTE

En 1976, deux étudiants, Steve Jobs et Steve Wozniak, construisent dans leur garage le premier ordinateur individuel. Il est vendu au prix de 666 $ l'unité (environ 487 € aujourd'hui) grâce au bouche-à-oreille. Quarante ans plus tard, **Apple** occupe la troisième place dans le classement mondial des entreprises, avec une valorisation d'environ 199,4 milliards.

Ordinateurs de bureau ou portables ultrafins (iMac, MacBook Pro), téléphones portables (iPhone), tablettes tactiles (iPad), montres connectées (Apple Watch) composent une gamme savamment déclinée et actualisée, qui permet à l'entreprise de faire face à une concurrence qui s'inspire de ses produits.

Aujourd'hui, si les ventes continuent d'augmenter, la progression est moins rapide, en raison de l'apparition de multiples facteurs de risque : crise sanitaire, concurrence exacerbée et nombreuses critiques récurrentes sur l'éthique du groupe.

VIDÉO INTERACTIVE — POUR COMMENCER
Le Closet, comment ça marche ? 4'42"
www.lienmini.fr/30913-closet

FICHE D'IDENTITÉ

- **Type d'organisation :** entreprise privée à but lucratif
- **Activité :** production et commercialisation de matériel informatique (ordinateurs, tablettes, baladeurs numériques, téléphones mobiles, etc.) et logiciels
- **Champ d'activité :** international
- **Forme juridique :** société anonyme (SA)
- **Effectifs (2019) :** 137 000 salariés
- **CA annuel HT (2019) :** 260,17 milliards de $ (environ 218 milliards d'€)

1. Caractérisez Apple (type d'organisation, secteur d'activité, champ d'action).
2. Repérez les différents types de risques encourus par une entreprise telle que Apple.

1 Quels sont les risques encourus par l'organisation ?

A Les facteurs de risques externes

DOC. 1 **Sans surprise, le marché des smartphones s'est effondré au deuxième trimestre 2020**

Le Covid-19 n'aura pas épargné le marché des smartphones. Malgré les efforts des constructeurs pour s'en tenir au mieux à leur calendrier, les consommateurs n'avaient pas vraiment la tête aux achats [...].

Avec 268 millions d'unités écoulées, le marché enregistre une baisse de 16,7 % par rapport au deuxième trimestre de 2019 [...]. Malgré cette baisse générale des ventes, certains constructeurs ont connu de meilleurs jours que d'autres. Si le Covid-19 a bouleversé les lancements de Samsung (Galaxy S20), Apple a enregistré une hausse de 8 % (41 millions d'unités) grâce à son nouvel iPhone SE (2020) et à l'excellent accueil réservé à l'iPhone 11, chouchou des consommateurs. L'arrivée de l'iPhone 12 devrait donner un nouveau coup de boost à Apple en fin d'année [...].

Lui aussi ébranlé par la politique de Donald Trump, Huawei a réussi à sauver les meubles avec 52 millions d'unités vendues. En effet, dans un élan de patriotisme, les consommateurs chinois ont plébiscité les smartphones du constructeur compensant ainsi le déclin de la marque sur le marché européen. [...]. Le reste du classement est occupé par Xiaomi, Oppo et Vivo. Les constructeurs chinois ont eu l'excellente idée de gonfler les stocks au début de la pandémie, ce qui leur a permis de livrer les consommateurs alors que la crise débarquait en Europe. [...]. Enfin, Xiaomi poursuit sa marche en avant. Toujours plébiscité en Asie, il a gagné la confiance des utilisateurs européens avec des produits au rapport qualité-prix incomparable. Cela lui permet d'occuper la quatrième place du classement avec 29,5 millions d'unités vendues. Selon *TrendForce*, le marché des smartphones devrait se redresser en 2021 grâce à l'explosion des smartphones 5G, notamment sur le segment entrée et milieu de gamme.

frandroid.com, 2020

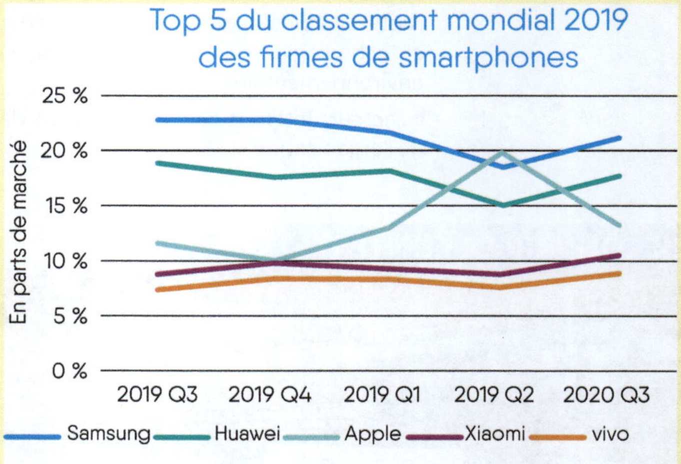

Source : IDC 2020

1 Caractérisez le marché des smartphones.

NOTION

Risque : possibilité de survenue d'un danger, plus ou moins prévisible et inhérent à une situation ou à une activité. Il existe deux types de risques : le risque interne, lié au fonctionnement de l'organisation de l'entreprise, et le risque externe, lié à l'environnement.

2 Analysez, à partir du graphique, l'évolution du classement des firmes de smartphones.

3 Repérez les facteurs de risques qui expliquent la baisse de la demande en 2020.

DOC. 2 L'évolution de la demande de produits Apple de 2019 à 2020

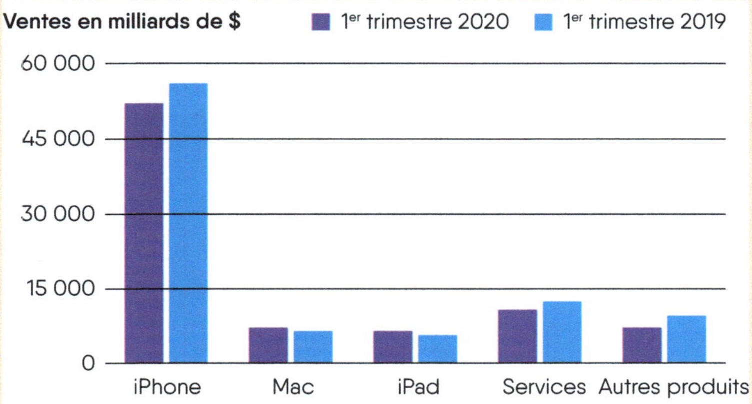

Source : consomac.fr

4 À partir du doc. 1 et de vos recherches, identifiez les raisons pour lesquelles les ventes d'Apple déclinent sur certains produits.

....

....

....

....

....

....

....

5 En vous basant sur vos connaissances et sur les doc. 1 et 2, complétez le tableau suivant.

Facteurs de risques	Risques avérés
Concurrence exacerbée	Baisse des ventes
Baisse de la demande	....
Pandémie de Covid-19	....
Bras de fer commercial entre les États-Unis et la Chine	....
Manque d'innovations du groupe Apple	....
Prix élevés du groupe Apple	....

DOC. 3 Le cycle de vie d'un produit

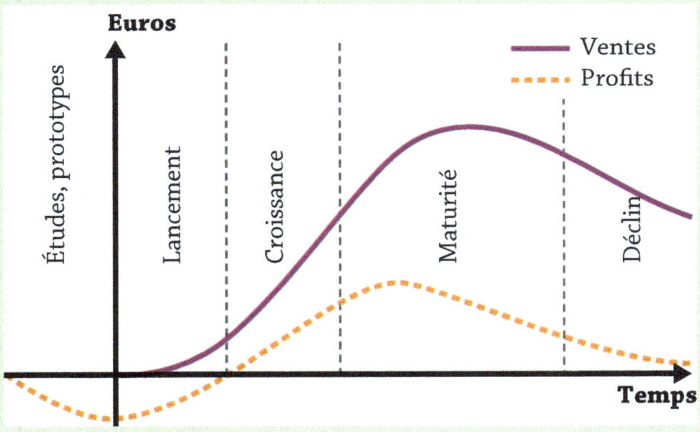

DOC. 4 Le cycle de vie des iPhone (en janvier 2021)

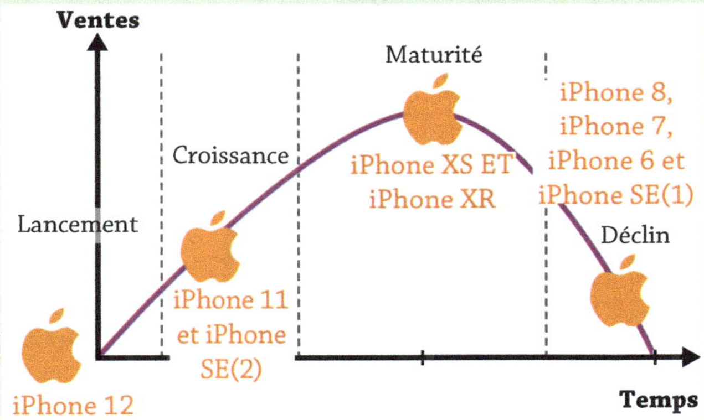

6 Complétez le tableau en identifiant le(s) risque(s) encouru(s) pour chaque produit iPhone selon la phase du cycle de vie dans laquelle il se trouve.

Produits iPhone en Janvier 2021	Risques : Coût élevé de communication	Concurrence importante	Ventes en baisse	Produit devenu obsolète
iPhone 12	....	....	....	....
iPhone 11 et iPhone SE	....	....	....	....
iPhone XS et iPhone XR	....	....	....	....
iPhone 8, 7, 6 et SE	....	....	....	....

NOTION

Obsolescence : un produit devient obsolète lorsque l'évolution technologique et des changements d'usage le rendent inutilisables.

DOC. 5 **Quelques produits classés obsolètes chez Apple**

Chez Apple, le terme « produits obsolètes » désigne les produits qui ne sont plus commercialisés et sur lesquels Apple n'effectue plus de réparations matérielles. Les centres de services agréés Apple ne peuvent pas commander de pièces détachées pour les produits obsolètes.

Produits iPod	Date de lancement et date de fin de commercialisation	Produits iPhone	Date de lancement et date de fin de commercialisation
iPod nano iPod shuffle	2005 - 2017 2005 - 2017	iPhone 5 iPhone 6 iPhone 7	2012 - 2013 2014 - 2018 2016 - 2019

apple.com

7 Expliquez le terme « produits obsolètes » chez Apple.

....

8 Indiquez les conséquences, pour un client détenteur d'un produit Apple, de son classement en « produit obsolète ».

....

....

9 Donnez des exemples de produits devenus obsolètes dans votre quotidien.

....

....

DOC. 6 **Apple pratique-t-elle l'obsolescence programmée sur ses produits ?**

C'est en tout cas le point de vue de députés britanniques qui viennent de rendre un rapport qui accuse les géants de la Tech de ne pas en faire assez pour lutter contre les déchets électroniques. Dans le détail, les parlementaires estiment qu'Apple rend sciemment ses appareils irréparables et raccourcit leur durée de vie. En clair, les réparations sont rendues si coûteuses que le consommateur est incité à racheter un produit neuf.

Face au tollé suscité par la publication de cette enquête, la firme de Cupertino a réagi dans le communiqué suivant : « Nous avons été surpris et déçus du rapport du comité d'audit environnemental, qui ne reflète aucun des efforts d'Apple pour conserver les ressources et protéger la planète que nous partageons tous. Les clients ont plus d'options pour échanger, recycler et obtenir des réparations sûres et de qualité que jamais auparavant, et notre dernière gamme Apple Watch, iPad et iPhone utilisent tous des matériaux recyclés dans tous les composants clés. »

Jean-Yves Alric, iphon.fr, 2020

10 Expliquez les raisons qui poussent les députés britanniques à accuser Apple d'obsolescence programmée.

....

....

11 Montrez comment Apple a réagit à cette polémique.

....

....

12 Identifiez la principale raison qui peut pousser une entreprise à utiliser ce procédé et les risques qu'elle court.

....

....

....

....

DOC. 7 iPhone 12 : Apple a-t-il créé une rupture technologique ?

L'iPhone 12 a eu droit à d'importantes évolutions par rapport à son prédécesseur, à commencer par l'excellent écran OLED de très haute résolution qui était jusqu'ici réservé aux modèles Pro, la prise en charge de la 5G pour de meilleurs débits (là où la couverture est au rendez-vous) et la très puissante puce Apple A14 pour une plus longue durée de vie, l'intégration de MagSafe jugée pertinente (mais chère) pour faciliter la recharge sans fil, de nouveaux progrès pour les appareils photos ou encore le design plus compact avec le retour des bordures plates.

consomac.fr

13 Identifiez les innovations de l'iPhone 12.

....

....

....

....

....

NOTION

Rupture technologique : innovation technologique radicale, différente des technologies utilisées auparavant.

14 Expliquez pourquoi ces innovations relèvent bien d'une rupture technologique.

....

....

....

....

....

15 Identifiez des exemples de rupture technologique dans votre quotidien.

....

....

....

....

....

DOC. 8 Des ruptures technologiques chez Apple

Apple, c'est l'entreprise qui nous a apporté les trois objets d'accès à l'informatique les plus innovants :

Le poste de travail avec interface graphique : Macintosh, en 1984.

Le premier téléphone mobile à écran tactile, dépourvu de clavier physique, et avec interface faite de grandes icônes pour les applications : l'iphone en 2007.

La première tablette connectée proposant de nombreuses applications sur iTunes : l'iPad en 2010.

nauges.typepad.com, 1er décembre 2013

16 Identifiez les trois innovations technologiques majeures d'Apple et montrez comment l'ordinateur Macintosh a bouleversé le marché de l'informatique en 1984.

....

....

17 D'après vous, quels facteurs peuvent expliquer le succès de ces innovations ?

....

....

....

DOC. 9 Apple et sa dépendance énergétique

En 2018, le groupe Apple a atteint un objectif majeur, puisque 100 % de l'électricité utilisée sur leurs sites provient désormais de ressources renouvelables. C'est en innovant constamment dans l'ensemble de ses activités et en renouvelant sans cesse ses priorités en matière d'environnement que le groupe Apple est parvenu à ce résultat : le groupe a ainsi développé ses propres projets d'énergie solaire, hydraulique, éolienne et de piles à combustible au biogaz. Aujourd'hui, Apple souhaite devenir son propre fournisseur d'énergie renouvelable afin de réduire sa dépendance énergétique et être capable d'alimenter tous ses bureaux, magasins et centres de données à travers le monde uniquement avec cette énergie.

Delagrave, 2020

NOTION

Dépendance énergétique : incapacité (pour un individu, une organisation ou un État) de satisfaire de manière autonome ses besoins en sources d'énergie.

18 Expliquez pourquoi et comment Apple a décidé de réduire sa dépendance énergétique.

....

....

....

....

DOC. 10 Comment Apple réduit sa dépendance à Samsung pour les écrans OLED de ses iPhone

Après les Apple Watch, LG fournit désormais Apple en écrans OLED pour ses smartphones, a appris le *Korea Herald*. Samsung n'est donc plus le seul à vendre ses dalles (écrans) pour équiper les dernières générations d'iPhone […]. Pour LG, c'est l'occasion de venir marcher sur les plates-bandes de Samsung qui domine ce marché de la tête et des épaules. Avoir Apple comme client est une belle carte de visite pour démarcher d'autres constructeurs. C'est une bonne opération pour Apple également qui ne dépend plus d'un seul fournisseur – c'est toujours dangereux surtout au vu des volumes et de l'importance des produits concernés. C'est probablement aussi une opportunité pour obtenir de meilleurs prix auprès de Samsung en jouant sur cette nouvelle concurrence.

igen.fr/iphone, 2018

19 Montrez pourquoi Apple est dépendant technologiquement.

....

....

....

NOTION

Dépendance technologique : dépendance à une technologie indispensable à la réalisation d'une activité.

20 Expliquez les raisons qui poussent Apple à diversifier ses sources d'approvisionnement et évaluez-en les risques.

....

....

....

....

....

NOTION

Approvisionnement : l'ensemble des étapes qui permettent de mettre un produit à la disposition d'une entreprise.

DOC. 11 La mesure de l'empreinte environnementale du groupe Apple

Évolution des émissions de gaz à effet de serre (en millions de tonnes métriques de CO_{2e})

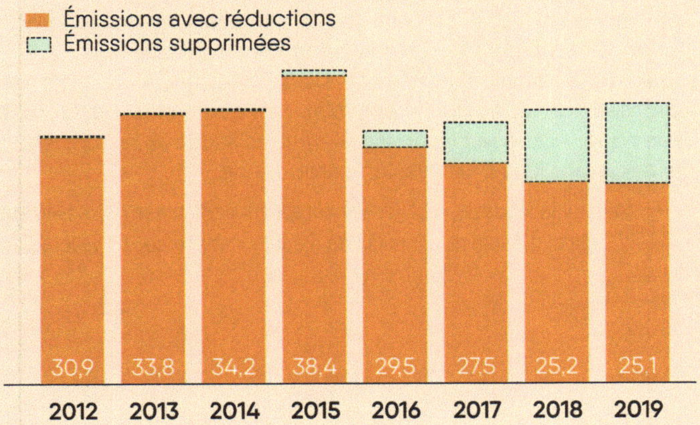

D'après Apple.

Apple fait mesurer son empreinte environnementale par deux entités tierces :

Le Bureau Veritas vérifie les niveaux 1, 2 et 3 des émissions de gaz à effet de serre, la consommation énergétique, la production de déchets, la consommation d'eau des bureaux, magasins et centres de données du monde entier.

L'institut Fraunhofer vérifie les émissions de gaz à effet de serre de niveau 3 associées à leurs produits et calculées sur la base de l'évaluation de leur cycle de vie.

Lorsqu'Apple mesure son empreinte carbone, il ne s'arrête pas à lui-même mais essaie d'inclure des centaines de fournisseurs, des millions de clients et des centaines de millions d'appareils… En 2017, une fois encore, Apple a réduit son empreinte carbone globale. En effet, depuis 2011, l'utilisation d'énergies renouvelables par le groupe a permis de réduire les émissions de carbone (CO_{2e}) de l'ensemble de ses sites partout dans le monde de 54 % et a évité que presque 2,1 millions de tonnes métriques de CO_{2e} ne se diffusent dans l'atmosphère.

Delagrave, 2020

NOTION

Empreinte environnementale : évaluation des impacts environnementaux potentiels d'un produit ou d'une organisation sur un périmètre spatial et temporel donné. L'empreinte carbone d'un produit correspond aux émissions de gaz à effet de serre qu'il génère au cours de son cycle de vie, depuis l'extraction des matières premières nécessaires à sa fabrication jusqu'à son traitement en fin de vie.

OBSERVATION ESSENTIEL APPLICATIONS VERS LE BAC

21 Analysez l'évolution de l'empreinte environnementale d'Apple entre 2012 et 2019. Que constatez- vous ?

....

....

....

....

22 Expliquez comment Apple mesure son empreinte écologique et commentez les résultats obtenus.

....

....

....

....

....

....

....

....

....

B Les facteurs de risques internes

DOC. 12 La justice européenne annule le redressement fiscal d'Apple

Retournement de situation dans l'affaire du redressement fiscal record d'Apple en Europe. La Cour de justice de l'Union européenne annule la décision de la Commission sur l'aide déclarée illégale accordée par l'Irlande. Apple échappe donc au remboursement de 13 milliards d'euros qu'elle devait à l'Irlande.

Le tribunal européen juge que « c'est à tort que la Commission a déclaré l'existence d'un avantage économique sélectif et, partant, d'une aide d'État en faveur d'Apple [...]. »

L'affaire remonte à août 2016. Après enquête, la Commission européenne avait conclu que l'Irlande avait accordé à Apple un traitement fiscal préférentiel illégal, avec un taux d'imposition effectif de 1 % sur ses bénéfices européens en 2003, taux qui a diminué jusqu'à 0,005 % en 2014. « Ce sont de grosses conneries politiciennes », avait commenté Tim Cook à l'époque. Apple et l'Irlande avaient tous les deux fait appel de la décision de la Commission européenne.

Stéphanie Moussie, « La justice européenne annule le redressement fiscal d'Apple de 13 milliards d'euros », macg.co, 15 juillet 2020

23 Expliquez de quoi est accusé le groupe Apple.

....

....

....

24 Pourquoi la justice européenne a-t-elle annulé le redressement fiscal d'Apple ?

....

....

....

25 Appréciez les risques encourus par une entreprise qui utilise des aides d'État de façon injustifiée.

....

....

....

DOC. 13 **L'évolution des résultats d'Apple entre 2018 et 2019**

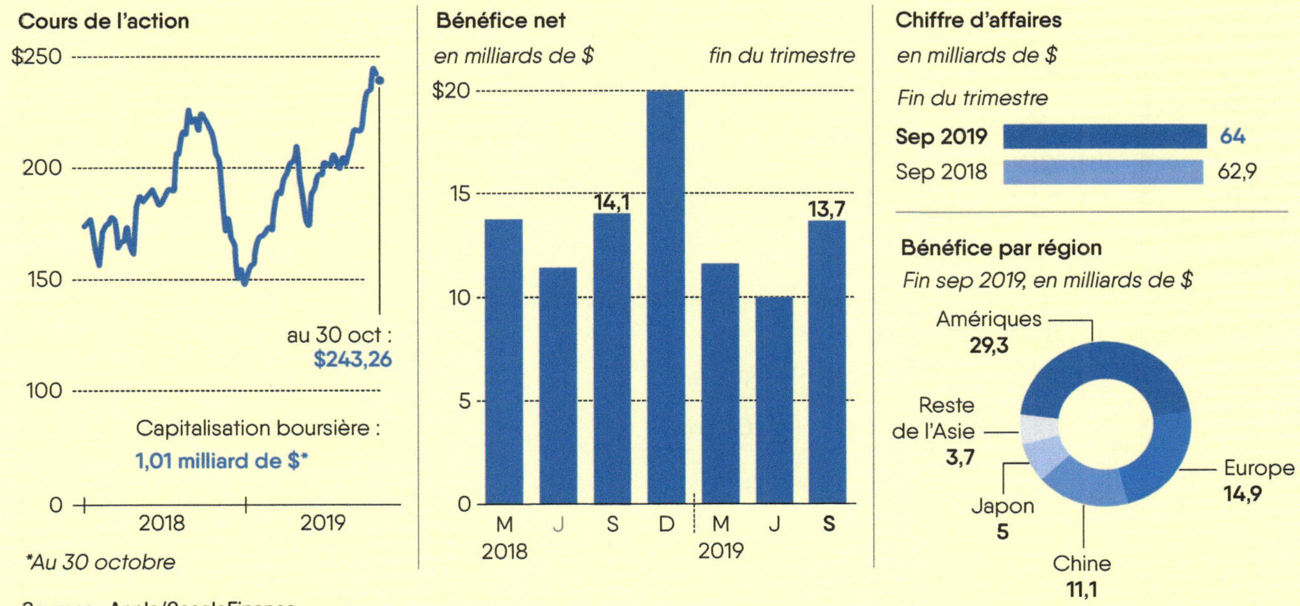

Sources : Apple/GoogleFinance

26 Analysez l'évolution du chiffre d'affaires et des bénéfices du groupe Apple entre 2018 et 2019.

....

....

....

....

....

27 Quels sont, d'après vos connaissances, les facteurs de risques pouvant expliquer la baisse des bénéfices ? Indiquez à l'aide d'une croix s'ils sont d'origine internes ou externes.

Facteurs de risques	Internes	Externes
....	....	....
....	....	....
....	....	....

OBSERVATION ESSENTIEL APPLICATIONS VERS LE BAC

DOC. 14 Ces produits d'Apple qui ont fait flop

L'Apple III (1980) : [...] Il ne s'est vendu qu'à 120 000 exemplaires [...]. [Ses] pannes répétées [...] ont empêché les ventes de décoller. [...] Son lancement était déjà un désastre en soi : l'ordinateur a été commercialisé un an plus tard que prévu à un tarif prohibitif, 4340 dollars, soit plus du double du prix cible [...].
Le Lisa (1983) : Cet ordinateur personnel était l'un des premiers à posséder une souris et une interface graphique. Malgré son caractère révolutionnaire à l'époque, il fut un énorme échec commercial. En cause ? Son prix très élevé, essentiellement : 9 995 dollars ; l'équivalent de 24 200 dollars aujourd'hui.
Le Macintosh portable (1989) : [...] Son écran LCD était présenté comme une grande réussite technologique. Mais l'engin [...] pesait plus de 7 kg malgré son format réduit et ne pouvait, dans les faits, être considéré comme un ordinateur transportable. [...]
Le Pippin (1995) : [...] [cette console de salon] s'est vendue à près de 40 000 exemplaires seulement. Elle s'est heurtée en 1996 à la concurrence des consoles Nintendo 64, Saturn et PlayStation, qui avaient un catalogue de jeux plus important. Moins d'une vingtaine de jeux conçus pour Pippin étaient disponibles à sa sortie. En outre, Pippin était plus cher qu'une console classique, car il offrait un accès Web.
Le G4 Cube (2000) : [...] Encore une fois, l'appareil signé Apple a souffert de son prix de vente trop élevé (1 799 dollars). Il a été abandonné un an après son lancement.

Anaelle Grondin, www.lesechos.fr, 1er avril 2016

28 Classez les raisons qui expliquent ces échecs commerciaux en précisant s'ils résultent d'un risque interne et/ou externe. Justifiez votre choix.

Produits	Facteurs de risques : Interne	Facteurs de risques : Externe	Justifications
Apple III	....	....	....
Lisa	....	....	....
Macintosh Portable	....	....	....
Pippin	....	....	....
G4 Cube	....	....	....

QUESTION BILAN

Repérez l'ensemble des risques (internes et externes) auxquels l'entreprise Apple est confrontée et caractérisez leur impact sur la performance du groupe.

2 Comment identifier et gérer les risques ?

OBSERVATION ESSENTIEL APPLICATIONS VERS LE BAC

A Typologie des différents types de risques

DOC. 15 Identification des différents types de risques pour une organisation

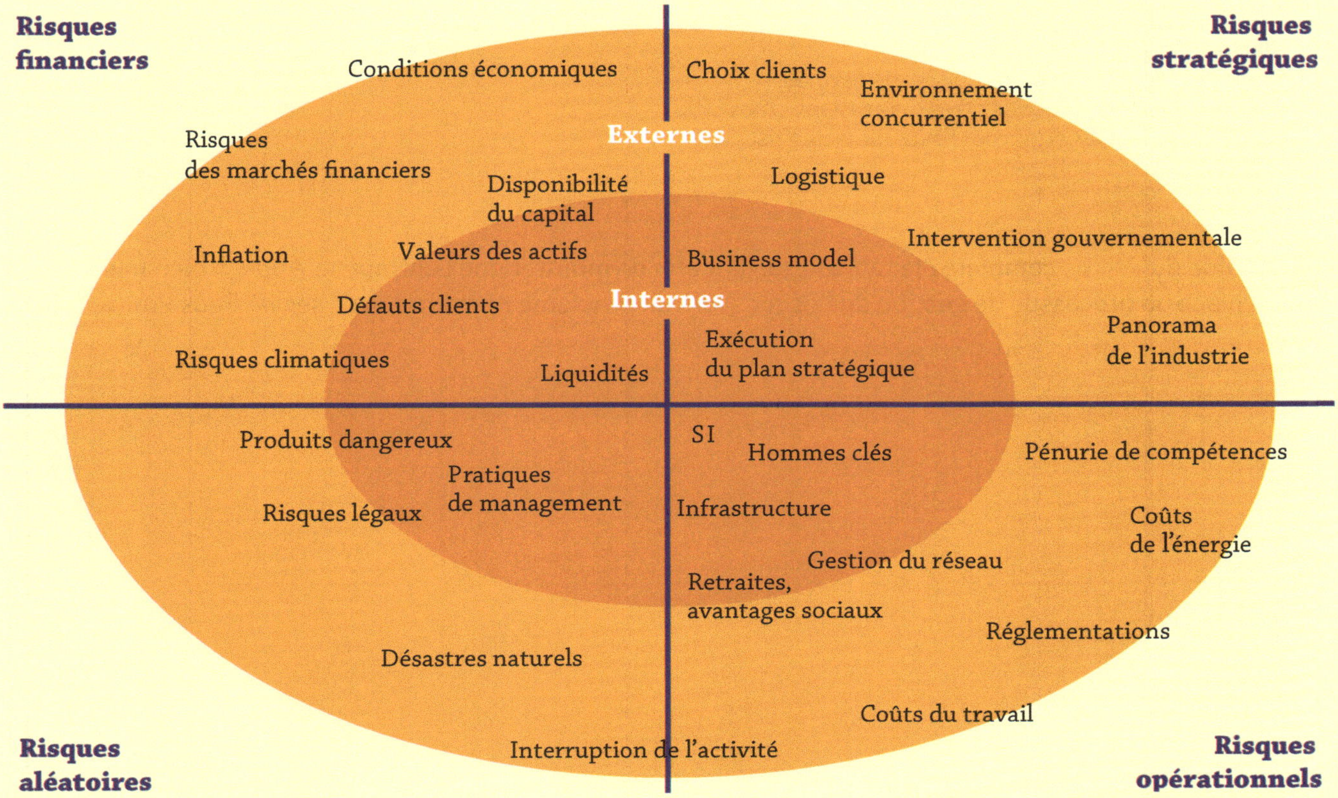

« La gestion des risques », *01 Informatique*, 9 septembre 2010

DOC. 16 AirPods Pro : Apple reconnaît des défauts matériels et propose d'échanger les écouteurs défectueux

Apple vient d'annoncer la mise en place d'un programme d'échange pour les AirPods Pro. Tous les utilisateurs en possession d'écouteurs défectueux pourront les échanger à neuf auprès du constructeur, et ce jusqu'à deux ans après la date d'achat.

En octobre 2019, Apple lançait les AirPods Pro, ses tout premiers écouteurs sans fil avec réduction de bruit active. Vendus pourtant au prix élevé de 279 €, les AirPods Pro ont très rapidement cartonné. Face à ce succès, Apple a même été contrainte de doubler la production à deux millions d'unités durant la fin d'année 2019. [...] C'est bien la première fois qu'Apple reconnaît l'existence de dysfonctionnement audio sur les AirPods Pro. Selon les dires de la marque à la pomme, ses écouteurs sans fil sont touchés par deux problèmes majeurs : des grésillements et des bruits statiques réguliers et intenses « dans un environnement bruyant, lors d'un entraînement ou au cours d'un appel téléphonique » et des anomalies au niveau de la réduction de bruit active.

phonandroid.com, 2020

29 Identifiez le problème que rencontre Apple sur sa nouvelle gamme d'écouteurs.

....

....

....

30 Ce problème relève-t-il d'un risque interne ou externe ? Précisez si ce risque est d'ordre financier, opérationnel, aléatoire ou stratégique, en vous appuyant sur le doc. 15.

....

OBSERVATION ESSENTIEL APPLICATIONS VERS LE BAC

B Mesure et gestion des risques

DOC. 17 Comment gérer le risque ?

La gestion des risques obéit à une finalité simple : leur maîtrise. Pour cela, il faut agir de manière préventive, ce qui permet d'éviter que le risque ne débouche sur une situation problématique. Dès lors, une méthode d'analyse des risques, comprenant 4 étapes doit être mise en place :

- **Étape 1 :** Identifier les risques.
- **Étape 2 :** Mesurer et hiérarchiser les risques.
- **Étape 3 :** Traiter les risques avec des plans d'actions.
- **Étape 4 :** Suivre et contrôler l'évolution des risques.

Delagrave, 2020

31 À l'aide du doc.17, complétez le tableau suivant afin de montrer que l'entreprise Apple a bien mis en place un processus de gestion des risques lors du problème rencontré avec ses AirPods Pro (doc.16).

Étapes	Nom des étapes	Analyse
Étape 1	....	....
Étape 2	....	....
Étape 3	....	....
Étape 4	....	

DOC. 18 Les outils de mesure du risque par les organisations

Pour analyser les risques, les organisations utilisent différentes techniques ou outils qui peuvent être très différents selon la nature et la complexité du risque à étudier. En effet, pour bien étudier un risque, il est nécessaire d'identifier ses trois attributs :
– sa probabilité ou fréquence (forte, moyenne et faible) ;
– son impact, c'est-à-dire la perte subie si le risque survient (important, moyen et faible) ;
– le délai d'intervention avant l'impact d'un risque (court terme, moyen terme et long terme).
De plus, pour apprécier l'incidence du risque sur leur performance, les organisations peuvent utiliser des données probabilisées qui évaluent en pourcentage le type de risque :

Niveau de probabilité	10 à 30 %	30 à 60 %	60 à 90 %	À partir de 90 %
Possibilité de réalisation du risque	Faible	Moyenne	Quasi certaine	Majeure, éminente et urgente

zalis.fr, 2019

DOC. 19 Exemples de situation de gestion des risques auxquelles a été confronté Apple

• Cas 1 – Risque lié à la gestion de la logistique

L'iPhone X est déjà en rupture de stock ! Une bonne nouvelle pour Apple car cela démontre un gros succès pour ce nouveau produit, en revanche les consommateurs devront s'armer de patience, car la marque s'est retrouvée en rupture de stock en moins d'une heure et les délais de livraison sont déjà de quatre à six semaines.

presse-citron.net, 27/10/2017

– **En réponse à ce risque,** Apple a augmenté sa production de manière conséquente de manière à répondre présent pour les fêtes de fin d'année, le rythme de production permettant de livrer en une à deux semaines.

• Cas 2 – Risque lié à la gestion commerciale

L'Apple Watch n'est pas le relais de croissance attendu. D'après Ming-Chi Kuo, analyste toujours bien informé chez KGI Securities, cité par Appleinsider, la montre connectée devrait voir ses ventes dégringoler de l'ordre de 15 à 25 % en 2016, comparé à l'année précédente. Alors qu'Apple aurait vendu 10,4 millions de montres en huit mois en 2015, il devrait s'en écouler entre 8,5 et 9 millions sur douze mois cette année, ce, malgré les nouveautés.

clubic.fr, 09/10/2016

– **En réponse à ce risque,** Apple a décidé de lancer une montre avec un processeur plus puissant, une interface plus fluide, une puce GPS, une plus grande autonomie vis-à-vis de l'iPhone et bientôt une déclinaison dédiée au sport en partenariat avec Nike.

32 À l'aide des doc. 15 et 18, montrez comment Apple a su identifier et mesurer les différents risques présentés dans le doc. 19. Complétez le tableau suivant.

	Identification du risque			Mesure du risque		
Cas	**Origine du risque**	**Facteurs de risque :** Interne Externe	**Nature du risque :** Financier Stratégique Opérationnel Aléatoire	**Probabilité du risque :** Forte Moyenne Faible	**Impact du risque :** Important Moyen Fort	**Délai d'intervention du risque :** Court terme Moyen terme Long terme
1	....	....	....	....	....	....
2	....	....	....	....	....	....

33 Mettez en évidence la manière dont Apple a géré les risques dans ces différents cas. Justifiez l'intérêt de ces réactions.

....

....

....

....

....

DOC. 20 **Apple continue de remanier son état-major pour préparer l'après-iPhone**

Après le départ de la responsable de ses magasins, Apple vient de nommer un visage bien connu de la société à la tête de Siri. Certaines équipes changent aussi d'affectation pour se concentrer sur les services [...]. Apple serait en train de remanier en profondeur son équipe dirigeante pour se préparer à l'après-iPhone. [...] Autre signe de ces grands chambardements : 200 employés du projet Titan dédié à la voiture autonome ont désormais intégré l'équipe vidéo d'Apple. Ils travaillent notamment sur le service de streaming que la marque devrait lancer en mars. Cela ne se ferait d'ailleurs pas sans heurt sur le personnel qui semble déboussolé de ces revirements importants dans la stratégie de son employeur.

Le cap sur les services et l'amélioration de Siri paraissent toutefois comme les deux axes de développement importants d'Apple. Après avoir émis un avertissement sur les résultats du dernier trimestre de 2018 à cause de ventes d'iPhone plus faibles que prévues, la marque a compris qu'il faillait préparer l'ère de l'après-smartphone.

01net.com, 19 février 2019

34 Relevez les raisons qui ont poussé le groupe Apple à opter pour une nouvelle stratégie.

....

35 En vous aidant du doc. 15, caractérisez le type et la nature de ce risque.

....

36 Relevez les deux axes de développement de cette nouvelle stratégie.

....

37 Identifiez et évaluez le type de risques auxquels le groupe Apple pourrait être confronté dans la mise en place de cette stratégie.

....

38 Montrez que le groupe a bien identifié et géré ses risques.

....

QUESTION BILAN

Montrez comment l'organisation Apple peut mesurer et gérer tous les risques qu'elle est susceptible de rencontrer.

L'ESSENTIEL

L'identification et la gestion des risques par les organisations

SYNTHÈSE

Accédez à la synthèse audio
www.lienmini.fr/30602-synthese15

1 Quels sont les risques encourus par l'organisation ?

Toute organisation peut être confrontée à deux facteurs de RISQUES :

Facteurs externes

- Risques liés au marché : évolution de la demande et de la concurence ;
- Risques liés à la gestion du produit : cycle de vie, OBSOLESCENCE, RUPTURE TECHNOLOGIQUE, dépendence énergétique et technologique, approvisionnement, EMPREINTE ENVIRONNEMENTALE.

Facteurs internes

- Risques liés aux décision de l'organisation sur le plan commercial, financier et sociale.

2 Comment identifier et gérer les risques ?

Identifier le risque

- son type : interne ou externe
- sa nature : risque stratégique ? opérationnelle ? finacier ? aléatoire ?

Mesurer le risque

- sa probabilité ou sa fréquence
- son impact
- le délai d'intervention avant l'impact

Pour faire face aux différents risques, l'organisation doit :

Gérer le risque

- en mettant en place un plan d'action
- en suivant et en contrôlant l'évolution des risques

APPLICATIONS

APPLICATION 1 Test de connaissances

Validez vos connaissances en cochant la bonne réponse. Justifiez oralement votre choix.

1. La baisse de la demande est un facteur interne de risque.
   - ☐ Vrai
   - ☐ Faux

2. Pour un produit technologique, l'obsolescence est le fait de ne plus être à la pointe des innovations techniques.
   - ☐ Vrai
   - ☐ Faux

3. L'obsolescence programmée est le nom donné à l'ensemble des techniques visant à réduire la durée de vie ou d'utilisation d'un produit.
   - ☐ Vrai
   - ☐ Faux

4. Une rupture technologique peut se définir comme l'introduction d'une innovation technologique radicale.
   - ☐ Vrai
   - ☐ Faux

5. Un manque d'approvisionnement peut nuire à la performance d'une entreprise.
   - ☐ Vrai
   - ☐ Faux

QCM interactif
Accédez au QCM en utilisant le QRcode ou le lien URL.
www.lienmini.fr/30913-qcm15

APPLICATION 2 Repérer les risques externes auxquels les organisations sont confrontées

1. Présentez le concept des enceintes connectées et montrez pourquoi elles sont un exemple de rupture technologique.
2. Identifiez les facteurs environnementaux qui peuvent expliquer le succès de cette innovation.
3. Caractérisez l'impact de cette innovation sur les performances du marché.
4. Analysez les risques auxquels est confronté Amazon, le leader sur le marché des enceintes connectées.

DOC. Le marché des enceintes connectées explose dans le monde

Porté par les États-Unis et la Chine, le marché mondial des enceintes connectées poursuit sa croissance rapide avec près de 147 millions d'unités vendues en 2019, en hausse de 70 % par rapport à 2018, selon les chiffres publiés par Strategy Analytics.

Amazon reste le leader sur ce segment avec sa marque Echo utilisant l'assistant vocal Alexa, qui représente 26,2 % des ventes mondiales en 2019, en chute de 33,7 % par rapport à 2018, suivi par Google, dont la part de marché est passée de 25,9 % en 2018 à 20,3 % en 2019. Trois fabricants chinois s'arrogent les places suivantes – Baidu, Alibaba et Xiaomi, avec tous trois des parts de marché en hausse – suivis d'Apple, bon dernier avec une part de marché de 4,7 %.

lebureauexport.fr, février 2020

APPLICATION 3 Repérer les risques externes auxquels les organisations sont confrontées

1. Rappelez les origines de ce scandale alimentaire.
2. Qualifiez les différentes causes et indiquez s'il s'agit derisques internes ou externes, aléatoires, stratégiques, opérationnels ou financiers.
3. Déterminez l'incidence probable de ces risques sur la performance des distributeurs Carrefour, Lidl et Casino.

DOC. Auchan, Carrefour, Lidl et Casino : des barquettes de viande hachée pouvant contenir du métal

Le site 60 millions de consommateurs révèle que plusieurs enseignes ont demandé à leurs clients de jeter ou de rapporter des barquettes de viande hachée pouvant contenir des filaments métalliques. Auchan, Carrefour, Lidl et Casino sont concernés par cette affaire.

Vers un nouveau scandale alimentaire autour de la viande ? En septembre 2019, le danger autour des viandes contaminées était de nouveau médiatisé suite au décès de Nolan, 10 ans, plus de huit ans après avoir été intoxiqué par un steak haché vendu par un magasin Lidl et qui était contaminé par la bactérie E. Coli. Le petit garçon était tombé dans le coma quelques jours après avoir mangé ce steak haché et avait eu de très lourdes séquelles neurologiques, limitant sa motricité, le fonctionnement de ses reins mais également ses facultés intellectuelles. « Ça a été un long supplice car il n'a pas arrêté de souffrir un seul instant », avait confié Florence Rault, l'avocate de la famille dans les médias. Les contrôles ont depuis été renforcés dans toutes les enseignes pour éviter que ce genre de chose se produise à nouveau. Pourtant voilà qu'un nouveau scandale alimentaire est révélé par 60 millions de consommateurs. En effet, de nombreuses enseignes ont rappelé des barquettes de viande hachée qui « pourraient contenir des filaments métalliques ».

« Auchan, Carrefour, Lidl et Casino : des barquettes de viande hachée pouvant contenir du métal rappelées », femmeactuelle.fr, 21 juin 2020

APPLICATION 4 Mesurer les conséquences écologiques de la recherche de la performance

1. Expliquez comment l'économie circulaire a un impact favorable sur l'environnement.
2. Montrez pourquoi le smartphone de l'entreprise Fairphone peut être qualifié de durable et responsable.
3. À partir de vos connaissances, évaluez les performances commerciales, financières et sociales que génère ce choix stratégique pour l'entreprise Fairphone.

DOC. Fairphone : la location d'un smartphone durable et responsable

L'économie circulaire désigne un modèle économique dont l'objectif est de produire des biens et des services de manière durable, en limitant la consommation et le gaspillage de ressources ainsi que la production des déchets. Il s'agit de rompre avec le modèle de l'économie linéaire (extraire, fabriquer, consommer, jeter) pour un modèle circulaire.

L'économie circulaire est un véritable défi pour l'électronique car ce secteur utilise des matériaux difficilement recyclables ou réutilisable, ce qui complique la tâche.

Le Fairphone a pour ambition de proposer une alternative responsable à notre surconsommation de smartphone actuel. En effet, le fairphone lutte contre l'obsolescence des produits accessible sur le marché, en rallongeant son espérance de vie mais aussi en adoptant une économie de fonctionnalité comme modèle pour maximiser le réemploi des composants et des appareils.

« Fairphone : pour la location d'un smartphone durable et responsable ! », goodplanet.info

APPLICATIONS

APPLICATION 5 Apprécier l'incidence du risque sur la performance de l'organisation

Analysez chacune des situations de gestion suivantes et complétez le tableau.

Situations de gestion	Identification du risque		Mesure du risque		
	Facteurs de risque : Interne Externe	**Nature du risque :** Financier Stratégique Technologique Opérationnel Aléatoire	**Probabilité du risque :** Forte Moyenne Faible	**Impact du risque :** Important Moyen Fort	**Délai de survenue du risque :** Court terme Moyen terme Long terme
a. La lente agonie du Blackberry : avant, BlackBerry était révolutionnaire. C'était en 2000. Puis l'iPhone est apparu, qui l'a totalement ringardisé.	....	....	....	....	....
b. Grosse colère des clients de New Balance qui ont brûlé, jeté par la fenêtre ou à la poubelle tous les articles qu'ils avaient achetés y compris des objets collector, après que la marque a dévoilé son soutien à Donald Trump.	....	....	....	....	....
c. Bio, vegan, consommation responsable… Franprix multiplie ses magasins Noé.	....	....	....	....	....
d. Lamborghini envisage une supercar électrique et sans batterie.	....	....	....	....	....
f. Les éleveurs d'escargots de Bourgogne font face à la pénurie de beurre.	....	....	....	....	....

APPLICATION 6 Repérer les risques externes auxquels les organisations sont confrontées

DOC. Statistiques sur le micro-ondes grill multifonctions lancé en 2014

	2014	2015	2016	2017	2018
CA par produit (en €)	70 000	180 000	280 000	320 000	130 000
Quantités vendues	400	2 100	2 400	2 300	650
Dépenses de communication (en €)	50 000	20 000	10 000	5 000	0

Delagrave, 2020

1. Représentez par un graphique l'évolution annuelle du CA du micro-ondes, en valeur.
2. Repérez sur le graphique les différentes étapes de la vie de ce produit.
3. Analysez les différentes étapes de chaque étape du cycle de vie du produit en identifiant les différents risques auxquels s'expose l'entreprise.
4. Proposez des actions concrètes qui permettraient de prolonger la phase de maturité de ce produit.

Le Groupe Renault

Contexte Le **Groupe Renault** est un constructeur automobile français qui regroupe cinq marques : Renault, Dacia, Renault Samsung Motors, Alpine et Lada. Présent dans 134 pays, il a vendu près de 3,8 millions de véhicules dans le monde en 2019.

L'alliance Renault-Nissan a généré un chiffre d'affaires de plus de 55 537 millions d'euros (en baisse de -3,3 % par rapport à 2018) et forme le troisième groupe automobile mondial. Dans un marché automobile mondial en crise, le constructeur a enregistré une perte nette de 141 millions d'euros. Les perspectives sont marquées par l'entrée en vigueur du nouveau règlement européen sur les limites d'émissions de CO_2 des voitures et véhicules utilitaires légers. Dans son rapport d'activités, la direction annonce une « forte hausse des amortissements liés aux investissements pour préparer l'avenir ».

Le nouveau directeur général de Renault s'interroge : l'entreprise peut-elle assurer sa croissance grâce à sa maîtrise de la gestion des risques tout en investissant dans la réduction de son empreinte environnementale ?

Dossier 1 **Renault, un acteur important sur le marché de l'automobile qui sait identifier et gérer ses risques**

Travail à faire à l'aide des documents 1 à 4

1. Caractérisez l'organisation Renault : type, activités, finalité et ressources.
2. Repérez les différents risques, internes et externes, auxquels est confronté le Groupe.
3. Identifiez les actions entreprises par Renault pour faire face à ces risques.
4. Montrez que ces risques peuvent avoir des incidences sur les performances du Groupe.
5. Décrivez le processus de gestion des risques du Groupe Renault.

DOC. 1 Le marché automobile français en 2019

a. Ventes de voitures neuves

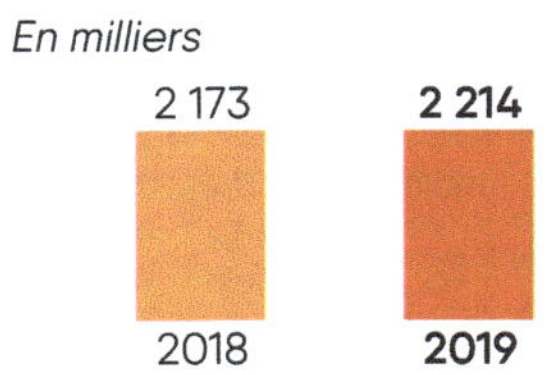

b. Parts de marché des constructeurs

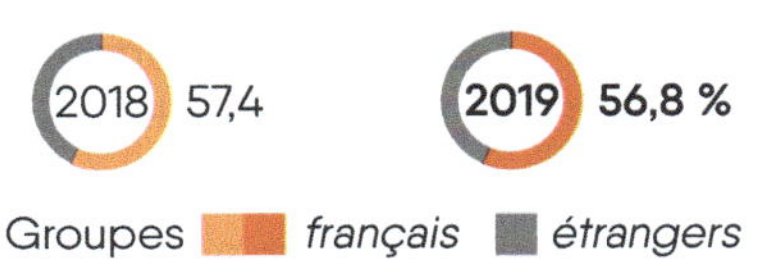

c. Top 10 des constructeurs

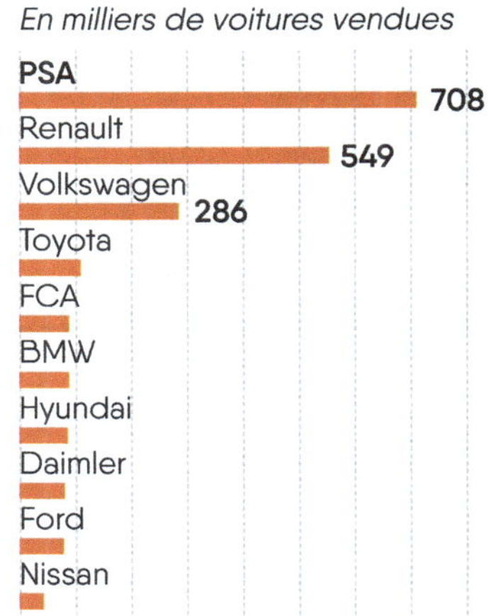

Source : CCFA

DOC. 2 Renault rappelle ses Renault Clio 4

Le pivot central de la structure arrière de la banquette arrière n'est pas assez résistant et, en cas de choc violent sur le véhicule, des bagages lourds pourraient être projetés dans l'habitacle.

Produit : les Renault Clio 4 fabriquées entre le 9 mai 2012 et le 11 juillet 2017.

Où s'adresser ? : les propriétaires ont été avertis et doivent se rendre chez leur concessionnaire.

quechoisir.org, décembre 2017

DOC. 3 Salaires : tensions chez Renault et PSA

Des salariés de Renault et PSA demandent une hausse des salaires. Certaines usines font face à un début de grève. Le secteur de l'automobile est lui aussi concerné par les revendications salariales. Depuis mardi, quatre usines Renault font face à un début de grève : Sandouville et Cléon (Seine-Maritime), Lardy (Essonne), Le Mans (Sarthe). Sur chacun de ces sites, une centaine de salariés de la CGT ont arrêté le travail. Et demandent une meilleure revalorisation des salaires.

leparisien.com, janvier 2019

DOC. 4 La gestion des risques chez Renault

Le Groupe Renault mène une politique active de gestion de ses risques. L'objectif est d'anticiper et maîtriser au mieux les risques liés à ses activités et à ses ambitions internationales.

La gestion des risques consiste à analyser et cartographier les risques inhérents à toute activité industrielle, qu'ils soient opérationnels, financiers ou juridiques, et à déterminer les plans d'action pour y faire face et déployer les moyens nécessaires.

La stratégie de gestion des risques du groupe repose sur :
– une politique rigoureuse d'identification des risques, à partir du système d'information, de suivi et de contrôle interne ;
– une organisation et des outils de gestion de crise performants permettant d'identifier et de traiter au plus vite l'apparition de risques éventuels.

Les risques auxquels Renault fait face sont de plusieurs types : risques financiers ; risques clientèle ; risques opérationnels et risques juridiques.

groupe.renault.com, 2019

Dossier 2 Renault, une organisation concernée par la cause environnementale

Travail à faire à l'aide des documents 5 à 6

6. Relevez les raisons qui ont poussé le Groupe Renault à commercialiser des voitures électriques.
7. Expliquez comment le Groupe agit pour réduire son empreinte environnementale.

DOC. 5 Véhicules électriques : Renault, leader des ventes en Europe en 2020

Renault s'affirme comme le leader de l'électrique sur le marché européen avec 95 000 véhicules vendus de janvier à novembre 2020. La Zoe est officiellement la voiture électrique la plus écoulée cette année, là où le Kangoo Z.E. mène le classement des utilitaires électriques légers. [...] « Malgré le contexte sanitaire, les ventes de véhicules électriques en Europe restent très dynamiques avec des taux de croissance d'environ 70 à 80 % sur les principaux marchés européens », déclare Gilles Normand, directeur de la division Véhicules électriques et Services de mobilité. « Les ventes de VE représentent désormais près de 5 % du marché total. Plus de 84 000 Zoe ont été vendues depuis janvier 2020 – dont 33 000 exemplaires en France et 25 000 en Allemagne – soit le double des volumes de 2019. ». [...]

En plus de sa gamme entièrement électrique, Renault propose aussi des versions hybrides et hybrides rechargeables pour ses autres modèles-phares comme la Clio, le Captur et la Mégane, et sur les nouveaux véhicules à venir comme l'Arkana.

« véhicules électriques : Renault, leader des ventes en Europe en 2020 », autojournal.fr, 9 décembre 2020

DOC. 6 Réduire l'empreinte carbone : un engagement du Groupe Renault

La réduction de l'empreinte carbone du Groupe Renault est au cœur de sa politique environnementale. Elle consiste non seulement à réduire les émissions des véhicules lors de l'usage, mais aussi à travailler au quotidien sur l'ensemble du cycle de vie, de l'extraction des ressources, la production, jusqu'à la fin de vie des véhicules. C'est l'un des indicateurs clés pour suivre la performance des trois leviers de transformation que sont le véhicule électrique, les nouvelles offres de mobilité et l'économie circulaire.

groupe.renault.com, 2019

FICHE 1

Développer ses compétences numériques !

À la rentrée 2021, une **certification des compétences numériques** sera introduite progressivement de la 5e au BTS. La certification des compétences numériques au lycée s'effectuera par le biais de la plateforme **Pix**. Au premier trimestre, vous serez invité à tester vos compétences. Vous les développerez durant toute votre année de Première.

Pix est une plateforme de service public en ligne pour évaluer, développer et certifier ses compétences numériques. Rendez-vous sur https://pix.fr/enseignement-scolaire/

Le lien avec mon programme de SDGN

L'enseignement des Sciences de gestion et numérique mobilise de nombreuses compétences numériques qui seront évaluées lors de la certification. C'est donc l'occasion de commencer à développer vos compétences numériques ! Évaluez-vous sur les **5 domaines** du **Cadre de références des compétences numériques** susceptibles d'être mis en œuvre en Sciences de gestion et numérique.

Domaines/compétences	Exemples de mise en œuvre	Niveau de maîtrise			
		1-2 Novice	3-4 Indépendant	5-6 Avancé	7-8 Expert
1. Information et données					
Mener une recherche et une veille d'information	• Repérer et interpréter les indices de qualité d'une page Web • Retrouver et évaluer la source (image, information) • Connaître Wikipédia et son processus de publication				
Gérer des données	• Trouver les propriétés et métadonnées d'un fichier • Connaître les solutions de stockage de données				
Traiter des données (tableur)	• Faire des calculs dans une feuille de calcul • Réaliser un graphique dans une feuille de calcul				
2. Communication et collaboration					
Interagir					
Partager et publier	Connaître la diversité des réseaux sociaux				
Collaborer	Connaître l'usage des outils de sondage en ligne				
S'insérer dans le monde numérique					
3. Création de contenus					
Développer des documents textuels (traitement de texte)	• Connaître les outils de traitement de texte et les formats de fichier associés • Connaître les outils de diaporama et les formats de fichier associés				
Développer des documents multimédia	• Télécharger, capturer une image et en recomposer une • Connaître les formats de son et de vidéo				
Adapter des documents à leur finalité					
Programmer					
4. Protection et sécurité					
Sécuriser l'environnement numérique					
Protéger la santé, le bien-être et l'environnement					
Protéger les données personnelles et la vie privée	Connaître les principes élémentaires de la loi protégeant les données à caractère personnel (RGPD) et son autorité de contrôle (la CNIL)				
5. Environnement numérique					
Résoudre des problèmes techniques					
Construire un environnement numérique					

FICHE 2

Réaliser des calculs de base

Les **pourcentages** permettent de comparer des chiffres. En effet, l'entreprise veut connaître la répartition de ses ventes par produit. Ils permettent aussi de déterminer la part de marché de l'entreprise par rapport à ses concurrents. Les pourcentages sont un excellent moyen pour l'entreprise de mesurer l'évolution des ventes d'une année par rapport à une autre. Enfin, les pourcentages sont utiles pour mesurer la performance d'une entreprise.

FORMULES ET EXEMPLES DE CALCUL RÉSOLU

1 La répartition des ventes

$$\frac{\textbf{Ventes de produit}}{\textbf{Chiffre d'affaires total de l'entreprise}} \times 100$$

L'entreprise La Bureautique en Direct, spécialisée dans la vente de mobilier de bureau, commercialise en France deux types de produits : A et B.

Produits	Produit A	Produit B	Total
Ventes	70 000	130 000	200 000

Part du produit A : $\frac{70\,000}{200\,000} \times 100 = 35\ \%$ Part du produit B : $\frac{130\,000}{200\,000} \times 100 = 65\ \%$

Les ventes de La Bureautique en Direct se répartissent de la manière suivante : l'entreprise vend 35 % de produits A et vend 65 % de produits B. Le produit B se vend plus que le produit A.

2 La part de marché d'une entreprise

$$\frac{\textbf{Ventes en quantité ou Chiffre d'affaires de l'entreprise}}{\textbf{Ventes en quantité ou Chiffre d'affaires total du marché}} \times 100$$

L'entreprise Maisomode commercialise des produits sur le marché de la décoration de la maison.

Nombre de produits vendus par Maisomode	Nombre de produits vendus au total sur le marché
50 000	450 000

Part de marché de l'entreprise Maisomode : $\frac{50\,000}{450\,000} \times 100 = 11,11\ \%$

L'entreprise Maisomode occupe 11,11 % du marché total de la décoration de la maison.

3 Le taux d'évolution ou le taux de croissance

$$\frac{\textbf{Donnée année 2 - Donnée année 1}}{\textbf{Donnée année 1}} \times 100$$

L'entreprise New Vert, spécialisée dans l'aménagement des espaces verts, vous communique les chiffres d'affaires annuels sur les périodes N et N+1.

Chiffre d'affaires année N	Chiffre d'affaires année N+1
5 000 000 €	6 300 000 €

Le taux d'évolution du chiffre d'affaires de New Vert pour la période N / N+1 :

$$\frac{6\,300\,000 - 5\,000\,000}{5\,000\,000} \times 100 = 26\ \%$$

Le chiffre d'affaires de l'entreprise New Vert évolue de 26 % entre l'année N et l'année N+1.

FICHE 3

Explorer le tableur Excel

Excel est un logiciel « tabl-eur » : de « **TABL** » (pour tableau) et « **EUR** » (pour calculateur). La principale fonction d'un tableur est de réaliser des calculs automatisés dans un environnement de tableau. Il permet aussi d'effectuer des simulations de façon simple.

1 La feuille de calcul d'Excel

Une ***feuille de calcul*** Excel correspond à un tableau à double entrée.
Les colonnes sont identifiées par des lettres : A, B, C, D, etc.
Les lignes sont identifiées par des chiffres : 1, 2, 3, 4, etc.

Lorsque l'on crée un fichier Excel, on parle de ***Classeur*** Excel. Celui-ci contient plusieurs feuilles de calculs. Une ***cellule*** correspond à l'intersection entre une ligne et une colonne. Elle possède ***une adresse*** d'identification correspondant à la concaténation de la lettre de la colonne et du chiffre de la ligne. Exemple : cellule **I4.** Une ***plage de cellules*** correspond à plusieurs cellules contigües. Par exemple la plage (C5 **:** C7)[*lire C5 à C7*] donne le CA d'Avril pour chaque activités du Parc.

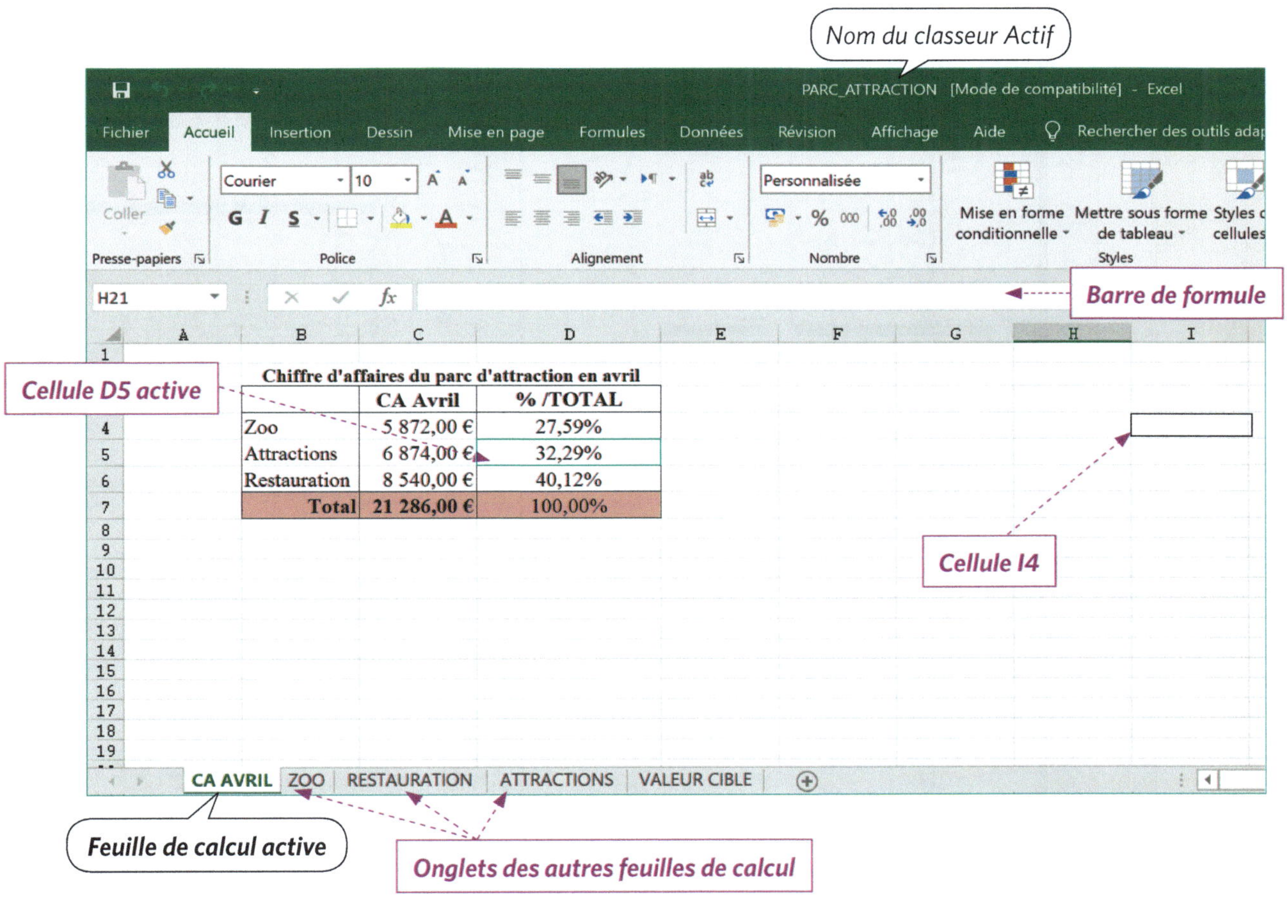

2 La mise en forme de données dans un tableau sur Excel

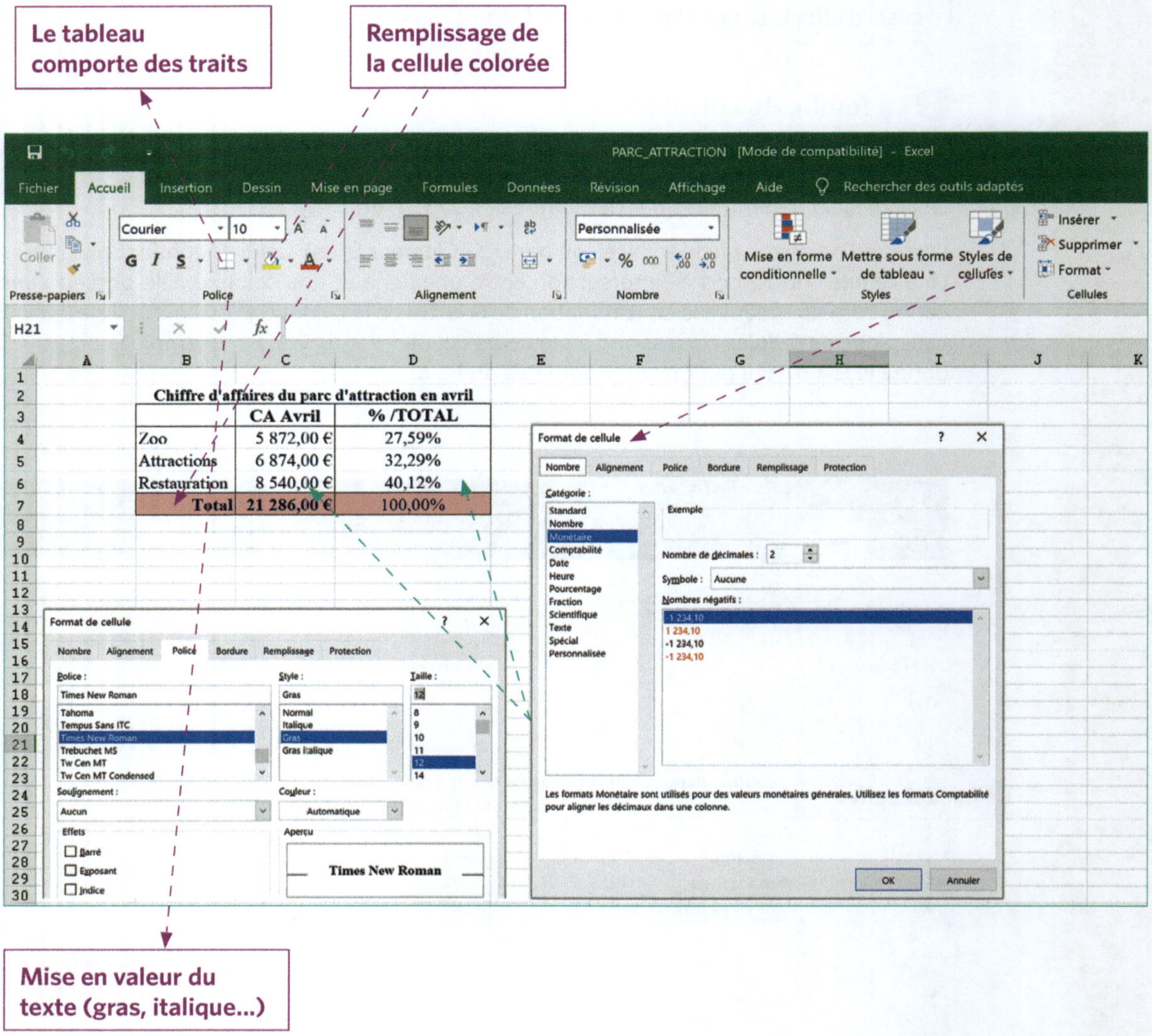

La colonne C est adaptée à la taille des données. Positionner le curseur sur la frontière entre la colonne C et D puis glisser vers la droite.
Pour supprimer, sélectionner la ligne ou la colonne à supprimer.

Pour ajouter une ligne ou une colonne : sélectionner toute la ligne, Excel ajoutera une ligne avant celle sélectionnée ou il ajoutera une colonne à gauche de celle sélectionnée.
Pour supprimer, sélectionner la ligne ou la colonne à supprimer.

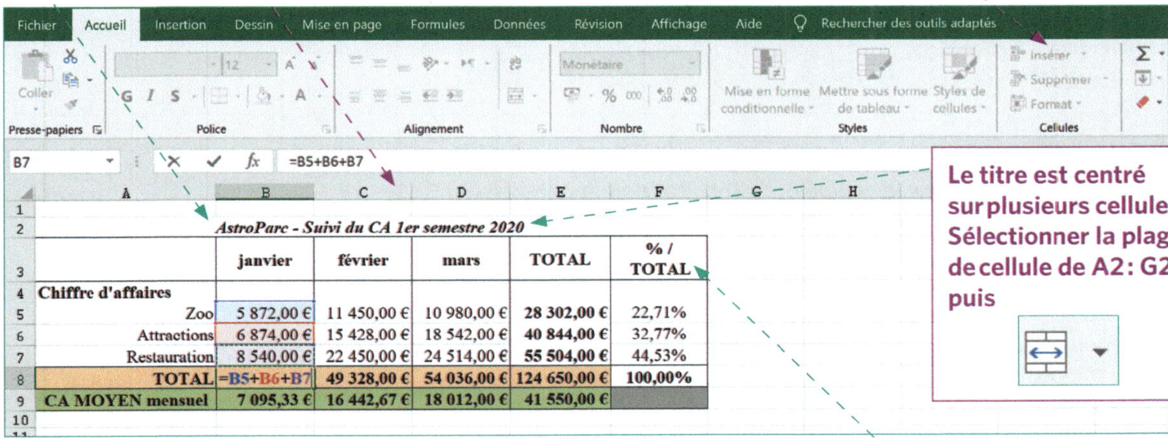

	A	B	C	D	E	F
2	*AstroParc - Suivi du CA 1er semestre 2020*					
3		janvier	février	mars	TOTAL	% / TOTAL
4	**Chiffre d'affaires**					
5	Zoo	5 872,00 €	11 450,00 €	10 980,00 €	**28 302,00 €**	22,71%
6	Attractions	6 874,00 €	15 428,00 €	18 542,00 €	**40 844,00 €**	32,77%
7	Restauration	8 540,00 €	22 450,00 €	24 514,00 €	**55 504,00 €**	44,53%
8	**TOTAL**	=B5+B6+B7	**49 328,00 €**	**54 036,00 €**	**124 650,00 €**	**100,00%**
9	**CA MOYEN mensuel**	**7 095,33 €**	**16 442,67 €**	**18 012,00 €**	**41 550,00 €**	

Le titre est centré sur plusieurs cellules. Sélectionner la plage de cellule de A2 : G2 puis

Par défaut sur Excel le texte est aligné à gauche, les chiffres à droite. Sélectionner les cellules dont le contenu doit être aligné puis

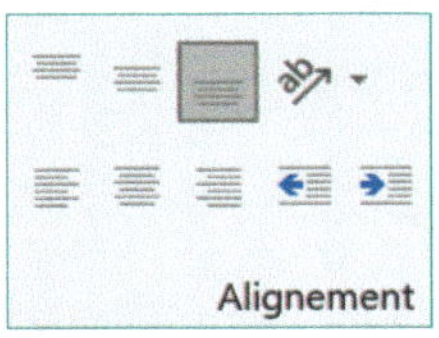

L'intitulé de la colonne est écrit sur 2 lignes. Sélectionner la cellule G3 puis

3 Implanter des formules de calculs automatiques

Toute formule doit commencer avec le signe = et doit être saisie dans la barre de formule.
Les formules doivent utiliser les références des cellules.
On utilise les signes du pavé numérique : **x – + /**

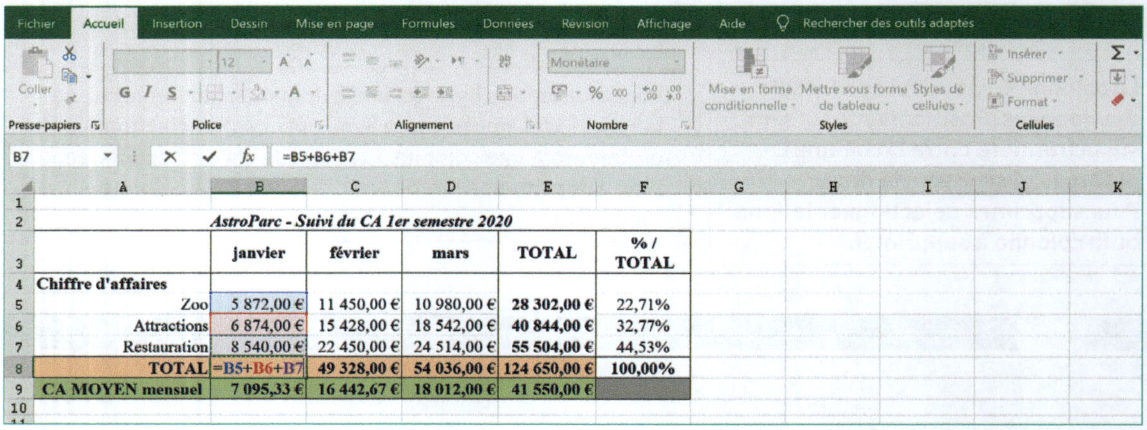

	A	B	C	D	E	F
1						
2		*AstroParc - Suivi du CA 1er semestre 2020*				
3		**janvier**	**février**	**mars**	**TOTAL**	**% / TOTAL**
4	**Chiffre d'affaires**					
5	Zoo	5 872,00 €	11 450,00 €	10 980,00 €	**28 302,00 €**	22,71%
6	Attractions	6 874,00 €	15 428,00 €	18 542,00 €	**40 844,00 €**	32,77%
7	Restauration	8 540,00 €	22 450,00 €	24 514,00 €	**55 504,00 €**	44,53%
8	**TOTAL**	**=B5+B6+B7**	**49 328,00 €**	**54 036,00 €**	**124 650,00 €**	**100,00%**
9	**CA MOYEN mensuel**	**7 095,33 €**	**16 442,67 €**	**18 012,00 €**	**41 550,00 €**	
10						

Calcul d'une somme

Placer son curseur dans la cellule où le résultat doit apparaître (ici C8)
Puis saisir = suivi des références des cellules à additionner séparées par le signe +.
La formule apparaît alors dans la barre de formule.
Puis confirmer par la touche ENTREE.

OU

Placer son curseur dans la cellule où le résultat doit apparaître (ici C8).
Saisir = SOMME(C5 : C7) puis confirmer par la touche ENTREE.

OU

Placer son curseur dans la cellule où le résultat doit apparaître (ici C8).
Cliquer sur Σ puis, après avoir vérifié la plage de cellules proposée par le logiciel, confirmer par la touche ENTREE.

Une fois cette formule implantée, il faut la copier (clic droit sur la cellule C8) puis la coller de D8 à F8 (clic droit).
Le tableur ne recopiera pas les chiffres mais la formule implantée tout en décalant d'une cellule vers la droite les références des cellules à sommer.
Ainsi en D8 il recopiera = somme (D5 : D7).

Calcul d'une moyenne

La fonction MOYENNE fonctionne sur la même syntaxe que la fonction SOMME.
Placer son curseur dans la cellule où le résultat doit apparaître (ici C9).
Saisir = MOYENNE(C5 : C7) puis confirmer par la touche ENTREE.

OU

Placer son curseur dans la cellule où le résultat doit apparaître (ici C9).
Cliquer sur Σ et, après avoir vérifié la plage de cellules proposée par le logiciel, confirmer par la touche ENTREE.
Une fois cette formule implantée, il faut la copier puis la coller de D9 à F9.

Référence absolue/référence relative

Pour calculer le pourcentage que représente le CA trimestriel du zoo par rapport au total du CA trimestriel du parc, dans la cellule G5, la formule suivante a été implantée :

= (F5/F8) x 100

Si on la recopie de G6 à G8, le tableur va alors décaler les références des cellules à diviser d'une cellule vers le bas.
Ainsi en G6, il va recopier = (F6/F9) x 100 ce qui ne donnera pas le pourcentage attendu car on souhaite qu'il prenne la valeur de la cellule F8 et non celle de F9.
Lors de l'implantation de la formule en G5, il faut **figer** la référence de la cellule que l'on souhaite ne pas voir se décaler (en l'occurrence F8 dans notre cas).
Elle devient une référence « absolue », c'est-à-dire fixe, par opposition à une référence « relative », c'est-à-dire modifiable par la recopie.
Pour fixer la référence de la cellule F8, il suffit d'ajouter le signe $ après la lettre (colonne) et devant le chiffre (ligne). Le signe $ s'obtient aussi automatiquement en appuyant sur la touche F4.
La formule implantée en G5 devient donc = (F5/F8) x 100 et pourra être recopiée de G6 à G8.

4 Créer un graphique

Sélectionnez les cellules contenant les données que vous voulez voir apparaître dans le graphique sans prendre les totaux et en sélectionnant les en-têtes de colonnes et de lignes.
Ici : sélection de la plage (A3 : D6).

⚠ Votre tableau ne doit pas comporter de lignes ou de colonnes vides ni de lignes ou de colonnes fusionnées. La cellule A3 doit être vide.

	A	B	C	D	E
1					
2	***AstroParc - Suivi du CA 1er semestre 2020***				
3		**janvier**	**février**	**mars**	**TOTAL**
4	Zoo	5 872,00 €	11 450,00 €	10 980,00 €	**28 302,00 €**
5	Attractions	6 874,00 €	15 428,00 €	18 542,00 €	**40 844,00 €**
6	Restauration	8 540,00 €	22 450,00 €	24 514,00 €	**55 504,00 €**
7	**TOTAL**	**21 286,00 €**	**49 328,00 €**	**54 036,00 €**	**124 650,00 €**

Puis cliquez sur l'onglet INSERTION et choisir le type de graphique souhaité.

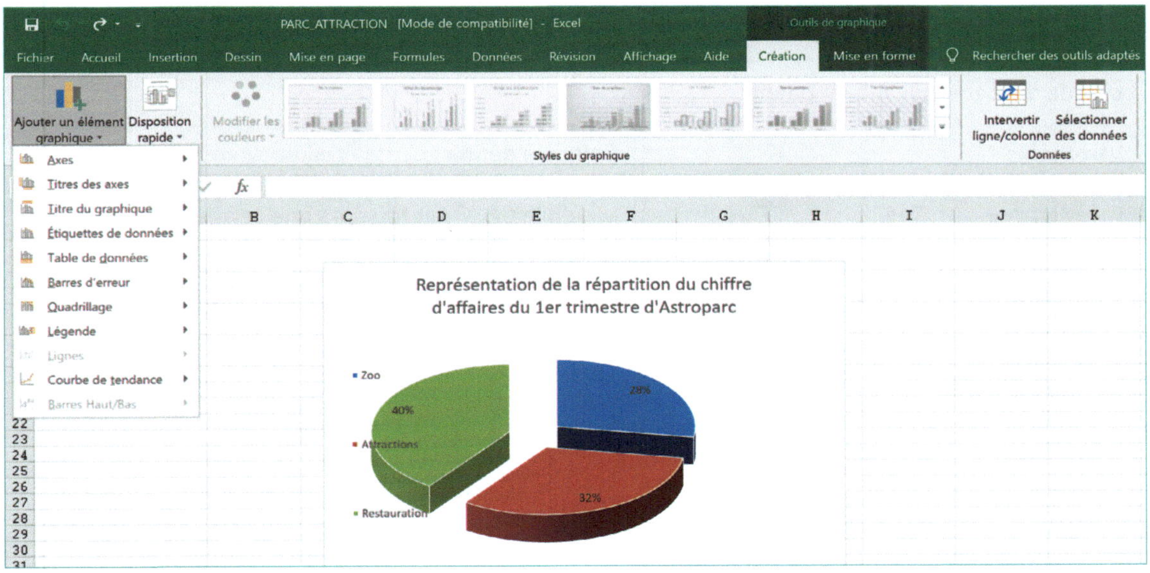

Pour modifier le graphique, cliquez sur celui-ci et, dans le menu « Création de graphique », faites les modifications souhaitées (ajout d'un titre, d'étiquettes de données, d'une légende ou modification des données sélectionnées).
Par un clic droit sur chaque élément du graphique, vous pouvez le modifier et/ou le mettre en forme.

5 L'outil « valeur cible »

L'outil de simulation « valeur cible » permet d'atteindre un résultat dans une cellule (contenant une formule de calcul) en modifiant la valeur **d'une autre cellule saisie**.

Exemple : le tableau suivant présente la marge de janvier obtenue par l'entreprise Karal.

	A	B	C	D	E	F	G	H
1								
2			*Marge de KARAL en janvier N*					
3			**Eléments**	**Quantité**	**Prix unitaire**	**Montant**	**%**	
4			**Chiffre d'affaires**	10 000,00 €	**30,00 €**	300 000,00 €	100%	
5			**Coût de revient**	10 000,00 €	19,60 €	196 000,00 €	65%	
6			**Marge**	10 000,00 €	10,40 €	104 000,00 €	**35%**	
7								

Le dirigeant se demande quel sera le prix de vente unitaire à fixer pour atteindre une marge unitaire égale à 45 % du chiffre d'affaires.

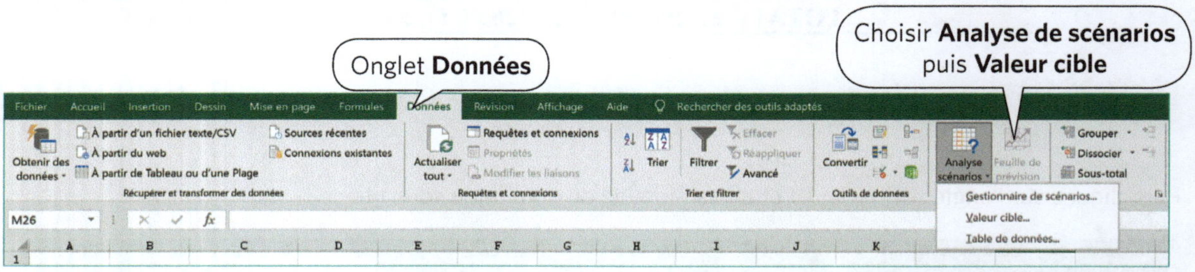

La boîte de dialogue suivante apparaît :

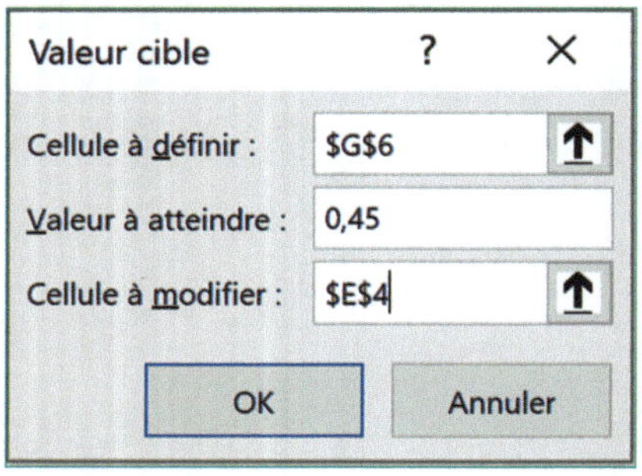

Cellule à définir : c'est la cellule du résultat à obtenir, donc ici, le pourcentage de la marge, soit la cellule G6. C'est toujours une cellule calculée.
Valeur à atteindre : pour cette cellule est de 45 %.
Cellule à modifier : pour atteindre ce résultat, c'est-à-dire le prix de vente unitaire, soit la cellule E4. Cette cellule ne doit surtout pas comporter de formules de calcul.
Confirmer les choix avec OK.

	A	B	C	D	E	F	G	H	I	J
1										
2			*Marge de KARAL en janvier N*							
3			**Eléments**	**Quantité**	**Prix unitaire**	**Montant**	**%**			
4			**Chiffre d'affaires**	10 000,00 €	**35,61 €**	356 100,00 €	100%			
5			**Coût de revient**	10 000,00 €	19,60 €	196 000,00 €	55%			
6			**Marge**	10 000,00 €	16,01 €	160 100,00 €	**45%**			

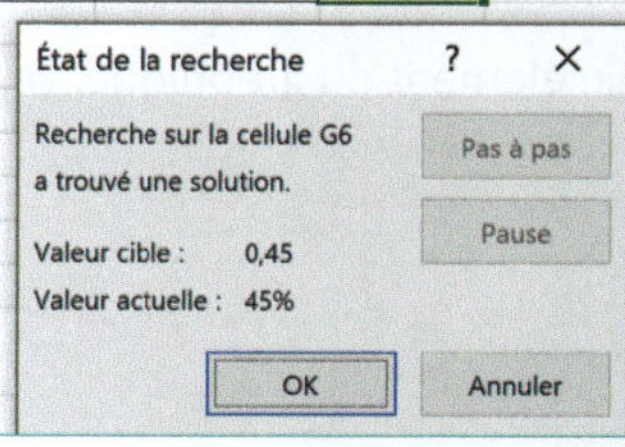

Interprétation : le prix de vente unitaire doit être de 35,61 € pour que l'entreprise Karal obtienne une marge représentant 45 % de son chiffre d'affaires.

FICHE 4

Comprendre et utiliser un PGI

Le **PGI (progiciel de gestion intégrée)** est aujourd'hui utilisé dans la majorité des organisations. Il est important de comprendre son fonctionnement et son intérêt pour une organisation et de connaître les modules les plus fréquemment utilisés.

1 Comprendre le fonctionnement d'un PGI

- Le PGI (de l'anglais ERP, *Enterprise Ressource Planning*, qui signifie « planification des ressources de l'entreprise ») est un progiciel regroupant différents modules de gestion, organisés à partir d'une base de données unique, pouvant prendre en charge les besoins des différents métiers de l'entreprise.
- Le PGI centralise la base de données de l'entreprise. Chaque entrée et modification d'une donnée dans l'un ou l'autre des modules (gestion des ventes, des stocks, de la production, etc.) met à jour la base de données, et s'applique immédiatement à toute l'entreprise.

Exemple : si un commercial enregistre une vente sur son terminal (qui peut être mobile), le PGI va immédiatement et automatiquement l'appliquer sur le stock, le journal des ventes, le grand livre (comptabilité) et le compte de résultat.

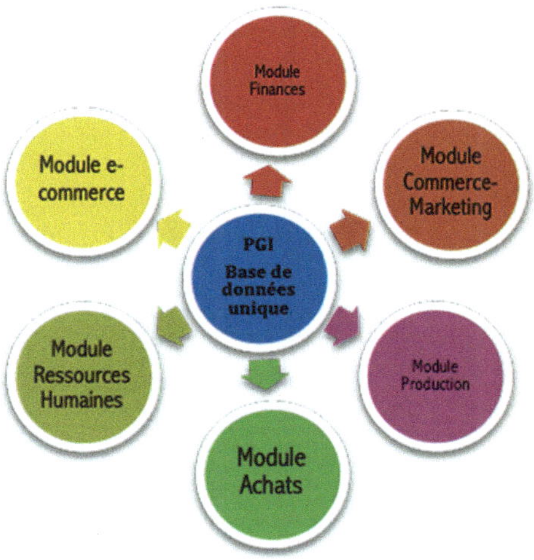

2 Pourquoi mettre en place un PGI dans une organisation ?

Avantages du PGI	Inconvénients du PGI
Un système d'information unique : grâce à sa base de données unique, le PGI supprime les risques de doublons et les risques d'erreurs.	**Une implantation du PGI longue** (entre un et trois mois) **et coûteuse**.
Des gains de productivité : automatisation des tâches et mise à jour des données en temps réel.	**Une dépendance vis-à-vis des éditeurs de logiciels** : il est difficile de changer de PGI une fois celui-ci implanté dans une organisation.
Une communication et coordination entre les services : le PGI relie les modules.	**Une difficulté à faire évoluer le PGI,** qui a une structure rigide.
Une meilleure gestion des coûts (mise à jour en temps réel des données financières) **et des stocks.**	

3 Comment utiliser les fonctionnalités d'un PGI ?

- Créer une société avec ses éléments d'information légale et commerciale (raison sociale, activité, coordonnées)
- Créer une base de données avec les fichiers clients, fournisseurs, articles de la société.
- Créer des documents de vente (gestion commerciale)

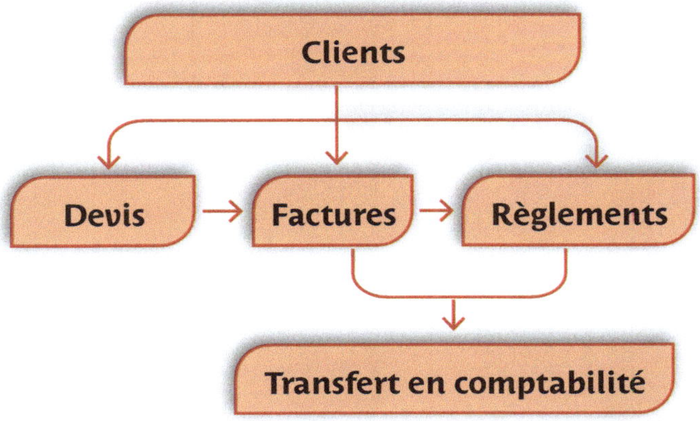

- Créer des documents d'achat (gestion des achats)

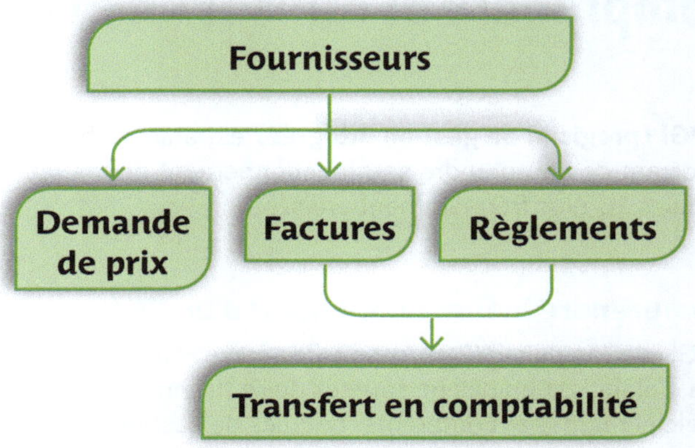

- Gérer les stocks (état des stocks)

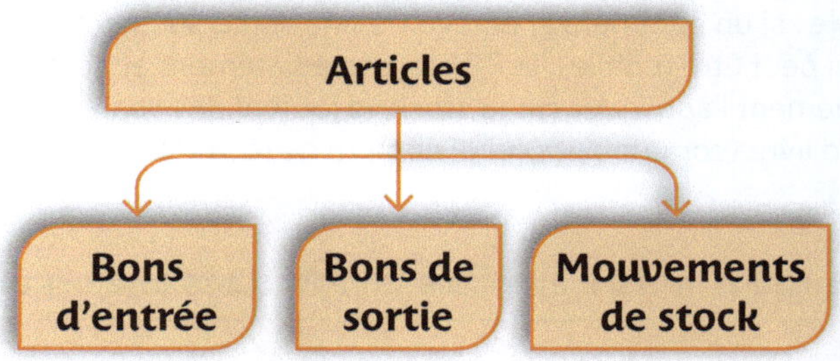

- Créer des documents comptables (gestion comptable)

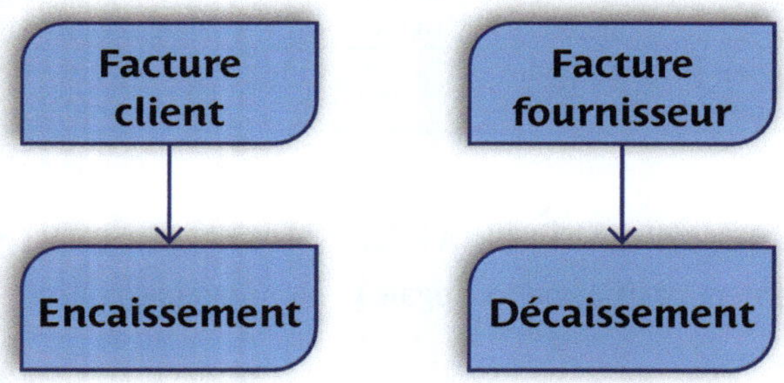

Autres documents possibles :
- Déclaration de TVA.
- Compte de résultats
- Bilan.

FICHE 5

Mener un travail collaboratif à l'aide d'outils numériques spécifiques

Collaborer signifie travailler avec quelqu'un ou participer à une tâche commune. Le travail collaboratif désigne donc un travail collectif avec des tâches et des buts communs. Dans un environnement numérique, les acteurs sont amenés à coopérer et à créer des documents partagés. Le PGI et la communication en réseau facilitent la mise en commun des informations. Par exemple, pour préparer une présentation commerciale, les participants mutualisent leurs compétences et coordonnent leurs actions afin de produire un document final.

1 Quels outils numériques permettent l'activité collaborative ?

Il existe une multitude d'outils numériques (applications, sites, serveurs, plateformes, etc.) utiles pour le travail collaboratif.

- **Les outils de communication** : programmation et organisation de réunions (visioconférences, événements en direct), messageries électroniques, chats ou forums, agendas partagés, *workflow*. Ces outils permettent de partager des informations et, plus largement, de piloter un projet grâce au suivi des tâches et des plannings.
- **Les plateformes de travail collaboratif** : ces espaces de travail virtuels permettent de travailler à plusieurs sur un même document ou une même application. Les plateformes disposent de nombreuses fonctionnalités, comme les espaces de stockage partagés, les blogs, les messageries spécifiques.

2 Quels sont les intérêts des outils numériques collaboratifs ?

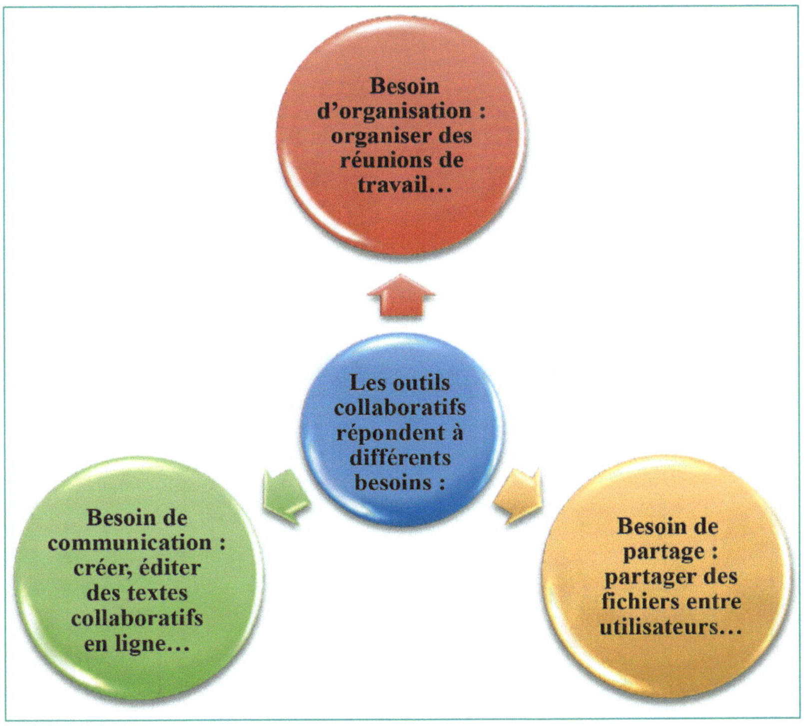

3 Comment choisir des outils numériques collaboratifs ?

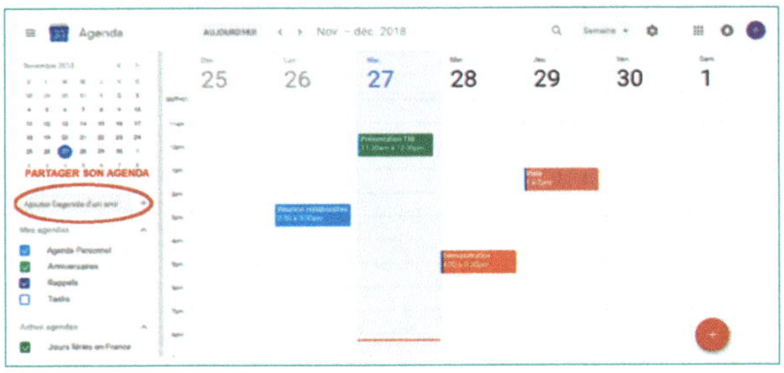

Google Agenda : la coordination collaborative

L'agenda de Google est l'un des outils collaboratifs les plus utilisés. Il doit sa popularité à sa simplicité et sa gratuité. Il permet de partager son agenda et son planning avec les membres de son groupe. C'est un outil de coordination pratique et efficace.

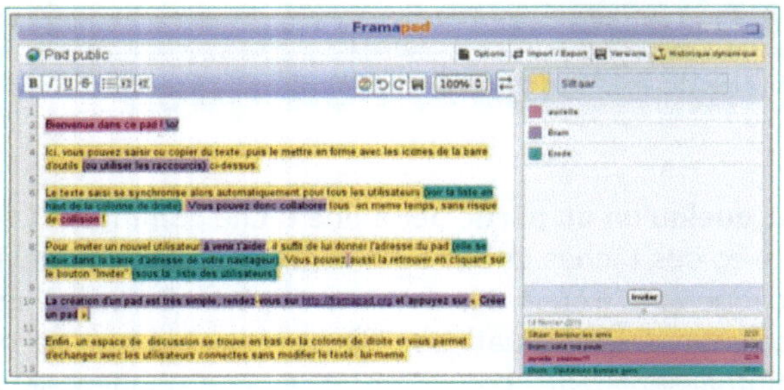

Framapad : l'écriture collaborative

Framapad est un traitement de texte qui permet d'écrire à plusieurs sur un même document. La distinction des contributions se fait par la couleur. C'est un outil gratuit et simple à utiliser. Il est pertinent pour la réalisation de travaux de groupe.

Google Drive : le stockage collaboratif

Google Drive permet de stocker et de partager des fichiers (documents, images, etc.). Il nécessite d'avoir un compte gmail (de Google) pour une utilisation gratuite. Il propose un espace de 15 go dans lequel on peut déposer des fichiers et les partager selon ses besoins.

Les applications pour smartphone (Skype, Whatsapp, Viber) : la communication accélérée, permanente et collaborative

Ces applications pour mobiles permettent d'échanger des messages, avec ou sans pièces jointes, d'avoir une conversation téléphonique à deux ou plus, en audio ou en vidéo, de créer des groupes. Skype et Viber sont également disponibles sur tablette et ordinateur, Whatsapp uniquement sur mobile.
Ils sont gratuits dans le cadre d'un forfait.

My Collaborate : un blog collaboratif

My Collaborate permet de converser avec des personnes dans le monde entier, de créer des groupes de discussion, d'organiser des réunions à distance, de suivre l'actualité de ses contacts.

FICHE 6

Utiliser les médias sociaux comme outils de communication d'entreprise

Avec 3 milliards d'utilisateurs dans le monde, les **réseaux sociaux** sont aujourd'hui incontournables dans la **stratégie commerciale des entreprises**. Communiquer sur Facebook, Twitter, LinkedIn ou d'autres réseaux permet d'accroître sa visibilité digitale, mais également de diversifier et d'augmenter sa base de données clients. Ils sont gérés par des *Community Managers*.

1 Comprendre les caractéristiques des médias sociaux

Que sont les médias sociaux ?

Les médias sociaux sont l'ensemble des plateformes ouvertes sur Internet. Elles proposent de nombreuses fonctionnalités dites « sociales » à leurs utilisateurs : création collaborative de contenus (wikis), échanges d'information entre individus (forums, blogs,...), partage de contenus (articles, photographies, vidéos, messages...). Les médias sociaux sont interactifs et la transmission des messages y est immédiate et sans limites.

Classification des principaux médias sociaux

	Les blogs	Les forums	Les wikis	Les réseaux Sociaux
Définitions	Issu de la contraction du terme « *Web log* », en français « Journal sur Internet », le terme « blog » désigne un site Internet où un auteur s'exprime sur un thème. Il publie des articles (billets). Les visiteurs ou les abonnés peuvent poster leurs commentaires.	Les forums sont des espaces de discussion publiques autour de thèmes variés. Ils sont organisés par catégories. La communication y est asynchrone, ce qui les distingue des interfaces de chat et des outils de messagerie instantanée.	Un wiki est un site Web libre de droits (*open data*) dont le contenu est rédigé et publié par ses visiteurs. Cet outil favorise l'intelligence collective. Il peut être déployé dans les entreprises dans un but de partage de la connaissance.	Les réseaux sociaux, appelés aussi réseaux sociaux numériques ou réseaux sociaux de contacts, regroupent des individus ou des organisations qui ont accepté la mise en contact. Certains sont centrés sur la sphère personnelle, d'autres sur les communautés professionnelles.
Exemples	• **WordPress** est utilisé par 52 % des 100 premiers blogs mondiaux.	• **Doctissimo.fr** (santé) • **Aufeminin.com** (femmes) • **Routard.com** (voyages)	• **Wikipédia :** l'encyclopédie en ligne est le wiki le plus utilisé au monde.	• **Facebook** est la première plateforme communautaire au monde en nombre d'utilisateurs.

2 Choisir le média adapté à une stratégie de communication d'entreprise

Les réseaux sociaux généralistes

Type	Contexte	Pourquoi l'utiliser ?	Avantages et précautions à observer
Facebook	Créé en 2004, premier réseau social au monde avec 2,74 milliards d'utilisateurs actifs (en octobre 2020), Facebook réunit toutes les classes d'âge et catégories de population, ce qui en fait une base de données marketing extraordinaire.	Facebook est un réseau social en ligne qui permet à ses utilisateurs de publier des messages, des images, des vidéos, des textes... et d'échanger des messages, de rejoindre ou de créer des groupes. Facebook met à disposition une grande variété d'applications.	Créer une page Facebook permet à son auteur de publier pour sa cible (les abonnés, ou fans). Le contact est direct et les messages peuvent être personnalisés. Une page Facebook est la propriété du réseau. Il est obligatoire d'en respecter les règles d'usages.
Instagram	Fondé en 2010, et aujourd'hui propriété de Facebook, Instagram met notamment en valeur les posts dédiés aux photographies. En 2020, il compte plus d'1 milliard d'utilisateurs actifs, parmi toutes les classes d'âge.	L'interface graphique d'Instagram met en valeur les produits. Il génère du trafic par le biais des réactions des fans. Il permet l'interactivité sur un produit spécifique avec des réponses aux clients, la promotion d'événements, la diffusion de codes promotionnels... Il est à l'origine du phénomène des « influenceurs » d'une marque ou d'un produit.	Instagram permet le partage de photos et de vidéos courtes (15 secondes maximum) Ces vidéos peuvent être lues sur Facebook. Il est obligatoire de respecter les règles d'usages de la plateforme.

Type	Contexte	Pourquoi l'utiliser ?	Avantages et précautions à observer
Twitter	Créé en 2005, Twitter permet de poster des publications limitées à 280 caractères (historiquement 140). Avec 326 millions d'utilisateurs actifs (en octobre 2020), c'est une source d'informations adaptée à une veille actualisée.	Twitter permet de publier une information, lancer un sondage, s'informer en temps réel, à l'échelle du monde. C'est un outil adapté à gestion de la relation clients (réponse aux questions, prise en compte des plaintes, SAV).	Il n'est pas nécessaire d'avoir un compte pour effectuer une veille ou lire les messages. Il nécessite de comprendre le langage spécifique (RT, DM, mentions). Un message ne doit pas dépasser 110 caractères pour ne pas bloquer les retweets.
Snapchat	Créé en 2011 à destination du jeune public, Snapchat est une application mobile permettant d'envoyer des messages, des vidéos et des photos légendés qui disparaissent une fois que le message a été lu par ses destinataires. Avec environ 300 millions d'utilisateurs actifs (estimations d'octobre 2020), Snapchat, toujours très populaire auprès des jeunes, élargit sa cible.	Snapchat est un outil efficace de communication ou de marketing pour une marque, avec des messages ciblés et éphémères.	En 2021, Snapchat garde l'attrait de la nouveauté dans la communication de marque. Il est préservé des détournements de contenus. Attention, il est possible de faire une capture d'écran d'un snap.

Les réseaux sociaux professionnels

Type	Contexte	Pourquoi l'utiliser ?	Avantages et précautions à observer
LinkedIn	LinkedIn est le principal réseau professionnel au monde. Il est le Leader mondial des réseaux sociaux professionnels avec ses 400 millions de membres dans le monde et est à ce titre une base de donnée exceptionnelle pour prospecter et cibler des profils LinkedIn sur leurs compétences et domaines d'activité. Centré sur les contacts professionnels et les compétences.	LinkedIn offre des services et une visibilité dont tout professionnel peut avoir besoin. Un étudiant peut mieux choisir son école avec les pages Universités. Un commercial peut trouver des informations et contacter des prospects. Un cadre en transition peut se rendre visible de recruteurs. Un entrepreneur peut présenter son offre et un responsable marketing peut y faire connaître ses offres et les exposer auprès de ses cibles.	LinkedIn propose de nombreux services gratuits, il n'est pas nécessaire de prendre un abonnement pour être visible, se faire recruter ou développer son activité.
YouTube	Créé en 2005 et racheté par Google, YouTube est la première plateforme de vidéos au monde avec 2 milliards d'utilisateurs actifs par mois (en 2018).	La plateforme permet de poster des vidéos. Une entreprise ou un particulier peut créer sa propre chaîne et développer une communication approfondie (démonstrations, interviews), démontrer une expertise. Le référencement des vidéos de YouTube est très performant. YouTube est également un moteur de recherche.	YouTube est ouverte à tous et permet de publier sans moyens techniques sophistiqués. La plateforme présente un risque de piratage et de non respect du droit d'auteur. La publicité est omniprésente lors du visionnage des vidéos sur les comptes gratuits.

Se préparer à l'étude de gestion de Première

Épreuve orale
Durée : 20 minutes
20 points
Coefficient 5

OBJECTIFS DE L'ÉPREUVE

L'épreuve vise à évaluer, au travers de l'étude d'une thématique de gestion choisie par le candidat et relevant du programme de l'enseignement de spécialité Sciences de gestion et numérique de la classe de Première STMG, les compétences suivantes :
- Dégager une problématique de gestion ;
- Mobiliser des sources documentaires variées pour traiter la problématique retenue ;
- Sélectionner les informations pertinentes au regard de cette problématique ;
- Interpréter et exploiter les informations sélectionnées pour répondre à la problématique ;
- Rédiger une synthèse dégageant les conclusions de l'étude ;
- Présenter oralement le travail effectué ;
- Préciser et argumenter les choix effectués.

BOEN spécial n° 1 du 22 janvier 2019

L'étude est un travail personnel de l'élève, réalisé sous l'autorité de son professeur de Sciences de gestion et numérique pendant l'année de Première. Elle porte sur un aspect d'une question de gestion du programme appliquée à une ou plusieurs organisations réelles.
Cette étude se concrétise par la **rédaction d'un dossier d'étude de gestion**, d'une dizaine de pages, qui précise les raisons du choix de la problématique, les caractéristiques de la (ou des) organisation(s) observée(s) en lien avec la problématique, les sources utilisées, la démarche d'analyse et les conclusions.

DÉROULEMENT DE L'ÉPREUVE

L'évaluation s'appuie sur le dossier d'étude de gestion du candidat, qui est fourni à l'examinateur avant le passage de l'épreuve. Elle est composée d'un exposé du candidat (dans la limite de dix minutes maximum), suivi d'un entretien.
Le candidat est responsable des documents et supports numériques qu'il juge utiles à sa présentation.

MODALITÉS D'ÉVALUATION

L'évaluation est conduite grâce à une fiche individuelle nationale d'aide à l'évaluation, qui permet de renseigner les critères d'évaluation et d'attribuer une note sur 20 points.

Problématique : ....

....

Critères d'évaluation	Très insuffisant	Insuffisant	Satisfaisant	Très satisfaisant
Pertinence et la validité des informations mobilisées				
Rigueur de la démarche d'analyse				
Intérêt des conclusions au regard de la problématique choisie				
Intégration de la dimension numérique				
Structuration de l'exposé				
Cohérence de l'argumentation				
Clarté du propos				

Annexe 2, *BOEN* spécial n° 1 du 22 janvier 2019

Vous trouverez dans les pages suivantes une **méthodologie pour vous aider à réussir pas à pas l'épreuve anticipée de Sciences de gestion et numérique du baccalauréat**. Cette méthodologie s'appuie sur **cinq étapes** à suivre pour ne pas vous disperser et mieux vous organiser tout au long de votre année de Première.

Chaque étape comprend :

Une fiche méthode

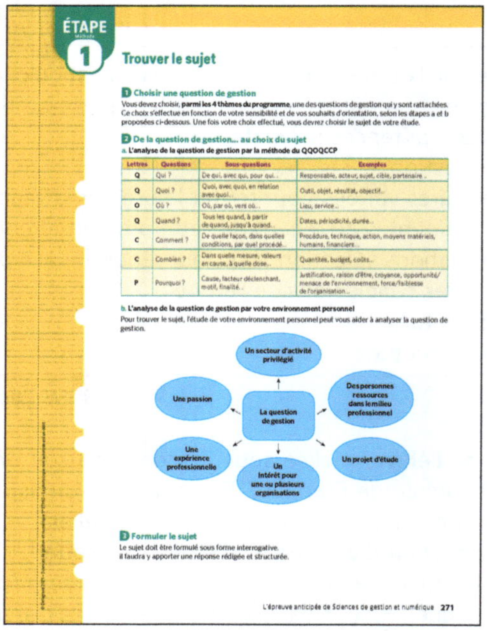

Avec un exemple appliqué

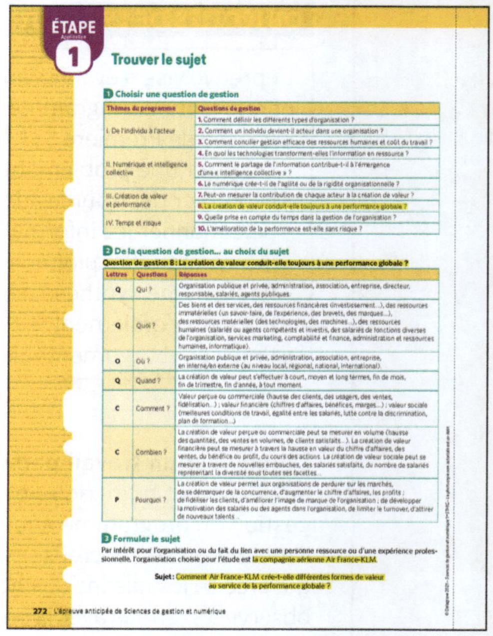

L'exemple ainsi développé à partir d'une organisation peut vous inspirer pour la présentation de votre étude de gestion.

Retrouvez sur tous les compléments utiles à la réalisation de votre étude et à votre présentation orale :
- les grilles en format Word
- le diaporama support de la présentation orale
www.lienmini.fr/30913-bac

ÉTAPE
Méthode
1

Trouver le sujet

1 Choisir une question de gestion

Vous devez choisir, **parmi les 4 thèmes du programme**, une des questions de gestion qui y sont rattachées. Ce choix s'effectue en fonction de votre sensibilité et de vos souhaits d'orientation, selon les étapes a et b proposées ci-dessous. Une fois votre choix effectué, vous devrez choisir le sujet de votre étude.

2 De la question de gestion... au choix du sujet

a. L'analyse de la question de gestion par la méthode du QQOQCCP

Lettres	Questions	Sous-questions	Exemples
Q	Qui ?	De qui, avec qui, pour qui...	Responsable, acteur, sujet, cible, partenaire...
Q	Quoi ?	Quoi, avec quoi, en relation avec quoi...	Outil, objet, résultat, objectif...
O	Où ?	Où, par où, vers où...	Lieu, service...
Q	Quand ?	Tous les quand, à partir de quand, jusqu'à quand...	Dates, périodicité, durée...
C	Comment ?	De quelle façon, dans quelles conditions, par quel procédé...	Procédure, technique, action, moyens matériels, humains, financiers...
C	Combien ?	Dans quelle mesure, valeurs en cause, à quelle dose...	Quantités, budget, coûts...
P	Pourquoi ?	Cause, facteur déclenchant, motif, finalité...	Justification, raison d'être, croyance, opportunité/menace de l'environnement, force/faiblesse de l'organisation...

b. L'analyse de la question de gestion par votre environnement personnel

Pour trouver le sujet, l'étude de votre environnement personnel peut vous aider à analyser la question de gestion.

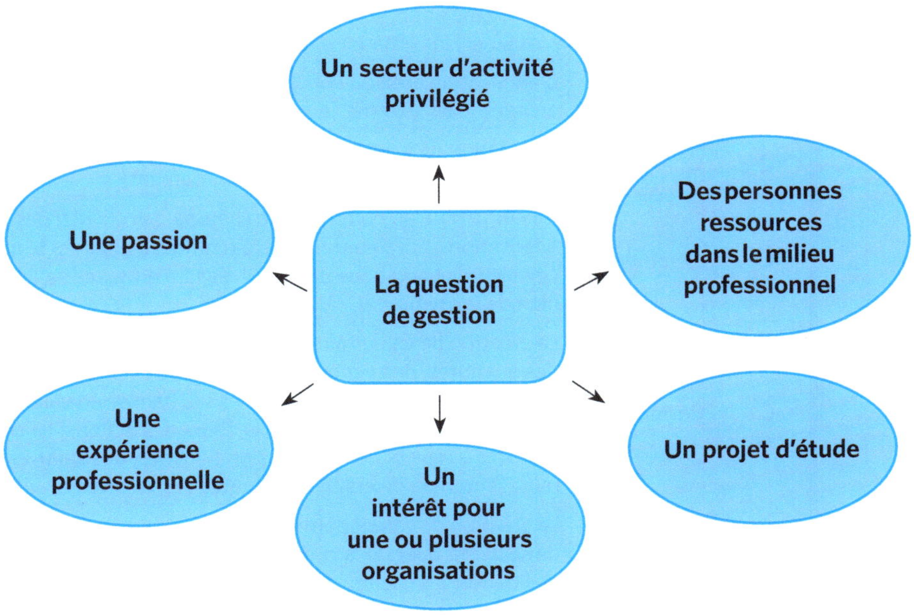

3 Formuler le sujet

Le sujet doit être formulé sous forme interrogative.
il faudra y apporter une réponse rédigée et structurée.

ÉTAPE Application 1

Trouver le sujet

1 Choisir une question de gestion

Thèmes du programme	Questions de gestion
I. De l'individu à l'acteur	1. Comment définir les différents types d'organisation ?
	2. Comment un individu devient-il acteur dans une organisation ?
	3. Comment concilier gestion efficace des ressources humaines et coût du travail ?
II. Numérique et intelligence collective	4. En quoi les technologies transforment-elles l'information en ressource ?
	5. Comment le partage de l'information contribue-t-il à l'émergence d'une « intelligence collective » ?
	6. Le numérique crée-t-il de l'agilité ou de la rigidité organisationnelle ?
III. Création de valeur et performance	7. Peut-on mesurer la contribution de chaque acteur à la création de valeur ?
	8. La création de valeur conduit-elle toujours à une performance globale ?
IV. Temps et risque	9. Quelle prise en compte du temps dans la gestion de l'organisation ?
	10. L'amélioration de la performance est-elle sans risque ?

2 De la question de gestion... au choix du sujet

Question de gestion 8 : La création de valeur conduit-elle toujours à une performance globale ?

Lettres	Questions	Réponses
Q	Qui ?	Organisation publique et privée, administration, association, entreprise, directeur, responsable, salariés, agents publiques.
Q	Quoi ?	Des biens et des services, des ressources financières (investissement...), des ressources immatérielles (un savoir-faire, de l'expérience, des brevets, des marques...), des ressources matérielles (des technologies, des machines...), des ressources humaines (salariés ou agents compétents et investis, des salariés de fonctions diverses de l'organisation, services marketing, comptabilité et finance, administration et ressources humaines, informatique).
O	Où ?	Organisation publique et privée, administration, association, entreprise, en interne/en externe (au niveau local, régional, national, international).
Q	Quand ?	La création de valeur peut s'effectuer à court, moyen et long termes, fin de mois, fin de trimestre, fin d'année, à tout moment.
C	Comment ?	Valeur perçue ou commerciale (hausse des clients, des usagers, des ventes, fidélisation...) ; valeur financière (chiffres d'affaires, bénéfices, marges...) ; valeur sociale (meilleures conditions de travail, égalité entre les salariés, lutte contre la discrimination, plan de formation...)
C	Combien ?	La création de valeur perçue ou commerciale peut se mesurer en volume (hausse des quantités, des ventes en volumes, de clients satisfaits...). La création de valeur financière peut se mesurer à travers la hausse en valeur du chiffre d'affaires, des ventes, du bénéfice ou profit, du cours des actions. La création de valeur sociale peut se mesurer à travers de nouvelles embauches, des salariés satisfaits, du nombre de salariés représentant la diversité sous toutes ses facettes...
P	Pourquoi ?	La création de valeur permet aux organisations de perdurer sur les marchés, de se démarquer de la concurrence, d'augmenter le chiffre d'affaires, les profits ; de fidéliser les clients, d'améliorer l'image de marque de l'organisation ; de développer la motivation des salariés ou des agents dans l'organisation, de limiter le turnover, d'attirer de nouveaux talents...

3 Formuler le sujet

Par intérêt pour l'organisation ou du fait du lien avec une personne ressource ou d'une expérience professionnelle, l'organisation choisie pour l'étude est la compagnie aérienne Air France-KLM.

Sujet : Comment Air France-KLM crée-t-elle différentes formes de valeur au service de la performance globale ?

ÉTAPE Méthode 2

Rechercher des documents

1 Utiliser les outils de recherche documentaire

Internet	CDI	Presse	Interview d'un professionnel
Interrogez un moteur de recherche et consultez des sites en utilisant les opérateurs logiques suivants : **ET** (signe **+** du clavier) Il permet de rechercher deux ou plusieurs termes ensemble. **OU** (espace du clavier) Il permet de rechercher les documents qui contiennent l'un des termes ou les deux termes. **SAUF** (signe **-** du clavier) Il permet d'exclure l'un des termes des documents recherchés.	Vous avez à votre disposition au CDI : • des journaux quotidiens (*Le Parisien, Le Monde,...*) ; • des journaux spécialisés (*Les Échos,...*) ; • un logiciel documentaire BCDI ; • des manuels scolaires de Sciences de Gestions et d'enseignement supérieur (BTS) ; • des livres de références dans toutes les matières technologiques ; • des dictionnaires et encyclopédies.	Consultez les revues spécialisées dont voici les principaux titres : • *Alternatives économiques ;* • *Entreprise et Carrières ;* • *L'Entreprise ;* • *La Revue Fiduciaire Comptable ;* • *La Revue Française de Comptabilité ;* • *La Revue Française de Gestion ;* • *L'usine Nouvelle ;* • *Capital ;* • *Management.*	Élaborez un questionnaire permettant d'interviewer un professionnel. Le questionnaire devra respecter les règles suivantes : • prévoir dix questions maximum ; • prévoir des questions ouvertes principalement ; • prévoir une fiche d'identité en fin de questionnaire.

2 s'appuyer sur une démarche méthodique

▶ La recherche documentaire doit débuter par la collecte de documents permettant de définir le ou les mot(s) clé(s) tiré(s) de la question de gestion : Création de valeur et performance globale.

▶ Pour organiser et planifier avec efficacité cette phase de recherche, en particulier en utilisant Internet, vous pouvez vous appuyer sur la grille suivante :

Date de la recherche	Mots clés et opérateurs logiques	Outils de recherche	Résultats

3 Effectuer une veille informationnelle

Surveiller le Web et soyez alerté de l'apparition de nouveaux contenus intéressants.

Dans l'outil Google Alertes, saisissez une requête sur une information que vous souhaitez surveiller. Vous serez averti par un courriel lorsque de nouveaux résultats correspondant aux termes que vous recherchez sont publiés sur le Web.

ÉTAPE Application 2

Rechercher des documents

1 et 2 Utiliser les outils de recherche documentaire et s'appuyer sur une démarche méthodique

Date de la recherche	Mots clés et opérateurs logiques	Outils de recherche	Résultats
../../2021	Création de valeur + définition	CDI, BCDI	Article de *La Revue française de gestion* : « Théorie, applications et limites de la mesure de la création de valeur » (Voir Annexe 1)
../../2021	Différents types de valeur	Manuel	Manuel de *Management BTS* : Schéma des différents types de valeur créée par une organisation (Voir Annexe 2)
../../2021	Résultat d'exploitation + Air France-KLM	Internet, moteur de recherche	Site internet www.quotidiendutourisme.com : « Résultat d'exploitation record pour Air France-KLM », Mathieu Garcia, 16 février 2018 (Voir Annexe 4)
../../2021	Valeur financière + Air France -KLM	Internet, moteur de recherche	Site internet http://www.airfranceklm-finance.com/ : « Rapport financier 2017 » (Voir Annexe 5)
../../2021	Valeur perçue ou commerciale + Air France -KLM	Internet, moteur de recherche	Site internet http://www.strategies.fr/: « La relation client Air France : attentionnée de l'URL à l'IRL », Julien Lechat, 23/10/2017 (Voir Annexe 6)
../../2021	Valeur partenariale ou sociale + Air France-KLM	Internet, moteur de recherche	Site internet http:// airfrance.com/ : « Air France engagée pour la mixité et l'égalité professionnelle » (Voir Annexe 7)

3 Effectuer une veille informationnelle

Page de requête de Google Alertes.

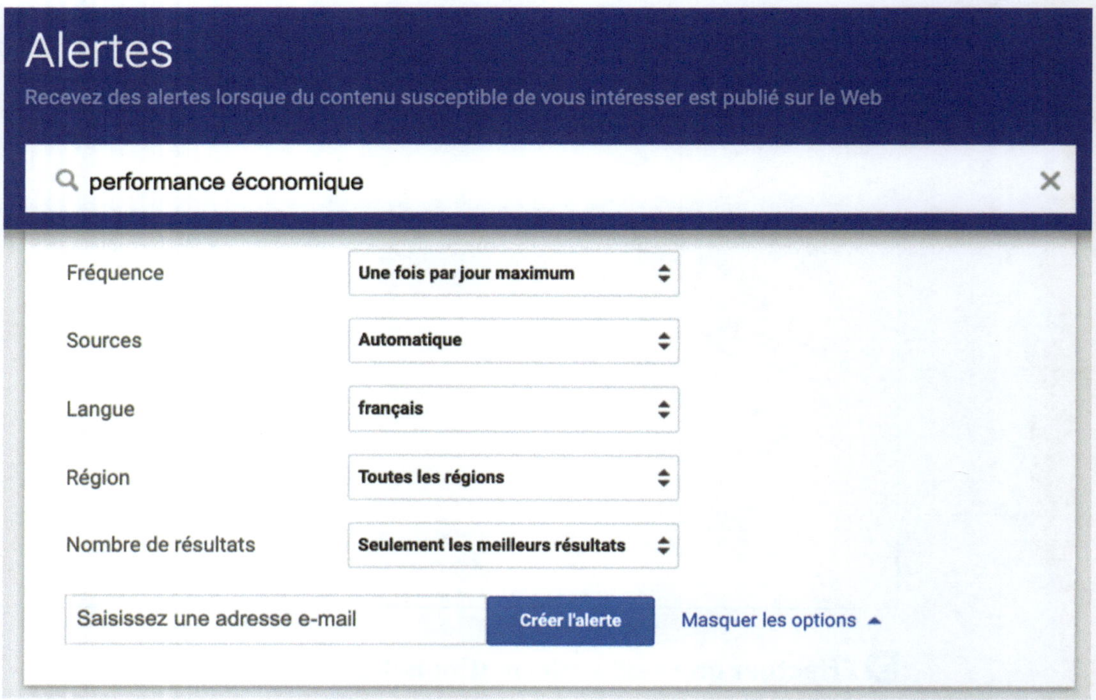

ÉTAPE Méthode 3

Valider les documents et la recherche

1 Valider les choix des documents

La sélection des documents peut se faire à l'aide de la grille d'évaluation construite sur trois critères :

- **Actualité** : le document doit être récent ou l'information évoquée être toujours valable ;
- **Fiabilité** : la source du document (auteur, site, etc.) doit présenter des garanties vous permettant de vous fier aux informations recueillies ;
- **Pertinence** : le document doit comporter des informations permettant de répondre au sujet.

N°	Documents[1] (titre, source, date)	Évaluation				Idées essentielles	Validation Oui / Non
		Actuel	Fiable	Pertinent	Total		
		Oui / Non	Oui / Non	Oui / Non	Nombre de Oui		

1. Un document qui n'est pas fiable ni actuel ne doit pas être retenu.

2 Valider la recherche documentaire

Critères	Critère rempli Oui / Non	Si réponse « Non » : quelles sont les actions correctrices à envisager ?
Variété des supports		
Variété des sources		
Démarche active[1]		
Documents portant sur la question de gestion		
Documents portant sur une organisation		
Document définissant le ou les mot(s) clé(s)		
Nombre de documents retenus[2]		

1. La démarche active consiste à collecter des informations à l'extérieur de l'établissement auprès de personnes ressources (professionnels, etc.)
2. Le nombre de documents retenus doit être au minimum de 5.

ÉTAPE
Application
3

Valider les documents et la recherche

1 Valider les choix des documents

N°	Documents (source, titre, auteur, date)	Évaluation				Idées essentielles	Validation Oui / Non
		Actuel	Fiable	Pertinente	Total		
		Oui / Non	Oui / Non	Oui / Non	Nombre de Oui		
1	*Revue française de gestion*, « Théorie, applications et limites de la mesure de la création de valeur », octobre 2011.	N	O	O	2	Document qui permet de définir la valeur et le processus de création de valeur dans une organisation.	O
2	Manuel *Management BTS 2018* : Schéma des différents types de valeur créée par une organisation	N	O	O	2	Présentation schématique des différents types de valeurs.	O
3	Site Internet www.quotidiendutourisme.com : « Résultat d'exploitation record pour Air France-KLM », Mathieu Garcia, 16 février 2018.	O	O	O	3	Article montrant qu'en 2017 le groupe renoue avec la performance économique (cf. augmentation du trafic de 5,6 % et résultat d'exploitation de 42 % par rapport à 2016, diminution de la dette de 2 milliards).	O
4	Site Internet http://www.airfranceklm-finance.com/ : « Résultats annuels 2017 » 16 février 2018.	O	O	O	3	Document qui montre comment Air France-KLM a créé de valeur en augmentant l'ensemble de ses indicateurs comme le résultat d'exploitation de 1, 488 milliards d'euros et la marge d'exploitation de 5,8 %.	O
5	Site Internet http://www.strategies.fr/ : « La relation client Air France : attentionnée de l'URL à l'IRL » Julien Lechat, 23 octobre 2017.	O	O	O	3	Document qui présente la manière dont Air France-KLM améliore sa valeur perçue en modernisant sa relation client pour satisfaire sa clientèle et d'améliorer sa politique de communication.	O
6	Site Internet www.airfrance.com : « Air France engagée pour la mixité et l'égalité professionnelle »	N	O	O	2	Air France-KLM crée de la valeur sociale en garantissant un bon climat social, marquée par une mixité et une égalité professionnelle entre les femmes et les hommes.	O
7	Entretien avec un professionnel PNC chez Air France-KLM	0	O	O	3	Entretien avec un PNC qui montre les conditions de travail chez Air France-KLM.	O

2 Valider la recherche documentaire

Critères	Critère rempli Oui / Non	Si réponse Non, quelles sont les actions correctrices à envisager ?
Variété des supports	OUI	
Variété des sources	OUI	
Démarche active	OUI	
Documents portant sur la question de gestion	OUI	
Documents portant sur une organisation	OUI	
Document définissant le ou les mots clés	OUI	
Nombre de documents retenus	OUI	

ENSEMBLE DOCUMENTAIRE

DOC. 1 Théorie, applications et limites de la mesure de la création de valeur

L'idée fondamentale qui est à l'origine des différentes mesures de la création de richesse par une entreprise consiste à dire qu'une entreprise crée de la valeur pour ses actionnaires dès lors que la rentabilité des capitaux investis est supérieure au coût des différentes sources de financement utilisées ou encore au coût du capital. Cela signifie en clair qu'il ne suffit pas qu'une entreprise soit bénéficiaire au sens comptable pour qu'elle crée de la valeur. En effet, si le coût des dettes financières est bien pris en compte dans le compte de résultat, il n'en va pas de même pour les fonds propres. Or, comme chacun sait, les fonds propres ne sont pas une source de financement gratuite ; les actionnaires exigeant une « juste » rémunération pour le risque pris. L'essentiel des travaux de recherche en finance s'est du reste concentré ces vingt dernières années sur les méthodes de « pricing » du risque. La mesure de la création de richesse nécessite de définir précisément ce que l'on entend par « rentabilité des capitaux investis », et « coût du capital » et comment on peut estimer ces grandeurs en pratique. [...]

Les variables d'action interne pour la création de valeur

Améliorer le taux de marge nette opérationnelle :

- agir sur les processus de production et réorganiser le travail ;
- réduire les coûts de production et augmenter la flexibilité en utilisant la sous-traitance ;
- centraliser les fonctions financières et administratives ;
- utiliser les nouvelles technologies de l'information pour réduire les coûts administratifs et de production.

Assurer une croissance à long terme des ventes :

- développer de nouveaux produits ou activités ;
- pénétrer de nouveaux marchés internationaliser les activités ;
- agir sur le marketing mix ;
- rechercher systématiquement les avantages compétitifs.

Contrôler les capitaux investis par activité :

- minimiser les besoins en fonds de roulement en agissant sur la rotation des stocks, les délais de règlement des clients et des fournisseurs ;
- évaluer la rentabilité des actifs immobilisés ;
- recourir à la location plutôt qu'à l'achat pour les investissements non stratégiques ;
- désinvestir dans les activités non essentielles ou en dehors du *core business*.

Michel Albouy, *Revue française de gestion*, octobre 2011

DOC. 2 Création de valeur

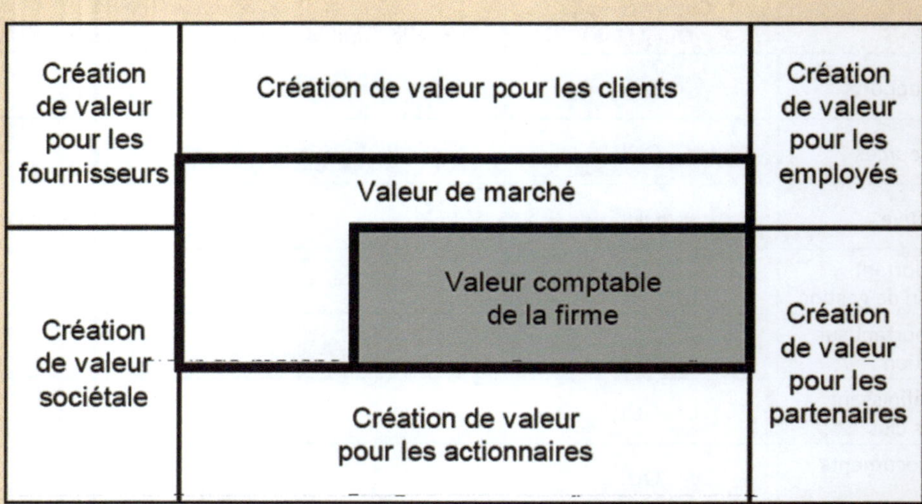

Manuel *Management des entreprises, BTS, éditions Delagrave*, 2018

DOC. 3 Air France-KLM : un bénéfice d'exploitation record

L'année 2017 aura donc été la meilleure année sur le plan de la performance économique pour Air France-KLM depuis sa création en 2004. Le groupe a en effet dégagé l'an dernier un résultat d'exploitation record de 1,488 milliard d'euros (+41,8 % par rapport à 2016). Légèrement en dessous du consensus de 1,53 milliard qu'il avait lui-même fait réaliser, cette performance dépasse néanmoins le précédent record de l'exercice 2007-2008 (1,405 milliard).

Performance impressionnante de KLM

Tiré par un trafic dynamique, le chiffre d'affaires a progressé de 3,8 % à 25,7 milliards d'euros. Dans le même temps, la dette s'est réduite de 2 milliards d'euros, en raison notamment de la génération de cash et des deux augmentations de capital d'un montant de 751 millions d'euros réservées à China Eastern et Delta. La dette ne s'élève donc plus qu'à 1,657 milliard d'euros, contre 3,655 milliards fin 2016. Le ratio de la dette nette ajustée sur l'Ebitda (le résultat brut d'exploitation) est passé de 2,9 en 2016 à 2,1 en 2017, contre 5,7 en 2011.

Demande dynamique

D'une manière générale, Air France-KLM a bénéficié l'an dernier de l'amélioration de l'environnement économique, notamment en Europe et en France, de la baisse des cours du pétrole, qui a diminué sa facture de carburant de 90 millions d'euros par rapport à 2016, et d'une recette unitaire dynamique (+2 %), liée notamment à une bonne adéquation des capacités de l'ensemble du secteur avec la demande. Le tout dans un contexte de stabilité des coûts unitaires. Air France-KLM avait tablé au début de l'an dernier sur une réduction de ses coûts unitaires de 1 % à 1,5 %, mais avait émis des réserves sur cet objectif en novembre, lors de ses résultats du troisième trimestre. Le groupe vise pour cette année une réduction des coûts unitaires de 1,0 % à 1,5 % hors impact des changes, du carburant et des charges de retraite

Fabrice Gliszczynski, latribune.fr, 16 février 2018

DOC. 4 Présentation financière d'Air France-KLM (2017)

2017 : RÉSULTAT D'EXPLOITATION ROBUSTE ET RENFORCEMENT SIGNIFICATIF DE LA STRUCTURE FINANCIÈRE

	2017	Variation	Variation à change constant
Recettes (mds€)	**25,78**	+3,8%	+4,3%
EBITDA (m€)	**3 264**	+20,3%	+26,8%
Résultat d'exploitation (m€)	**1 488**	+41,8%	+60,1%
Marge d'exploitation	**5,8%**	+1,5 pt	+2,0 pt
Résultat ajusté des locations opérationnelles(1) (m€)	**1 851**	+31,6%	+43,4%
Marge d'exploitation ajustée des locations opérationnelles	**7,2%**	+1,5 pt	+2,0 pt
Résultat net, part du groupe (m€)	**- 274**	nm	
Résultat net, part du groupe 2017 de 1,155m€ hors impact en charges non courantes de la décomptablisation du plan de retraite des pilotes et personnels navigants commerciaux de KLM.			
Cash flow libre d'exploitation (m€)	**696**	+349 m	
ROCE	**11,1%**	+2,1 pt	
Dette nette en fin de période (m€)	**1 657**	-1 998 m	
Dette nette ajustée (m€)(2)	**9 273**	-1 893 m	
Dette nette ajustée / EBITDAR(2)	**2,1x**	-0,8x	

5

AIR FRANCE - KLM

(1) Résultat d'exploitation ajusté de la part d'intérêt (1/3) des locations opérationnelles
(2) Dette nette ajustée = dette nette + 7x coûts annuels de locations opérationnelles

http://www.airfranceklm.com

DOC. 5 La relation client Air France : attentionnée de l'URL à l'IRL

Dans le cadre de son projet d'entreprise « Trust Together », Air France-KLM a pour ambition de reprendre l'offensive et de retrouver sa position de leader du secteur aérien mondial en plaçant le digital au cœur de sa stratégie. Avec près de 100 000 passagers transportés, 250 millions de visites sur son site par an et autant de données récoltées, Air France place le client au cœur de son attention et fait de la « customer intimacy » ou relation client attentionnée son axe de différenciation. En mixant humain, créativité, technologie et data, la compagnie met tout en œuvre pour mieux connaître ses clients ou identifier ses futurs clients ; cerner leurs besoins et leur offrir la meilleure expérience Air France au-delà du voyage ou du simple vol. Management de la data, intelligence artificielle, réalité virtuelle, mais aussi développement de ses plateformes de marque, de sa présence sur les réseaux sociaux et sur les plateformes conversationnelles... ce sont sur tous ces terrains que se joue la partie. Pour mieux connaître et reconnaître ses clients, Air France a mis en place une infrastructure Big Data 360°. Cette plateforme permet de rassembler l'ensemble des informations relatives à chaque client et de la rendre disponible à chaque touchpoint de son parcours. Couplée à un équipement en tablettes des équipes en aéroport et à bord, cette relation personnalisée et contextualisée parcours est alors possible avant même l'acte d'achat jusqu'à son retour après vol. De cette façon, hôtesses et stewards à bord sont capables d'identifier un client qui prend un plat végétarien ou préfère s'installer à proximité d'un hublot par exemple.

Julien Lechat, directeur des e-acquisitions chez Air France, www.strategies.fr, 23 octobre 2017

DOC. 6 L'expérience salarié chez Air France-KLM

Air France engagée pour la mixité et l'égalité professionnelle

Air France mène une politique salariale égalitaire entre les femmes et les hommes. Et depuis 2002, cette notion est officiellement intégrée à sa politique. La compagnie a entrepris dès 2008 des mesures de rattrapage salarial pour réduire les écarts de salaires entre les femmes et les hommes au sein de l'entreprise. En 2018, Air France a signé avec ses partenaires sociaux son 5e accord triennal sur l'égalité femmes/hommes en entreprise. Aujourd'hui, la compagnie poursuit ce travail afin d'atteindre l'objectif d'égalité salarial à poste, ancienneté et compétences comparables.

Une note de 89/100 pour l'index d'égalité professionnelle femmes/hommes

Au 1er mars 2019, conformément à l'obligation légale, Air France a publié son index sur l'égalité professionnelle entre les femmes et les hommes. Air France obtient la note de 89/100, le seuil minimum fixé par le gouvernement étant de 75/100. Ce résultat reflète l'engagement et le travail mené par l'ensemble des équipes d'Air France pour atteindre une véritable égalité professionnelle et est un encouragement à poursuivre ces efforts en ce sens.

corporate.airfrance.com/fr, 7 mars 2019

DOC. 7 Entretien mené avec Mélanie A., personnel naviguant commercial chez Air France-KLM[1]

Pouvez-vous me présenter votre métier de PNC chez Air France-KLM ?

M. A. Mon métier consiste à veiller au bien-être et à la sécurité des passagers, sous la responsabilité du commandant de bord. Avant d'accueillir les passagers à bord, je contrôle avec soin le bon fonctionnement des appareils et des équipements de la cabine (emplacement des gilets, état des toboggans, chemin lumineux...). Durant le vol, je rappelle aux voyageurs le respect des consignes de sécurité et leur présentent les équipements de sauvetage. J'informe aussi les voyageurs sur le déroulement du vol et j'assure un service de bord (distribution des plateaux repas et des rafraîchissements). Je propose aussi des produits *duty free* à la vente sur les vols vers l'étranger.

Pouvez-vous m'indiquer les qualités attendues pour exercer le métier de PNC ?

M. A. Il faut faire preuve de maîtrise de soi, de sens psychologique, de résistance physique et nerveuse. Outre ces qualités, élocution, présentation, courtoisie, sens du service et du contact sont aussi nécessaires, sans oublier l'obligation de pratiquer d'une ou plusieurs langues étrangères. Enfin, il faut intégrer d'autres paramètres : horaires de travail décalés et irréguliers, décalages horaires, changements brusques de climat, station debout prolongée et une vie personnelle peu stable.

Quelles études avez-vous poursuivies pour faire ce métier ?

M. A. J'ai obtenu mon baccalauréat STMG, spécialité Mercatique, puis un BTS Tourisme. J'ai ensuite suivi une formation pour obtenir le CCA (*Cabine Crew Attestation*). Ce certificat obligatoire est reconnu par l'ensemble des compagnies européennes et internationales. Une bonne maîtrise de l'anglais est recommandée.

Quelle est votre rémunération chez Air France-KLM ?

M. A. Le nombre d'heures travaillées et le salaire mensuel brut moyen de début de carrière sont variables selon les compagnies. Chez Air France-KLM, les PNC gagnent environ 1 800 € par mois après un an d'exercice, plus des primes de vols de nuit, long-courrier, de déplacement... En fin de carrière, les salaires peuvent atteindre 3 500 € plus des primes.

Quelles sont les évolutions de carrière pour un PNC ?

M. A. Un PNC, peut évoluer et devenir, selon les compagnies, chef de cabine (responsable d'une équipe d'hôtesses et de stewards), chef de cabine principal (encadrement d'une équipe plus importante). L'accès au statut de chef de cabine se fait par promotion interne. Une reconversion au sol est possible dans les services d'accueil, commerciaux ou administratifs.

Êtes-vous contente de travailler chez Air France-KLM ?

M. A. Oui car chez Air France-KLM, il est possible d'évoluer vers des métiers d'encadrement. Le nombre de liaisons internationales permet aux PNC de découvrir de nombreux pays. La compagnie a développé beaucoup d'efforts pour améliorer les conditions de travail et promouvoir l'égalité hommes/femmes.

Delagrave, 2020

1. Entretien fictif élaboré pour l'exercice pédagogique.

ÉTAPE Méthode 4

Rédiger la synthèse

Votre synthèse doit tenir sur une page. Même si cela n'est pas exigé, un plan apparent vous permettra de mieux structurer et clarifier votre propos, et donc de mieux le présenter.

1 Présenter les informations tirées des documents

a. Repérer les différentes parties du document

- Souligner les idées des paragraphes.
- Repérer les enchaînements logiques (*mais, cependant,...*).

b. Reformuler les idées

Il convient de résumer en une phrase ou deux l'idée principale de chaque paragraphe.

2 Construire le plan

c. Chaque partie du plan doit être une réponse au sujet

Sachant que le sujet est formulé sous la forme d'une question (problématique), il convient que chaque idée soit une réponse à cette question. Cela permet d'éviter le hors-sujet.

d. Les idées dégagées des documents doivent être regroupées en deux grandes parties permettant de construire un plan selon le modèle suivant :

- Oui / Non
- Avantages / Inconvénients
- Causes / Conséquences
- Pourquoi ? / Comment ?
- ...

e. Votre synthèse rédigée doit être structurée

Introduction	**Phrase d'accroche**
	Définition du ou des mot(s) clé(s)
	Énoncé du sujet
	Annonce du plan
Développement	Synthèse ordonnée des idées principales contenues dans les documents : **I. Titre** **a.** **b.** **II. Titre** **a.** **b.**
Conclusion	Résumé du développement : • une phrase de résumé • une question d'ouverture

Rédiger la synthèse

			Documents
Introduction	Phrase d'accroche	Face à la crise sanitaire, la compagnie aérienne Air France-KLM n'a pas été épargnée. Pour redresser la compagnie, plusieurs plans ont été a mis en place. L'État français a versé 7 milliards d'euros en 2020 à la compagnie. Air France-KLM tente donc de retrouver le chemin de la création de valeur en profitant de la baisse des coûts du pétrole tout en améliorant les coûts ciblés par les différents plans successifs.	3 ET 4
	Définition du ou des mot(s) clé(s)	Pour une entreprise, la création de valeur apparaît lorsque la rentabilité des capitaux investis est supérieure au coût des différentes sources de financement utilisées ou encore au coût du capital. Elle est plutôt mesurée au profit des actionnaires. Aujourd'hui, la création de valeur est multidimensionnelle, elle peut être mesurée à travers la valeur financière, partenariale et/ou sociale et la valeur perçue ou commerciale.	1 ET 2
	Énoncé du sujet	Air France-KLM, malgré les difficultés rencontrées, essaie de créer de la valeur dans tous ces domaines. Nous pouvons donc nous demander quels sont les enjeux de la création de valeur pour Air France-KLM ?	
	Annonce du plan	Pour répondre à cette interrogation, nous montrerons dans un premier temps pourquoi il est nécessaire pour Air France-KLM de créer de la valeur financière et dans un second temps comment Air France-KLM crée de la valeur sous d'autres formes.	
Développement	Synthèse ordonnée des idées principales contenues dans les documents	**I. La nécessité pour Air France-KLM de créer de la valeur financière** **a. La création de valeur financière permet de pérenniser l'entreprise** La création de valeur permet de dégager de la richesse. Cette richesse produite permet à Air France- KLM de conforter sa présence sur le marché en finançant de nouveaux investissements. Par ailleurs, la concurrence sur le secteur aérien nécessite pour l'entreprise de réaliser des bénéfices. Le groupe a en effet dégagé l'an dernier un résultat d'exploitation record de 1,488 milliard d'euros (+41,8 % par rapport à 2016) et le chiffre d'affaires a progressé de 3,8 % avec 25,7 milliards d'euros.	4 ET 5
		b. La création de valeur financière permet de réaliser du profit La création de valeur chez Air France-KLM permet de renouer avec le profit. La dette ne s'élève plus qu'à 1,657 milliard d'euros, contre 3,655 milliards fin 2016. Le ratio de la dette nette ajustée sur l'Ebitda (le résultat brut d'exploitation) est passé de 2,9 en 2016 à 2,1 en 2017, contre 5,7 en 2011. De plus, la marge d'exploitation s'élève à 5,8 %, une hausse de 1,5 point par rapport à 2016 Ainsi, une partie de la valeur financière générée par l'activité permettra de rémunérer les différents actionnaires sous la forme de dividendes (État, salariés, autres...).	3 ET 4
		II. La création de valeur chez Air France-KLM peut prendre d'autres formes **a. La création de valeur perçue ou commerciale** La valeur perçue ou commerciale passe aussi par une meilleure relation commerciale avec les clients. Air France-KLM a pour ambition de retrouver sa position de leader du secteur aérien mondial en plaçant le digital au cœur de sa stratégie. Avec près de 100 000 passagers transportés, 250 millions de visites sur son site par an et autant de données récoltées, Air France place le client au cœur de son attention et fait de la relation client son axe de différenciation. En mixant humain, créativité, technologie et data, la compagnie met tout en œuvre pour mieux connaître ses clients. La politique de communication est donc plus ciblée et personnalisée.	5
		b. La création de valeur partenariale et/ou sociale Air France a pour objectif de mener une politique salariale égalitaire entre les femmes et les hommes. En 2018, Air France a signé avec ses partenaires sociaux son 5e accord triennal sur l'égalité femmes/hommes en entreprise. Au 1er mars 2019, conformément à l'obligation légale, Air France a publié son index sur l'égalité professionnelle entre les femmes et les hommes. Air France obtient la note de 89/100, le seuil minimum fixé par le gouvernement étant de 75/100. Ce résultat reflète l'engagement et le travail mené par l'ensemble des équipes d'Air France pour créer de la valeur partenariale et/ou sociale.	6 ET 7
Conclusion	Résumé du développement	En conclusion, Air France-KLM a renoué depuis deux années avec de la création de valeur financière dû essentiellement à la succession de plans stratégiques. Le groupe franco-néerlandais réalise aussi des efforts pour créer de la valeur sous d'autres formes comme la valeur perçue et sociale. Ces efforts vont-ils permettre à Air France-KLM de continuer à créer de la valeur pour les années futures ?	

ÉTAPE Méthode 5

Se préparer à l'oral

L'évaluation s'appuie sur votre dossier documentaire, qui est remis au centre d'examen avant le passage de l'épreuve orale. Votre exposé oral, d'une durée d'environ 10 minutes, est suivi d'un entretien de 10 minutes avec le jury.
Pour structurer votre exposé, vous pouvez vous inspirer du plan proposé ci-après. Votre explosé doit s'appuyer sur un document de présentation numériques sur le modèle du diaporama joint (voir lien p. 269).

INTRODUCTION diapositive 1

- Présentez le thème, la question de gestion retenue et votre sujet.
- Exposez votre plan à l'oral : la démarche de recherche documentaire puis votre réflexion sur le sujet traité.

DÉVELOPPEMENT

1 Présenter votre démarche de recherche documentaire

a. La recherche documentaire diapositives 2 à 4

- Dans les manuels de Sciences de gestion de Première.
- Au CDI, utilisation du logiciel BCDI par exemple.
- À la bibliothèque.
- Sur Internet : outils utilisés (moteurs de recherche, métamoteurs, annuaires) et techniques utilisées (mots clés et opérateurs logiques).
- Votre démarche personnelle (interview d'une personne de l'organisation).

b. La validation de la recherche documentaire diapositives 5 à 8

- La validation des documents (grille de validation des documents multicritères : fiabilité, pertinence et actualité).
- La validation de la démarche de recherche (nombre suffisant de documents, variété des supports, des sources, réalisation d'une démarche active, documents généralistes sur la question de gestion et les mots clés, documents spécifiques à l'organisation choisie).

c. La présentation des documents retenus diapositive 9

Présentez brièvement l'ensemble de vos documents : titre, auteur, idée principale.

2 Présenter votre synthèse rédigée diapositive 10

Dans cette partie, vous devrez montrer que vous avez utilisé les idées principales des documents sélectionnés pour traiter votre sujet et que vous avez fait le lien avec les savoirs acquis en classe.
Vous pouvez donc reprendre les éléments suivants de votre synthèse :
- l'introduction ;
- le développement : indiquez les différentes parties et sous-parties, et développez plus ou moins les arguments en fonction du temps disponible ;
- la conclusion.

CONCLUSION

Vous pouvez présenter les intérêts de cet exercice, tant sur la méthode de travail (perfectionnement des recherches sur Internet, connaissance de terrain) que sur les connaissances acquises (découverte d'une ou plusieurs organisation(s) et de son fonctionnement), l'application de vos connaissances en Sciences de gestion, mais aussi complémentarité avec les autres matières technologiques : Économie, Droit, Management.
Vous pouvez également évoquer les difficultés rencontrées (problèmes d'ordre technique, de gestion du temps, d'organisation du travail, etc.), mais aussi l'expérience acquise et donc les ajustements que vous apporteriez à votre travail avec le recul.

Quelques conseils pour réussir votre oral

Vous ne devez pas oublier que votre communication est verbale et non verbale :
- optez pour une tenue adaptée à un oral d'examen ;
- utilisez un langage courant, voire professionnel, en utilisant le vocabulaire acquis dans les différentes matières technologiques ;
- adaptez votre débit, votre ton et le volume de votre voix ;
- ne lisez pas vos notes et regardez les membres du jury.

Testez-vous avant votre oral !

GRILLE POUR ÉVALUER VOTRE PRÉSENTATION ORALE

Critères d'évaluation			Acquis	En cours d'acquisition	Non acquis
Communication orale	VERBALE	Élocution et articulation			
		Débit, tonalité, volume			
		Vocabulaire			
	NON VERBALE	Distance avec les notes			
		Dynamisme			
		Respect temps de parole			
	RELATIONNEL	Regards vers le jury			
		Compréhension des questions			
		Pertinence des réponses			

A

Action collective organisée : réalisations menées par un groupe d'individus ayant un but commun et qui s'organisent pour l'atteindre.

Approvisionnement : l'ensemble des étapes qui permettent de mettre un produit à la disposition d'une entreprise.

Argumentation : discours destiné à convaincre. Les principaux types d'arguments sont : l'argument d'analogie, qui met en comparaison une situation actuelle et une antériorité reconnue ; l'argument d'autorité, qui s'appuie sur une référence à une autorité ou une règle officielle ; l'argument de cadrage, qui dévalorise ou met en lumière volontairement certains éléments lors d'une démonstration ; l'argument de communauté, qui s'appuie sur des avis ou opinions partagés par le plus grand nombre.

Attitude : disposition d'un individu à l'égard d'une situation ou d'une personne. Elle est influencée par ses idées (composante cognitive), ses affects (composante affective) et détermine son comportement (composante conative).

Attribution : un individu interprète un comportement (le sien ou celui des autres) selon le contexte et en étant influencé par ses propres représentations.

Auto-entrepreneuriat : régime juridique créé en janvier 2009, qui permet aux individus d'exercer une activité commerciale, artisanale ou libérale, à titre principal ou complémentaire. Le régime fiscal est celui de la micro-entreprise qui permet d'exercer en franchise de TVA.

Autofinancement : le résultat net d'une entreprise est partagé entre les actionnaires et l'entreprise. Une part est distribuée aux actionnaires sous forme de dividendes, l'autre part reste dans l'entreprise sous forme de réserves. Une partie de ces réserves sert à financer des investissements : c'est l'autofinancement. La direction doit trouver un juste équilibre entre la satisfaction des actionnaires (qui apportent le capital) et le financement des investissements. L'autofinancement permet à l'entreprise d'être indépendante vis-à-vis des banques et de ne pas payer d'intérêts.

Automatisation : elle consiste à faire exécuter des tâches techniques par des machines fonctionnant sans intervention humaine.

B

B to B : de l'anglais « *Business to Business* ». Ensemble des activités d'une entreprise visant une clientèle d'entreprises.

Bilan : « photographie » du patrimoine de l'entreprise. Il représente la différence entre ce qu'elle possède (ses actifs) et ce qu'elle doit à des tiers (ses dettes). La lecture du passif permet de répondre à la question « D'où vient l'argent ? ». Il est l'image de ce que doit l'entreprise. Quant à l'actif, il permet de répondre à la question « Où va l'argent ? ». Il est l'image de ce que possède l'entreprise. Suivant toute logique, les deux colonnes du bilan doivent être égales, la différence possible faisant apparaître un « bénéfice » ou une « perte ».

Budget de trésorerie : budget qui synthétise les encaissements et les décaissements prévisionnels pendant une période donnée. Il permet d'estimer le montant disponible de la trésorerie.

Budget des achats : outil qui recense, en valeur, les achats HT, le montant de la TVA et les achats TTC. Il s'appuie sur la facturation.

Budget des décaissements : établi, entre autres, à partir du budget des achats, il tient compte des délais de paiement obtenus des fournisseurs. À noter que l'entreprise décaisse ses achats TTC.

Budget des encaissements : établi à partir du budget des ventes, il tient compte des délais de paiement accordés aux clients. À noter que l'entreprise encaisse ses ventes TTC.

Budget des ventes : outil qui recense, par période, les prévisions d'activité en valeur (chiffre d'affaires HT, montant de la TVA, chiffre d'affaires TTC). Il s'appuie sur la facturation.

Buts de l'organisation : les organisations à but lucratif (les entreprises) ont pour finalité de réaliser un profit (exemples : les entreprises commerciales ou industrielles). Les organisations à but non lucratif (les associations) permettent la mise en commun de compétences et d'activités mais ne distribuent pas de bénéfice (exemples : les ONG, les fondations, les syndicats...). Les organisations publiques proposent des biens et des services visant l'intérêt général, sans but lucratif (exemples : les établissements administrés par l'État ou les collectivités territoriales).

C

Charges : dépenses consommées par l'entreprise dans le cadre de son activité.

Charges fixes : charges dont le montant ne dépend pas du niveau d'activité. Ce sont notamment les charges de fonctionnement (par exemple le loyer).

Charges variables : charges dont le montant varie avec le niveau de l'activité. Celui-ci est mesuré par les quantités produites ou vendues, ou par le chiffre d'affaires. L'ensemble des charges variables forment le coût variable.

Codes : ensemble de signes utilisés par une communauté. Par exemple le vocabulaire, l'habillement, etc. Ils évoluent avec les pratiques et les usages.

Comité social et économique (CSE) : institution représentative du personnel dans une entreprise de plus de onze salariés. Il participe activement à l'amélioration des conditions de travail (salaires, application du Code du travail et des conventions collectives). Il contribue à promouvoir la santé et la sécurité des travailleurs.

Communication interpersonnelle : échange d'informations entre deux acteurs ayant chacun un objectif propre. Chaque acteur est, à tour de rôle, l'émetteur et/ou le récepteur dans une relation interactive. La communication peut être verbale et/ou non verbale.

Communication non verbale (ou paralangage) : ensemble des éléments d'information non transmis par la voix, mais qui interviennent dans une situation de communication : la posture du corps, la gestuelle, les mouvements (mains, bras, tête, etc.), les mimiques ou les mouvements du visage (haussement de sourcils, grimace...), le regard.

Communication verbale : communication transmise par la voix. Elle utilise un langage compréhensible par les acteurs. La communication verbale se caractérise par le ton, le débit et le registre de langage adapté à l'interlocuteur.

Compétences : ensemble des savoirs (connaissances), des savoir-faire (habiletés techniques, expérience) et des savoir-être (attitude et comportements).

Comportement : actions d'un individu, observables dans une situation donnée.

Compte de résultat : « Film » qui retrace l'activité de l'entreprise. Il reprend l'ensemble des opérations réalisées au cours de l'année (achats = charges ou dépenses ; ventes = produits ou recettes) et permet aussi de calculer le résultat (perte ou bénéfice) que réalise une entreprise au cours d'une année.

Conflit : opposition entre des personnes lorsque leurs sentiments ou leurs intérêts sont en contradiction. Lorsque cette opposition n'est pas prise en compte, elle peut évoluer vers un rapport de force.

Connaissance : information comprise, c'est-à-dire assimilée et utilisée, qui permet d'aboutir à une action.

Consensus : accord obtenu par le consentement de toutes les parties concernées. On parle aussi de compromis.

Contrat : accord de volonté entre des parties. Il prévoit des droits et des obligations que chacune d'elles s'engage à respecter.

Contrôle de soi : capacité à agir en maîtrisant ses émotions.

Contrôle des dirigeants : le gouvernement de l'organisation prévoit les modalités de nomination des dirigeants et le contrôle de leur gestion.

Cotisations patronales : cotisations calculées sur le salaire brut et versées par l'entreprise aux organismes sociaux. Il s'agit d'une charge pour l'entreprise.

Coût : somme des charges relatives à l'élaboration d'un bien ou d'un service, à un stade donné du processus économique.

Coût du travail : ensemble des charges qui ont pour origine la rémunération du travail par l'entreprise.

Cultures : ensemble des connaissances partagées par un groupe.

D

Dépendance énergétique : incapacité (pour un individu, une organisation ou un État) de satisfaire ses besoins en sources d'énergie.

Dépendance technologique : dépendance à une technologie indispensable à la réalisation d'une activité.

Diagramme de Gantt : représentation sous la forme d'un schéma de toutes les tâches à accomplir pour mener à bien un projet. Il indique la date à laquelle ces tâches doivent être effectuées en tenant compte des contraintes d'antériorité de certaines tâches.

Dividende : le dividende est la partie du bénéfice distribuée par une entreprise à ses actionnaires en rapport avec les sommes qu'ils ont investi dans l'entreprise. La part du bénéfice non distribuée est placée en réserve.

Donnée : élément brut qui n'a pas encore été transformé par les technologies numériques.

Données à caractère personnel : informations servant à l'identification d'un individu (nom, photographie, empreinte, adresses, numéro de téléphone ou de Sécurité sociale, adresse IP, identifiant de connexion, enregistrement vocal, etc.). En France, la CNIL (Commission nationale de l'informatique et des libertés) veille à la protection des données personnelles.

Données ouvertes (*open data*) : données mises à disposition de tous dans un objectif de transparence ou pour permettre leur libre utilisation.

E

e-communication : ensemble des supports et technologies numériques utilisables pour une campagne de communication d'entreprise : e-pub, emailing, référencement, réseaux sociaux, mobile, etc.

Écoute active : attitude compréhensive qui traduit la volonté de faciliter la communication avec l'interlocuteur. Elle s'accompagne de techniques verbales telles que la reformulation ou le questionnement.

Efficacité et efficience : l'efficacité désigne le résultat attendu. Il s'agit de la capacité à obtenir un résultat en fonction des objectifs fixés. L'efficience désigne l'obtention du résultat grâce à l'optimisation des ressources utilisées.

Émotion : réaction déclenchée par un événement qui affecte un individu. Sept émotions sont couramment recensées : la joie, la tristesse, la colère, la peur, le dégoût, la surprise et le mépris.

Empathie : capacité d'une personne à ressentir les sentiments et les émotions d'une autre personne.

Empreinte environnementale : évaluation des impacts environnementaux potentiels d'un produit ou d'une organisation sur un périmètre spatial et temporel donné. L'empreinte carbone d'un produit correspond aux émissions de gaz à effet de serre qu'il génère au cours de son cycle de vie, depuis l'extraction des matières premières nécessaires à sa fabrication jusqu'à son traitement en fin de vie.

Enjeux de la communication : dans une situation de communication, l'enjeu pour un acteur (ce qu'il peut gagner ou perdre) est :
- **d'influence :** agir sur l'autre pour changer ses idées ou ses agissements ;
- **identitaire :** défendre son identité, donner une image positive ;
- **informatif :** transmission d'une information ;
- **relationnel :** création ou consolidation d'une relation.

Enquête : collecte méthodique d'informations par le biais d'entretiens ou de questionnaires envoyés par voie postale, téléphonique ou numérique (courrier électronique, sites internet, Google Docs...).

F

Fiche de poste : document qui décrit précisément tous les aspects d'un poste dans une organisation : missions à effectuer, place dans la hiérarchie, lieu, compétences nécessaires, formation.

G

Gouvernement de l'organisation : chaque organisation définit ses modes de décision, d'administration et de contrôle. Les règles de fonctionnement d'une entreprise sont définies par l'assemblée générale des actionnaires ou le conseil d'administration, celui d'une association par l'assemblée générale des adhérents.

Groupe : ensemble d'individus possédant des caractéristiques propres, qui collaborent et poursuivent un objectif commun. Les membres du groupe partagent des valeurs communes.

Groupe d'appartenance : groupe auquel appartient l'individu et au sein duquel il collabore pour atteindre les objectifs communs, ce qui l'amène à s'identifier au groupe.

Groupe de référence : groupe pris comme modèle par l'individu, dont il adopte les comportements, les normes et les valeurs. Il n'en fait pas nécessairement partie.

Groupe formel : groupe résultant d'une structuration. Ses membres sont désignés par l'organisation, leurs fonctions sont définies et les règles sont établies à l'avance.

Groupe informel : groupe spontané, créé par des individus en fonction de leurs affinités.

Groupe restreint : composé d'individus ayant des relations directes et personnelles et participant à une activité commune.

H

Hiérarchie : les membres d'une organisation sont subordonnés les uns aux autres. Chaque échelon correspond à un degré de pouvoir, de responsabilité, de compétence, supérieur à celui de l'échelon immédiatement inférieur.

Horizon temporel : durée de temps variable selon les organisations qui permet d'échelonner leurs objectifs. On distingue le court terme (entre quelques heures/ semaines et quelques mois), le moyen terme (entre 1 et 5 ans) et le long terme (plus de 5 ans). L'organisation planifie ses décisions de type opérationnel (décisions répétées, prises par les agents d'exécution, à court terme), tactique (décisions périodiques, prise par l'encadrement, de moyen terme) ou stratégique (décision prise par la direction générale, de long terme).

I

Identité numérique (IDN) : ensemble des traces qu'un individu ou une organisation laissent sur Internet. Ces traces peuvent être publiées (nom, photographies, commentaires, etc.) ou cachées (cookies, etc.). Lorsque l'individu fournit des informations, l'IDN est « déclarative » ; lorsque les informations sont analysées par les sites qui collectent les données, l'IDN est « calculée » ; l'ensemble des données numériques générées lors d'une navigation sur le Web correspond à l'IDN « agissante ».

Identité sociale : reconnaissance par les autres de la place occupée par un individu au sein du groupe. Cette place se définit par le statut, le partage des codes et des rituels communs au groupe.

Image de marque : ensemble des perceptions et des croyances que peut avoir un client ou consommateur à propos d'un produit, d'une marque ou d'une organisation.

Influence : action exercée par une personne sur une autre. Elle peut faire appel au raisonnement logique, en utilisant des arguments étayés ; au sentiment d'appartenance, en invoquant les valeurs et les normes propres au groupe ; aux sentiments ou aux émotions de l'autre.

Information : renseignement mis à disposition d'un public.

Intelligence artificielle : application de techniques qui permettent à des machines d'imiter une action humaine. Par exemple, l'utilisation d'algorithmes mathématiques permet d'obtenir des modèles reproductibles de façon automatique grâce au calcul d'un nombre gigantesque de données.

Intelligence collective : performances intellectuelles d'une communauté favorisées par le partage des informations.

L

Leadership : capacité d'entraîner et d'influencer les membres d'un groupe. On distingue principalement le leader de droit, dont l'autorité est imposée et résulte du pouvoir conféré par sa position dans l'organigramme, et le leader de fait, dont l'autorité est personnelle et naturelle. Il existe différents styles de leadership : le leadership autoritaire, dans lequel la prise de décision est effectuée par le leader, les membres du groupe appliquant les ordres ; le leadership participatif, quand la prise de décision est collective ; le « laisser-faire », quand la prise de décision est réalisée par les subordonnés, sans cadrage.

Les 3 x 8 : organisation du travail dans laquelle les salariés travaillent par roulement de 8 heures consécutives, en 3 équipes sur un même poste, afin d'assurer un fonctionnement continu sur les 24 heures d'une journée.

M

Masse salariale : somme des salaires que paie une entreprise. La masse salariale comptable intègre les cotisations patronales aux salaires bruts.

Mégadonnées (*big data*) : ensemble des données numériques produites par l'utilisation des nouvelles technologies. Elles représentent un volume gigantesque.

Motivation : ensemble des conditions qui incitent un individu à agir et à atteindre des buts précis. Elle se construit dans l'interaction entre l'individu et le contexte. Parmi les incitations on peut distinguer :
- les incitations monétaires, comme la rémunération ;
- les incitations non monétaires, comme le cadre de travail, les responsabilités, l'autonomie, la reconnaissance, l'évolution de carrière, la formation, la participation aux groupes de projets, etc.

N

Normes : règles qui s'appliquent à l'ensemble d'un groupe ou d'une société. Elles sont fondées sur des valeurs communes.

Notoriété d'une marque : renommée publique, fait qu'elle soit connue (ou non).

O

Objet social de l'organisation : décidé à sa création, il définit ses activités.

Obsolescence : un produit devient obsolète lorsque l'évolution technologique et des changements d'usage le rendent inutilisable.

Organisation : groupe d'individus structuré autour d'un objectif commun. La structure permet la coordination des actions des individus et la mobilisation de ressources.

P

Part de marché : indicateur clé qui permet de préciser l'importance d'un produit, d'une marque ou d'une société sur son marché pour une période donnée. Elle se calcule par le ratio : Ventes du produit ou de l'entreprise / Ventes totales sur le marché. La PDM peut s'exprimer en valeur ou en volume.

▶ **Perception :** ce que l'individu perçoit dans son environnement par les cinq sens. La perception est un processus qui mobilise l'attention (pour sélectionner les informations), l'interprétation (pour les confronter à ce qui est connu), la compréhension (pour leur donner un sens) et la mémorisation (pour les conserver).

▶ **Performance :** capacité d'une organisation à atteindre les objectifs qu'elle s'est fixé de manière efficace.

▶ **Performance environnementale :** objectifs liés à la prise en compte des aspects environnementaux dans les activités d'une organisation.

▶ **Période :** découpage du temps en tranches plus ou moins longues (journalière, mensuelle, trimestrielle, semestrielle, annuelle). Ce découpage, au sein des organisations, est lié à différents contraintes : institutionnelles (durée du travail, publication des résultats..), sectorielles (fluctuations saisonnières, longueur du cycle de production, ouverture des marchés...), technologiques (techniques et technologies employées à un moment donné du temps, développement des TIC...).

▶ **Personnalité :** ensemble des comportements et des attitudes qui caractérisent un individu. Quatre grands types de personnalité sont communément admis : 1. introverti ou extraverti ; 2. logique ou affectif ; 3. stable ou instable ; 4. autonome ou soumis.

▶ **Point mort :** date à laquelle le seuil de rentabilité est atteint. Il se calcule ainsi : (Seuil de rentabilité en valeur X nombre de mois d'activité)/Chiffre d'affaires de la période.

▶ **Processus :** ensemble d'actions (activités, événements, tâches) qui participent à l'élaboration d'un produit physique ou d'un service. C'est donc une chaîne dans laquelle, en principe, chaque étape doit ajouter une valeur à l'étape précédente (valeur ajoutée).

▶ **Productivité du travail :** mesure de l'efficacité dans l'utilisation de la quantité de travail pour produire. Elle se calcule par le rapport entre la quantité ou la valeur de la production et la quantité de travail pour la réaliser.

▶ **Productivité globale du travail :** rapport entre le chiffre d'affaires réalisé et le coût du travail pour une organisation.

▶ **Profils de compétences :** listes détaillés des compétences nécessaires pour un poste.

▶ **Profitabilité :** la profitabilité est la capacité d'une organisation à générer du profit. On la mesure à l'aide du taux de profitabilité.
- **Taux de profitabilité :** Résultat net / Chiffre d'affaires x 100.

▶ **Proxémie :** distance physique entre les acteurs d'une communication interpersonnelle. La sphère intime (15 à 45 cm) caractérise les rapports familiaux ; la sphère personnelle (45 cm à 1,2 m) caractérise les échanges amicaux ; la sphère sociale (1,2 m à 3,5 m) concerne les relations professionnelles.

Q

▶ **Qualification :** elle correspond aux savoirs et savoir-faire acquis par un individu dans le cadre de sa formation initiale et lors de ses expériences professionnelles.

R

▶ **Relations formelles :** formalisées et codifiées, elles sont organisées et contrôlées. Elles suivent souvent les liens établis par la structure hiérarchique.

▶ **Relations informelles :** spontanées et basées sur des liens personnels, souvent amicaux, qui se créent en fonction des affinités et utilisent des canaux non officiels.

▶ **Rémunération :** ensemble des rémunérations que les employeurs versent à leurs salariés en paiement du travail accompli : salaires et traitements bruts, en espèces et en nature, et cotisations sociales à la charge des employeurs.

▶ **Rentabilité :** la rentabilité est la capacité d'un investissement à procurer un bénéfice. Il existe plusieurs manières de calculer cette rentabilité.
- **Taux de rentabilité économique :**
Résultat d'exploitation / (capitaux propres + dettes) x 100.
Cet indicateur mesure la capacité de l'entreprise à dégager un résultat en utilisant l'ensemble de ses moyens de financement (capitaux propres et dettes).
- **Taux de rentabilité financière :**
Résultat net comptable / capitaux propres x 100.
Cet indicateur mesure la capacité de l'entreprise à rémunérer les associés ou les actionnaires en rapport avec les ressources apportées (le capital) et à l'ensemble des bénéfices non distribués (les réserves).
L'ensemble des bénéfices non distribués (les réserves), le résultat de l'exercice et le capital immobilisé constituent les capitaux propres.

▶ **Représentation :** perception, connaissance qu'un individu construit par ses expériences.

▶ **Réseaux sociaux d'entreprise (RSE ou ESN, *Enterprise Social Network*, en anglais) :** système de communication numérique accessible aux employés d'une organisation et/ou à ses partenaires (fournisseurs, clients, distributeurs...).

▶ **Ressource :** moyens dont dispose une organisation pour atteindre ses objectifs.

▶ **Risque :** possibilité de survenue d'un danger, plus ou moins prévisible et inhérent à une situation ou à une activité. Il existe deux types de risques : le risque interne, lié au fonctionnement de l'organisation de l'entreprise, et le risque externe, lié à l'environnement.

▶ **Rituels :** ensemble de règles et d'habitudes, basées sur des traditions culturelles et des conventions sociales.

▶ **Rôle :** ensemble de comportements attendus d'un individu et jugés appropriés par l'organisation.

▶ **Rupture technologique :** innovation technologique radicale, différente des technologies utilisées auparavant.

S

▶ **Seuil de rentabilité :** chiffre d'affaires pour lequel une entreprise ne réalise ni perte ni bénéfice. Son résultat est nul. Le chiffre d'affaires couvre toutes les charges. Le seuil de rentabilité s'exprime en valeur (chiffre d'affaires) ou en quantité (nombre d'unités à vendre).

▶ **Statut :** position occupée par une personne dans un groupe social. À chaque statut sont assignés des rôles.

▶ **Stéréotypes :** opinions, croyances qu'un individu attribue à quelque chose ou à quelqu'un. Lorsqu'elles donnent lieu à un jugement, elles deviennent des préjugés et peuvent discriminer quelqu'un.

▶ **Stratégies de communication :** choix des options à mettre en œuvre pour atteindre des objectifs de communication.
- **La coopération** permet de rechercher le consensus.
- **La résistance ou l'opposition**, le fait d'être réfractaire au dialogue, de s'entêter sur ses positions a pour but de ne pas céder.
- **L'évitement :** fuir le dialogue peut éviter le conflit.
- **L'influence** consiste à faire changer l'opinion ou le comportement de son interlocuteur.

▶ **Structure de propriété :** elle est déterminée par la répartition du capital entre les propriétaires de l'organisation (exemples : le(s) fondateur(s), les actionnaires, les associés).

▶ **Système d'Information (SI) :** ensemble des ressources humaines et technologiques qui participent à la collecte, au stockage, au traitement et à la diffusion de l'information dans une organisation.

T

▶ **Tableau de bord :** il regroupe les indicateurs chiffrés relatifs à l'activité de l'organisation (ventes, entrées et sorties de stock, commandes, réclamations, trésorerie...), mis à jour et consultable en permanence par la direction. C'est un outil d'aide à la décision.

▶ **Taux d'endettement :** il mesure le niveau de dette de l'entreprise par rapport à la valeur de ses capitaux propres. Plus ce taux est bas, plus l'entreprise est indépendante vis-à-vis des banques et peut recourir facilement au crédit bancaire. Il se calcule ainsi :
Taux d'endettement = (dettes financières) / Capitaux propres x 100.

V

▶ **Valeur ajoutée :** richesse créée par l'entreprise lorsqu'elle transforme les matières premières en produits finis. Elle se calcule comme suit : Valeur de la production HT (ou chiffre d'affaires HT) - Consommations intermédiaires HT (biens et services consommés par le processus de production comme les matières premières, loyers).

▶ **Valeur actionnariale :** création de valeur pour les actionnaires.

▶ **Valeur boursière :** pour une société, c'est la valeur de marché de ses capitaux propres. Elle se calcule par : Nombre d'actions composant le capital de la société x cours de la Bourse.

▶ **Valeur de l'information :** dépend de sa fiabilité (auteur, source, etc.), de sa pertinence par rapport à la problématique (information contrôlée permettant de faire appel au sens critique du lecteur), de son actualité et de son coût (achat, temps de recherche, collecte, analyse, capitalisation, stockage, diffusion...). Une information est actualisée lorsqu'elle est mise à jour, et pérenne lorsqu'elle est permanente.

▶ **Veille informationnelle :** ensemble des stratégies mises en place pour rester informé, en y consacrant le moins de temps possible et en utilisant des processus de signalement automatisés.

CRÉDITS ICONOGRAPHIQUES

Couverture : Steve Debenport / Getty Images
p. 9 : Filadendron/iStock - p. 13 : Association Bio Consom'acteurs - www.bioconsomacteurs.org - p. 20 : Françoise Ménager / Iconovox p. 21 : Martin BUREAU/AFP - p. 22 : Mike Windle/GETTY IMAGES NORTH AMERICA/Getty Images via AFP - p. 35 : Marc Piasecki/Getty Images - p. 36 : Angela Rossi/LesBonnesFees/Sipa - p. 37 : Laurent Viteur / Getty Images - p. 41 : Disney - p. 43 : Disney - p 46 m : Rainer Unkel/REA p. 51 : Photo12 / Alamy - p. 66 : Deligne / Iconovox - p. 70 : Baptiste Fenouil / REA - - p. 74 : Favi France - p. 89 : Jack Taylor/Getty Images Europe/Getty Images via AFP - p. 94 : Nicolas Liponne / NurPhoto / NurPhoto via AFP - p. 103 : CozyAir - p. 119 La Poste ; ©Patrick ALLARD/REA – P. 121, 127, 128, 129, 131, 132 : La Poste - p 154 ventes prives - p. 160 : Afidol, INAO - p. 176 : Les salines de Guérande - p. 207 : Roger PUILLANDRE - Le PAL - p. 209 : Roger PUILLANDRE - Le PAL - p. 210 : Le PAL - p. 212 : Météo France ; Afnor ; ParcLoisir ; INSEE - p. 213 – 215 : Le PAL p. 235 : Suhaimi Abdullah/Getty Images - p. 238 : JM Ucciani - p. 239 : Bloomberg/Getty Images - p. 240 : Gettyimages / SSPL / Science Museum ; Corbis / Kim Kulish; Apple - p. 247 : Alex Tai / SOPA Images/ZUMA/REA - p. 250 : JASON HENRY/The New York Times-REDUX-REA
Autres photos : Adobe Stock

Vous utilisez un **Manuel connecté Delagrave**, qui propose des QR codes et/ou des liens hypertextes permettant d'accéder en ligne à des ressources numériques complémentaires.
Les éditions Delagrave font leurs meilleurs efforts pour sécuriser la consultation et l'utilisation des ressources en ligne qu'elles éditent, produisent ou hébergent, conformément aux règles d'usages de l'Internet. Delagrave ne saurait être tenu responsable des interruptions de services dues aux caractéristiques et limites du réseau Internet, notamment dans le cas d'interruptions quelle qu'en soit la cause, des performances techniques et des temps de réponse pour consulter ou interroger les ressources proposées. L'accès aux ressources associées au Manuel connecté Delagrave est garanti pour une période maximum de deux ans, à compter de la date de parution de cet ouvrage indiquée en page 2 (copyright). Au terme de cette période, l'utilisateur du Manuel connecté Delagrave ne saurait exiger le maintien du service proposé.
Dans le cas où les QR codes et liens hypertextes permettent d'accéder à des sites internet tiers, la responsabilité des éditions Delagrave n'est pas engagée, notamment quant à leur éventuel dysfonctionnement ou à leur indisponibilité d'accès.

Couverture : Véronique Lefebvre

Conception graphique : Véronique Lefebvre

Mise en pages : Nord Compo

Recherche iconographique : Magali Doineau

Coordination éditoriale : Claire Hervy

Escape games : Augustin Madécourt, professeur d'économie-gestion au lycée Olympe de Gouges, Noisy-le-Sec, Académie de Créteil

Dépôt légal : avril 2021 - Numéro d'éditeur : MAGSI20220467
Achevé d'imprimer en août 2022 par ISIPrint en France

PEFC 10-31-2581 / Certifié PEFC / Ce produit est issu de forêts gérées durablement et de sources contrôlées. / pefc-france.org

IMPRIM'VERT®